기독교문서선교회 (Christian Literature Center: 약칭 CLC)는 1941년 영국 콜체스터에서 켄 아담스에 의해 시작되었으며 국제 본부는 미국 필라델피아에 있습니다.
국제 CLC는 약 650여 명의 선교사들이 59개 나라에서 180개의 서점을 운영하며 이동 도서 차량 40대를 이용하여 문서 보급에 힘쓰고 있으며 이메일 주문을 통해 130여 국으로 책을 공급하고 있는 국제적 문서선교 기관입니다.

추천사 1

류 영 모 목사
제5회기 한교총 대표회장, 제106회기 예장통합 총회장
제27대 CBS 이사장, 한소망교회 원로목사

저는 목회 현장에서 "한 번의 예배에 목숨을 걸어야 한다"고 가르쳐 왔습니다. 예배는 교회의 중심이며, 그 예배를 이루는 음악은 말씀과 성령의 숨결이 스며든 고백입니다.

『예배 음악 건축가』는 <예배 건축가 시리즈>의 마지막 권으로, 예배와 음악의 관계를 가장 섬세하고 통찰력 있게 설계한 신학적 작품입니다.

예배는 단순한 형식이 아니라, 건축처럼 신중하게 세워져야 할 성소의 영역입니다. 그 안에 깃든 음악은 하나님의 임재와 회중의 응답을 이끌어 내는, 거룩한 설계의 일부입니다. 본서는 그 놀라운 비전과 실제를 품은 역작입니다.

한소망교회는 매 예배마다 '홈런'을 치듯 철저하게 준비해 왔습니다. 찬양대와 찬양팀은 음악 그 이상의 사명을 품고, 하나님의 임재를 예배 속에서 아름답게 드러내기 위해 쉼 없이 훈련하고 헌신하고 있습니다.

저는 예배 음악이 곧 교회 음악의 수준을 결정한다고 믿어 왔습니다. 이제 한국 교회도 본서를 통해 예배 음악의 영성과 정밀함, 신학적 기반과 예술성을 새롭게 회복하기를 소망합니다.

『예배 음악 건축가』의 저자 콘스탄스 M. 체리(Constance M. Cherry) 박사는 예배학 교수이자 예배 인도자, 음악가, 목회자로서 45년 이상 지역교회와 신학교 현장을 섬겨 온 이 시대 예배 신학의 대표적 목소리입니다. 그녀는 예배 설계자로 알려진 <예배 건축가 시리즈>를 통해, 예배의 성경적 토대와 문화적 수용, 창조적 실천이 어떻게 어우러질 수 있는지를 놀랍도록 체계적으로 제시합니다.

역자 최승근 교수는 장로회신학대학교에서 예배설교학을 가르치며, 이론과 실제, 다양한 예배 패러다임을 연구하고 제안하는 신학자이자 예배자입니다. 공역자 김승균 전도사는 한소망교회 주일예배를 인도하며, 예배의 영성과 깊이, 그리고 실제적 적용 가능성을 함께 세워 온 귀한 동역자입니다.

『예배 음악 건축가』는 단순한 이론서가 아닙니다. 예배자의 마음을 세우고, 음악 사역자를 훈련하며, 교회 전체를 예배의 본질로 이끄는 실제적 안내서입니다. 본서가 한국 교회 예배 음악의 새로운 좌표가 되기를, 그리고 한 교회의 예배가 한 시대의 문화를 바꾸는 도구가 되기를 진심으로 기도합니다.

추천사 2

최 봉 규 목사
한소망교회 위임목사

　귀하고 꼭 필요한 책이 번역되었습니다. 본서는 예배에 있어서 중요한 부분을 차지하는 찬양의 본질과 실재에 대해 쉽고 구체적으로 이야기해 주고 있습니다. 예배 찬양을 깊이 알고 구체적 사역을 원하는 분들에게 너무 좋은 지침서가 될 것이라 생각합니다.
　예배의 회복과 부흥을 원하는 한국 교회에게 꼭 필요한 책을 번역해 주신 최승근 교수님과 김승균 전도사님께 감사하며 예배 찬양을 사랑하는 모든 분들에게 기쁨으로 추천합니다.

추천사 3

김 상 구 박사
백석대학교 실천신학 교수

　본서의 저자 콘스탄스 M. 체리 박사는 예배의 이론과 실제, 학문과 현장에 대한 연구와 경험을 두루 갖춘 학자이자 목회입니다. 오로지 예배라는 한 가지 학문을 교육하며, 이 두 마리 토끼 모두를 갖춘 후학들을 양성하고 있는 IWS(The Robert E. Webber Institute for Worship Studies)의 총장으로 사명을 감당하고 있는 것이 그 증거라고도 할 수 있습니다.

　체리 박사는 한국의 예배자들에게도 이미 많은 존경을 받고 있습니다. 기독교문서선교회(CLC)에서 출간 된 <예배 건축가 시리즈>『예배 건축가』(The Worship Architect)와『교회 예식 건축가』(The Special Service Worship Architect)는 이미 많은 신학교에서 교재로 사용하고 있습니다.

　『예배 음악 건축가』(The Music Architect)는 <예배 건축가 시리즈>의 마지막 책으로, 목회자, 신학자는 물론, 평신도 사역자들 나아가 예배와 음악에 관심 있는 모든 성도에게 큰 도전과 도움이 될 책이라 확신합니다. 본서는 올바른 예배 신학 안에서, 음악은 무엇인지, 음악은 어떻게 준비되고 사용되는지, 그리고 그 사역을 감당하기 위해 어떻게 준비하고, 실행해야 하는지를 체계적이면서도 이해하기 쉽도록 설명합니다. 특히, 저자의 독특한 건축가 은유는, 독자들로 하여금 본서의 각 장에서 제시하는 도전들을 실천해 나갈 때, 예배 음악이라는 한 건물이 든든하게 세워지는 것을 보는 기쁨을 누리게 할 것입니다.

　본서가 한국 교회에 소개될 수 있도록 수고를 아끼지 않은 최승근 박사님과 김승균 전도사님에게 감사와 격려를 전합니다. 본서가 한국 교회와 예배를 세워가는 일에 크게 쓰임 받음을 통해, 두 사람의 수고를 향한 하나님의 격려와 상급을 누릴 수 있기를 축복합니다. 본서를 읽는 독자들도 예배 가운데 하나님 나라의 향연이 경험되길 기대하며 일독하길 적극 추천합니다.

추천사 4

이 상 일 박사
장로회신학대학교 교회음악과 교수

본서가 번역 중이라는 소식을 몇 달 전에 처음 들었을 때 너무 기뻤습니다. 오래전부터 본서가 한국어로 번역되기를 기다려 왔기 때문입니다. 여러 해 전에 영어 원서를 구입해 놓고도 읽지 못한 채 책장에 꽂아 두었다가, 이번에 번역본으로 처음부터 끝까지 꼼꼼히 읽게 되었습니다. 훌륭한 번역을 해주신 역자와 이 귀한 책을 출간해 주신 출판사에 깊은 감사를 드립니다.

한국어로 쓰이거나 번역된 예배 관련 서적은 비교적 많이 있고, 그중에는 예배 음악을 일부 다룬 경우도 있지만, 온전히 예배 음악만을 다룬 서적은 드뭅니다. 예배 음악을 연구하고 가르치는 사람으로서, 본서의 저자인 체리 박사에게 감사드립니다.

저는 그분을 직접 만난 적은 없지만, 10여 년 전부터 그녀의 저서와 글을 통해 내적 친밀감을 갖고 있습니다.(부끄럽지만 그분이 여성이라는 사실은 최근에서야 알게 되었습니다.) 체리 박사는 저의 마음을 시원하게 해주는 학자입니다. 그분의 지혜와 지식은 저에게 큰 도움이 되었고, 10년 전에 번역된 『예배 건축가』는 여러 해 전부터 대학원에서 교재로 사용해 왔습니다. 이번에 출간된 『예배 음악 건축가』는 당장 이번 학기부터 <예배 음악

세미나> 과목의 주교재로 사용할 계획입니다. 본서로 학생들과 함께 공부하고 토론할 생각을 하니 벌써부터 마음이 설렙니다.

본서에서 저자는 예배 음악의 다양한 면을 다루고 있습니다. 예배 음악을 단지 음악적인 측면에서만 접근하지 않고, 신학적으로, 예배학적으로도 접근합니다. 예배 음악의 이론과 역사를 설명할 뿐만 아니라 실제로 교회에서 적용할 수 있는 내용도 많이 제안하고 있습니다. 예배 음악에 관해 균형 잡히고 종합적으로 설명해 주는 좋은 책입니다.

또한, 읽기 쉽고 필체가 따뜻합니다. 예배 사역에 참여하는 음악가들과 목회자들에게 귀한 안내서가 될 것입니다. 예배 음악에 관심 있는 모든 분에게 본서를 필독서로 강력히 추천합니다.

추천사 5

림 스위 홍(Lim Swee Hong)
토론토대학교, 빅토리아대학교, 임마누엘칼리지 종교음악 교수 및
종교음악 석사 프로그램 디렉터

21세기는 예배 전쟁 이후의 시대이다. 전통에 대한 열망과 현실적인 필요 사이에서 형성된 불안한 분열이 기독교 예배 표현을 통해 드러나는 시대이다. 이 긴장은 종종 예배에서 사용되는 음악 속에 나타난다. 의심의 여지 없이, 음악은 기독교 예배를 실현하는 데 있어 중요한 역할을 하며, 이는 이전의 의례적 행동이나 수사학적 예술에 견줄 만하다.

체리 박사는 『예배 음악 건축가』에서 현대 예배에서의 음악 만들기의 목적, 기능, 그리고 그 함의를 전략적으로 잘 풀어냈다. 회중 노래를 돕는 리더십 형성에 대한 체리의 깊은 관심을 바탕으로, 본서는 예배와 성스러운 음악 분야에서 섬기는 사람들이나 이미 봉사하고 있는 사람들에게 많은 지침을 제공한다. 이는 하나님의 백성을 찬양으로 양육하는 최전선에 있는 우리 모두에게 시기적절한 선물이다.

랜들 브래들리(Randall Bradley)
베일러대학교 교회음악 프로그램 디렉터 및 기독교음악연구센터 소장

체리 박사는 교회와 리더들이 필요로 하는 귀중한 책을 선물했다. 그녀는 교회의 음악이 신학적인 기반을 두고, 예전적으로 기능하며, 영적으로 형성되고, 회중적으로 구상되도록 그에 대한 논의를 성공적으로 재편성했다.

또한, 본서는 노래 선택, 회중 참여, 흐름 설정, 비전 창출에 대한 실질적인 통찰을 제공한다. 체리의 회중 노래에 대한 기여는 교회가 그동안 놓치고 있었던 기초적인 자원을 제공한다. 그녀의 연구는 음악 리더, 예배 인도자, 목회자, 회중, 학자들이 이 중요한 대화를 새롭게 시작할 수 있도록 했다. 본서는 음악과 예배 사역에 관여하는 모든 이들의 필독서로, 다음 세대의 생각과 실천에 영향을 미칠 것이다.

로리 놀랜드(Rory Noland)
Heart of the Artist Ministries 디렉터

체리 박사만큼 예배와 음악의 연결에 대해 잘 가르치고 글을 쓸 수 있는 사람은 없다고 생각한다. 『예배 음악 건축가』는 더 깊이 생각하고 사역하고자 하는 모든 이가 반드시 읽어야 할 책이다. 그녀는 교회의 음악이 신학적인 기반을 두고, 예전적으로 기능하며, 영적으로 형성되고, 회중적으로 구상되도록 그것들에 대한 논의를 성공적으로 재편성했다.

예배 건축가 시리즈 3

예배 음악 건축가

The Music Architect: Blueprints for Engaging Worshipers in Song
Written by Constance M. Cherry
Translated by Seung Guen Choi and Seung Kyoon Kim
Copyright © 2016 by Constance M. Cherry. This book was originally published in English under the title The Music Architect by Baker Academic, a division of Baker Publishing Group, Grand Rapids, Michigan, 49516, U.S.A. All rights reserved.

This Korean edition published in arrangement with Baker Publishing Group.

Korean Edition Copyright © 2025 by Christian Literature Center, Seoul, Korea.

예배 음악 건축가

2025년 10월 15일 초판 발행

| 지 은 이 | 콘스탄스 M. 체리
| 옮 긴 이 | 최승근, 김승균

| 편　　 집 | 정희연
| 디 자 인 | 김복심, 박성준
| 펴 낸 곳 | (사)기독교문서선교회
| 등　　 록 | 제16-25호(1980.1.18.)
| 주　　 소 | 서울특별시 동대문구 천호대로71길 39
| 전　　 화 | 02-586-8761~3(본사) 031-942-8761(영업부)
| 팩　　 스 | 02-523-0131(본사) 031-942-8763(영업부)
| 이 메 일 | clckor@gmail.com
| 홈페이지 | www.clcbook.com
| 송금계좌 | 기업은행 073-000308-04-020 (사)기독교문서선교회
| 일련번호 | 2025-78

ISBN 978-89-341-2860-1 (93230)

이 한국어판 저작권은 Baker Publishing Group와 독점 계약한 (사)기독교문서선교회가 소유합니다.
신저작권법에 의하여 한국 내에서 보호를 받는 저작물이므로 무단 전재와 무단 복제를 금합니다.

교회의 음악적 리더십에 관하여

THE
MUSIC
ARCHITECT

예배 음악 건축가

콘스탄스 M. 체라 지음
최승근, 김승균 옮김

CLC

목 차

추천사 1 류 영 모 목사 | 제5회기 한교총 대표회장, 제106회기 예장통합 총회장
                한소망교회 원로목사   1
추천사 2 최 봉 규 목사 | 한소망교회 위임목사   3
추천사 3 김 상 구 박사 | 백석대학교 실천신학 교수   4
추천사 4 이 상 일 박사 | 장로회신학대학교 교회음악과 교수   5
추천사 5 림 스위 홍(Lim Swee Hong) 외 2인   8

감사의 말   16

한국어 판을 위한 서문   19

역자 서문   23

전주곡   25

제1장 목회적 음악가 되기   34

제2장 기초 다지기   57

제3장 기반 세우기   87

제4장 예배의 운동성을 위한 노래 선택하기   141

제5장 예배 음악 평가하기   180

간주곡	213
제6장 **짧은 노래 형식 극대화하기**	217
제7장 **긴 노래 형식 극대화하기**	258
제8장 **회중의 예배 목소리 발견하기**	295
제9장 **회중 찬양 인도하기**	321
제10장 **그리스도의 몸으로서 찬양에 참여하기**	357
제11장 **찬양을 통해 제자 양성하기**	389
제12장 **탁월함을 통해 영적 리더십 추구하기**	416
후주곡	435
부록 A: 당신의 노래 정경 평가하기	437
부록 B: 회중용 교창 악보	438

감사의 말

콘스탄스 M. 체리 박사

Indiana Wesleyan University 예배학 및 목회학 교수

    책을 집필하려면 대개 조용한 방에서 홀로 책상 앞에 앉아 오랜 시간을 보내야 한다. 나 역시 그랬다. 저녁과 주말마다 나는 집무실에 앉아 이 원고에 집중했다. 그러나 이 고독 속에서 이상한 일이 일어났다. 내 음악 사역의 길을 열거나 그 길을 지속하도록 많이 도와준 사람들을 자주 떠올리게 되었다. 그들의 얼굴이 본서의 각 장이 펼쳐질 때마다 여러 번 스쳐 지나갔다. 어린 시절, 청소년 시절, 대학 시절, 혹은 초기 사역 시기에 나를 격려했던 사람들이 있었고 그러한 일은 계속 이어졌다. 나는 한 사람, 한 사람 떠올리며 그들이 내 사역의 특정 시점에서 얼마나 중요한 역할을 했는지를 깨닫고 다시금 놀라게 되었다. 결국 나는 책상 앞에 홀로 앉아 있던 것이 아니었다. 나에게는 나만의 "구름같이 둘러싼 허다한 증인들"이 있었다.

    본서를 쓰는 데 있어 그들의 간접적인 역할을 인정하는 게 적절하다고 느껴진다. 그들은 나의 생애 전반에 걸쳐 영향력을 끼쳤지만, 궁극적으로 이번 작업에 크게 이바지했다. 나는 그들에게 깊은 감사를 드린다. 그들의 도움이 없었다면 나는 이 프로젝트를 시도조차 할 수 없었을 것이다. 그들 중 많은 이는 나에게 중요한 역할을 했음을 인식하지 못할 수도 있

겠지만, 그들은 정말 중요한 존재였다.

따라서 나는 이들 중 몇 명을 언급하고 싶다. 하지만, 내가 언급하는 이들은 일부일 뿐이며, 이보다 훨씬 많은 사람이 있음을 밝힌다. 미시간주 랜싱에 있는 퍼스트유나이티드브레덴교회의 교회학교 총감독이었던 앤 바스(Ann Baas), 인디애나주 헌팅턴에 있는 칼리지파크유나이티드브레덴교회의 목사였던 레이 실해머(Ray Seilhamer), 헌팅턴칼리지의 총장이었던 이 드윗 베이커(E. Dewitt Baker) 박사, 찬송가학 교수였던 휴 T. 맥엘래스(Hugh T. McElrath), 교회 관리인이었던 카를로스 해로(Carlos Harrow)와 찰리 워커(Charlie Walker)는 모두 내게 큰 영향을 끼쳤다. 또한, 격려자였던 조앤 네이커크(Joanne Neikirk), 뛰어난 오르간 연주자이자 친구였던 메리 커크(Mary Kirk), 하나님의 목소리에 순종했던 평신도 도로시 웰스(Dorothy Wells), 교회의 비서였던 보니 폴록(Bonnie Pollock)과 앨버타 던컨(Alberta Duncan), 그리고 환대와 기도의 여인이었던 데이지 볼라스(Daisy Vollrath)에게도 감사의 마음을 전한다.

이들 각자가 내 삶의 결정적인 순간에 얼마나 중요한 역할을 했는지는 하나님만이 온전히 아신다. 여러분 덕분에 나는 내게 주어진 경주를 인내하며 달릴 수 있었다. 진심으로 감사드린다.

나는 이 작업을 하는 동안 다른 이들의 기도가 필요함을 절실히 느꼈다. 다양한 나이, 지역, 인종, 직업을 대표하는 열 사람이 기도 모임의 일원으로서 매일 나를 위해 기도한다고 약속해 주어서 감사했고, 정말로 감사드린다. 그들의 기도를 들을 수는 없었지만, 나는 그것을 느낄 수 있었다. 또한, 나의 아버지, 가족과 많은 이를 위한 지속적인 기도 사역을 이어온 해롤드 체리(Harold Cherry) 목사께도 감사드린다. 인디애나웨슬리언대학교(Indiana Wesleyan University)의 동료들이 이 프로젝트 내내 나를 위해 기도해 준 것도 내게 큰 의미가 있었다. 본서가 하나님 나라의 사역에 조금이라도 이바지할 수 있다면, 그것은 그 기도의 결과다.

<힌즈 펠로우십 어워드>(Hinds Fellowship Award: 교수진의 학술 연구를 재정적으로 지원하는 인디애나웨슬리언대학교의 프로그램 - 역자주)를 통해 본서의 집필을 위한 학문적 지원을 제공해 준 인디애나웨슬리언대학교와 신학부 및 목회학부 동료들의 관심과 지원에 깊은 감사를 표한다. 특히, 성경 연구와 신학의 각 분야에서 친절하게 조언해 준 일레인 버니어스(Elaine Bernius)와 크리스 바운즈(Chris Bounds)에게 감사드린다.

본서는 (다른 책들처럼) 궁극적으로 교회와 강의실 커리큘럼의 필요를 채우려는 시도로 탄생했다. 인디애나웨슬리언대학교의 훌륭한 학생들과 '로버트웨버예배학연구소'(The Robert E. Webber Institute for Worship Studies)의 학생들이 나에게 귀한 영감을 주었다. 그들의 깊은 질문과 통찰은 내가 특정 관점을 형성하고 도전하도록 만들었다. 그들의 영향이 본서의 곳곳에 담겨 있다. 그들에게 깊은 감사를 표한다.

또한, 훌륭하게 편집해 준 켈리 빅슬러(Kelly Bixler)에게도 감사드린다. 베이커출판사의 밥 호삭(Bob Hosack)과 본서를 출판하는 기회를 제공한 모든 이에게 감사를 표한다. 그들이 이 프로젝트의 시작부터 끝까지 함께해 주었다는 것은 나에게 큰 영광이다.

마지막으로, "주의 궁정에서의 한 날이 다른 곳에서의 천 날보다 나은즉"이라는 찬양의 대상이자 근원이신 하나님께 감사드린다.

한국어 판을 위한 서문

콘스탄스 M. 체리 박사

    그리스도 안에서 하나님을 사랑하고 교회에서 음악 사역을 감당하고 있는 한국의 형제자매들에게 인사를 전하게 되어 매우 기쁘고 감사하다. 『예배 음악 건축가』가 한국어로 출간되게 된 것을 영광스럽게 생각한다. 나는 지금까지 세 차례 한국을 방문하여 사역한 적이 있고, 그때마다 한국 교회에 대한 깊은 애정을 품게 되었다. 한국 교회에서 울려 퍼지는 거룩한 음악의 아름다움을 들었고, 성도들이 찬양할 때 보여주는 열정과 진심을 직접 목격한 바 있다. 본서가 한국 성도들을 찬양으로 인도하는 데 큰 도움이 되리라 확신한다.

    시편과 찬송, 신령한 노래를 부르는 일은 기독교 예배의 가장 소중한 전통 가운데 하나다. 이는 모세와 미리암의 노래(출 15:1-21)로부터 시작해 하나님과 어린양께 드려지는 영원한 찬양(계 19:1-8)에 이르기까지 이어지는 우리의 끊기지 않는 유산이다. 그러나 오늘날 교회는 교회 음악에 이러한 의도를 부여하는 헌신 된 인도자가 부족한 시대를 지나고 있다. 모든 노래가 예배 안에서 불릴 만한 가치를 지닌 것은 아니다. 어떤 노래는 신학적으로 정확한 메시지를 담고 있지 않거나, 가사나 음악이 아름답지 않거나, 예배공동체가 부르기에 적절하지 않은 경우도 있다.

『예배 음악 건축가』는 성경에 기초하고 실천적으로 쓰인 책으로, 음악 사역을 준비하는 이들에게 실제적인 도움을 줄 수 있다. 본서는 주간 예배에서 성도들이 부를 노래를 계획하고 준비하는 책임을 지닌 이들을 도전하고 인도하기 위해 쓰였다. 우리가 선택하는 음악은 성도들을 훈련하고 형성하는 데 깊은 영향을 준다. 음악은 결코 중립적이지 않다. 음악은 우리의 신앙을 성장시키거나 오히려 방해할 수 있다. 음악 사역은 그만큼 중대한 자리이다.

본서의 번역을 위해 많은 시간과 수고를 아끼지 않은 최승근 박사와 김승균 전도사에게 깊은 감사를 전한다. 나는 한국에서 강의하고 사역하며 이들을 만나게 되었고, 하나님과 음악, 그리고 교회를 향한 진실한 마음을 느낄 수 있었다. 또한, 본서를 포함해 내 여러 저서를 출간한 기독교문서선교회(CLC)에도 감사를 전한다. 본서의 번역과 출간을 위해 애쓴 모든 이들에게 진심으로 감사하며, 본서가 하나님의 영광을 드러내고, 찬양하는 성도들을 세우는 도구로 귀하게 사용되기를 기도한다.

2025년 5월 15일

To the Korean Readers

It is my great privilege to send a note of greeting to my Korean brothers and sisters in Christ, who love God and who serve him in music leadership in the church. I am honored that *The Music Architect: Blueprints for Engaging Worshipers in Song* is now appearing in the Korean language. I have a fondness in my heart for the Korean church, having ministered there on three occasions. I have heard the beauty of sacred music in your churches; I have witnessed the passion with which you sing. I am confident that this volume will serve you well as you guide Korean believers in song.

The singing of psalms, hymns, and spiritual songs is one of the most treasured aspects of Christian worship. It is our uninterrupted heritage from the Song of Moses and Miriam (Ex. 15:1-21) to the eternal praise to God and to the Lamb (Rev. 19:1-8). However, at this point in our history the church suffers from the lack of dedicated leaders who bring intentionality to the music of the church. Not every song written is worthy to be sung. Some songs lack a theologically accurate message, or a beautiful text, or music suitable for the worshiping congregation to sing.

The Music Architect will help you as it is both biblically grounded and highly practical. It was written to challenge and guide those who have responsibility for planning and preparing the music that their people will sing weekly. We should not underestimate the degree to which our choices will disciple and form them. Music isn't neutral; it will spiritually form us or hinder our growth in Christ. A lot is on the line when we serve in music ministry.

I owe a debt of gratitude to two gifted individuals who dedicated many hours to translating The Music Architect: Dr. Seungkeun Choi and Seung-gyuyn Kim. I met them recently while teaching and speaking in Korea. I know they have a heart for God, music, and the church. I am also very grateful to Christian Literature Center for their commitment to publishing several of my books. I sincerely thank everyone who brought this project to completion. May God bless all who use this book for his glory and the edification of singing saints.

Rev. Dr. Constance M. Cherry, President
The Robert E. Webber Institute for Worship Studies
May 15, 2025

역자 서문

최 승 근 박사
장로회신학대학교 예배설교학 교수

예배는 교회의 존재를 규정하고 공동체의 신앙을 형성하는 장이다. 따라서 교회공동체가 예배를 어떻게 기획하고 실행할 것인가는 매우 중요한 과제이다. 콘스탄스 M. 체리(Constance M. Cherry) 박사는 이러한 예배의 본질을 깊이 성찰하면서 실제 예배 현장에 적용할 수 있는 신학적·실천적 지침을 제공해 온 학자다.

신학교에서 예배 기획 관련 과목들을 강의할 때마다 체리 박사의 *The Worship Architect*와 *The Special Service Worship Architect*를 교재로 사용하며 많은 도움을 받아왔다. 『예배 건축가』와 『교회예식 건축가』라는 제목으로, 한국어로도 번역된 두 책은 예배의 구조와 흐름을 성경적·신학적 토대 위에 설계할 수 있도록 돕는 귀한 통찰을 제공한다. 이번에 『예배 음악 건축가』라는 제목으로 번역, 출간되는 *The Music Architect: Blueprints for Engaging Worshipers in Song*은 체리 박사의 <예배 건축가 시리즈> 세 번째 책으로, 예배의 여러 요소 가운데 음악을 집중적으로 탐구한다.

예배에서 음악은 흔히 문화적 취향이나 감정적 선호의 문제로 여겨져 왔고, 그로 인해 교회 안에서 여러 문제를 일으키기도 한다. 그러나 체리 박사는 음악을 예배의 본질적 목적을 위해 매우 중요한 역할을 하는 필수적 설계 요소로 제시한다. 예배에서 음악은 예배자들이 하나님과 깊이 연결될 뿐 아니라 함께 예배하는 사람들과도 연결되도록 돕는 강력한 매개이다. 이러한 이해를 바탕으로, 체리 박사는 예배에서 음악과 관련된 문제나 논쟁을 단순히 스타일의 갈등으로 축소하지 않고, 예배 신학과 교회 공동체의 정체성과 형성 차원에서 깊이 성찰하도록 요청한다. 즉, 음악을 통해 예배자들이 어떻게 하나님을 경험하고, 공동체의 구성원들이 어떻게 연결되는지를 고민하게 하며, 교회 음악 사역자에게 단순한 인도자나 연주자가 아니라 예배를 세우고 교회를 세우는 건축가로서의 사명을 감당하는 목회적 음악가가 되도록 도전한다.

한국 교회의 예배에서 음악은 중요한 부분을 차지한다. 『예배 음악 건축가』가 한국 교회의 예배 현장에서 음악의 신학적, 목회적 의미를 재발견하게 돕고, 예배를 인간 중심적이 아니나 하나님 중심적으로 다시 설계하는 데 이바지하기를 바란다.

『예배 음악 건축가』 번역 작업을 함께한 공동 역자 김승균 전도사에게 깊은 감사를 드린다. 음악 전공자로서 특히 음악 전문 용어를 적절한 한국어로 선택하는 데 큰 도움을 주었다. 예배학과 관련된 좋은 저서들을 계속 번역, 출간하여 한국 독자들이 좀 더 쉽게 접할 수 있게 늘 수고해 주시는 CLC 출판사 관계자분들께도 감사를 표한다.

아무쪼록 『예배 음악 건축가』라는 귀한 책을 통해 한국 교회의 예배에서 하나님의 마음에 합한 노래들이 좀 더 많이 불리게 되길 소망한다.

전주곡(Prelude)

여러분과 나에게는 공통점이 있다. 만약 여러분이 본서를 읽고 있다면, 우리는 적어도 두 가지에 대한 열정을 공유하고 있을 가능성이 있다. 바로 성경의 삼위일체 하나님을 예배하는 일과 이를 위한 주요 수단으로 공동체에서 음악을 만드는 일이다. 본서는 음악과 예배의 관계를 다룬 책이다. 나는 여러분이 음악을 통해 예배의 경이로움을 경험해 봤으리라 생각한다.

어쩌면 여러분도 나와 마찬가지로 음악에 참여하는 사람이거나 리더일 수도 있다. 그렇다면 때때로 어떻게 하면 예배 음악에 좀 더 잘 참여할 수 있고, 좀 더 나은 리더가 될 수 있는지 고민하고 있을 것이다. 여러분만이 그런 것이 아니다. 내가 아는 모든 예배 인도자는 어떻게 하면 더 나은 음악가가 될 수 있을지, 어떻게 하면 음악가로서 예배를 잘 인도할 수 있을지 연구하고 있다. 그래서 본서가 여러분에게 도움이 될 것이다.

1. 왜 예배 음악에 관한 책인가?

오늘날 교회는 심각한 문제에 직면해 있다. 재능 있는 예배 음악가들이 많지만, 예배에 대한 교육을 실제로 받은 사람은 매우 적다. 그들은 놀라운 목소리를 소유하고, 드럼과 피아노, 오르간, 기타를 아름답게 연주할 수 있으며, 모든 파트의 합창단 및 보컬(노래하는 사람을 의미하는 모든 용어는 이해를 돕기 위해 '보컬'로 통일함 – 역자주) 팀을 훌륭하게 지휘한다. 그러나 그들은 그리스도인의 가장 중요한 기독교 공동체의 예배와 관련한 공식적인 훈련을 사실상 전혀 받지 못했다. 심지어 대부분 목회자 역시 목회자로 훈련받는 과정에서 예배에 대해 깊이 생각할 수 있는 학업의 기회를 얻지 못했다. 그 결과, 재능과 선한 의도는 가지고 있지만 예배라는 중요한 자리에서 하나님의 백성을 인도하기에 부족한 사람들이 많아졌다. 본서는 이러한 준비가 부족한 예배 인도자들과 그들 앞에 모여 매주 함께 하나님을 예배하는 신실한 그리스도인들을 위해 쓰였다.

본서는 교회의 음악적 리더십에 관한 책이지만 단지 음악가만을 위한 책은 아니다. 예배 사역에는 목회자, 음향 엔지니어, 반주자, 그래픽 아티스트 등 다양한 사람들이 다양한 역할을 맡고 있고, 예배 음악에서 일종의 리더십 역할을 한다. 오늘날 교회에 가장 필요한 것은 이 리더들이 음악의 목적을 분명히 이해하고, 음악 자체의 장점뿐 아니라 전체 예배에서 음악의 적절한 역할에 대한 비전을 공유하는 일이다.

본서는 지역교회의 음악에 관해 다룬다. 하지만, 음악가들이 음악을 좀 더 잘 연주할 수 있도록 훈련하는 책은 아니다. 대신 지역교회의 음악 사역에 참여하는 모든 사람(음악가이든 그렇지 않든)이 예배에서의 음악을 위해 더 깊이 기도하고 하나님께서 주신 목적을 가장 잘 성취하도록 안내하고자 한다.

2. 건축가 메타포

모든 사람은 '예배 음악 건축가' 즉 예배에서 음악과 관련한 책임을 공유하는 자격을 갖는다. 본서는 이곳저곳에서 건축가의 역할을 은유적으로 사용한다. 건축가들은 기능적 공간만을 디자인하지 않는다. 그들은 질서와 아름다움이 만나는 아름다운 기능적 공간을 디자인한다. 그들은 엔지니어일 뿐만 아니라 예술가이기도 하다. 신뢰할 수 있는 건물을 만들기 위해서는 특정 단계들을 반드시 따라야 하지만 그들의 작업은 새로운 시도를 전혀 하지 않는다든가 진부하지 않다. 각 건물은 그곳에 거주하는 사람들에 따라 다르게 비친다.

건축가는 건축 원칙에 충실하면서도 구조가 건물을 사용할 사람들에게 어떻게 도움이 될 것인지를 예리하게 인식하고 있다. 그들은 건물의 목적을 위한 물리적 매개변수를 설계하면서도, 설계에 자신의 흔적을 남길 수 있을 만큼 숙련되어 있다. 건물이 완성되면 입주자는 공간이 만들어진 목적을 자유롭게 누릴 수 있게 된다. 이것을 보고 건축가는 설계 단계에서 상상했던 것보다 훨씬 더 나은 결과를 얻게 되는 것으로 인해 기뻐한다.

예배 음악 건축가는 질서와 아름다움을 함께 가져오고, 예배에서 음악이 최고의 기능을 발휘하여 하나님과 사람 사이에 일어나는 관계를 향상하는 데 필요한 요소들을 마련한다. 그들은 예배에서 음악의 위치, 음악과 다른 요소와의 관계, 거룩한 만남을 장려하는 음악의 능력을 이해하면서, 질서와 아름다움이 모두 작용하게 한다. 그들은 상호 배타적이지 않다. 공통의 목적을 가진 파트너로서 새로운 방식, 즉 각 공동체의 고유한 방식으로 특정 시간과 장소에서 예배 음악을 통해 하나님께 영광을 돌린다. 예배 음악 건축가는 사람들이 노래에 참여할 수 있도록 돕고, 그 결과로 노래의 의미와 아름다움을 자유롭게 즐길 수 있게 한다. 그리고 그것은 예배 음악 건축가들이 꿈꿨던 것 이상일 때가 많다.

3. 독자는 무엇을 기대할 수 있는가?

본서는 예배 음악에 관한 다른 책들과 여러 면에서 확연히 다르다.

첫째, 요즘에는 예배(worship)와 음악(music)이 동의어로 사용되게 되었다. 안타깝게도 많은 곳에서 예배와 음악이 마치 하나이고 똑같다고 가정하는 것처럼 언급된다. 일부 책은 이러한 용어의 혼란을 가중한다. 본서는 리더들이 예배와 음악을 서로 연관되어 있지만 별개인 것으로 이해하도록 돕고자 한다.

둘째, 위의 혼란 때문에 '예배 인도자'는 마치 음악에만 종사하는 사람인 것 같이 되었다. 본서는 예배 인도자의 범위와 관련해서 음악가를 포함하되 음악가에만 국한되는 것이 아닌, 예배에서 음악에 대한 책임이 있는 모든 사람을 포함하여 훨씬 더 광범위하게 정의하고자 한다.

셋째, 나는 의도적으로 교회 음악보다는 예배 음악을 사용하기로 선택했다. 본서의 초점은 노래를 통해 예배하는 회중이기 때문에 이 용어를 사용하는 것이 합리적이다. 교회 음악 분야는 전통적으로 리더의 클래식 음악 발전에 중점을 두고 이에 필요한 광범위한 전문 지식을 수반한다. 이는 일반적으로 등급별 합창단 시스템, 악기 및 성악 앙상블 개발, 음악 프로그래밍, 회중 찬송 선택 및 인도, 예배 기획, 교회 내 음악 부서 관리 등을 포함한다. 나는 교회 음악의 위대한 전통을 높이 평가한다. 나는 단지 여러분이 이러한 측면들에서 도움을 구하는 교회 음악가라면, 본서에서 이러한 주제의 대부분이 다루어지지 않아 실망하게 될 것 같아 미리 언급하는 것이다. 다행히도 이러한 요구는 다른 곳에서 충족될 수 있다. 그러나 본서에서 여러분은 교회의 음악을 인도한다는 여러분의 주된 임무를 수행하는 데 있어서 통찰력과 실질적인 도움을 얻게 될 것이다.

『예배 음악 건축가』의 초점은 교회 음악의 초점보다 더 좁으면서도 넓다. 『예배 음악 건축가』는 거의 전적으로 한 가지, 즉 교회의 노래(그리고 그것을 상황에 맞게 인도하는 방법)에만 집중한다는 점에서는 그 초점이 더 좁다. 그러나 이 한 가지를 다양한 관점에서 폭넓게 바라본다는 점에서는 더 넓다. 이 다양한 관점은 음악을 효과적으로 이끄는 데 있어 중요하다. 이것이 바로 내가 본서 전체에서 두 단어를 전략적으로 사용하는 이유이다. '노래'는 예배자들이 부르는 것을 지칭하고 '음악'은 노래가 속한 더 큰 영역을 지칭한다.

예를 들어, 본서는 리더들이 예배 음악을 전체적으로 생각하고, 예배자들이 교회가 하는 노래의 주요 참여자로 생각하도록 돕고자 한다.

본서는 예배자들이 공동예배에서 주님을 노래하라는 부르심에 온전히 참여하게 돕도록 세워진 다양한 교회 리더들을 위한 포괄적인 안내서이다. 『예배 음악 건축가』의 요지는 회중의 노래와 교회의 예배를 위해 사려 깊고 신실하며 기도하는 마음으로 노래를 사용하는 리더들이다.

나는 음악가이자 목회자로서 40년 이상 교회를 섬긴 예배 인도자로서의 경험을 바탕으로 본서를 썼다. 나는 소형, 중형, 대형 규모의 교회, 악보를 읽을 수 없는 사람들, 뛰어난 전문 스튜디오 음악가들 등, 다양한 스타일의 사람들과 함께 섬길 수 있는 행운을 누렸다. 나는 영국 교회와 다문화 교회, 또 시골 지역과 대도시 지역에서 사역했다. 이 사역 분야를 준비하기 위해 일찍이 음악 학위를 취득했고, 내 기술을 발전시키고 다른 사람들이 하나님의 집에서 음악을 만드는 일을 돕는 것을 좋아했다.

그러나 얼마 지나지 않아 나는 음악과 예배의 관계를 더 많이 이해하고 싶어졌다. "예배와 음악은 어떤 관계를 맺고 있는가?"라는 질문이 생겨났다. 감사하게도 나는 대학원에서 신학과 예배학을 공부할 기회를 얻었고, 그 덕분에 내 질문에 대한 답을 얻을 수 있었다. 나는 지금도 신학, 예전, 음악, 사역의 통합을 위해 노력하고 있다. 이것이 내 평생의 목표가 될 것이라고 예상한다. 나는 모든 답을 갖고 있지도, 아주 많은 답을 갖고 있지도 않지만, 우리가 함께 그리스도의 마음을 가지려고 노력하며, 이러한 문제에 있어서 하나님의 길과 뜻을 따라가는 모든 사람과의 연합을 좋아한다.

내 자신의 리더십은 항상 진보적이기 때문에, 나는 다른 사람들과 대화하면서 본서를 좀 더 대화적으로 쓰려고 노력했다. 그래서 내가 만났던 몇몇 예배 인도자의 이야기를 포함하기도 했다. 또한, 우리가 교사/학생, 전문가/초보자의 관계가 아니라, 전문 지식이나 경험 정도에 무관한 동료라는 느낌을 주려고 일인칭과 이인칭 대명사를 사용했다. 본서를 읽을 때 저자, 다른 독자들과 동네 커피숍에서 예배 음악이라는 중요한 주제를 놓고 이야기한다고 생각해 주었으면 한다. 이 서곡을 통해 서서히 우러나는 커피의 향을 느끼기 시작하길 바란다.

4. 본서는 어떻게 도울 수 있는가?

본서는 <예배 건축가 시리즈>의 세 번째 책이다.
첫 번째 『예배 건축가』는 예배 전체, 처음부터 끝까지, 기획 단계부터 예배를 실제로 인도하는 과정을 다룬 책이다. 그 책의 두 장은 예배 건축가에게 회중 찬송을 예배의 다른 많은 구성 요소 중 하나로서 예배에 통합하는 방법에 관한 기본적인 지식을 제공했다.
두 번째 책인 『교회 예식 건축가』는 예배 준비의 원칙을 성례전과 통과의례, 다른 특별한 예배 예식에 적용한다. 본서에서 예배 음악은 각 예식을 위한 추천 노래 외에는 다뤄지지 않는다. 현재 두 책은 모두 미래의 사역자들을 훈련하는 학교 기관과 목회자와 평신도 리더십을 활발하게 하려는 지역교회에서 사용되고 있다.

이 책들은 영어뿐 아니라 다른 언어로도 번역 출판되었다.

마지막 책인 『예배 음악 건축가』는 예배의 세 번째이자 좀 더 구체적인 측면인 예배 음악을 다룬다. 나는 본서가 학교와 지역교회의 선생들이 예배 음악과 관련된 사역에서 다른 사람들을 제자화하는 일에 도움이 되길 소망한다.

세 권의 책에는 몇 가지 공통점이 있다.

첫째, 독자는 이 책들 전반에 걸쳐 일관되게 흐르는 예배 철학을 발견할 것이다.

둘째, 세 권의 책은 모두 신학과 실천을 통합한다. 지역교회들은 성경적, 신학적, 역사적, 문화적, 목회적 원칙에 따라 사역하는 리더들이 필요하다.

셋째, 각 책에서 제시된 문제에 대한 접근법은 본질적으로 초교파적이다. 개인적으로 나는 웨슬리 전통에서 사역했다. 그러나 독자들은 책들의 내용은 모든 기독교 리더가 공감할 수 있는 수준에서 다뤄졌다는 것을 알게 될 것이다. 리더들은 항상 공통의 원칙을 그들의 상황에 맞게 해석하고 적용할 수 있는 방법을 모색해야 한다.

넷째, 나는 예배 사안에 대한 목회적 접근을 추구한다. 교회에서 리더십을 발휘하는 일은 쉽지 않다. 변화는 어렵고 세심한 주의를 요한다. 각 책에서 제시된 전략은 함께 섬기는 사람들에 대한 배려와 사랑을 보여주는 리더십 접근법을 제안한다.

다섯째, 세 권의 책은 모두 똑같은 구성을 따른다. 각 장은 독자가 주제에 대해 생각하도록 돕기 위해 마련된 일련의 질문인 '탐구하기'로 시작한다. '심화하기'는 리더의 사고에 정보를 제공하고 다듬는 데 필요한 중요한 내용을 제공한다. 그다음에 각 장은 독자들의 상황에 적절하게 적용할 수 있는 실제적인 제안인 '참여하기'로 마무리된다. 각 장에서 중요한 용어는 굵은 글씨로 표시되고, 장 끝에서 정의된다. 또한, 각 장의 마지막에는 참고 문헌 목록이 포함된다.

　본서는 예배 인도자의 인격체를 살피는 내용으로 시작하고 마친다. 왜냐하면, **우리는 누구인가**(who we are)는 항상 우리는 무엇을 하는가(what we do)보다 우리 사역에 더 큰 영향을 미칠 것이기 때문이다. 제1장은 책 전체에서 '예배 음악 건축가'와 함께 사용되는 '목회적 음악가'라는 용어에 대한 개념을 명확하게 정리한다. 제12장은 영적 리더십의 측면에서 탁월함을 추구하는 리더에 대해 설명한다. 제1장과 제12장은 그 사이에 있는 10개의 장에서 다뤄지는 토론의 틀을 구성한다. 10개의 장은 음악 건축가들이 그들이 맡은 바를 높은 수준에서 수행하는 데 도움을 줄 수 있는 별개의 주제들을 다루는데, 그 순서는 다음과 같다.

① 예배라는 큰 그림과 관련된 음악
② 예배에서 음악의 특별한 역할과 기능
③ 예배 순서에서 효과적인 노래 배치하기
④ 예배 음악 평가하기
⑤ 짧은 노래 형식을 극대화하기
⑥ 긴 노래 형식을 극대화하기
⑦ 예배의 스타일과 표현 구분하기
⑧ 회중 찬양을 인도하는 기술
⑨ 예배자들의 참여도 높이기
⑩ 예배의 형성적 본질

　(다양한 회중 노래 사용에 관해 간략하게 소개하는) 간주곡(interlude)과 (결론인) 후주곡(postlude)으로 본서를 마무리 짓는다.

따라서 여러분이 그곳이 어디든 여러분의 지역 예배공동체에서 음악적 참여나 리더십을 한 단계 끌어올리는 방법을 찾고자 한다면, 제대로 찾아왔다. 의자와 커피잔을 가져오라. 테이블에 당신을 위한 자리가 마련되어 있다.

2015년 성령강림 주일에

제1장

목회적 음악가 되기

탐구하기

본 장을 읽기 전에 친한 친구와 함께 아래의 질문들을 숙고하고 토론해 보자.

1. 최근 사람들에게 자기 소개가 필요한 모임에 참석한 적이 있는가? 자기를 소개할 때 직업과 관련된 정체성을 언급했던 이들은 그중 몇 명이었는가?
2. 사역과 관련된 것 외에, 현재 어떤 (공식적 또는 비공식적) 직함을 가지고 있는가?
3. 이러한 직함으로 표현되는 소개 방식을 어떻게 바꿀 수 있겠는가?

1. 심화하기

우리는 종종 직함으로 정의된다. 좋든 나쁘든 직함은 우리의 정체성을 입증한다. 우리는 공개적인 모임에서 자기 소개를 요청받을 때, "저는 전업주부입니다", "저는 고등학교 교장입니다" 등, 우리가 무엇을 하고 있는지를 말하면서 자신을 소개할 때가 많다. 직함은 공식적(로스앤젤레스시의 수석 변호사)이든 비공식적(엄마)이든, 우리가 누구이고 무엇을 하는지에 대한 단서를 제공한다. 물론, 우리는 무엇을 하는가와 우리는 누구인가가 같은 것은 아니다. 무엇보다 우리는 우리의 직업과는 별개로 하나님의 형상(*imago Dei*[이마고 데이])으로 지음을 받은 하나님의 자녀다.

동시에 우리는 누구인가와 우리는 무엇을 하는가는 종종 연관되어 있다. 우리의 관심사, 타고난 재능, 영적 은사, 문화적 배경 등은 우리가 누구인가를 형성하는 데 영향을 끼칠 뿐 아니라, 자연스럽게 특정 직업으로 우리를 이끌면서 삶의 경로를 결정하는 경우가 많기 때문이다. 우리는 누구인가와 우리는 무엇을 하는가 간의 연결성은 서구 문화에서 피할 수 없는 부분이다.

교회에서 음악적 리더십에 있는 많은 사람은 유급이든 무급이든, 예배 인도자, 목사, 예배 목사(worship pastor), 음악 감독, 음악 목사, 예배 예술 목사(worship arts pastor) 등, 그들의 역할을 설명하는 직함을 가지고 있다. 이러한 직함들은 몇 가지 일반적인 예에 불과하다. 사역 관련 구직 웹사이트에 들어가면, 최근 몇 년간 사역 직함의 명칭이 매우 다양해졌음을 알 수 있다.

하지만, 당신은 **무엇을 하는가**와 당신은 **누구인가**를 모두 결합하는 직함이 있는가?

본 장에서는 목회적 음악가(pastoral musician)라는 직함을 심도 있게 살펴볼 것이다. 예배 음악 리더십에 있는 사람들에게 적합한 직함이 여럿 있을 수 있겠지만, 목회적 음악가라는 직함에는 수행되어야 하는 직무 그 이상을 담을 수 있는 심오한 잠재력이 있다. 또한, 리더들이 그들은 누구인가에 따라 직무에 어떻게 특정하게 접근하는가에 대해서도 보여준다. 본서의 목적은 교회에서 음악적 리더십을 맡고 있는 사람들이 하나님께 영광을 돌리고 예배자들을 교화하는 방식으로 그들의 직무를 수행하도록 돕는 것이다. '목회적 음악가'라는 직함은 존재(being)와 실행(doing)을 결합하는 다차원적인 리더십 유형, 즉 그리스도의 형상을 닮아가고, 그 결과 다른 사람들과 함께 하나님 중심의 사역을 수행할 수 있는 리더를 나타낸다. 이 용어는 공동예배에서 모든 음악적인 측면을 책임지는 사람들을 포괄하는 의미로 폭넓게 사용될 것이다(이러한 접근은 앞으로 좀 더 분명하게 이해될 것이다). 목회적 음악가도 예배 건축사라는 사실을 기억하라. 본서의 서곡에서 설명했듯이, 예배 건축가는 구상 단계부터 예배 자체, 예배 평가에 이르기까지, 예배의 많은 측면에서 예배 전체를 고안하고 인도하는 데 책임이 있는 사람이다. 그러한 책임의 한 차원이 예배를 위한 음악적 리더십이고, 그런 의미에서 특히 우리는 예배 음악 건축가다.

2. 목회적 음악가의 정의

'목회적 음악가'라는 용어는 기독교의 일부 분야에서는 고유한 역사를 가지지만, 다른 분야에서는 잘 알려지지 않았다. 하지만, 이 용어는 많은 장점이 있다. 아래의 정의는 그 의미를 설명하는 데 도움이 될 것이다.

> 목회적 음악가란 하나님께 영광을 돌리는 궁극적인 목적을 위해 예전의 진행을 돕고 예배자들을 온전한 참여자로 참여시키며 성경적, 신학적, 상황적 의미를 성찰하는 방식으로 예배에서 음악을 선택, 사용, 인도할 수 있는 숙련된 기술과 하나님이 맡기신 책임을 진 영적 리더다.[1]

위의 정의에는 몇 가지 핵심 문구와 아이디어가 있다.

1　Constance M. Cherry, *The Worship Architect: A Blueprint for Designing Culturally Relevant and Biblically Faithful Services* (Grand Rapids: Baker Academic, 2010), 180 (adapted). J. Robert Clinton의 아이디어를 토대로 했음.

첫째, 목회적 음악가는 영적 리더로서 예수 그리스도와의 관계에서 비롯되며, 교회의 영적 발전을 위해 리더십을 발휘한다.

둘째, 목회적 음악가는 개발된 기술을 가지고 있다. 그들은 타고난 재능 이상의 것을 가지고 있고, 자신의 소명에 합당한 방식으로 그리스도와 교회를 섬기기 위한 수단으로 자기 기술을 극대화하기 위한 목적으로 훈련해 왔다. 그들은 하나님이 주신 은사를 계속 훈련함으로써 하나님께 영광을 돌리려고 노력한다.

셋째, 목회적 음악가들은 예배에 사용되는 음악의 일부 측면에서 하나님이 지우신 책임이 있다. 보수를 받든 봉사이든, 그들은 하나님과 교회의 뜻에 따라 이 사역을 위해 지정된 리더십에 배치되었다. 목회적 음악가들은 성경적 예배의 더 큰 목적을 위해 음악으로 섬긴다는 것을 이해하고, 예배자들이 이러한 목적을 성취하는 데 온전히 참여할 수 있도록 돕는다.

넷째, 목회적 음악가들은 자신의 사역이 성경적, 역사적 기독교 신앙에 충실히 기초할 수 있도록 신학적 기초 속에서 신중하게 숙고한다. 동시에 그들은 주어진 현장에서 공동체에 가장 잘 맞는 음악을 제공하기 위해 상황과 문화적 현실을 직시하도록 노력한다.

다섯째, 목회적 음악가들은 모든 예배자가 하나님의 영광을 노래할 수 있도록 최선을 다한다.

3. 목회적 음악가에 대한 묘사

정의는 매우 유용할 수 있다. 그러나 때로는 사람과 사역의 유형에 관한 서술이 유익할 수도 있다. 아래는 목회적 음악가의 정의에 대한 일련의 간결한 서술적 진술들이다. 아래의 진술들은 목회적 음악가라는 **인격체**(*person*), 목회적 음악가의 **비전**(*vision*), 목회적 음악가의 **역할**(*role*)이라는 세 가지 차원을 서술한다. 아래의 각 차원에 대한 완전하지는 않지만, 포괄적인 진술들을 통해 몇 가지 주요한 주제에 대해 자세히 설명하겠다. 그리고 다른 주제들은 이어지는 장들에서 자세히 다루겠다.

1) 목회적 음악가라는 인격체

목회적 음악가로서는 성장과 섬김의 여정에서 하나님의 사랑을 받고 구속받은 피조물로서 자신이 누구인지 인식하는 것에서 그 첫걸음을 시작하게 된다.

그 특징은 다음과 같다.

(1) 기독교 신앙을 온전히 받아들이고 실천한다.
(2) 영적으로 점점 성숙해지고 있음을 보여준다.
(3) 자신의 영적 은사를 인식하고 있음을 보여준다.
(4) 예배 사역에 대한 소명을 확인한다.[2]
(5) 하나님이 맡기신 공동체의 구성원들을 포용하고 격려하며 사랑한다.
(6) 평생 학습에 헌신한다.
(7) 목회적 음악가로서의 지속적인 발전을 통해 하나님과 사람들에게 책임을 다한다.

사역에서 당신이 어떤 **사람**인지는 당신이 가진 어떤 기술이나 자질보다 사역에 더 큰 영향을 끼친다. 결국, 당신이 누구인지는 당신이 무엇을 하는지보다 더 깊은 인상을 주게 될 것이다. 우리의 인간성은 **이마고 데이**(*imago*

---

2 리더가 교회의 공식적인 리더 자격증과 같은 것을 가지고 있을 수 있지만, 반드시 그래야 하는 것은 아니다. 목회적 음악가는 이러한 자격증의 유무보다 예배와 음악 사역을 수행하는 방식에 따라 더 잘 정의된다.

Dei)에 뿌리를 두고 있다. 우리 인간은 하나님의 형상대로 지어졌다(창 1:26). 이를 넘어서, 우리는 또한 믿음으로 말미암아 그리스도 예수 안에서 하나님의 자녀가 된다(갈 3:26). 인격체로서 우리 정체성은 (하나님의 형상대로 만들어진) 창조의 힘과 (하나님의 자녀가 된) 재창조의 힘에 의한 하나님과의 관계 속에서 찾는다. 우리 정체성의 근본은 하나님과의 관계에 뿌리를 두고 있지만, 우리 인간성은 시간이 지남에 따라 발전하고 성숙하는데, 이는 평생이 걸리는 과정이다. (우리가 이미 되었고, 되어가고, 앞으로 될) 목회적 사역자라는 인격체는 예수 그리스도의 제자이고, 영적 성숙도가 깊어지고, 교회의 일원이고, 소명 의식을 가지고 있다는 몇 가지 중요한 특성을 보인다.

① 예수 그리스도의 제자

진정한 목회적 음악가는 무엇보다 먼저 예수 그리스도를 온전히 따르는 제자여야 한다. 리더로서 그리스도와의 관계는 사역의 기초이다. 비그리스도인들은 종교적 환경에서 일을 할 수 있지만, 신의 이름으로 수행하는 이들은 그 신과의 관계를 떠나서는 **사역을 할 수 없다**.[3]

목회적 음악가들은 그들을 그리스도인으로서 인정할 것이고, 삼위 하나님에 대한 사랑과 헌신, 다른 이들을 향한 사랑과 연민을 보여줄 것이다. 그들은 기독교의 정통 교리에 헌신할 것이고, 성경을 삶과 사역에 대한 권위 있는 책으로 받아들일 것이다. 그들은 예수님을 주라고 부르고 그분의 가르침에 따라 살아갈 것이다. 그리스도 안에 있는 것은 진정한 사역을 위한 전제 조건이다.

---

3   그렇다고 해서 하나님이 교회의 유익을 위해 비그리스도인의 사역을 사용하지 않으신다는 뜻은 아니다. 그러나 하나님의 은혜로 이런 일이 자주 일어난다는 말이다. 사역은 헌신된 그리스도인이라고 전제된 사람이 하나님으로부터 받은 소명에 따라 살아가는 방식이라고 할 수 있다.

② 영적 성숙도 심화

목회적 음악가들은 그리스도인으로서 신앙을 선포할 뿐 아니라 영적 성숙을 위해 평생토록 헌신한다. 그리스도 안에서의 성장과 리더십의 성장은 분리될 수 없다. 우리가 리더로서 어떻게 성장하는가는 하나님이 우리를 그리스도의 모양대로 빚어가시는 과정과 깊이 연관되어 있기 때문이다. 리더십에 대한 우리의 관점은 우리 삶에서 역사하시는 하나님에 대한 경험과 관련하여 시간이 지나면서 변하게 된다.

때때로 젊은 리더들은 사역을 위해 세상의 리더십 모델을 받아들이고 교회에서 사용하기 위해 기독교적 용어로 덧씌우기도 하지만 결국 성경이 말하는 리더십과는 전혀 다르다는 사실을 알게 된다(12장은 기독교 리더들이 좋아하는 모델로 섬김의 리더십[Servant Leadership, 리더가 먼저 다른 사람들을 섬기는 것을 목표로 하는 리더십]을 자세히 설명할 것이다).

영적 성숙은 하나님의 은혜로운 계획과 그 계획에 대한 우리의 의도적인 협력을 통해 이루어진다. 교회의 고전적인 영적 훈련에 참여하는 것보다 우리가 그리스도인으로서 성장하는 데 더 좋은 수단은 없다.[4] 영적 훈련은 우리의 영성 형성을 위한 규범적인 방법과 수단을 제공한다. 변화는 하나님의 일이며 일생 역사하시는 은혜의 선물이다. 동시에 하나님은 우리가 그 과정에 온전한 참여자로서 기꺼이 자신을 드릴 때 영적 변화를 이루신다.

요점은 목회적 음악가들이 그리스도 안에서 자신의 성장에 대해 진지하다는 것이다. 성장을 위한 성장이 아니라 우리의 의지가 하나님의 뜻에 부합하도록 정직하고 역동적으로 거룩함을 추구해야 하는 것이다. 목회적 음악가에게 합당한 것은 바로 이런 종류의 "한 방향을 향한 오랜 순

---

[4] 영적 훈련에 관해 연구하고 싶다면 다음의 책으로 시작하라. Richard J. Foster's *Celebration of Discipline: The Path to Spiritual Growth*, rev. ed. (New York: Harper & Row, 1988).

종"⁵이다. 이러한 순응이 예수 그리스도의 교회를 이끌 효과적인 목회적 음악가를 배출할 것이다.

③ 교회의 구성원

목회자와 교회와의 관계 또한 우리가 누구인지를 설명하는 핵심이다. 교회는 조직이 아니라 살아있는 유기체이다. 따라서 교회는 예수님을 주님으로 모시는 그리스도를 따르는 전 세계의 역동적이고 영원한 공동체이다. 세례를 받은 신자로서 우리는 그리스도의 거룩한 교회의 지체이며, 교회를 구성하는 과거, 현재, 미래의 모든 참된 신자들과 그리스도와 연합되어 있다.

목회적 음악가는 자신의 의무를 수행하면서 신앙공동체를 섬긴다. 지역교회는 우리가 부르심을 받은 사역을 수행하는 우리의 환경이다. 지역교회나 지역교회 사역을 떠나서 목회적 음악가로서 봉사하는 것은 무의미하다. 목회적 음악가들은 교회의 본질을 이해하고 하나님 나라에서 하나님이 주신 교회의 역할을 온전히 받아들인다. 그들은 자신을 전 지구적으로 사고하고 지역적으로 섬기는 우주적이고 보편적인 공동체의 시민으로 여긴다. 목회적 음악가들이 그리스도와 그분의 교회에 대한 사랑으로 섬길 때, 지역교회 환경에서 예배 음악을 활성화하는 것은 생각보다 훨씬 더 큰 힘이 된다.

④ 소명의식

목회적 음악가들이 그들의 직무를 직업이 아닌 소명으로 여기도록 만드는 것은 사실 교회다. 목회적 음악가 중에는 급여를 받는 사람도 있고

---

5   나는 Eugene H. Peterson's *A Long Obedience in the Same Direction: Discipleship in an Instant Society*, 2nd ed. (Downers Grove, IL: InterVarsity, 2000)을 읽을 것을 추천한다.

그렇지 않은 사람도 있지만, 이것이 소명 의식에 중요하지는 않다. 소명을 받아들인다는 것은 자신의 직무와 관련하여 소명감을 인식하는 것이다. 영어 단어 '소명'(vocation)은 '부름'을 뜻하는 라틴어 **보카티오**(*vocatio*)에서 유래한다.[6] 교회에서 목회자로서의 사역에 대한 소명 없이도 다양한 의무를 이행할 수 있다는 것이다. 많은 사람은 자신과 교회의 필요를 충족하기 위해 지역교회에서 봉사한다.

반면 목회적 음악가는 지역교회가 지정한 특정 직무를 수행하지만 성령의 인도하심을 통해 하나님이 교회의 유익을 위해 음악 사역에 봉사하도록 요청하셨다는 강한 확신에서 맡겨진 사역을 수행할 것이다. 목회적 음악가는 교회에서 봉사하는 음악가가 아니라 음악가로서 소명을 받은 사역자라고 말할 수 있다. 소명에 대해 말할 때, 반드시 자격증(예: 목사 안수증, 증명서, 학위증 등)을 가지고 있는 것을 말하는 것은 아니다. 이는 유익하고 적절한 단계가 될 수 있지만 많은 경우 목회적 음악가가 되기 위해 꼭 필요한 것은 아니다. 필요한 것은 하나님의 부르심을 듣고 그 부르심에 응답하는 것이다. 하나님의 소명은 일반적으로 분별, 준비, 봉헌의 과정을 거친다.

첫 번째는 소명 자체를 분별하는 것이다. 우리는 하나님이 우리를 하나님 나라의 특정한 봉사를 향해 움직이고 계신다는 것을 (종종 천천히) 발견하고 확신하게 된다. 이 부르심은 신앙공동체의 다른 사람들의 의견과 함께 듣게 된다. 하나님의 진정한 부르심은 우리의 개인적인 확신에만 의존하지 않는다. 우리를 잘 알고 있으며 하나님이 말씀하신다는 것을 함께 인식하는 다른 헌신적인 추종자들과 함께 우리의 소명 의식을 확인하는

---

6 Richard A. Muller, *Dictionary of Latin and Greek Theological Terms* (Grand Rapids: Baker Books, 1985), 329.

것이 필요하다.

두 번째는 소명의 의무를 수행하기 위한 준비가 필요하다. 여기에는 공식적인 교육(예: 프로그램 학습 과정)이나 비공식적인 교육(예: 인턴십/멘토링), 또는 두 가지 모두를 포함하는 일종의 훈련이 포함된다. 소명을 분별한 후 어느 시점에 해당 업무를 수행하기 위한 헌신의 시점이 있을 것이다(상황에 따라 준비 기간과 시기가 겹칠 수도 있다). 교회는 종종 목사 안수나 사역 준비를 위한 어떠한 과정을 거친 자, 또는 특정 사역의 명시된 의무를 수행할 준비가 된 것으로 간주되는 자를 고용함으로써 사역을 승인한다.

세 번째는 직분자는 평생 학습에 전념하며 교회의 지도자로서 지속적인 발전을 위해 하나님과 다른 사람들에게 책임을 져야 한다.

요약하자면, 목회적 음악가의 사역을 위한 주요 자산은 바로 그 사람이다. 바울이 고린도 교인들에게 그들의 삶이 바울과 디모데가 그들 사이에서 개인적으로 사역한 결과라고 언급할 때 염두에 둔 것은 바로 이 점이다(고후 3:1-3 참조). 바울은 그곳 교인들 사이에서 그들의 사역을 칭찬하기 위한 추천서가 필요하지 않았다고 주장한다. 대신 그들의 삶 자체가 그들의 자격을 증명하는 것이었으며, 그들의 사역은 그들이 어떤 사람인지에 근거하여 그 자체로 서 있었다.

결과는 어땠을까?

교인들 자체가 바울과 디모데의 개인적인 사역을 증언하는, 그리스도께서 직접 보내신 것을 증명하는 공개서한으로 여겨졌다. 근본적인 수준에서 우리가 사역에 가져다주는 은사는 그리스도 안에서 주어지는 것이다.

2) 목회적 음악가의 비전

비전을 품은 목회적 사역자의 특징은 다음과 같다.

(1) 예배를 하나님의 관점으로 바라보려고 애쓴다.
(2) 성경적 예배와 그 의미에 대해서 확실하게 이해한다.
(3) 예배의 핵심 내용은 하나님의 이야기, 즉 삼위 하나님이 창조로부터 재창조까지 무엇을 하셨는지에 대한 것이라고 이해한다.
(4) 그리스도 안에서 하나님의 이야기를 선포하기 위해 교회력을 지킨다.
(5) 이천 년이 넘는 기독교 예배의 역사적 중요성을 인식한다.
(6) 계시/응답이라는 예배의 대화적 본질을 받아들인다.
(7) 현재 문화에 비추어 예배를 신학적으로 숙고할 수 있다.
(8) 그리스도 중심적 예배를 위해 신인동형동성론적(anthroponorphic) 예배를 거부한다.
(9) 예배는 (사람들과 연결되지만) 주로 하나님과 관련되어야 한다는 것을 이해한다.
(10) 성경적 예배는 본질적으로 (하나님을 향한 수직적인 방향과 서로를 향한 수평적인 방향을 모두 지닌) 다방향적이라는 사실을 인식한다.
(11) 성경적 예배는 주로 공동체적이어야 한다는 본질을 이해한다.
(12) 공동체를 **위해** 행해지는 수동적인 예배를 거부하고 공동체에 의해 행해지는 참여적인 예배를 위해 노력한다.
(13) 예배는 명시적으로, 암시적으로 예배자들을 항상 형성한다는 사실을 이해한다.
(14) 예배를 음악만이 아닌 더 큰 실체로 본다.

(15) 전체 예배에서 음악과 예배의 다른 행위들 사이의 상호관계(상호작용)를 이해한다.
(16) 음악을 예배의 기록된 (성경적, 예전적) 텍스트를 섬기는 종으로 본다.
(17) 목회적 음악가의 직무를 예배의 목적, 교회력, 정통 실천 등에 대한 민감성을 가지고 전인적으로 바라본다.
(18) 예배 전체를 기도로 여기면서, 기독교 공동체가 예배의 좀 더 구체적인 행위(선포, 간구, 찬양, 권면, 행동 촉구 등)를 노래하도록 한다.
(19) 시편, 찬송가, 영가 등 다양한 회중 찬양을 수용한다.
(20) 복음이 기쁨에서 슬픔, 위로에서 확신에 이르기까지, 다양한 감정을 불러일으킨다는 것에 확신을 갖는다.
(21) 탁월함은 끝이 아니라 여정이라는 사실을 이해한다.

예배 음악에 대한 광범위한 비전을 품은 목회적 음악가들은 그들의 직무를 완수해야 할 일이 아니라, 사람들이 예배할 수 있게 지역적으로 돕고, 예배하는 전 세계 교회에 어떤 식으로든 이바지하는 방법과 수단으로서 여길 것이다. 그리스도에게는 예배하는 교회가 있다. 이 순간에도 우리의 아름다운 지구 어느 곳에서는 그리스도인들이 함께 예배하고 있다. 또한, 예배는 영원하다. 우리의 지상 예배는 하늘의 끊임없는 예배와 동시에 일어난다. 이러한 사고방식은 전 세계적으로 생각하는 것과 지역적으로 예배한다는 게 무엇을 의미하는지에 대한 개념으로 되돌아간다.

기본적으로 목회적 음악가들은 교회가 모여 예배할 때 어떤 일이 벌어지는지에 대한 이해를 넓히기 위해 노력해야 한다. 그리고 특정한 성경적 명령과 역사적 관행에 근거해야 한다. 그러나 이러한 필요들을 인식하는 것만으로는 충분치 않다. 이러한 명령과 관행이 실제 예배에서 분명하게 드러나고, 우리가 돌보는 예배자들도 예배의 위대함을 경험하도록 최선을 다해야 한다.

이를 위해서, 공동예배에 대한 우리의 비전을 확장하는 데 도움이 되는 몇 가지 필수 사항을 소개한다.

① 성경적 원칙

목회적 음악가들은 성경적 예배와 그 의미를 확실히 이해해야 한다. 예배에 대한 하나님의 관점을 추구하는 것은 우리에게 동기를 부여한다. 성경에는 우리가 생각하는 예배의 단일한 세부적인 순서나 예배에 대한 한 가지 방법 같은 것은 없다. 그럼에도 성경에서 실제로 예배에 대해 언급된 내용을 주의 깊게 살펴보면 우리의 직무를 명시적으로 안내하는 중요한 일반적인 예배 원칙이 있다. 이러한 보편적인 바른 원칙들은 모든 시간과 장소에서 예배의 근간이 되어야 한다.[7]

② 역사의식

목회적 음악가들은 2천 년이 넘는 기독교 예배의 역사적 중요성을 인식하고 사역해야 한다. 지역교회의 예배는 역사적 기준으로부터 영향을 받지 않는 '독립된' 예배로 진행되지 않는다. 예배는 단순히 성층권에서 떨어져 나온 것이 아니다. 인정하든 인정하지 않든, 모든 예배는 어떤 역사적 맥락에 놓여 있다. 전통에 따라 역사적 계보를 거슬러 올라가면 성공의 정도는 다를 수 있지만, 예배의 각 표현에 기여한 예배자들의 긴 계보는 존재한다. 현명한 리더라면 수천 년의 예배를 총체적으로 조사하여 교회가 항상 의미를 찾아온 예배 관행을 찾고 평가할 것이다.

요점은 역사적 예배 관행을 재현하거나 재현해야만 하는 것이 아니라, 모든 시대에서 하나님을 예배하는 데 중심이 되는 예배 관행을 파악하

---

7   이러한 기본 원칙들의 일부 평가에 대해서는 Cherry, 『예배 건축가』(The Worship Architect, CLC刊), 1장과 2장을 참고하라.

여 오늘날의 예배자들에게 적합한 방식으로 표현하는 것이다. 역사적으로 생각하고 행동한다는 것은 과거를 바라보는 것뿐만 아니라 미래도 바라보는 것을 의미한다. 역사는 정체적이지 않고 역동적이다. 따라서 모든 세대는 끊임없이 진화하는 예배의 역사적 흐름에 나름의 공헌을 하게 된다. 목회적 음악가로서 우리는 새롭지만 유의미한 예배 관행을 장려하고, 현재와 미래를 위해 고대의 관행을 해석하는 방법을 찾아야 한다. 우리는 우리가 역사적이라는 사실을 증명하기 위해서가 아니라, 수 세기 동안 중단되지 않고 이어져 온 예배의 즐거운 연속체라는 더 큰 관점을 강조하기 위해 역사의식을 가져야 한다.

③ 영성 형성

목회적 음악가들은 예배가 은연 중에 그리고 명시적으로 항상 예배자를 형성한다는 것을 이해해야 한다. 이는 공동예배에서 우리가 하는 일(또는 하지 않는 일)에 의해 형성된다. 하나님과 다른 사람들에 대한 우리의 사랑에 영향을 미치는 예배의 힘을 충분히 이해한다면, 우리는 예배를 지금보다 훨씬 더 진지하게 받아들일 것이다.

시간이 지남에 따라 목회적 음악가들은 자신이 계획하고 인도한 예배를 통해 공적 예배에서 일어난 일과 직접적인 관계를 맺은 개개인이 특정하게 형성될 것을 기대해야 한다. 예배 음악을 계획하고 인도할 때 우리가 선택한 바로 그 선택이 우리가 생각했던 것보다 더 많은 방식으로 다른 사람들에게 영향을 미친다는 것을 이해할 때, 예배에 대한 우리의 비전은 크게 확대된다. 예배와 예배 음악이 영성 형성에 미치는 힘을 인식하는 것은 목회적 음악가에게 매우 중요하다.

④ 신학적 성찰

예배에 대한 목회적 음악가의 비전에는 주변 문화를 고려한 예배에 대한 신학적 성찰도 포함되어야 한다. 모든 예배공동체의 상황은 그 공동체를 둘러싼 더 큰 문화의 영향을 받는다. 현명한 리더들은 문화를 배움과 동시에 예배를 배운다. 그들은 기독교 예배를 진정한 기독교 예배로 보존하기 위해서, 문화와 예배가 적절하게 교차하는 시기와 장소, 세속적인 영향을 허용해야 하는 시기와 장소를 기도하는 마음으로 분별할 수 있다.

목회적 음악가들은 '순수한 예배'에 대한 잘못된 견해에 매달려 문화를 무시하거나, 무분별하게 흡수하지 않을 것이다. 그들은 성경의 가르침에 비추어 의심스러운 관습들을 포함하도록 하는 오류들이 들어오지 않도록 주의할 것이다. 대신, 그들은 계획하고 인도하는 예배가 하나님의 비전에 충실하고, 특정한 장소와 시간에서 예배하는 사람들에게 적절할 수 있도록 자신들이 속한 문화를 신중하게 분석하도록 노력할 것이다.

지금까지 우리는 목회적 음악가들이 예배와 음악에 대한 일반적이고 구체적인 비전을 확장하기 위해 시작해야 하는 몇 가지 방법을 구체적으로 살펴봤다. 그 과정에서 비전은 역동적이며, 우리의 영적, 음악적, 목회적 발전과도 직접적으로 연관되어 있기에 평생에 걸쳐 성장해야 함을 기억해야 할 것이다. 우리의 제한적이고 다소 편협한 관점들은 도전받아야 한다. 사람들을 인도하려면 우리가 먼저 가봐야 한다.

3) 목회적 음악가의 역할

목회적 음악가에게는 반드시 해야 하는 한 가지 역할이 있다. 바로 기독교 공동체에서 음악적 예배가 가능하게 만드는 일이다. 이 일은 주요 역할을 뒷받침하는 여러 가지 특정한 역할을 맡음으로써 수행된다.

목회적 음악가의 특징적인 역할은 다음과 같다.

(1) 예배와 음악 사역에서 맡은 책임이 있다.[8]
(2) 음악 자체를 위해서가 아니라 더 큰 목적, 즉 삼위 하나님과 공동체적으로 대화할 수 있도록 돕는 음악을 선곡하고 사용한다.
(3) 기독교 공동체가 음악을 통해 진리를 선포하고 진리에 응답할 수 있도록 한다.
(4) 공동체가 찬양과 애통 모두를 노래할 수 있게 한다.
(5) 신학과 음악, 가사의 진실성이라는 기준을 적용하여 공동체에 적절한 노래의 규범을 신중하게 만든다.

하나님이 주신 공동체가 그들의 '예배 목소리'(공동체의 특정한 문화를 표현하며 하나님과 소통하는 유의미한 방식)를 찾도록 돕는다.

(1) 공동체의 규범적인 음악 스타일을 강화하고 균형을 맞춘다.
(2) 예배자들이 그들의 예배를 전 세계 그리스도인들의 예배와 연결된 것으로 여기도록 돕는다.
(3) 예배자들이 그들의 예배를 영원한 예배, 즉 하늘에서와 같이 이 땅에서도 실행되었고 계속해서 실행될 예배로 여기도록 돕는다.
(4) 공적 예배를 지금 바로 여기에서 타자를 위한 정의 추구와 연결한다.
(5) 공적 예배를 개인적 예배와 연결한다.

목회적 음악가는 사역에서 특별한 역할을 이행할 것이다. 목회적 음악가들의 역할은 그들이 어떤 사람이 되어가고 있고, 어떤 비전을 키워가고

---

[8] 이 일은 전임이나 시간제, 유급이나 무급 봉사로 할 수 있다.

있는지에 따라 달라진다. 우리가 음악 사역에서 하는 일은 우리는 누구이고, 예배 음악에 대해 어떤 믿음을 가지고 있는가에 따라 달라진다. 비전은 실행으로 이어진다. 구체적인 직무는 소명을 완수하는 데 있어 매우 중요하다. 그러나 그 직무를 소명 자체로 보기보다는 그 소명을 표현하는 **방법으로 이해되어야 한다.**

다시 말하지만 우리가 하는 일과 우리는 누구인가는 본질적으로 같지 않다. 그러나 위에서 나열된 목회적 음악가들이 맡은 특별한 책임들은 확인되고 이행되어야 한다. 교회는 이런 종류의 명확하고 폭넓은 리더십에 달려있다. 동시에 이러한 역할은 아래에서 볼 수 있듯이 두 가지로 분류될 수 있다.

① 예배자들 중 하나

모든 음악가의 주요 역할 중 하나는 바로 이것이다. 그들은 자신을 예배자들 중 하나로 인식해야 한다. 음악가는 예배자여야 한다. 이는 당연한 것처럼 보이지만, 그렇지 못할 때가 많다. 때때로 음악가들은 예배라는 환경에서 사람들이 음악을 하도록 이끄는 전문가로만 자신들을 이해한다. 이는 하나님께 진심으로 헌신하고 하나님께만 영광을 돌리는 예배를 열망하는 좋은 의도를 가진 리더들 사이에서도 쉽게 일어날 수 있는 일이다. 우리는 종종 자연스럽게 리더의 역할을 맡게 되어, 공동체의 구성원으로서 예배하고 있다는 사실을 쉽게 잊는다. 실제로 예배를 인도하고 집에 돌아와서 사역으로 인해 지쳐 있는 자신을 발견할 수도 있다.

'이제 내가 예배할 수 있을까?'라고 자문할 수도 있다.

좋은 질문이다. 여기 도움이 될 수 있는 두 가지 관점이 있다.

첫째, 목회 음악가가 되면, 회중 노래를 인도하는 것에서부터 연주자로서 참여하고, 기술을 조정하고, 사람들의 참여도를 관찰하는 등, 예배 현장에서 리더십을 발휘해야 한다. 해야 할 일이 너무 많아서, 그 순간에는 예배자로 느껴지지 않을 수도 있다. 좋은 소식이 있다.

우리의 일은 예배다!

'예배'라는 단어로 자주 번역되는 성경 단어 중 하나는 헬라어로 레이투르기아(leitourgia)인데, 바로 이 단어에서 영어 단어 'liturgy'가 파생했다.[9] 영어 성경에서 레이투르기아는 '봉사'(service) 또는 '사역'(ministry)으로 번역된다. 또한, '예배'(worship)로 번역된다. 이 단어는 하나님 앞에서 일하는 자들, 특히 제사장으로서 기능하는 이들의 거룩한 직무를 의미한다 (눅 1:23 [스가랴]; 히 9:21 [모세]; 히 8:1-2 [그리스도]).

우리의 예배를 하나님에 대한 봉사라고 말해도 되고, 우리의 봉사가 하나님에 대한 우리의 예배라고 말할 수도 있다. 어느 쪽이든, 예배하는 것은 봉사하는 것이다. 나는 음악 리더로서 책임을 다하고, 동시에 하나님과 공동체를 섬기는 일을 예배의 행위로 여길 때, 모든 게 달라진다는 것을 알게 되었다. 나는 하나님이 맡기신 의무를 기쁘게 받아들였고, 그 일은 찬송의 제사를 드리는 기회가 되었다. 나는 더 이상 "언제 예배해야 하나요?"라고 묻지 않게 되었다. 나는 이제 "막 예배했습니다"라고 답하게 되었다.

둘째, 나는 '인도하는 예배자'라는 표현이 아니라 '예배자들 중 하나'라는 말을 신중하게 사용했다. '인도하는 예배자'라는 용어는 최근에 널리 사용되었고, 그런 용어가 잘못된 것이라고 할 수는 없지만, 우리의 역할을 가장 정확하게 묘사하지는 못할 수도 있다. 예배자들 중 하나가 된다는 것은 우리가 공동체라고 부르는 바로 그 일에 참여하기 위해 노력하는 공동체의 일원임을 시사한다. 즉, 목회적 음악가로서 형제들과 자매들을

9　구약성경에서 사용된 히브리어는 아바드(abad)인데, (제사장/사역자의 직무 수행 시에는) '예배'라는 의미로도 번역된다.

인도할 때도 그들과 함께 예배하도록 노력해야 함을 의미한다. 이와는 반대로, '인도하는 예배자'라는 표현은 예배 인도자가 다른 사람이 닮고자 하는 모델 예배자라는 느낌을 준다. 리더들이 예배에 필요한 마음가짐을 제시하며 다른 사람들을 격려하는 것은 사실이지만, 엄밀히 말하면, 사람들은 인도하는 예배자들이 아니다. 그것은 예수 그리스도의 역할이다. 그리스도께서 우리의 진정한 인도하는 예배자시다. 그것은 성부 하나님으로부터 받은 역할이다. 히브리서 기자는 헬라어 **레이투르기아**를 사용하여 그리스도를 우리 예배의 인도자로 부른다. 그리스도는 '성소에서 섬기는 이'시다(히 8:2). 제2장에서 이 개념을 더 자세히 다루겠다.

목회적 음악가의 주요 역할 중 하나는 예배자들 사이에서 예배자로서의 참여를 촉진하는 것이다. 이 역할은 자신의 영적 발전과 리더로서의 발전과 관련이 있다.

② 영혼의 감독자

목회적 음악가의 두 번째 주요 역할은 예배공동체의 목자가 되는 것이다. 이제 목회적 음악가에게는 하나님의 백성이 하나님과 서로 간의 진정한 만남을 향해 나아갈 수 있도록 사역을 감독하는 소명이 있다는 것이 분명해졌을 것이다. 목회적 음악가가 된다는 것은 예배에서 하나님의 양떼를 감독하는 일이다. 이를 위해 우리는 다시 한번 예수님을 본보기로 삼는다. 실제로 예수님은 '너희 영혼의 감독자'(벧전 2:25)라고 불린다. 이 놀라운 구절은 킹제임스 흠정역에서 '너희 혼의 감독이신 분'(bishop)으로 번역되었다.

"너희가 전에는 길 잃은 양 같았으나 지금은 너희 혼의 목자요 감독이신 분에게로 돌아왔느니라."

'감독'(bishop)이라는 단어는 감독자를 뜻하는 헬라어 **에피스코포스** (ἐπίσκοπος, episkopos)에서 왔다. 우리가 예배의 삶을 살아갈 때 필요한 보살핌을 제공해 주실 목자로서 우리를 지켜주시는 영혼의 감독자, 즉 예수님이 계시다는 사실은 우리에게 큰 위로가 된다. 예배의 모든 행동과 참여자들을 감독하고, 실시간으로 성령의 움직임을 분별하면서 예배의 모든 행동을 주의 깊게 살피는 것이 바로 목회적 음악가의 역할이다.

목회적 음악가는 영혼을 예배하게 하는 감독이다. 예배를 인도하는 동안 목회적 음악가는 영적인 시선을 하늘로 맞춰 하나님과 성령의 움직임을 주시하는 동시에, 예배가 진행되는 동안 그들을 위해 기도하며 그들을 영광 속으로 인도하는 등 자신이 돌보는 사람들을 향한 시선을 갖게 될 것이다. 목회적 음악가들은 보고 듣고, 동료 예배자들을 하나님의 보좌로 사랑으로 인도하면서 안내하고 권면한다. 하나님은 우리에게 예배에서 하나님의 백성을 감독하도록 맡기셨다. 목회적 음악가는 영혼의 감독이다. 이 역할은 무엇보다도 가장 중요하다.

4. 결론

소명 받은 일에 모든 걸 쏟는 열정으로 인해 우리는 누구인가와 우리는 무엇을 하는가가 거의 분리될 수 없는 것처럼 보일 때도 있다. 신약성경에서 바울의 이야기를 읽을 때 이런 느낌을 받는다. 그의 모든 서신서에서 바울이 자신을 어떻게 소개하는지 주목해 보라. 열세 개의 서신서 중 아홉 개에서 바울은 자신을 '사도'라는 직함으로 묘사하며 시작한다.[10]

이 직함은 그가 직접 주장한 것이 아니다. 하나님의 뜻에 따라 받은 것이다(고전 1:1; 고후 1:1; 엡 1:1; 골 1:1 등을 참조하라). 그래서 그는 '사도'라는

10　롬 1:1; 고전 1:1; 고후 1:1; 갈 1:1; 엡 1:1; 골 1:1; 딤전 1:1; 딤후 1:1; 딛 1:1을 참고하라.

용어를 아주 많이 사용한다. 그 용어는 그가 삶의 소명으로 여기며 행한 일과 직접적으로 연관된다. 그는 복음의 사자로 보냄을 받았다. 이것은 공식적인 직함으로, 바울의 사도적 가르침, 설교, 교회 개척, 전도, 멘토링 등의 사역을 수반한다. 바울은 1세기 교회에서 권위를 세울 필요가 있을 때 그의 직함에 호소했다. 그의 직함은 바울이 하는 일에 초점을 맞춘 것 같다.

그러나 사도행전과 바울서신을 읽으면서 그는 누구인가와 그는 무엇을 하는가를 분리하는 일은 거의 불가능하다. 하나님이 맡기신 사역에 그는 모든 걸 쏟는 열정을 보여줬다. 바울에게는 "이는 내게 사는 것이 그리스도니 죽는 것도 유익함이라 그러나 만일 육신으로 사는 이것이 내 일의 열매일진대"(빌 1:21-22)라고 말한다. 이전에 그는 민족과 훌륭한 배경에서 정체성을 찾았지만(행 22:3; 빌 3:4-6), 회심 이후에 사역하면서는 예수 그리스도 안에서 그는 누구인가를 통해서, 그리고 그리스도의 고난과 죽음에 참여함으로 그분을 닮아가는 것 안에서 정체성을 찾았다(빌 3:10). 요약하면, 인격체로서의 바울과 그의 사역은 거의 하나이자 같은 것으로 보인다. 왜냐하면, 그는 하나님의 뜻에 전적으로 초점을 맞추고 전적으로 헌신했기 때문이다.

이제 우리는 제자리로 돌아왔다. 본 장은 사역에서 우리는 무엇을 하는가와 우리는 누구인가를 구분하는 것으로 시작했다. 종종 우리의 직함은 우리가 사역을 수행하는 방식보다 우리가 맡은 직무의 책임을 더 반영한다. 예외적으로, 바울의 관점은 인격체로서의 바울과 사도로서의 소명 사이에 거룩한 종합이 있음을 시사하는 것 같다. 마찬가지로, '목회적 음악가'라는 명칭은 사역의 책임(음악가)뿐 아니라 하나님의 영광을 위해 이러한 책임을 어떻게 수행해야 하는지(목회적)도 말한다. 결국, 우리의 목표와 바울의 목표는 같다. 사는 것이 그리스도다!

5. 주요 용어

- 신인동형동성론적(anthroponorphic) 예배: 하나님 중심적 예배에 반대되는 인간 중심적 예배.
- 그리스도 중심적(christocentric) 예배: 그리스도 중심의 예배.
- 목회적 음악가: 목회적 음악가란 예배에서 음악을 선택하고, 사용하고(거나), 인도하기 위한 숙련된 기술과 하나님이 맡기신 책임이 있는 영적 리더로서, 하나님께 영광을 돌린다는 궁극적인 목적을 위해 예전 행위를 돕고 예배자들을 온전한 참여자로 참여시키며, 성경적, 신학적, 상황적 함의에 대해 깊이 생각한다.
- 소명(vocation): '부름'을 뜻하는 라틴어 단어 보카티오*(vocatio)*에서 유래한다.

6. 더 학습하기

1) 도서

Funk, Virgil C., ed. *The Pastoral Musician*. Vol. 5 of *Pastoral Music in Practice*. Washington, DC: Pastoral Press, 1990.

Westermeyer, Paul. *The Heart of the Matter: Church Music as Praise, Prayer, Proclamation, Story, and Gift*. Chicago: GIA, 2001.

2) 웹사이트

National Association of Pastoral Musicians. http://www.npm.org.

참여하기

다음 질문에 답하면서 음악 사역에 대해 생각해 보자.

1. 지금까지 여러분은 음악 리더십의 사역을 어떻게 설명했었는가? 급여를 받든, 그렇지 않든, 여러분의 현재 직함은 무엇인가? 만일 여러분에게 직함이 없다면, 어떤 직함이 적합할 것 같은가? 다른 말로, 교회 리더들이 여러분이 지금 맡은 책임을 기반하여 직함을 부여한다면, 어떤 직함이 주어질 것 같은가?
2. 여러분은 누구이고 여러분은 무엇을 하는지에 대한 여러분의 비전을 좀 더 정확하게 설명하기 위해서 직함을 바꿀 기회가 주어진다면(사역의 책임을 바꾸지 않고), 어떤 직함을 선택할 것 같은가?
3. 그 직함이 여러분의 소명을 어떻게 좀 더 정확하게 설명할 수 있을 것 같다고 생각하는가?

제2장

기초 다지기

하나님 중심의 노래

탐구하기

본 장을 읽기 전에 교회나 단체에서 음악과 관련된 사역을 하는 사람과 함께 아래의 생각을 나눠보자.

1. 오늘날 문화에서 음악이 갖는 목적이 무엇인지 구체적으로 브레인스토밍해 본다.
2. 음악의 목적을 결정하는 방법에는 무엇이 있는가?
3. 다음의 문장을 완성해 보자.
기독교 예배에서 음악의 목적은＿＿＿＿＿＿이다.

1. 심화하기

모든 유형의 음악에는 목적이 있다. 춤추기 위해 작곡된 음악도 있고, 애도하기 위해 작곡된 음악도 있으며, 왕족의 대관식을 위해서, 짐승 등을 달래기 위해서 작곡된 음악도 있다. 음악은 종교적 목적, 단순한 엔터테인먼트, 상품 판매, 또는 애교심 함양을 위해 만들어지기도 한다. 음악가가 '단지 작곡을 위해' 곡을 만들 때도, 창작이라는 개인적인 욕구를 충족하기 위해서라는 목적이 있다. 사람들이 그 음악을 듣든 말든 상관치 않고 말이다. 서양음악사를 잘 아는 사람은 '절대 음악'(absolute music)이라는 용어를 들어봤을 것이다. 절대 음악은 음악 자체 말고는 특별한 의미를 표출하려고 하지 않는 음악 장르의 일종으로, "음악 외적인 의미는 담고 있지 않다."[1] (가사가 분명한 메시지를 표현하는) 노래나 (한 장면이나 줄거리를 암시하기 위한) 기악과는 달리,[2] 절대 음악은 음악을 위한 음악이라고 할 수 있다.

철학자이자 신학자인 니콜라스 P. 월터스토프(Nicholas P. Wolterstorff)는 "모든 음악은, 아주 예외적인 경우를 제외하고, 무언가를 위해 작곡되거나 사용된다"라고 주장하면서 절대 음악이라는 개념을 반박한다.[3] 음악에 (예를 들어, 하이든의 <현악 사중주>처럼) 특정한 메시지가 담겨있지 않을 수도 있지만, 기능은 분명히 있다.

"거의 모든 음악은 어떤 사회적 기능 때문에 ... 작곡되거나 사용된다."[4]

월터스토프는 콘서트홀에서 신성한 예전에 이르기까지 모든 음악은 본질적으로 기능적이라고 결론짓는다. 유일한 질문은 어떤 기능을 수행하는가이다.[5]

예배에서 음악은 음악을 위해 존재하지 않는다. 예배 음악은 감탄을 자아내려고 만들어지지 않는다. 음악가이자 신학자인 돈 샐리어스(Don Saliers)는 아이콘(icons)을 신성하게 사용하는 것에 빗대어 예배 음악을

---

1 *Harvard Dictionary of Music*, 2nd ed., rev. and enlarged, ed. Willi Apel (Cambridge, MA: Belknap Press, 1972), s.v. "absolute music."
2 Ibid.
3 Nicholas P. Wolterstorff, "Thinking about Church Music," in *Music in Christian Worship*, ed. Charlotte Kroeker (Collegeville, MN: Liturgical Press, 2005), 5.
4 Ibid.
5 Ibid, 7.

설명한다.

> 음악은 청각적 아이콘과 유사한 의미로 볼 수 있다. 아이콘의 신학적 의미를 제쳐두고 인간이 만든 인공물로서의 이미지 자체를 감상하기도 하는 것처럼, 음악 역시 단순히 그 구조와 요소, 그리고 우리에게 즐거움을 주는 방식으로 인해 감탄할 수도 있을 것이다. 그러나 음악의 신학적 의미는 기도 등에 더 가까운 적극적인 수용성을 요구하며, 경이로움과 경외심을 가지고 [귀 기울이는] 태도를 요구한다.[6]

종교적 아이콘의 사용은 우리가 눈으로 성화를 보는 것을 넘어서, 아이콘 속 인물이 우리를 바라보도록 하는 법을 배우는 것과 우리 마음의 눈을 열어 하나님께 읽히는 것을 포함한다.[7] 마찬가지로 예배 음악은 재능 있는 작곡가와 작사가의 음악적 성과를 멀리 서서 감탄하며 바라보기 위해서 존재하는 것이 아니다. 이러한 감탄은 우리가 예배에서 진행되는 신성한 관계에 완전히 참여하는 것을 방해할 수 있다. 예배 음악에는 좀 더 순수한, 하나님이 주신 목적이 있다.

기독교 예배의 음악은 삼위 하나님을 경배하기 위해 존재한다. 물론, 그 음악은 다양한 형태를 취하고, 하나님께 영광을 돌린다는 의미는 다양한 주제와 측면을 자연스럽게 포함할 것이다. 또한, 사람들이 함께 예배할 때 하나님께 영광을 돌리도록 서로를 고무시키는 일도 포함할 것이다. 음악이 하나님께 영광을 돌릴 수 있도록 예배 음악 건축가는 토대를 단단히 할 기초를 마련하는 것으로 예배 건축을 시작한다.[8] 그 기초는 나중에

---

[6] Don E. Saliers, *Music and Theology* (Nashville: Abingdon, 2007), 69.
[7] Ibid.
[8] 기초는 전체 구조물을 안정적으로 세우기 위해 땅을 파고 콘크리트를 붓는 것으로 시작된다. 건물이 세워지면 건물의 오래도록 안정될 수 있도록 기반을 만든다.

그 위에 음악적 토대가 놓일 기독교 예배의 핵심 진리로 구성된다. 예배에서 음악의 역할을 고려할 때, 미리 세워진 기초는 견고한 토대를 위한 기반이 된다.

> 예배에서 음악이 하나님 중심적인 특성을 갖게 하려면 어떤 유형의 기초를 마련해야 하는가?
> 우리는 어떤 기초 위에서 음악적 리더십의 모든 측면을 위한 토대를 마련할 것인가?
> 기독교 예배의 근본적인 기초와 예배 음악과 관련된 결정들 사이에는 어떤 연관성이 있는가?

이러한 질문들에 대한 답은 무엇보다도 예배에 대한 적절한 성경적 기초를 이해하는 것에서 찾을 수 있다. 예배가 무엇인지에 대한 분명한 개념과 예배의 일반적인 원칙에 대한 철저한 이해가 음악과 기도, 설교 등과 같은 예배의 특정한 측면에 대한 논의보다 선행되어야 한다.

본 장에서는 예배 음악이 하나님 중심적이어야 함을 확인함으로써 음악적 리더십을 위한 견고한 기초를 세우고자 한다. 다시 말해, 예배가 하나님께 초점을 맞춘다고 믿는다면, 목회적 음악가들은 하나님 중심적 음악 리더십에 헌신하여 예배의 더 크고 중심이 되는 목적이 성취되도록 해야 한다. 본 장은 목회적 음악가들이 예배의 기초를 파악하고 받아들여 음악 리더십을 위한 토대를 마련할 수 있도록 가장 기본적인 수준에서 돕고자 한다(제3장은 목회적 음악가들이 공동예배에서 음악과 관련된 토대를 마련하는 데 도움을 줄 것이다).

명확히 말하면, 예배가 하나님의 이야기를 선포하고 경축할 때, 예수 그리스도의 인격과 사역이 그 이야기의 중심으로 그려질 때, 삼위일체의 에토스가 기독교 공동체가 예배에서 부르는 노래의 맥락을 제공할 때, 이

일이 수행될 수 있다. 이것들을 하나씩 다룰 것인데, 먼저 기독교 예배가 무엇인지를 살펴보겠다.

2. 기독교 예배란 무엇인가?

예배란 무엇인가?

예배는 다양한 장소에서 다양한 형태로 이루어진다. 많은 경우 '예배'라는 단어는 사람들이 신을 찬미하고 경배하는 외적인 행동과 내적인 헌신을 가리킬 때 사용한다.[9]

신을 예배하는 일은 모든 문화에서 중요한 역할을 해왔다.

그렇다면 기독교 예배란 무엇인가?

기독교 예배는 신자들이 성령을 통해 그리스도 안에서 유일하신 참 하나님께 드리는 외적인 행위와 내적인 헌신이다. 여기에는 개인적인 것과 공동체적인 것, 외적인 것과 내적인 것, '매일'하는 것과 주일에 하는 것 등 많은 표현이 포함된다. 이러한 것들을 고려할 때, 기독교 예배를 위한 주요 배경은 교회라는 환경이다. 예배의 환경은 하나의 (건물로서의) 교회가 아님을 명심하라. 건물을 교회라고 부르는 게 적절할지 모르지만, '교회'는 건물이 아니다.

교회는 예수님을 주라고 부르는 과거와 현재, 미래 그리스도의 제자들로 구성된 살아있는 공동체다. 하나님은 그리스도를 머리로 삼아 교회를 세우셨다(엡 4:15). 참된 그리스도인들은 모두 함께 그리스도의 거룩한 교

---

[9] 우리는 이 단어를 비종교적인 의미로도 사용한다. 예를 들어, "나는 그녀가 걷는 땅을 숭배(worship)한다"라고 말하기도 한다. 그러나 대부분의 사전과 일반적인 용례에서 알 수 있듯이, 이 용어는 신에 대한 종교적 숭배와 관련되어 사용된다.

회를 구성하고, 그리스도 안에서 하나님을 예배하는 일은 교회의 중심적인 활동이다. 하나님이 교회에 주신 예배라는 선물은 지역의 신자들이 모일 수 있는 장소를 제공하는 (교회라는) 건물에서 이루어질 때가 많다. 그러나 우리는 그저 교회에 가는 것이 아니다. 우리가 교회다!

기독교 예배에 대한 단 하나의 완전하고 완벽한 정의는 없지만, 로버트 샤퍼(Robert Schaper)가 내린 정의는 음악 예배 건축가들이 음악적 리더십의 기초를 다질 때 아주 유용하다.

> 예배는 관계의 표현으로, 그 관계 속에서 성부 하나님은 그리스도 안에서 그분 자신과 사랑을 계시하시고, 성령으로 은혜를 베푸시며, 우리는 그에 대해 믿음과 감사, 순종으로 응답한다.[10]

기독교 예배에 대한 샤퍼의 정의에는 몇 가지 현저한 특징이 있다. 그의 정의는 예배를 매우 관계적인 것으로 묘사하는데, 이는 하나님의 이야기가 일반적으로는 하나님의 창조 세계와 구체적으로는 하나님의 백성과의 관계에 관한 이야기라는 점을 고려할 때 중요한 측면이다. 또한, 이 정의는 계시와 응답이라는 리듬을 암시한다. 하나님은 당신의 속성과 존재를 계시하신다. 따라서 우리가 응답하는 대상은 하나님의 자기-계시이다. 예배는 우리로부터 시작하지 않는다. 예배에서 때때로 시도되는 것처럼, 우리가 먼저 하나님에게 다가가는 것이 아니고, 우리 자신에게 응답하는 것도 아니다. 대신, 하나님이 우리에게 다가오시어 우리를 예배로 부르신다. 우리가 예배로 응답할 수 있는 것은 하나님께서 먼저 일하시기 때문이다.

---

10 Robert Schaper, *In His Presence: Appreciating Your Worship Tradition* (Nashville: Thomas Nelson, 1984), 15–16.

이에 더해, 샤퍼의 정의는 삼위일체적이다(이에 대해서는 아래에서 더 다루겠다). 마지막으로, 이 정의는 믿음과 감사, 순종 등 우리의 응답을 위한 성경적 수단을 제시한다. 특히, 순종은 공동예배를 가난한 이들을 위한 봉사 및 억압된 자들을 위한 정의 추구와 연결하는 데 중요하다.

하나의 정의에 예배를 모두 담을 수는 없지만, 좋은 출발점이기는 하다. 예배 사건을 좀 더 깊이 이해하려면 성경과 정통 기독교의 가르침을 바탕으로 이러한 기본적인 개념을 구체화해야 한다. 예배 인도자들은 지역교회 리더들과 협력하여 예배의 근간이 되는 타협할 수 없는 원칙에 도달해야 한다. 보편적으로 따라야 하는 주요 목록은 없다. 그러나 예배와 관련하여 수용하는 원칙이 우리가 내리는 결정을 주도하기 때문에 적절한 시작은 꼭 필요하다. 기독교 예배에는 시간, 장소, 문화, 지리적 위치, 스타일, 교파를 초월하는 몇 가지 사실이 있다. 현명한 예배 인도자들은 예배에 대한 하나님의 기대에 맞도록 방향을 제시하는 예배의 중요한 "필수 사항"을 확인한다. 아래는 그러한 목록의 한 예이다. 이 목록은 기독교 예배의 예식을 만들 때 원칙이 되는 '초문화적 규범들'(transcultural norms)로 구성된다.[11] 그 규범들은 자료로부터 직접 인용되었다(볼드체가 원래 표현이다).

괄호 안의 내용은 내가 원칙들을 간략하게 요약하고 해석한 것이다.

① 기독교 예배는 **성경적이어야** 한다.
(성경은 예배 관행에 관해 방향을 제시하는 일차 자료이자 예배에 대한 일차 문헌으로, 성경 봉독은 물론이고 기도, 노래 등 많은 예배 요소의 기초가 된다.)
② 기독교 예배는 **대화적이고 관계적이어야** 한다.

---

[11] Carrie Titcombe Steenwyk and John D. Witvliet, eds., *The Worship Sourcebook*, 2nd ed. (Grand Rapids: Calvin Institute of Christian Worship/Faith Alive Christian Resources/Baker Books, 2013), 16–17.

(예배는 하나님과의 공동체적 관계의 공적 차원을 수행하는데, 이는 관계적이기 때문에 대화적이다.)

③ 기독교 예배는 **언약적**이어야 한다.
(공동예배는 하나님의 백성으로서 우리와 하나님 간의 [수직적] 언약과 서로 간의 [수평적] 언약을 갱신하는 기회이다.)

④ 기독교 예배는 **삼위일체적**이어야 한다.
(예배의 말과 행동은 성부, 성자, 성령의 삼위 하나님에 대한 성경적 관점을 이행한다.)

⑤ 기독교 예배는 **공동체적**이어야 한다.
(신자들은 특정한 장소에서 교제하도록 부름을 받은 이들의 연합과 사명을 나타내면서 함께 예배한다.)

⑥ 기독교 예배는 **환대하고, 보살피고, 환영해야** 한다.
(예배는 신자들이 상처받은 사람들을 사랑으로 받아들이고 섬기도록 설득하고, 준비시키고, 능력을 준다.)

⑦ 기독교 예배는 **세상 '안에 있지만 속하지 않아야'** 한다.
(예배는 특정한 문화와[나] 하위 문화 안에서 일어나지만, 복음에 반하는 방식으로 문화에 의해 만들어져서는 안 된다.)

⑧ 기독교 예배는 **하나님 앞에서 우리 자신을 후하고 탁월하게 쏟아 드려야** 한다.
(삼위 하나님께 드리는 예배는 우리가 최선을 다할 만한 가치가 있다.)

⑨ 기독교 예배는 **표현적이면서 형성적**이어야 한다.
(예배는 우리의 삶에 대한 솔직한 표현을 기꺼이 받아들이면서, 하나님의 영광을 위해 예상치 못한 방식으로 우리를 형성할 만큼 심오하다.)

우리는 기독교 예배란 무엇인가라는 질문을 다루며 시작했다. 이것은 가장 필수적인 첫 번째 단계이다. 목회적 음악가들은 그들이 인도하는 음악이 섬기는 사건을 먼저 이해하지 않고서는 소명 받은 사역을 시작할 수 없다. 3장에서 보겠지만, 음악은 예전을 섬기는 것이지, 그 반대가 아니다. 예전은 예배학에서 매우 중요한 단어다. 유감스럽게도, 일부 그리스도인들은 이 단어에 대한 편견을 보이는데, 이는 오해에서 비롯된 것이다. 헬라어 단어 **레이투르기아**(*leitourgia*)에서 유래하는 영어 단어 'liturgy'는 '봉사'(service), '사역'(ministry), '예배'(worship) 등 다양한 단어로 번역된다. 이 단어는 신약성경 여러 곳에서 발견된다(눅 1:23; 롬 12:1; 히 8:6, 9:21을 보라). 넓게 생각하면, '예전'은 특정 예배 예식이 진행되는 동안에 사람들이 하는 전체 예배 행위들을 의미한다.

모든 예배공동체에는 예전이 있다. 심지어 그렇지 않다고 생각하는 공동체도 마찬가지다. 기독교 예배 예식은 즉흥적인 것이든 계획된 것이든, 성문화된 것이든 그렇지 않은 것이든, 올바른 목적으로 수행될 때, 하나님께 드리는 공동예배를 구성하는 행위, 말, 몸짓, 상징을 사용한다. 예전은 단지 예식의 순서가 아니다. 예전은 함께 모인 공동체로서 하나님을 섬기기 위해 우리의 몸, 영혼, 마음, 힘을 다해 드리는 것이다. 즉, 예전은 **사람들의 일이다**. 예배 음악은 모든 교회, 모든 스타일, 모든 장소의 예전이 언제나 가능하도록 독특하게 돕는 매우 특별한 역할을 감당한다.

예배에 관해서는 본 장이 다루는 범위를 넘어 훨씬 더 많은 이야기를 할 수 있다. 본 장의 끝에는 예배에 대해 더 자세히 알아보기 위한 제안이 있는데, 예배 건축가가 일을 시작하는 데 도움이 된다. 여기서 중요한 것은, 예배에 대한 이해가 예배에서 음악적 리더십을 이해하는 열쇠라는 점이다. 예배 음악가가 하나님의 백성이 예배하러 모였을 때 무슨 일이 일어나는지에 대한 충분한 이해 없이 음악적 리더십을 제공한다는 것은 (많은 사람이 저지르는) 큰 잘못이다. 예배 건축가로도 섬기는 목회적 음악가들은 공동예배가 무엇인지에 대해 (지적으로, 성경적으로, 체험적으로, 영적으로) 이해해야 한다. 그래야만 목회적 음악가들이 그들의 소명에 따라 제대로 실천할 수 있다.

3. 예배는 하나님의 이야기를 선포하고 경축한다

무엇보다도 목회적 음악가들은 기독교 예배가 공동체 안에서 하나님의 이야기를 선포하고 경축한다는 사실을 받아들여야 한다. 하나님의 이야기, 즉 창조에서 재창조까지 영원하신 삼위 하나님의 행위는 예배의 내용과 어느 정도의 예배 순서를 구성한다(이에 대해서는 제4장에서 자세히 다룰 것이다). 이러한 사실은 예배에서 하는 말과 행위에 극적인 영향을 미친다.

우리는 역사적으로 흥미로운 시대에 살고 있다. 서구에서는 기독교 성경에 기록된 성경적 내러티브에 기반한 특정한 현실관이 삶과 문화의 방향을 제시하고 설명하는 방법으로 받아들여졌던 시대가 있었다. 물론, 모든 사람이 성경적 내러티브를 알거나 채택한 것은 아니었고, 그것을 받아들인 사람들도 확신이나 헌신의 정도에서는 다양했다. 그러나 그리스도 안에서의 하나님 이야기는 자신을 그리스도인이라고 주장하지 않는 사람들에게까지도 문화적 세계관과 관련하여 엄청난 영향을 끼치곤 했다. 하나님 이야기는 그리스도인과 많은 비그리스도인 모두에게 그냥 사실로 받아들여졌다.

그러나 성경적 내러티브를 사실로 받아들이는 사람들은 점점 줄고 있다. 로버트 웨버(Robert E. Webber)는 이렇게 진술한다.

> 한때 서구 세계는 기독교의 하나님과 그의 역사에 대한 성경적 이야기로 서술되었다. … 오늘날 하나님의 우주적 구원에 관한 이야기는 사라졌다. 유럽에서 그 빛은 거의 사라졌고, 북미에서는 점점 희미해지고 있다."[12]

---

12 Robert E. Webber, *Who Gets to Narrate the World? Contending for the Christian Story in an Age of Rivals* (Downers Grove, IL: InterVarsity, 2008), 11.

우리는 지금 세속화가 점점 더 심해지는 시대에 살고 있다. 영화관에서 멜 깁슨(Mel Gibson)의 <패션 오브 크라이스트>(Passion of the Christ)를 보기 위해 기다리던 누군가가 우연히 들었다는 말이 그 한 예이다.

"난 이 영화가 실화를 바탕으로 한 거라고 들었어요."

'보편적'으로 받아들여지는 메타 내러티브가 없어졌다는 말이 어떤 이야기도 유효하지 않다는 의미는 아니다. 오히려 포스트모던 사상의 영향 때문에 **다양한** 이야기가 유효하다고 말해진다. 현실을 설명하기 위해 삶의 방향을 지시해 줄 수 있는 메타 내러티브는 얼마든지 존재한다.

성경은 다르게 말한다. 성경에는 창세기로부터 요한계시록까지 진행되는 하나의 진실한 이야기, 구속 메타 내러티브가 있다. 그것은 하나님이 창조하신 세상과 그 안에 있는 전부를 사랑하시는 하나님의 사역에 관한 이야기다. 기독교 예배는 현실을 사실대로 묘사하는 하나의 내러티브가 있다는 주장을 표현한다. 인정하든 인정하지 않든 진실인 이야기, 교회가 예배를 위해 보일 때 당당하게 선포하고 경축하는 이야기가 있다. 지난 수십 년 동안 예배는 일부 지역에서 신인동형동성론적 예배가 우세할 정도로까지 변화했다.

웨버는 "예배의 대부분이 하나님과 하나님의 이야기에 초점을 맞추던 것에서 나와 내 이야기에 초점을 맞추는 것으로 바뀌었다"라고 비판한다.[13] 자기-중심적 예배의 결과는 자기만족에 집착하는 나르시시즘이다.[14] 그와는 반대로 성경적 예배는 담대하게 하나님의 이야기를 현실의 중심 내러티브로 삼는다(하나님 중심적 예배). 신인동형동성론적 예배는 잘못된 예배이다. 사실, "일부 그리스도인의 가장 큰 잘못은 '하나님을 내 이야기 안으로 끌어들여야 한다'라고 말하는 것이다. 고대에는 하나님이

---

13 Robert E. Webber, *The Divine Embrace: Recovering the Passionate Spiritual Life* (Grand Rapids: Baker Books, 2006), 231.

14 Ibid.

인류의 이야기에 들어오셔서서 우리를 그분의 이야기로 데려가신다고 이해했다. 여기에는 큰 차이가 있다. 하나는 나르시시즘적이고, 다른 하나는 하나님 지향적이다. 우리의 삶이 하나님의 이야기와 연결되어 있다는 사실을 깨닫는다면, 영적인 삶 전체가 바뀔 것이다."[15]

물론, 우리의 이야기는 중요하다. 그러나 분명히 알아야 할 것이 있다. 기독교 예배에서 중요한 것은 예배에서 우리의 이야기와 하나님의 이야기가 교차해야 한다는 점이다. 하나님은 그분의 이야기를 우리의 이야기로 바꾸지 않으신다. 우리는 우리의 이야기를 하나님의 이야기로 바꾼다. "요약하면, 성경적 예배는 과거에 행하신 하나님의 역사를 기억하고, 모든 창조물에 대한 하나님의 통치를 기대한다. 그리고 과거와 미래를 현재에 현실화하여 사람들과 공동체, 세상을 변화시킨다."[16]

기독교 예배가 공동체 안에서 하나님의 이야기를 선포하고 경축하는 것이라면, 음악은 그 이야기를 하는 데 도움이 된다. 믿음의 노래는 그 이야기를 선포하고 경축한다. 교회 음악가인 폴 웨스터마이어(Paul Westermeyer)는 "교회의 노래는 이야기에 관한 것이다"라고 단언한다.[17] 우리가 부르는 노래의 주제는 깊고도 넓을 것이다. 영원하신 삼위 하나님이 창조 때부터 재창조 때까지 행하신 일에 관한 광범위한 이야기를 하려면 많은 노래가 필요하기 때문이다. 목회적 음악가들은 사람들이 하나님의 이야기를 노래하도록 돕는다. 객관적인 성가와 찬송가, 영가는 하나님의 이야기를 가장 잘 되풀이하며 말한다.

---

15 Robert E. Webber, *Ancient-Future Worship: Proclaiming and Enacting God's Narrative* (Grand Rapids: Baker Books, 2008), 23. 『예배학』(CLC)으로 출간됨.
16 Ibid, 43.
17 Paul Westermeyer, *The Heart of the Matter: Church Music as Praise, Prayer, Proclamation, Story, and Gift* (Chicago: GIA, 2001), 39.

또한, 목회적 음악가들은 신자들이 그들의 이야기를 하나님의 이야기와 연관하여 노래하도록 돕는다. 간증과 증언, 체험에 대한 좀 더 개인적인 노래들은 우리의 이야기를 하나님의 이야기 안에 위치시켜 적합한 관점을 갖도록 돕는다. 목회적 음악가들은 시간이 지남에 따라 하나님의 전체 이야기로 노래할 수 있도록 주의를 기울여야 한다. 사람들이 인물과 줄거리 갈등과 해결을 기억할 수 있도록 이야기들은 들리고 또 들려지게 해야 한다. 반복해서 들려져야 한다. 예배 음악은 기독교 내러티브의 줄거리를 에피소드별로, 장별로 전달한다. 목회적 음악가들은 회중 찬양의 노래 목록이 장기적으로 하나님의 전체 이야기를 하는데 얼마나 적합한지에 민감해야 한다. 그리고 하나님 이야기와 그 이야기에서 우리의 위치는 분명하다는 것을 확고히 하기 위해서 특정 노래들을 추가하거나 빼는 일에 성실히 임한다.

4. 예수 그리스도의 인격과 사역에 중심을 둔 예배

예배는 공동체 안에서 하나님의 이야기를 선포하고 경축하는 것이라고 했다. 그 이야기의 핵심은 하나님의 아들, 예수 그리스도다. 그분은 예배의 초석(모퉁잇돌)이다. 이 한 가지 사실이 기독교 예배를 진정한 기독교 예배로 만든다. 신약성경의 여러 구절은 예수 그리스도를 우리 신앙의 초석이라고 언급하면서, 하나님의 영적 거처를 위한 신뢰할 수 있는 기반을 제공한다(마 21:42; 엡 2:19-22; 벧전 2:4-7을 보라). 모든 건물의 초석은 영예로운 장소를 나타낸다. 건물은 초석의 정확하고, 평평하며, 안정된 위치에 따라 지어지기 때문이다. 초석이 제대로 자리를 잡으면 건물 전체가 안전하다. 예수 그리스도는 아버지의 뜻으로 예배에서 영예로운 자리를 차지하셨다. 그리스도께 마땅한 영예는 그분이 요구한 것이 아니라 주어진 것이다. 성부 하나님께서 "그를 지극히 높여 모든 이름 위에 뛰어난 이름을 주셨다"(빌 2:9). 버려졌던 돌을 하나님께서 초석으로 삼으셨다.

> 이는 여호와께서 행하신 것이요 우리 눈에 기이한 바로다(시 118:23).

예수님이 예배에서 하시는 중요하고 우주적이기까지 한 역할은 적어도 두 가지다. 그리스도는 우리의 예배를 받으시고, 우리의 예배를 인도하신다. 한 존재가 두 가지로 상반되게 보이는 기능을 동시에 수행할 수 있다는 것은 위대한 신비이지만, 그것이 바로 성육신한 하나님이신 예수님만이 하나님-인간으로서 하실 수 있는 일이다. 예수님은 하나님으로서 예배받기에 합당하시다. 인간으로서 그분은 예배에서 우리 중 하나이시다. 이런 방식으로 예수 그리스도의 인격과 사역은 우리 예배의 중심이다.

1) 우리의 예배를 받으시는 그리스도

하나님으로서 그리스도는 예배받기에 합당하시다. 물론, 이러한 진술은 성부 하나님과 성령 하나님께서 예배받기에 합당치 않다는 말이 아니다. 삼위 하나님의 모든 위는 개별적인 위로서, 그리고 삼위로 계신 한 하나님으로서 모두 예배받으신다(아래의 '삼위일체적 예배'를 보라). 이러한 관행은 성경에서 볼 수 있다.[18] 또한, AD 381년 니케아 신조에 요약된 것처럼 교부들에 의해서도 확인되었다.

---

18 성경에는 아버지 하나님에 대한 예배를 뒷받침하는 언급이 많이 나온다. 신약성경은 부활 사건 이후 그리스도에 대한 예배를 많이 언급한다(마 28:9; 눅 24:52; 빌 2:10-11; 히 1:6; 계 1:6, 5:11-14, 등). 성령에 대한 예배는 신약성경에서 예배의 맥락에서 발견되는 다양한 삼위일체적 호칭에서 볼 수 있다. 그 예로는 세례(마 28:19)와 축도(고후 13:14)를 들 수 있다.

우리는 성령을 믿습니다... 성령은 성부와 성자와 함께 예배와 영광을 받으십니다.[19]

삼위 하나님의 모든 위가 동등하게 예배받으신다고 강조한 주장에 주목하라. 그 신조는 "적어도 사도 시대부터 시작하여 교회의 찬송가에서 발견되는 세 부분으로 이루어지는 이름으로 확장된 지속적인 전통을 반영하고 있었다."[20]

그와 동시에, 하나님의 뜻은 성자가 독특한 방식, 즉 그로 인해 하나님이 영광 받으시는 방식으로 예배를 받는 것이다. 예수 그리스도를 예배하는 것은 하나님의 영원한 계획이다. 하나님은 태초부터 성자가 영원토록 예배받기를 원하셨다. "그가 맏아들을 이끌어 세상에 다시 들어오게 하실 때에 하나님의 모든 천사는 그에게 경배할지어다 말씀하시며"(히 1:6)라고 기록되어 있기 때문이다.

또한, 하나님이 만물을 그의 아래에 두시고(고전 15:25) 천사들이 다시 한번 "큰 음성으로 이르되 죽임을 당하신 어린양은 능력과 부와 지혜와 힘과 존귀와 영광과 찬송을 받으시기에 합당하도다 하더라"(계 5:12)고 큰 소리로 노래할 때 그리스도에 대한 예배는 그 절정에 이른다. 예수님이 부활하신 후 이른 아침에 막달라 마리아와 다른 마리아를 만나셨을 때, 그들은 예수님의 발 앞에서 경배했다(마 28:9). 예수님이 승천하실 때 제자들이 경배했다(마 28:17). 부활하신 주는 이러한 예배의 행위를 거절하지 않으셨다. "주를 섬겼다"(행 13:2)는 신약성경의 선지자들과 교사들에 대한 증거는 그리스도께서 예배의 대상임을 시사한다.[21] 이전에도 계셨

---

19 Joel C. Elowsky, ed., "We Believe in the Holy Spirit," in *Ancient Christian Doctrine* (Downers Grove, IL: InterVarsity, 2009), 4:246.

20 Ibid.

21 Larry W. Hurtado, *At the Origins of Christian Worship: The Context and Character of Ear-*

고, 지금도 계시며, 앞으로 오실 예수님은 성부 하나님께 영광을 돌리는 예배를 받으신다(빌 2:11). 역사학자 래리 허타도(Larry Hurtado)는 초기 그리스도인들에게 예수님은 (하나님과 함께) 예배의 대상이었고, 이는 유대교의 특징인 유일신 사상을 고려할 때 가장 급진적인 발전이었다고 설명한다. 허타도가 든 예에 따르면, 이제 기도는 예수님을 통해, 그리고 예수님에게 드려지고, 예수님의 이름은 은혜의 근원으로서 불리며, 의례 행위는 예수님을 향한다. 예수님은 주로 고백되고, 세례를 베풀 때 예수님의 이름이 불리며, 예수님이 주의 만찬을 제정하시고, 예수님은 예배에서 노래로 찬양받으신다.[22]

그리스도인들은 주일예배를 위해 모일 때, 삼위 하나님을 예배하기 위해 모인다. 이는 예수 그리스도를 숭배하는 것을 통해 이루어진다. 브라이언 채펠(Brian Chapell)은 이렇게 서술한다.

> 기독교 예배의 핵심은 그리스도에 대한 사랑이다. 우리는 그분의 위대함을 높이고, 우리의 약함을 고백하고, 그분의 선하심을 구하고, 그분의 은혜에 감사하고, 그의 영광을 위해 살지 않고서는 그분을 사랑할 수 없다. 그래서 그분을 향한 사랑으로 우리는 그분을 이렇게 예배한다.[23]

주의할 게 있다. 예배에서 우리는 현대 교회의 일부 분파에서 발견되는 '오직 예수' 이단에 빠지지 말아야 한다.[24] 거기서는 낭만화된 선한 예수님

---

liest Christian Devotion (Grand Rapids: Eerdmans, 1999), 76.

22 Ibid, 74-92. Hurtado는 이러한 사례와 초기 기독교의 그리스도-예배의 여러 사례를 자세히 서술한다.

23 Bryan Chapell, *Christ-Centered Worship: Letting the Gospel Shape Our Practice* (Grand Rapids: Baker Academic, 2009), 112–13.

24 Susan J. White, "What Ever Happened to the Father? The Jesus Heresy in Modern Worship," 2004, http://www.kintera.org/atf/cf/%7B3482e846-598f-460a-b9a7-386734470eda%7D/WHITE .PDF.

만을 기도하고 노래하거나 언급한다. 이는 성경적이고 역사적인 기독교와는 다른 접근 방식이다. 그러나 위에서 충분히 언급했듯이, 하나님께서는 예수님이 계속해서 예배의 중심이 되도록 하신다. 우리는 걱정하지 않아도 된다. 삼위일체의 세 위는 예수님이 우리 예배의 중심이 되실 때 관심을 받기 위해서 영적인 줄다리기를 하지 않으신다. 대신 하나님은 기뻐하신다. 성자가 예배받을 때 영광을 받으시기 때문이다.

그리스도께서 기독교 예배의 중심이 되려면 우리는 초기 그리스도인들처럼 예배할 때 모든 이름 위에 있는 그 이름을 의도적으로 불러야 한다. 우리는 우리의 예배를 받으시는 놀라우신 분을 경건하게 인식해야 한다. 우리는 그분을 찬양하고, 기도 중에 그분의 이름을 부르고, 성례전에 참여할 때 그분의 삶과 죽음을 기억한다. 하나님의 이야기 중심에 그분을 모시고 그 내러티브의 각 에피소드를 선포하며 경축하고, 그분을 사탄과 싸우셨을 뿐 아니라 영원히 승리하신 기름 부음 받은 자, **크리스투스 빅토르**(*Christus Victor*, 승리자 그리스도)로 알리는 것을 잊어서는 안 된다.

> 영광이 그에게 세세무궁토록 있을지어다 아멘(히 13:21).

2) 우리의 예배를 인도하시는 그리스도

많은 그리스도인은 예수 그리스도께서 예배받으시기에 합당하다는 사실을 선뜻 인정하기 때문에 우리는 이에 대해 창의적으로 잘 생각하지 않는다. 위에서 언급한 성경 구절들과 교회의 오랜 관습은 우리의 찬양을 받으시는 분으로서 그리스도의 역할을 확고히 한다. 그러나 그리스도께서 예배에서 수행하시는 두 번째 역할 – 그리스도는 최고의 예배 인도자이시다 – 은 우리 인간의 상상력을 더욱 크게 확장할 수 있다. 히브리서 기자는 히브리서 8:2에서 **레이투르고스**(*leitourgos*)라는 용어를 사용하여 예수님을 우리 예배의 인도자로 해석한다. 제임스 토랜스(James B. Torrance)는 매우 명확하게 말한다.

> 신약성경의 이해에 따르면, 예배에서 진정한 주체는 우리의 찬양과 기도를 인도하시는 예수 그리스도이다.[25]

성육신을 통해 그리스도께서는 하나님에 의해 하나님께 드리는 우리 예배를 중재하는 특별한 위치에 서게 되셨다. 그리스도는 이러한 제사장의 역할, 절실히 필요한 역할을 행하시어 비참할 정도로 부족한 우리의 예배가 하나님께 완벽하게 드려질 수 있도록 하신다. 그리스도께서는 우리의 대제사장으로서, 우리의 기도를 중보하시고(딤전 2:5) 우리의 찬양을 중재하신다(히 2:12). 토랜스는 다음과 같이 설명한다.

> 예수님은 창조의 제사장으로 오셔서 우리를 위해 우리가 하지 못한 일을 하시고, 우리가 하지 못한 예배와 찬양을 아버지께 드리고, 완전한 사랑과 순종의 삶으로 하나님께 영광을 돌리고, 주님의 참된 종이 되시기 위해 오셨다. … 그분은 우리가 실패하고 당황하여 기도하는 방법을 모르거나 기도하는 것을 잊어버릴 때 아버지 앞에 우리를 대신하여 구하신다. … 이것이 바로 '놀라운 교환'(mirifica commutatio—admirabile commercium)이다. 그리스도께서는 우리의 것(우리의 깨어진 삶과 합당치 않은 기도)을 취하셔서 거룩하게 하셔서 흠이나 주름 없는 상태로 아버지께 드리고, 이것을 우리에게 다시 돌려주신다. 그래서 우리는 감사로 그분을 '먹으며' 살아가게 된다. 그분은 우리의 기도를 받으시고 그분의 기도를 우리의 기도로 삼으신다. 우리는 그분께서 우리의 기도가 '예수님을 향

---

[25] James B. Torrance, *Worship, Community and the Triune God of Grace* (Downers Grove, IL: InterVarsity, 1996), 23.

해' 드려진다는 것을 알고 있다.[26]

신약학자 레지 키드(Reggie Kidd)는 예수님이 우리 기도를 성화하시는 것처럼, 우리 노래도 성화하신다고 말한다.

"예수님은 양심을 정화하시고, 구원할 수 없을 정도로 더럽다고 여겨졌던 노래도 정화하신다."[27]

우리는 예배에서 예수 그리스도의 중재를 계속해서 필요로 한다. 하나님께서는 예배에서 우리의 **레이투르고스**인 예수 그리스도의 지속적인 제사장 사역을 통해 교회의 필요를 은혜로 계속해서 충족시키신다. 우리는 예수님의 대제사장 역할 때문에 하나님 앞에 담대히 나갈 수 있다(히 4:14-16). 우리는 예수님이 인간적으로 드려진 예배를 하나님의 영광을 위한 신적인 예배로 바꾸셨다는 확신으로 예배할 수 있다.

그리스도께서는 우리의 예배를 조장하실 때조차도 예배자로서 우리와 함께하신다. 히브리서에서도 분명하게 밝히고 있다.

> 예수님은 그들을 형제와 자매라 부르시기를 부끄러워하지 아니하시고 이르시되 "내가 주의 이름을 내 형제들과 자매들에게 선포하고, 내가 주를 교회 중에서 찬송하리라" 하셨다(히 2:11b-12).

예수님은 시편 22:22을 인용하여 구원하러 오신 인간들 사이에 자신을 위치시키신다. 하나님 가족의 교제는 예수님께서 아버지를 예배하도록 그들을 인도하시면서 그들과 동일시되는 그분의 공동체이다.

---

26 Ibid, 14–15.
27 Reggie Kidd, *With One Voice: Discovering Christ's Song in Our Worship* (Grand Rapids: Baker Books, 2005), 127.

목회적 음악가의 관점으로 볼 때, 우리를 인도하는 예배자로서 예수님의 가장 주목할만한 이미지는 아마도 노래하는 예수님이라는 이미지일 것이다. 그리스도는 영원한 가수이시다. 그분은 세상이 창조될 때 노래를 부르셨고(욥 38:4, 6-7),[28] 이 땅에서 사실 때도 노래하셨다(막 14:26; 마 26:30). 그리고 승천 후에도 계속해서 노래하신다(히 2:12: "내가 주[하나님]를 찬송하리라[*hymnesō*]"). 마이클 오코너(Michael O'Connor)는 예수님이 지상에서 사역하시는 동안에 삶의 방식으로 노래하셨다고 말한다.

> 예수님은 서정적인 문화에서 자랐고 음악적/서정적인 형식을 규칙적으로 쉽게 사용하는 환경에서 예배하셨다. 기도할 때 노래하는 것은 그분에게 자연스러운 일이었다. 오히려 그렇게 하지 않는 게 부자연스러웠을 것이다.[29]

고대 팔레스타인에서 신실한 유대인이었던 예수님은 노는 중에, 사교 모임에서, 가정에서, 회당에서, 성전에서, 기도할 때, 성경을 읽을 때 등 분명히 노래를 부르셨을 것이다. 예수님도 참여하셨던 회당의 공적인 성경 봉독은(눅 4:6) 기도할 때처럼 읊조려졌다.[30] 오코너는 "제자들과 함께

---

28 Michael O'Connor's "The Singing Jesus," in *Resonant Witness: Conversations between Music and Theology*, ed. Jeremy S. Begbie and Steven R. Guthrie (Grand Rapids: Eerdmans, 2011), 443-45에서 영원히 노래하시는 예수님에 대한 흥미로운 설명을 볼 수 있다. O'Connor는 John Matheson (1681~1764)의 작품을 인용하여 노래하시는 하나님의 우주적 포괄성을 제시한다. Matheson은 논지를 주장하기 위해, 땅의 기초가 놓였을 때 "새벽 별들이 기뻐 노래하며 하나님의 아들들이 다 기뻐 소리를 질렀느니라"(욥 38:7)는 욥기의 한 구절을 인용한다. 그는 (1) 예수님이 자신을 밝은 새벽 별(계 22:16)이라고 언급한 점과 (2) 예수님이 모든 피조물보다 먼저 나신 이(골 1:15)이므로 하나님의 자녀(히브리어로 '하나님의 아들들')에 속했을 것이라는 점을 근거로 예수님이 그 노래에 참여했다고 함축적으로 말한다. O'Connor는 Matheson의 함축적 주장에 한계가 있다고 인정하지만 본 장 전체에 걸쳐 예수님이 노래하셨다는 가능성을 상당히 잘 드러내고 있다.

29 Ibid, 439.

30 Edward Foley, *Foundations of Christian Music: The Music of Pre-Constantinian Christiani-*

기도하실 때처럼, 심지어 그들에게 주기도문을 가르치실 때도, 예수님이 영창 형식을 사용하셨을 것으로 추측된다"라고 단언한다.³¹ 노래하는 것은 삶의 방식이었다. 또한, 죽음의 방식이었다. 오코너가 지적하듯이, 십자가에 달리신 예수님의 입술에서 흘러나온 찬송은 "삶의 마지막 순간에도 음악적 기도가 수반되었다"라는 것을 반영하기 때문이다.³²

우리가 예배의 기초를 다질 때 특히 관심을 가져야 할 것은 예수님이 공동예배에서 우리와 함께 노래하신다는 사실이다. 부활하신 주님은 교회가 모일 때마다 성령을 통해 임재하신다. 히브리서 2:12로 되돌아가면 우리는 예수님께서 "교회 중에서" 하나님을 찬양하고 계신다는 사실을 볼 수 있다. 예수님은 동료 예배자들에게 아버지의 이름을 선포하실 뿐 아니라 그들 중에서 아버지를 찬양하고 계신다. 오코너는 다음과 같이 이를 잘 설명한다.

> 그리스도께서는 이 땅에 사는 그분의 백성이 예배하기 위해 모일 때 함께 노래하신다. 이는 세상 끝 날까지 그들과 함께 있으시겠다는 그분 약속의 일부이다 (마 28:30). 교회에서 예수님이 노래를 부르시는 것은 그분이 누구이신지(아버지의 아들)와 그분의 제자들이 누구인지(그분의 형제들과 자매들)를 보여준다. 그리스도는 기독교 예배의 리더이자 선도자이시며, 그분을 섬기는 자들이 성부께 찬양으로 드리는 제사의 대제사장이시다(히 8:1-2을 보라). 성육신으로 인간의 모습 (즉, 그분의 제사장직)으로 바뀌신 영원한 성자의 성부에 대한 사랑의 순종은 이제 그분의 모든 형제자매와 공유된다.³³

---

ty (Collegeville, MN: Liturgical Press, 1996), 54–55.
31 O'Connor, "Singing Jesus," 437.
32 Ibid, 439.
33 Ibid, 442–443.

예수님이 우리의 예배 인도자라는 관점은 수 세기 동안 저명한 교회 리더들이 간직하며 유지해 왔다. 그중에는 "그리스도께서 우리의 노래를 이끄시고 … 우리가 부르는 찬송의 주요 작곡자"라고 주장한 존 칼빈(John Calvin),[34] 그리고 히브리서 2:12을 언급하면서 예배 인도자로서 예수님의 역할을 죽임을 당하시기 전날 밤 유월절 식사 때 사도들 가운데서 행하셨을 뿐 아니라 지금도 행하시고, 앞으로도 말씀과 성경으로 교회에서 계속해서 행하실 것으로 이해한 존 웨슬리(John Wesley)가 포함된다.[35]

여기서 어떤 일이 일어나고 있는가?

승천하신 예수님은 "맏아들 중 맏아들로서 아버지께 찬양의 노래를 부르신다. 땅에 있는 교회의 노래는 … 하늘로부터 들려오는 이 목소리에 대한 응답 송가이다."[36] 요약하면, 예배의 노래들은 응답 송가의 소리를 만들어 낸다. 즉, 승천하셨지만, 그분의 형제와 자매들 가운데 계신 예수님, 성육신하신 주의 노래와 우리 노래는 함께 울려 퍼지며 하나님께 노래한다.

이것은 어떤 차이를 만드는가?

왠지 우리의 노래라기보다는 그분의 노래에 더 가깝다. 나는 형제자매 사이에서 예배자로서 자리 잡고 있다는 사실에 더할 나위 없이 기쁘다. 왜냐하면, 예수님께서 최고의 예배자로서 이미 우리 가운데 자리하고 계신다는 것을 알기 때문이다. 그렇지 않다고 생각하면 내 일요일은 비참할 것이다. 그분의 임재 속에서 우리는 떨리면서 편안하다. 우리가 아닌 그분이 통제하시기 때문에 우리는 긴장을 풀 수 있다. 그분은 C. S. 루이스(C. S.

---

34 Ibid., 442. O'Connor는 John Calvin, *Commentaries on the Epistle to the Hebrews*, trans. and ed. John Owen (1853; Grand Rapids: Eerdmans, 1949), 66–67을 인용한다.

35 John Wesley, *Explanatory Notes upon the New Testament* (London: Epworth Press, 1948), 815–16.

36 Kidd, *With One Voice*, 115.

Lewis)의 사자-그리스도 아슬란처럼 위험하지만 선하시다. 그분이 통제하시기에 우리는 두려움에 떤다. 우리는 더 신중해지면서 덜 조작하게 되고, 더 규율적으로 되면서 더 자유로워진다.[37]

그렇다면 예수 그리스도는 우리의 예배를 받으시는 분인가?

아니면 우리의 예배를 인도하시는 분인가?

대답은 "그렇다"이다. 그분은 둘 다이시다. 이것은 예수님, 성육신하신 하나님만이 하실 수 있는 일이다. 하나님으로서 그분은 우리의 예배를 받으신다. 인간으로 그분은 우리의 예배가 가능해지도록 하신다. 허타도는 초기 교회에서 이러한 이중적인 역할에 대한 이해를 입증한다.

> 예수님은 예배와 예전적 노래 또는 성가의 내용이자 이유일 때가 많고, 또한 자신을 통해 예배와 찬양이 유효하게 만드시는 특성을 보이신다.[38]

키드(Kidd)는 이를 잘 설명한다.

> 여기에 신약성경의 영광스러운 신비가 모두 담겨있다. 예수님은 부활을 통해 '우리와 함께하시고' '우리를 위하시는' 방식으로 살아 계신다. 그분은 '모임 가운데' 계시는 동시에 하늘의 예루살렘에서 우리를 위해 끊임없이 중보하고 계신다. 영원한 가수가 세워졌다. 한편으로 그분은 교회에서 우리와 함께 노래하시고, 다른 한편으로는 하늘에서 우리를 중보하신다. 교회가 예배하러 모일 때, 땅과 하늘이 합쳐진다. 우리가 노래할 때 우리만 노래하는 것이 아니다. 우리 위에서 더 높은 노래가 불리고 있고, 우리 아래서 더 깊은 노래가 불리고 있다.[39]

---

37 Ibid., 117.
38 Hurtado, *At the Origins of Christian Worship*, 90.
39 Kidd, *With One Voice*, 115.

하나님께 감사드린다!

5. 삼위일체적 예배

궁극적으로 기독교 예배는 삼위일체적 예배이다. 나는 예배가 하나님의 이야기를 경축하는 것이고, 그 이야기의 중심은 그리스도라고 주장했다. 이러한 주장들은 진실이고, 그 내용을 요약하면 다음과 같다.

> 기독교 신앙의 참 하나님은 성부, 성자, 성령의 삼위 하나님이시다. 하나님께 집중하고 그리스도 중심적인 예배는 예배의 삼위일체적 본질을 손상할 수 없다. 한 분 하나님의 임재와 행동은 본질적으로 나뉠 수 없기 때문이다. 때때로 삼위 하나님의 한 위만 강조될 때 우려가 제기되기도 한다.[40]

예배학자 존 위트블릿(John Witvliet)이 "인간적인 표현으로, 우리가 하나님의 한 위에 집중하면 다른 위에 필연적으로 집중하지 못하게 된다"[41]라고 서술한 것처럼, 이는 이해할 수 있는 일이다. 그러나 위트블릿은 이렇게 덧붙인다.

"하나님에 관해서는 이러한 제로섬(zero-sum) 논리가 적용되지 않는다."[42]

왜 그런가?

---

[40] 예를 들어, White, *"What Ever Happened to the Father?"*를 참고하라.
[41] John D. Witvliet, *"The Joy of Christ-centered, Trinitarian Worship,"* *Worship Leader*, April 14, 2015
http://worshipleader.com/the-joy-of-christ-centered-trinitarian-worship.
[42] Ibid.

삼위의 일체는 목적의 일체를 반영하기 때문이다. 삼위 하나님의 한 위께서 어떤 영원한 목적을 성취하실 때(창조자, 구속자, 보혜사 등), 모든 위는 공동 참여자로서 그들의 목적을 성취하신다. 또한, 삼위의 일체는 삼위가 받는 영광을 편향시켜 모든 위가 동등하게 영광을 받도록 한다. 삼위 하나님의 한 위가 인정받으실 때, 모든 위가 인정받으신다. 요약하면, "우리가 예수님께 집중할 때, 우리는 필연적으로 성부 하나님을 '보고' 우리 안과 주위에서 이미 진행되고 있는 성령의 역사를 발견하게 된다. '예수님 중심적'과 '삼위일체적'은 이론적으로 같은 뜻이다."[43]

삼위일체적 예배는 관계에 뿌리를 둔다. 공동예배는 본질적으로 하나님과 사람들 사이의 관계적인 만남이다. 예배의 관계적 본질의 기초는 성부와 성자와 성령 사이의 영원한 삼위일체적 관계에서 찾을 수 있다. 교부들은 이러한 상호적 사랑과 희생의 상호 관계를 **페리코레시스**(*perichoresis*)로 설명한다. 이 표현은 헬라어 합성어에서 유래한 것으로, "주위를 맴돌며 함께 춤춘다"라는 뜻이다.[44] 윌리엄 더네스(William Dyrness)는 "이 이미지는 기독교 하나님의 속성에 관해 우리가 할 수 있는 가장 근본적인 주장을 나타낸다. 하나님의 본질은 사랑과 아름다움의 역동적인 움직임이다"라고 확언한다.[45] 그리고 삼위의 이러한 영원하고 상호적이고 사랑하는 교제, 삼위 하나님께서 즐기시는 바로 그 교제는 모든 신자가 초대받는 궁극적인 교제를 형성한다. 삼위일체 하나님의 실재는 예배에서 우리의 실재인 하나 됨의 진정한 기초이다.

우리가 "지정된 시간"의 공동예배가 지닌 분명한 목적을 위해 모일 때, 우리는 그리스도와 하나이고 예수 그리스도의 참 제자들과 나누는 교제

---

43 Ibid.
44 William A. Dyrness, *A Primer on Christian Worship: Where We've Been, Where We Are, Where We Can Go* (Grand Rapids: Eerdmans, 2009), 82.
45 Ibid, 82-83.

에서 하나이다. 놀랍게도, 삼위 하나님의 상호 내재적이며 전적으로 관계적인 유대는 우리가 예배할 때 우리가 초청되는 모두를 아우르는 회중이 된다! 하나님의 은혜로운 주도로, 우리는 그 춤에 초대된다. **페리코레시스**, 성부와 성자, 성령의 영원하고 기쁨에 찬 연합은 실제적이고 지속적이다. 그리고 우리가 들어가는 곳은 이 지속적인 실재, 우리가 초대받은 곳에서 이미 진행 중인 예배의 춤이다. 이것은 마치 무도회에 조금 늦게 도착한 것과 비슷하다. 춤추기 시작하고, 음악이 흐르며, 사람들은 움직이고, 웃음과 근심 없는 에너지가 가득하다.

우리는 무도회에 30분 늦게 도착했지만, 누군가가 문 앞에서 우리를 맞이하고, 우리를 안쪽으로 안내한다. 그리고 우리는 함께 춤을 춘다. 우리가 춤춘다고 춤이 이미 진행 중이었다는 사실이 바뀌지는 않는다. 우리는 단지 참여자가 된 것뿐이다.

삼위일체적 예배는 '진행 중인 예배'이다. 그것은 활동하시는 삼위 하나님의 교제이고, 우리는 그 실재에 기꺼이 받아들여지는 특권을 누리고 있다. 우리는 모든 예배자를 환영하는 공동체인 삼위 하나님의 참여적인 관계에 발을 들여놓을 때 하나님을 예배한다. 그것은 눈에 보이지 않지만, 그럼에도 실재한다.

우리는 이것을 어떻게 하는가?

우리는 주의 날에 진정한 예배에 우리 자신을 온전히 드리려는 목적을 가지고 모임에 들어올 때, 믿음으로 이를 행한다. 그렇게 함으로써, 우리는 삼위 하나님의 지속적이고 기쁨이 넘치는 연합, 즉 하나님을 진정으로 예배하는 믿음이 충만한 모든 추종자의 좀 더 큰 연합의 일부임을 다시금 확인한다.

삼위일체에 대한 이 모든 논의는 교리에 대한 논쟁처럼 보일 수 있다. 어떤 사람은 이게 무슨 호들갑인지 궁금할 수도 있다. 삼위일체적 예배를 주장하는 목적은 단지 한 사람의 신학적 이론을 정리하는 문제가 아니라 궁극적으로 올바른 예배를 위한 것이다. 올바른 예배(*orthodoxy* – 문자적으로, 올바른 찬양)는 올바른 실천(*orthopraxy*)의 형성으로 이어진다. 그리고 결국에는 올바른 사랑(*orthocardia*), 즉 하나님과 이웃, 창조 질서에 대한 사랑으로 이어진다. 달리 말하면, 예배가 올바르지 않으면, 우리는 실천적으로 올바르지 않게 형성되고, 결국 올바르지 않은 사랑, 비정상적인 사랑으로 이어진다. 궁극적으로 하나님에 대한 지식으로 이끄는 우리의 교리적 구성은 참된 예배라는 하나의 목적을 갖는다. 신학자 베스 펠커 존스(Beth Felker Jones)는 이를 잘 포착한다.

> [삼위일체] 교리의 핵심은 우리가 누구를 예배하는가에 관한 것이고, 참되고 살아 계신 하나님을 예배하는 것보다 더 놀랍고, 활력을 주며, 기쁨이 넘치는 것은 없다 … 교리의 가장 참되고 중요한 열매는 예배이다.[46]

예배 음악은 기독교의 삼위일체적 하나님을 나타내야 한다.

우리가 예배에서 사용하는 노래는 삼위일체에 대한 우리의 관점을 얼마나 반영하고 있는가?[47]

우리 노래의 가사는 삼위일체 하나님에 대한 우리의 관점을 돕거나 방해할 것이다. 이 문제는 하나님의 이야기를 구체화하는 과정의 일부이기도 하다. 왜냐하면, 하나님의 이야기는 창조와 재창조에서 일하신 아버지와 아들, 성령의 이야기이기 때문이다. 우리가 올바른 것을 믿을 뿐 아니라 올바른 방식으로 참 하나님을 예배할 수 있도록, 교회를 위한 노래 목록을 만들 때는 지향성이 요구된다.

---

46 Beth Felker Jones, *Practicing Christian Doctrine: An Introduction to Thinking and Living Theologically* (Grand Rapids: Baker Academic, 2014), 75.
47 현대 예배 음악에서 삼위일체적 언어의 사용에 대한 통찰력 있는 분석을 위해서는, Lester Ruth, "How Great Is Our God: The Trinity in Contemporary Christian Worship Music," in The *Message in the Music: Studying Contemporary Praise and Worship*, ed. Robert Woods and Brian Walrath (Nashville: Abingdon, 2007)을 참고하라.

6. 결론

우리는 기독교 예배가 하나님 집중적인 예배임을 알게 되었다.

"예배는 내러티브, 세상의 시작부터 종말까지 이어지는 하나님의 내러티브이다.

우리가 공적 예배에서 그 이야기를 하지 않는다면 세상이 어떻게 그 이야기를 알겠는가?"[48]

하나님의 이야기는 삼위 하나님의 이야기로, 그 내러티브의 중심은 예수 그리스도이시다. 목회적 음악가들은 "하나님 이야기로서의 예배"가 지배적이 되도록 예배 음악을 계획하고 인도함으로써 교회가 그 이야기를 하도록 돕는다. 예배에는 예배의 목적을 항상 시험하는 잠재적인 장애물이 존재한다. 이러한 장애물을 해결하려면 성경적, 신학적, 역사적 정보에 근거한 대응이 필요할 것이다. 본 장에서 설명한 것처럼 기독교 예배를 위한 탄탄한 기초를 다지는 일은 이를 위한 좋은 출발점이 될 수 있다.

이제 우리는 예배 음악이 예배에 대한 성경적 이해에 어떤 영향을 끼치는지 알아볼 준비가 되었다.

7. 주요 용어

- 예전(Liturgy): 공동예배에서 모든 예배자의 경건한 예배와 완전한 참여를 촉진하는 행동, 말, 몸짓, 상징을 전부 모은 것.
- 주일예배(Lord's Day Worship): 그리스도인들의 주요 예배가 실행되는 날을 가리키는 성경적, 역사적 표현. 부활의 날(한 주의 첫째 날)을 나

---

[48] Ibid., 39-40.

타내고, 따라서 그때나 지금이나 예배공동체 안에 부활하신 주님께서 임재하심을 의미한다.
- 하나님의 이야기(story of God): 하나님이 누구시고, 창조부터 재창조 때까지 하나님이 무엇을 하고 있으신지에 대한 내러티브.

8. 더 학습하기

Cherry, Constance M. *The Worship Architect: A Blueprint for Designing Culturally Relevant and Biblically Faithful Services*. Grand Rapids: Baker Academic, 2010.

Torrance, James B. *Worship, Community and the Triune God of Grace*. Downers Grove, IL: InterVarsity, 1996.

Webber, Robert E. *Ancient-Future Worship: Proclaiming and Enacting God's Narrative*. Grand Rapids: Baker Books, 2008.

참여하기

아래의 제안에 따라 당신의 상황에서 예배를 위한 기초를 다질 수 있는 실천적인 전략을 구상해 보자.

1. 지난 두 달의 예배 내용을 살펴보자.
신인동형동성론적 예배의 모습을 보인 곳이 있는가?
2. 예배가 좀 더 그리스도 중심적이 되도록 만들 수 있는 세 가지 방법을 적어보자.
3. 예배가 좀 더 삼위일체적인 특성을 보이게 만들 수 있는 세 가지 방법을 적어보자.
4. 본 장에서 다룬 예배의 아홉 가지 원칙을 복습하자. 이 목록에 당신 교회의 예배에 적합하다고 생각하는 두 가지 추가적인 원칙을 더해 보자. 그리고 질문해 보자.
이 두 개의 원칙이 모든 신자에게 정말로 보편적인가?

제3장

기반 세우기

예배에서의 음악의 역할

탐구하기

본 장을 읽기 전에 교회나 단체에서 음악과 관련된 사역을 하는 사람과 함께 아래의 생각을 나눠보자.

1. 여러분 교회의 예배에 음악이 전혀 포함되지 않는다고 상상해 보자. 어떨 것 같은가? 그 이유는 무엇인가?
2. 여러분 교회의 예배에서 음악이 어떤 구체적인 기능을 하는지 함께 생각하고 나열해 보자.
3. 예배에서 음악 때문에 불편했던 적이 있는가? 만약 그랬다면 무엇 때문이었는가?

1. 심화하기

음악이 없는 예배는 상상하기 어렵다.
그렇지 않은가?

신성한 공간을 가득 채우는 아름답고 영감을 불러일으키고, 때로는 가슴을 저미는 음악 소리가 없는 예배를 상상하기는 참 어렵다. 음악은 유대교와 기독교 예배에서 항상 중요한 역할을 해왔다. 홍해 바닷가에서 불린 구원의 노래로부터 영광으로 가득 찬 성전의 화려한 성악과 기악에 이르기까지, 초기 유대교 회당에서 읊조린 찬송으로부터 그리스도인의 시간 예전에 이르기까지, 고대 로마와 동방 교회들의 예전으로부터 미국 개척자 시대의 부흥 운동에서 불렸던 활기 넘치는 노래에 이르기까지, 화려한 대성당의 높은 아치형 성소에서부터 저개발 국가 외딴 지역의 야외 예배에 이르기까지, 음악은 예배에서 중요한 자리를 차지해 왔다. 음악이 없는 예배를 상상하기는 어렵다.

그러나 우리는 예배에서 음악이 실제로 하는 역할이나 기능에 대해 깊이 생각해 본 적이 있었는가?

우리는 음악이 유용하다는 것을 안다.

하지만, 음악은 도구인가?

우리는 음악이 우리에게 감동을 준다는 것을 안다.

그러나 영감이 음악의 주된 목적인가?

우리는 음악 자체가 말로 표현할 수 없는 것을 말한다는 사실을 인정한다.

> 그러나 음악이 말하는 것은 무엇인가?
> 그리고 누가 그 대화에 참여하는가?
> 모든 음악이 예배에 적합한가?
> 성경이 음악의 한도를 정하고 있는가?
> 예배 음악은 주변 문화의 음악과 어느 정도까지 관련되는가?

이러한 중요한 질문들은 예배 인도자들이 커피숍에서 다른 교회 스태프와 모임을 할 때나, 인터넷에서 블로그를 운용할 때나, 예배 콘퍼런스에 참석할 때 늘 제기된다. 예배 인도자들은 오늘날 예배에서의 음악이라는 긴급한 사안을 직면하고 이를 해결하기 위해 진지하게 노력하고 있다. 그 문제를 철저히 규명하려면 여유롭게 커피를 마시거나 예배 콘퍼런스에 참석하는 것보다 더 많은 것이 필요하겠지만, 한 가지 확실한 것이 있다. 우리는 시작할 곳이 필요하다.

본 장에서는 제2장에서 다져진 기초 위에 견고한 기반을 세우는 작업을 시작할 것이다. 우리는 예배의 본질을 먼저 깨닫지 못하고서는 예배 음악의 기초에 대해 말할 수 없다. 음악은 예배의 한 요소이기는 하지만 예배 자체는 아니기 때문이다. **예배 음악은 예배의 더 큰 원칙들을 따라야 하는 책임이 있다는** 사실을 깨닫는 게 중요하다. 우리는 중요한 것을 먼저 해야 한다. 그래서 본 장을 읽으면서 제2장을 참고하길 바란다. 마찬가지로 제4장에서는 본 장에서 설명한 기반을 근거로 음악적 리더십의 여러 가지 구체적인 측면을 다룰 것이다. 리더들은 주어진 어떤 예배 상황에서도 필수적인 음악적 리더십을 뒷받침할 수 있는 성경적으로 충실하고 합리적인 기반을 구축하면서 현재 자신의 관점이 어디에서 비롯되었는지 분별하기 위해 노력해야 한다.

우선, 예배에서 음악은 한 가지 주요한 **역할**을 한다. 동시에 음악은 그 한 가지 역할을 이행하기 위해 많은 기능을 한다. '역할'과 '기능'이라는 단어는 종종 같은 뜻으로 사용되지만, 나는 예배 음악의 목적(하나의 역할)과 그 목적을 달성하기 위한 수단(많은 기능)을 구분하는 데 도움이 되도록 이 두 단어를 사용할 것이다. 나는 아래에서 음악의 많은 기능 중 몇 가지 기능을 소개할 것인데, 각 기능은 예배에서 음악을 이해하는 중요한 구성 요소가 된다. 각 요소가 확고히 설정되면, 예배 음악 건축가는 하나님을 기쁘게 해드리고 유의미한 음악을 위해 견고한 기반을 쌓게 될 것이다.

2. 예배에서 음악의 역할

전 세계의 예배 인도자들과 이야기를 나누다 보면 "예배에서 음악의 역할은 무엇인가?"

이런 질문을 자주 받게 된다. 음악은 예배의 분위기를 조성한다, 음악은 하나님께 우리 자신을 표현하는 데 도움이 된다, 음악은 문화와 소통하는 데 도움이 된다, 음악은 예배에 생명력과 활력을 더한다, 음악은 우리에게 영감을 준다, 음악은 비신자를 교회로 이끄는 데 도움이 된다, 음악은 하나님을 찬양하는 우리의 주된 방식이다 등의 대답을 자주 들을 수 있다.

음악이 이 모두와 관련이 있다는 것은 의심할 여지가 없다. 지금은 이러한 것들이 어떻게 다양한 목적을 나타내는지 간략하게 살펴보고자 한다. 또한, 음악이 특정한 결과를 얻기 위해 사용되는 방식, 즉 매우 실용적으로 사용되는 방식에도 주목하자. 우리는 모두 음악에 대한 이러한 부분 중 적어도 일부에 대해서 생각해 본 적이 있을 것이다. 우리는 직관적으로 음악이 예배에서 매우 다양한 방식으로 사용된다는 것을 알고 있다.

이런 많은 방식은 서로 어떻게 연관되어 있는가?

예배에서 음악을 사용할 때 음악은 독립적인 기능을 하는 것인가?

예배에서 음악이 맡고 있는 핵심 역할을 정립하는 것으로 시작해 보자. **예배에서 음악은 하나님의 이야기를 선포하고 경축하는 것을 촉진하는** 역할을 한다. 제2장에서 예배는 하나님의 이야기를 선포한다고 주장했다. 즉, 예배는 하나님의 역사를 기억하고, 기뻐하고, 기대한다. 그리고 하나님 나라의 충만함을 가져온다. 음악은 예배의 궁극적인 목적, 모든 면에서 떠받쳐야 하는 목적과 별개로 작동할 수 없다. 음악은 그 자체로 어떤 역할을 할 수 없다는 뜻이다. 예배에서 음악은 음악만을 위해 사용될 수 없다. 또한, 우리의 찬양을 하나님의 영광스러운 속성과 구원의 역사와 연관되지 않은 채 단지 하나님을 찬양하기 위해 존재한다고 말할 수도 없다. 찬양은 하나님이 누구시고, 하나님이 무엇을 하셨는지에 대한 것이다. 따라서 음악은 예배를 위해 존재하는 것이지 그 반대가 아니다. **예배는 음악적 참여를 위한 장으로 존재하는 것이 아니라, 하나님이 주신 목적, 즉 하나님의 영원한 내러티브를 선포하고 경축하는 목적을 달성하기 위해 존재한다.**

우리가 예배하기 위해 모일 때, 우리는 하나님과 사람들의 만남을 촉진하는 예전에 참여한다. 제2장은 예전이란 예배자들이 공동예배라는 거룩한 직무를 온전히 수행하도록 돕기 위해 한 공동체가 사용하는 요소들에 지나지 않는다고 설명했다. 니콜라스 월터스토프는 이렇게 설명한다.

> 내가 예전을 말할 때, 예전은 예배를 뜻한다. '예전'이라는 단어가 정교화된 의식들과 의례를 연상하신다면, 그 단어를 '예배'(service)로 바꿔라.[1]

선호하는 용어가 무엇이든 음악은 예배를 촉진하는 역할을 한다.

월터스토프가 제안한 것처럼, 음악은 적어도 다음과 같은 방식들로 **예배를 도울 수 있다.**[2]

첫째, 음악은 예배에 직관적이다. 즉, 공동예배를 자연스럽게 **전개한다.** 예배에 음악이 꼭 필요하다는 주장은 지나쳐 보일 수 있다. 그러나 **음악은 예배를 위해 하나님이 주신 선물이고, 그래서 유대-기독교 예배에서** 처음부터 중요한 역할을 담당해 왔다.

---

1 Nicholas P. Wolterstorff, "Thinking about Church Music," in *Music in Christian Worship*, ed. Charlotte Kroeker (Collegeville, MN: Liturgical Press, 2005), 9.
2 Ibid, 11-16. Wolterstorff는 여러 가지 원칙을 제시하는데, 나는 이를 재구성하고, **다시** 설명하고, 정교화했다.

둘째, 음악은 예배 행위의 일부 또는 모두를 향상할 수 있다. 예배에서 일반적으로 말해지는 내용 중 일부는 음악적인 측면이 더해지면 더 효과적으로 된다.

셋째, 음악은 회중이 예배의 주요 참여자가 될 수 있도록 도와준다. 특히, 회중 찬송은 예배에 참여하는 회중의 목소리를 하나로 모으는 데 매우 적합하다.

넷째, 각 노래의 음악적 성격은 행위의 본질을 묘사하는 데 도움이 된다. 쉽게 말해서, 음악은 그에 맞는 방식으로 말과 행동을 동반하고, 이를 통해 예배 행위 자체를 강조한다.

다섯째, 음악은 예배의 신성한 대화를 특정한 장소에 있는 특정한 사람들에게 적절한 스타일, 즉 예배자들이 동일시 할 수 있는 스타일로 전달하는 데 도움을 준다. 각 예배공동체는 주어진 환경에서 자연스럽게 익숙해진 음악을 듣고 부른다. 그것은 타당하다. 이는 음악적 스타일을 확장할 수 없다는 뜻이 아니라, 리더들은 다른 스타일의 노래들을 효과적으로 도입하여, 그 노래들이 예배공동체의 예배 행위를 방해하지 않고 도울 수 있도록 해야 한다는 뜻이다.

음악이 예배에 도움이 되는 그 외의 방법들도 찾아볼 수 있다. 요점은 이것이다. 목회적 음악가들은 예배가 주요 사건이고, 음악이 예배를 영광스럽게 만드는 데 도움이 된다는 것을 이해한다. 많은 리더가 이러한 관점에 동의할 것 같지만, 우리는 예배를 준비할 때 이 원칙을 간과하거나 잊어버릴 때가 많다. 우리는 음악을 기획하는 여러 측면에서 길을 잃거나 우리가 즐기는 음악에 지나치게 열중하기도 한다. 때때로 우리는 예배에서 음악적인 일을 해야 하기 때문에서가 아니라 할 수 있어서 한다. 목회적 음악가들은 주어진 환경에서 예배를 섬기는 역할에 따라 예배에서 음악을 자유롭게 사용할 것이고, 필요하다면 제한도 할 것이다. 음악이 예배의 중심을 차지하고 예배의 초점이 될 때는 언제나 주의가 필요하다. 그럴 때 '음악을 위한 음악'이 되기 쉽다. 음악은 공동예배를 촉진하는 데 도움이 되어야 한다.

음악의 역할이 하나님의 이야기를 선포하는 파트너로서 완벽하게 정해지면, 우리는 예배의 목적을 위해 음악이 다양하게 활용되는 구체적인 방식들을 살펴볼 수 있게 된다. 본 장의 나머지 부분은 하나님이 맡기신 음악의 역할, 즉 예배공동체가 하나님의 이야기를 선포하고 경축하는 일을 돕는 음악의 기능을 주로 다룬다. **음악의 각 기능은 공동의 목적을 위해 다른 기능들과 연결된다.** 우리는 더 이상 음악을 예배에서 무언가를 성취하기 위한 별개의 도구로 여기지 않는다. 대신 어떻게 음악의 다양한 기능이 함께 작동하면서, 하나님의 이야기로서의 예배를 지원하는지를 인식한다.

3. 예배에서 음악의 기능

예배 음악은 다양하게 기능하면서 주요 역할을 뒷받침한다. 성경에서 음악은 다양한 기능을 하는 것으로 묘사된다. 성경은 음악이 놀라울 정도로 많은 방법으로 하나님의 목적을 수반하고, 돌보고, 심지어 성취한다는 것에 주목한다. 음악은 세상의 창조(욥 38:6-7), 예배에서 함께 경축하며 추는 춤(삼하 6:12-15; 출 15:19-21), 성전 봉헌(대하 5:12-13), 예언하는 고대 사역(대상 25:1b),[3] 성전에서의 다양한 예전 예배[4]에 수반되었다.

---

3 NRSV를 비롯한 여러 성경 번역본은 '예언하다'(prophesy)라는 단어를 사용한다. The Living Translation은 이 행위를 '수금과 비파와 제금에 맞춰 하나님의 메시지를 선포하는 것'(대상 25:1b)으로 표현한다. 따라서 예언은 하나님의 메시지를 선포하는 것이라고 볼 수 있다.

4 E. Hill, *Enter His Courts with Praise! Old Testament Worship for the New Testament Church* (Nashville: StarSong, 1993), 203-5를 보라.

음악은 또한 중요한 행동들을 촉진하며 예전을 진행함으로써 예배를 **돌보았다**. 돌본다는 것은 누군가 무언가를 돕는다는 뜻이다. 음악은 예전 **행동이** 진행될 수 있는 단계들을 설정하면서 예배를 돕는다. 이런 방식으로 음악은 유월절 예배를 돌본다. 예를 들어, 찬송을 부르면서 공식적인 **유월절** 식사를 마무리했고, 예수님의 마지막 시간의 행동으로 나아갔다 **(마 26:17, 30을 보라)**. 음악은 초기 기독교 신자들의 주일예배를 도왔다(고전 14:26). 이에 더해, 음악은 때때로 하나님의 목적을 성취했다. 나팔 소리는 가나안인들이 정착했던 성벽을 무너뜨리는 신호였고(수 6:1-5, 20), 수금의 감미로운 음악은 왕의 악한 행동을 되돌렸다(삼상 16:23).

간략히 말해, 음악은 많은 기능을 한다. 위에서 언급한 몇 가지를 살펴 **보자.** 음악은 예배의 행동을 수반하고, 음악은 예배의 대화를 돕고, 음악은 **예배의** 공동 사역을 성취한다. 본 장의 마지막 부분에서는 우리가 신**중하게 쌓은** 음악적 기반을 약하게 만들 수 있는 몇 가지 요인을 살펴 볼 **것이다.**

1) 음악은 예배의 행위를 동반한다

공동예배는 대화를 이어가는 말로만 구성되지 않는다. 공동예배는 지**시된 행동**으로도 구성된다. 기독교 예배는 적극적인 대화라고 말하는 것**이** 가장 적절할지도 모르겠다. 우리는 하나님과의 관계를 경축하고 유지**하기** 위해 모이고, 찬양하고, 선포하고, 권면하고, 봉헌하고, 중보하고, **주의** 식탁을 나누고, 무릎 꿇고, 절하고, 간증하고, 순복하고, 우리의 믿**음을** 선포하고, 경청하고, 섬기기 위해 모임을 해산하는 등의 일들을 한**다.** 이 모든 건 성경에서 신자들에게 규범적인 행동으로 지시되거나 서

술되어 있다.⁵

예배의 많은 행위에는 전통에 따라 다양한 음악이 동반되었고, 지금도 동반되고 있다. 예배에서 말해지는 것 대부분은 노래로 불리면서 예배에 큰 유익을 줄 수 있다. 예배에 소리가 꼭 필요하다는 뜻은 아니다. 진정한 침묵은 능동적인 예배의 강력하고 매우 유익한 측면이다. 내가 말하고자 하는 것은 노래나 기악이 예배자들의 행동을 새로운 차원의 공감이나 내면화로 끌어올릴 수 있다는 점이다. 여기서는 음악 특히 회중 찬송이 예배의 주요 행위에서 기능하는 대표적인 방식인 선포, 찬양, 기도, 권면을 살펴보겠다.

(1) 선포

선포는 진실이라고 믿는 주장을 공적으로 공표하는 것을 의미한다. 이는 자신이 믿는 바를 다른 사람들에게 알리는 것이다. 그리스도인들은 성경에 따른 하나님의 이야기와 그리스도의 복음을 공적으로 알림으로써 선포에 참여한다. 신약 헬라어인 **케리그마**(kerygma)는 '선포'로 번역되는데, 이는 복음의 내용이나 설교의 메시지, 설교 행위를 가리킨다.⁶ 실제로 동사 형태인 **케리소**(kerysso)는 "설교하다" 또는 "선포하다"라는 뜻이다.⁷ 복음을 선포한다는 것은 예수 그리스도의 사역에서 가장 잘 드러난 삼위

---

5   규정적 원리(regulative principle)를 따르는 사람들은 성경이 명령한 것으로 해석되고, 따라서 예배에 필요하다고 여겨지는 것만 행하고, 명시적으로 명령하지 않은 내용은 생략하고자 한다(John Calvin과 여러 사람이 이 견해를 선호했다). 규범적 원리(normative principle)를 따르는 사람들은 성경에서 금하지 않은 것도 공적 예배에 포함한다(Martin Luther, 등은 이 견해를 선호했다). 이 둘 사이를 명확하게 구분하는 것은 분명 쉽지 않다. 그럼에도 어떤 그룹이 승인하든 관계없이, 성경적 예배가 거행되기 위해서는 몇 가지 예배 행위가 필요하다.

6   D. S. Ferguson, "Kerygma," in *Evangelical Dictionary of Theology*, ed. Walter A. Elwell (Grand Rapids: Baker, 1984), 602.

7   Ibid.

하나님의 본성과 사역과 관련된 진리를 말하는 것을 포함한다. 간략히 말하면, "오늘날 신약학에서는 초기 기독교 메시지의 내용을 설명하기 위해 **케리그마**라는 용어를 사용한다. 거기에는 예수님의 생애와 사역이 포함된다."[8]

  함께 부르는 노래는 유대-기독교 예배에서 오래도록 선포의 기능을 해왔다. 두 가지 주목할 만한 예를 들겠는데, 하나는 이스라엘 백성의 출애굽 이후에 홍해 바닷가에서 공동체 전체가 노래한 이스라엘을 구원하신 하나님의 이야기다. 이 노래는 하나님께서 행하신 기적을 순차적으로 자세히 선포한다(출 15:1-18, 20-21). 신약에 기록된 마리아의 노래도 하나님 은총의 기쁜 소식을 알리는 선포의 노래다(눅 1:46-55). 그 이후로도 그리스도인들은 그 노래를 계속 불러왔다. 다양한 유형의 노래가 탁월한 선포 노래로 사용된다. 찬송가집과 데이터베이스에는 그러한 노래들로 가득하다. 필립 P. 블리스(Philip P. Bliss)가 작곡한 잘 알려진 찬송가는 선포의 힘을 잘 보여준다.

> 슬픔의 사람!
> 멸망한 죄인들을 구원하러 오신 하나님 아들의 이름!
> 할렐루야, 놀라운 구원자!
> 나 대신 정죄 받는 자리에서 모욕과 수치를 당하시며
> 그의 피로 나를 온전히 사면하셨네.
> 할렐루야, 놀라운 구원자!
> 죄 있고, 비열하고, 무력한 우리. 흠 없는 하나님의 어린양.
> 완전한 속죄가 웬 말인가?
> 할렐루야, 놀라운 구원자!

---

8   Ibid., 602-3

죽기 위해 높이 들리시고, "다 이루었다" 외치셨네.
지금은 높이 올림 받으셨으니, 할렐루야, 놀라운 구원자!
우리의 영광의 왕이신 그분이 대속하신 모든 걸 가지고 오실 때,
새 노래로 우리는 노래하리라.
할렐루야, 놀라운 구원자![9]

사실 "교회의 음악적 유산 중 많은 부분은 해설적이거나 선포적이다. 음악은 하나님의 말씀을 선포하고, 해석하고, 확 열어준다."[10] 음악은 가사뿐 아니라 멜로디와 리듬으로 성경 본문을 해석하는 힘을 가지고 있다.[11] 위대한 찬송가와 노래, 성가는 하나님의 이야기를 선포하라고 하나님께서 맡기신 역할을 예전과 함께 수행한다.

선포하는 노래들의 특징 중 하나는 객관적인 진술이 주를 이룬다는 것이다. 즉, 선포하는 노래들은 의견보다는 사실을 진술한다. 선포하는 노래들을 식별하려면, 기독교 이야기나 교리의 중요한 내용들을 정확하고 쉽게 표현한 노래를 찾아보라.

가사가 개인 주관적인 관점이 아닌 성경에 근거한 진리를 분명하게 제시하고 있는가?

만약 그렇다면, 그 노래는 선포의 기능을 하고 있을 가능성이 높다.

목회적 음악가들은 하나님의 사랑과 자비, 구원의 기쁜 소식을 알리기 위해 교회의 노래 중 일부를 의도적으로 계획해야 한다. 예수님은 이 복음을 선포하러 오셔서 이렇게 말씀하셨다.

9　Philip P. Bliss, "'Man of Sorrows,' What a Name," 1875, public domain. See, e.g., Tom Fettke, ed., *The Celebration Hymnal: Songs and Hymns for Worship* (Nashville: Word Music/ Integrity Music, 1997), hymn #311.

10　Paul Westermeyer, *The Heart of the Matter: Church Music as Praise, Prayer, Proclamation, Story, and Gift* (Chicago: GIA, 2001), 32.

11　Ibid., 35.

때가 찼고 하나님의 나라가 가까이 왔으니 회개하고 복음을 믿으라(막 1:15).

교회는 이와 같은 기쁜 소식을 노래해야 한다. 우리의 노래 중 일부는 때가 찼고 하나님의 나라가 가까이 왔음을 선포할 것이다.

(2) 찬양

하나님을 찬양하는 데 음악만큼 좋은 것은 없다!

시편 기자들은 이 사실을 잘 알고 있었기에 예배자들에게 찬양이 울려 퍼지도록 권면했다.

> 의인이여 너희는 여호와로 말미암아 기뻐하며 그의 거룩한 이름에 감사할지어다 (시 97:12).

> 감사함으로 그의 문에 들어가며 찬송함으로 그의 궁정에 들어가서(시 100:4a).

> 그의 성소에서 하나님을 찬양하며(시 150:1b).

> 호흡이 있는 자마다 여호와를 찬양할지어다(시 150:6a).

하나님의 백성이 함께하는 찬양은 음악예배의 중심이었고, 지금도 그렇고, 앞으로도 그럴 것이다. 하나님은 모든 찬양을 받으시기에 합당하시며, 하나님의 진가를 현재와 영원토록 노래하는 것은 교회가 누리는 기쁨의 특권이자 의무다. 폴 웨스터마이어(Paul Westermeyer)는 이렇게 강조한다.

> 하나님께 찬양의 노래를 부르는 호흡이 있는 모든 자를 향한 시편의 구조는 단순한 수사적 장치가 아니다 … 그것은 우주가 향하는 방향이다.¹²

찬양은 선포와 깊이 관련되지만, 목적이 다르다. 하나님의 위대한 행적을 선포할 때, 우리는 그토록 은혜롭게 역사하시는 분을 찬양하지 않을 수 없다(예를 들어, 앞서 인용한 찬양의 각 연의 마지막에 나오는 선포를 주목하라. "할렐루야, 놀라운 구원자!"). 하나님을 향한 찬양은 하나님의 역사와 분리될 수 없다. 그러나 선포와 찬양의 초점은 다르다. 선포는 하나님의 이야기를 알리는 데 집중하고, 찬양은 그 이야기를 경축하는 데 초점을 맞춘다. 서로 뗄 수는 없지만, 각각이 성취해야 할 특정한 목적은 다르다 (하나님을 찬양할 때 사용되는 음악에 대해서는 제9장에서 논하겠다.)

찬양의 노래는 하나님께 영광을 돌린다는 점에서 구별된다. 가사는 성경에 묘사된 하나님의 속성, 성품, 존재, 행동을 경축한다. 음악 세팅은 즐거운 멜로디와 강렬한 템포를 지향하지만 항상 그런 건 아니다. 찬양은 좀 더 묵상적인 유형의 노래로도 표현된다. 찬송가와 찬양곡의 노래는 대부분 삼위일체 하나님을 직접 언급하는 경우가 많다. 그러나 공동체를 향해 하나님의 칭찬받을 만한 일을 노래하는 노래들도 매우 흔하다. 고전적인 현대 찬양곡인 <위대한 주>(Great is the Lord)는 "위대한 주 목소리 높여"라는 가사가 포함된 후자에 해당하는 좋은 예이다.¹³

긴 역사를 가진 유대-기독교 예배는 교회가 꺼내고 꺼내야 하는 매우 심오한 찬양이 가득한 보물 상자를 가지고 있다. 13세기 아시시의 성 프란치스코가 가사를 쓴 <온 천하 만물 우러러>(All Creatures of Our God and King)는 시대를 초월한다. 이 찬양곡은 현재 197개의 찬송가집에 수록되

---

12 Ibid., 15.
13 Michael W. Smith and Deborah D. Smith, "Great Is the Lord," 1982, Meadowgreen Music (administered by EMI Christian Music Publishing).

어 있고,[14] 현대 예배 음악가들을 통해 재탄생하고 있다.[15]

> 온 천하 만물 우러러
> 다 주를 찬양하여라
> 할렐루야, 할렐루야!
> 저 금빛 나는 밝은 해
> 저 은빛 나는 밝은 달
> 하나님을 찬양하라
> 할렐루야, 할렐루야, 할렐루야!
>
> 주 은혜 받은 만민아
> 다 꿇어 경배하여라
> 할렐루야, 할렐루야!
> 성삼위일체 주님께
> 존귀와 영광 돌려라
> 주를 찬양 할렐루야
> 할렐루야, 할렐루야, 할렐루야![16]

예배 음악 건축가는 교회에서 부르는 찬양을 선택하고 인도해야 한다. 또한, 자격을 갖춘 음악가와 작사가가 독창적이고 새로운 찬양을 만들도록 격려해야 한다. 성경적 암시에 뿌리를 두고, 성경에 근거한 시적 메타포가 풍부할 수 있도록 살펴보라.

---

14 St. Francis of Assisi, "All Creatures of Our God and King," 1225, public domain, http://www.hymnary.org/text/all_creatures_of_our_god_and_king.

15 예를 들어, David Crowder는 이를 대중적인 형식으로 편곡했다.

16 St. Francis of Assisi (1182–1226), "All Creatures of Our God and King," public domain.

(3) 기도

공동예배는 그 자체로 하나님께 드리는 큰 기도다. 예전 전체가 하나님과 사람 사이의 대화로 구성된다는 의미에서 기도다. 동시에 예전 시간에 드려지는 특정한 기도는 하나님과의 대화를 특정한 방향으로 이끈다. 예전 안에서 하는 특정한 '작은 기도들'은 예배의 '큰 기도'를 드리는 데 도움을 준다. 기도는 하나님의 임재를 인정하고 환영하고(기원), 용서를 구하고(고백), 하나님께 도움을 청하는(청원과 중보기도) 등 대화를 위한 말을 제공한다는 점에서 매우 기능적이다.[17] 이러한 기도들 일부 또는 전부가 노래로 불릴 수 있고, 수 세기 동안 그래 왔다.

중세 초기의 경건과 오늘날에도 매우 중요한 매일 기도(daily office)[18]의 발전에 대한 놀라운 역사는 기도를 노래로 부르는 공동체의 대표적인 예다. 또 다른 예는 떼제(Taizé)공동체로,[19] 오늘날 전 세계 젊은이들에게 인기가 높다. 일부 기독교 전통은 역사적으로 공동예배에서 부르는 기도를 강조해 왔다.

> 회중의 기도는 주로 노래하는 기도다. 왜냐하면, 노래는 공기도를 깊게 하고, 표현하고, 통합하고, 생기를 불어넣기 때문이다. 노래는 회중의 기도를 위한 심미적인 껍질이 아니다. 기도의 양식이다.[20]

17　예배에서의 기도 유형에 관해서는 Constance M. Cherry, *The Worship Architect: A Blueprint for Designing Culturally Relevant and Biblically Faithful Services* (Baker Academic, 2010), 9장을 참고하라.

18　매일 기도(시간 예전라고도 알려짐)는 종교공동체와 개인이 하루 24시간 동안 매시간 드리는 기도의 리듬을 말한다. 초기 그리스도인들은 유대인 성전에서 기도 시간을 지켰다(행 3:1 참조). 수 세기에 걸쳐 대성당과 수도원의 매일 기도 시간은 쉬지 말고 기도하라는 사도 바울의 권고(살전 5:17)를 이행하는 방법으로 발전했다.

19　떼제 웹사이트(http://www.taize.fr/en)를 참조하라.

20　Virgil C. Funk, introduction to *The Singing Assembly*, vol. 6 of *Pastoral Music in Practice*, ed. Virgil C. Funk (Washington, DC: Pastoral Press, 1991), v.

여러 장소와 시간에서 그리스도인들이 노래로 기도하지만 그렇다고 예배에서 모든 기도가 노래로 불려야 하는 것은 아니다. 하지만, 예배의 음악이 교회가 기도하도록 돕는 특별한 기능을 하는 건 사실이다. 기도로 노래하면 기도에 중요한 경험의 차원이 더해진다. 노래로 기도하면, 사용하는 감각들이 더해지고, 기도의 정서적 차원을 표현하는 데 도움이 되고, 공동체로 기도의 파토스를 함께 담도록 하고, 참여자들의 기억 속에 기도를 깊이 새길 수 있기 때문이다. 모든 예배 스타일에는 정기적으로 (노래로) 불리는 기도 목록이 있다.

우리가 부르는 노래 가운데 원래는 기도문이었던 것들이 많다. 알아차리지 못했을 뿐이다. 우리는 설교의 주제에 맞는 노래나 분위기를 감성적으로 조성하기 위해 노래를 선택하는 거라고 여길지 모른다. 그러나 성경적 예배의 기초가 되는 대화를 촉진하기 위해 어떤 노래가 어디서 사용되어야 하는지를 좀 더 주의 깊게 살펴야 한다(4장에서 예배에서 노래를 배치하는 것에 대해 다루겠다).

음악을 부르는 기도로 사용하려면, 두 단계를 거치도록 하라.

첫째, 교회의 노래가 언제 기도문으로 쓰였는지 인식하라. 우리는 노래하면서 기도하고 있다는 사실을 인식하지 못한 채 노래하고 있을 때가 많다. 노래가 기도인지 확인하는 가장 쉬운 방법은 그 노래가 누구를 향한 것인지 살피는 것이다. 노래가 (이름이나 칭호, 메타포로) 하나님이나 예수님, 성령님을 향한다면, 그 노래를 직접적인 기도로 간주해야 한다. 하나님을 향한 노래 대부분은 청원(우리가 예배하면서 하나님께 어떤 도움을 구하는 것)으로 기능하는 경향이 있다. 그러나 기도는 청원이나 간구로만 구성되는 것이 아니라는 점을 기억하라. 하나님을 찬양하는 일도 기도다. 노래로 하는 기도는 많은 주제를 갖는다. 따라서 하나님을 향하는 모든 노래는 기도라는 점을 인정하는 것이 우선이다.

둘째, 어떤 노래가 진정으로 삼위 하나님을 향한 기도라면, 다른 목적을 위해 함께 사용되는 여러 노래 중 하나로서가 아니라 기도로서 기능하도록 하라. 그 노래가 대화에서 중요하고 분명한 역할을 하도록 예전 안에 잘 배치하라.

그 기도는 하나님께서 그분의 백성 가운데 임하시도록 초청하는 기도인가?

그렇다면 예배의 시작 가까운 곳에 배치하라.

그 기도가 자비를 구하는 간청인가?

그렇다면 중보나 고백 기도의 일부가 되도록 하라. 내가 무엇을 말하고자 하는지 알리라 생각한다. 현대 예배는 적어도 예배의 전반부에서는 노래로 불리는 예전을 사용하는 경향이 있다. 현대 예배 인도자들에게 다음을 도전한다. 당신 교회에서 정기적으로 사용되는 노래들을 살피고, 그 노래들이 만약 기도라면, 어떤 유형의 기도인지 분류해 보라. 그다음에 예배의 대화에서 기도로서 그 목적을 달성하도록 노래 세트 안 어디에 배치되어야 하는지를 고려하라. 이러한 조정만으로도 예배의 경험을 바꿀 수 있고, 성경적 예배의 대화적 본질을 담는 데 도움이 된다.

많은 예배에서 소홀히 다루어졌던 불리는 기도의 한 차원은 애가이다. 애가는 성경 전체에서 발견되는 성경적 기도 형식으로 특히 시편에 많이 등장한다. 실제로 시편에는 다른 어떤 유형의 노래보다 애가가 더 많이 있다.[21] 애가는 하나님께 불평하는 기도다.

이 기도 형식은 학자에 따라 다르게 분석되지만, 특징적으로 다음과 같이 구성된다.

---

[21] J. Clinton McCann Jr., "The Book of Psalms: Introduction, Commentary, and Reflections," in *The New Interpreter's Bible: A Commentary in Twelve Volumes*, ed. Leander E. Keck (Nashville: Abingdon, 1996), 4:644.

① 하나님을 부름
② 어려움이나 고통에 대한 묘사
③ 하나님의 도움을 구하는 간구
④ 하나님을 신뢰한다는 진술
⑤ 하나님을 찬양하거나 제물을 바치겠다는 약속[22]

일부 예배 인도자는 예배의 분위기가 어두워질 것이라는 걱정으로 애가의 노래들을 예배에 포함하길 꺼린다. 그러나 기쁨의 찬양만이 하나님 백성이 모이는 예배에 맞거나 필요한 유일한 노래는 아니다. 우리는 상처가 많은 세상에 살고 있고, 모든 공동체 안에는 많은 아픔이 있다. 그 아픔을 확인하고 하나님 앞에 솔직히 드러내지 않는 건 그리스도인의 삶의 현실을 제대로 표현하지 않는 것이다. 그리스도인들도 고통받는다.

예배는 우리가 하나님께 마음껏 부르짖을 수 있는 장소다.
'하나님께 부르짖는' 예배의 노래는 어디 있는가?
신학자 벤자민 위커(Benjamin Wiker)는 균형에 대한 우려를 표명한다.

> 우리는 기쁨보다는 기분 좋음에 적절한 노래, 깊은 상처보다는 상처에 바르는 약, 모든 이해를 뛰어넘는 평안보다는 만족에 관한 노래, 위험한 구원의 드라마에 우리를 끌어들여 매일의 삶과 남은 인생에 그 드라마를 살아가도록 만드는 노래보다는 일요일 오전의 삶에 활력을 주는 음악을 원한다.[23]

---

22 Ibid., 4:644–45.
23 Benjamin Wiker, "Music to Die For," *The Catholic World Report,* October 5, 2012, http://www.catholicworldreport.com/Item/1638/music_to_die_for.aspx.

일부 예배 인도자는 "무감각하게 하거나 아니면 달래기만 하는 시대에"[24] 일상의 참기 힘든 어려움을 예배에서 인정하는 걸 두려워하는 것 같다.

2001년 9월 11일 화요일, 나는 많은 예배 및 음악 리더들이 그날 발견한 사실을 알게 되었다. 우리 교회에는 '하나님께 부르짖는' 노래가 부족하다는 사실이었다. 뉴욕 트윈타워에 대한 끔찍한 테러는 모든 미국인의 평정심을 깨뜨렸다. 당시 나는 한 대형 교회에서 예배 및 음악 담당 목사로 섬기는 중이었다. 전국의 많은 교회와 마찬가지로 우리 교회도 당일 저녁과 다음 주일을 위한 특별 예배를 계획하기 시작했다. 많은 사람은 우리 교회의 노래 목록에 찬양은 풍성하지만 애가는 부족하다는 사실을 알게 되었다. 전국에 있는 리더들은 서로 돕기 위해서 수많은 이메일을 주고받았다.

애가가 필요한 데 그것들은 어디에 있는 것이지?

우리는 그날 교훈을 얻었다.

공동예배에서 애가로 사용할 수 있는 노래들을 확장하려면, 먼저 성경에서 애가로 여겨지는 시편들을 찾아보라. 주석이나 성경 공부 핸드북을 참고하면 도움이 될 것이다. 그다음, 다양한 노래 색인들을 사용하여 이러한 시편들에 기초한 찬송가와 찬양곡을 찾아보라. 그러면 작업이 시작될 것이다. 9/11 예배를 위해 선택한 찬송가 중 하나는 시편 90편(공동 애가)에 근거한 <예부터 도움 되시고>(O God, Our Help in Ages Past) 였다.[25] 현대 예배 전통의 노래 가운데 "고통과 고난을 유의미하게 표현하는 데 어

---

24 Ibid.
25 시편 90편은 Richard J. Clifford, SJ에 의해 공동체 탄원시로 분류되었다, "Psalm 90: Wisdom Meditation or Communal Lament?," in *The Book of Psalms: Composition & Reception*, ed. Peter W. Flint, Patrick D. Miller, Aaron Brunell, and Ryan Roberts (Boston: Brill, 2005), 191.

느 정도 도움이 된"[26] 괜찮은 노래는 매트 레드먼(Matt Redman)의 <주 이름 찬양>(Blessed Be Your Name)(욥 12:1에 기초한 노래)이었다.

또 다른 제안은 예배를 위한 새로운 애도의 노래를 작곡하거나 작곡 부탁을 하는 것이다. 빈자리가 있으면 채우기 시작하라. 현대 음악 예배에는 애가로 여겨지는 것들이 거의 없다.[27] 시편 형식을 채택하여 작사 작곡가들이 현재와 미래를 섬기도록 고대 예배자들의 발자취를 따르도록 격려하자.

목회적 음악가들은 우리의 많은 기도 중에 하나님께 어려운 질문을 던지고 도와주시겠다는 확신을 받을 여지가 있다고 이해한다. 애도의 노래는 "정직한 예배는 우리의 고통을 통해서, 고난 가운데서, 외로운 장소에서, '왜'로 시작되는 모든 질문의 모호함 속에서 하나님을 예배하는 방법을 가르쳐 줄 것"이라는 사실을 인정한다.[28] 기독교 신앙을 기쁨으로만 가득 찬 것으로 표현하는 실수를 범하지 말라. 교회에서 함께 예배할 때 힘겨운 기도를 통해서 유익을 얻을 수 있는 사람들을 잊지 말아라. 애도의 노래들은 깊은 슬픔으로 끝나지 않는다. 소망으로 끝난다.

권면. 많은 예배 노래는 동료 예배자들에게 권면의 영감을 주는 노래로 섬긴다. 권면의 사역에는 다른 사람들을 격려하고 교화하는 일을 포함한다. 공동체에서 노래하는 것은 이를 위한 중요한 방법 가운데 하나다. 지금까지 살펴봤듯이, 하나님을 예배하는 것은 (하나님을 향한) 수직적일 뿐 아니라 (공동체를 향한) 수평적이기도 하다. 서로에게 노래하는 건 적절하고 필요하다. 바울은 신약 교회에 이를 가르쳤다(골 3:16; 엡 5:19). 그

---

[26] Wendy J. Porter, "Trading My Sorrows: Worshiping God in the Darkness—The Expression of Pain and Suffering in Contemporary Worship Music," in *The Message in the Music: Studying Contemporary Praise and Worship*, ed. Robert Woods and Brian Walrath (Nashville: Abingdon, 2007), 90.

[27] Ibid.

[28] Ibid., 90.

는 예배에서 하는 노래들이 공동체를 교육하고 훈계하는 데 도움을 준다고 말한다. 권면은 격려하거나 힘을 실어주거나 용기를 돋우어 주는 것이다. 그리고 세워질 수 있게 교화하는 것이다. 따라서 회중 노래의 중요한 사역 가운데 하나는 "믿음을 세우고, 소망을 키우고, 제자도와 관련된 모든 걸 동료 신자들에게 권면하고, 그리스도와 닮아가도록 서로를 격려하는 것이다."[29] 바울은 예배의 다양한 요소를 논의하면서, 예배에서 일어나는 모든 일이 신자들을 세우는 목적으로 이루어져야 한다고 분명히 밝힌다(고전 14:26).

권면의 노래는 대개 다른 예배자들을 향한다. 그 목적이 교화하는 것이기 때문이다. 교회의 구성원들은 하나님 나라의 시민으로서 신실하고 열매를 맺자고 서로를 촉구한다. 음악 건축가들은 노래가 누구를 향한 것인지 살피면서 권면의 노래를 구분할 수 있다. 인간이 인간을 향해 하는 노래라면 권면의 노래일 것이다. 따라서 권면의 노래들은 예배의 대화에서 적절한 곳에 배치될 수 있다. 어떤 노래들은 '주께 경배드리세'(Come, Now Is the Time to Worship)와 같이 예배의 시작과 가까운 곳에 배치되는 게 가장 좋을 수 있다.[30]

다른 노래들은 복음의 증인으로 살아가도록 서로를 파송하는 예배의 끝에 위치하는 게 더 적절할 수 있다('가서 모두 제자 삼으라'[Go, Make of All Disciples]).[31] 어떤 노래들은 신자들에게 거룩한 삶을 신실하게 추구하라고 권면할 수 있다('너 성결키 위해'[Take Time to Be Holy][32]). 어떤 노래들은 수평적인 기능을 수행하지만 하나님 중심적인 예배의 본질을 해치지는 않는

---

29 Constance M. Cherry, Mary M. Brown, and Christopher T. Bounds, *Selecting Worship Songs: A Guide for Leaders* (Marion, IN: Triangle, 2011), 14.
30 Brian Doerksen, "Come, Now Is the Time to Worship," 1998, Vineyard Songs (UK/Eire) (administered in North America by Music Services).
31 Leon M. Adkins, "Go, Make of All Disciples," 1964, Abingdon.
32 William D. Longstaff, "Take Time to Be Holy," public domain.

다. 하나님은 신자들을 세워갈 때 존귀와 영광을 받으신다.

권면의 노래는 격려의 수단으로 자기 자신을 향해 불리기도 한다. 유명한 현대 예배 노래인 <송축해 내 영혼>(10,000 Reasons)[33]이 아주 좋은 예다. 위로를 주는 고전 찬송가인 <내 영혼아, 너 잠잠하여라>(Be Still, My Soul)[34]도 마찬가지다. 마지막으로 비신자들을 향한 권면의 노래도 있다. 이 경우에는 진리의 말씀을 듣고 회심하라는 권면이다. 20세기 복음성가인 <십자가 아래에>(There's Room at the Cross for You)[35]는 신자들이 불신자들에게 부르는 노래다. 다양한 부흥 운동 전통에 뿌리를 둔 교회들에서 더 많이 불리는 이러한 노래들은 예배에 참석한 비신자들이 그리스도를 구주로 영접하여 거듭나도록 간절히 간구한다.

음악은 개인적 증언, 행동 촉구, 예언 선포 등과 같은 다른 방식들로도 예배의 행위를 수반한다.[36] 목회적 음악가들이 예배의 주요 목적들을 수행하기 위해 음악이 기능하는 다양한 방식을 신중히 고려한다면, 각 노래가 예배의 대화를 더 잘 도울 수 있도록 할 것이다. 한 가지 주의할 점이 있다. 음악이 예배의 행위에 동반되는 것은 사실이지만, 돈 샐리어스(Don E. Saliers)가 지적하듯이, 그것은 '단지 동반'이 아니다.

> 예전적 행위와 회중의 기도와 함께하는 음악은 예배를 장식하는 것도 아니고 단순히 동반되는 것이 아니다. 음악에는 신과 인간의 만남이라는 신비를 선포하

---

[33] Jonas Myrin and Matt Redman, "10,000 Reasons (Bless the Lord)," 2011, Said and Done Music (administered by EMI Christian Music Publishing).
[34] Katharina von Schlegel, "Be Still, My Soul," public domain.
[35] Ira F. Stanphill, "There's Room at the Cross for You," 1946, Singspiration Music (administered by Brentwood-Benson Music).
[36] 예배에서 음악의 예언자적 역할에 대한 자세한 내용은 J. Nathan Corbitt, *The Sound of the Harvest: Music's Mission in Church and Culture* (Grand Rapids: Baker, 1998), 81–110을 참조하라.

고, 기도하고, 수행하는 행위들이 내재한다.[37]

이 경우 음악은 행위 자체만큼 중요한 역할을 한다. 음악은 행위와 분리되지 않는다. 음악은 행위의 역동적인 파트너다.

2) 음악은 예배의 대화를 돕는다

음악의 두 번째 기능은 예배의 대화를 돕는 것이다. 성경적 예배는 본질적으로 관계적이다. 진정한 관계는 소통에 좌우된다. 태초부터 창조주와 피조물은 하나님의 설계에 따라 대화했다. 하나님은 인간들이 존재하도록 말씀하셨고(창 1:26), 하나님은 그들에게 말씀으로 복을 주셨다(창 1:28). 그리고 하나님은 모든 인간의 필요를 채우시겠다고 말씀하셨다(창 1:29). 놀랍게도 하나님과 그분이 창조하신 인간들은 동산에서 만나 개인적인 대화를 나눴다(창 3:8-9). 모든 피조물은 하나님의 이야기를 선포하고 경축하면서 말한다(시 19:1-4a; 148:1-10). 유일하신 참 하나님, 하늘과 땅을 창조하신 그 하나님은 창조 세계가 창조주와 대화의 관계에 있도록 하셨다. 하나님-인간의 관계는 성경 전체에서 입증되었듯이 늘 유의미한 대화로 유지되었다.

하나님-인간 관계의 대화적인 특성은 공동예배의 근간을 형성한다. 구약에 등장하는 예배와 관련된 다양한 이야기에는 서로에게 말하는 하나님과 인간의 모습이 담겨 있다. 많은 경우 모세나 다윗, 선지자처럼 중개자의 역할을 하는 지명된 지도자들을 통해서 대화가 이루어졌지만 말이다. 하나님과 인간은 말을 주고받았다(출 19:3-25; 24:1-11; 수 24:1-28; 느 8:1-6; 행 2:14-42; 등을 보라). 창세기의 창조 기사에서 잘 드러나는 하나님

---

37 Don E. Saliers, *Music and Theology* (Nashville: Abingdon, 2007), 28.

의 이러한 인격적인 측면은 주변 나라들의 거짓 신들과는 대조되는, 유일하신 참 하나님의 놀랍도록 차별되는 특징이다.

마찬가지로 신약에서의 기독교 예배는 대화적인 특색을 지니는데, 하나님께서는 그리스도 안에서 성령을 통해 신자들에게 임하신다. 신약 예배의 모든 측면, 즉 가르침, 떡을 떼기, 기도, 친교는 하나님과 사람, 사람과 하나님, 사람과 사람의 관계적 교제를 잘 보여준다. 바울이 고린도 교인들에게 보낸 편지는 대화적 예배의 여러 차원이 이미 있었음을 전제한다(고전 11-14장을 보라). 성육신하신 그리스도께서는 영원한 예배에서 그의 형제들과 자녀들과 함께 아버지의 대화적인 예배에 참여하신다(히 2:11-13). 예배는 본질적으로 그 원리와 실제에서 대화적이다.

예배 대화의 필수 요소는 계시와 그에 대한 응답으로 서술될 수 있다.

우선 계시다. 모든 관계에서처럼, 누군가가 대화를 시작한다. 그럼으로써 한 사람과 목적이 드러난다(계시된다). 예배에서 하나님은 당신의 성품과 목적을 스스로 드러내심으로써 관계를 시작하신다. 성경에서 우리는 하나님께서 사람들에게 먼저 오시는 것을 볼 수 있다. 하나님께서는 다가오시고, 말씀하시고, 그분이 말씀하시는 사람들의 응답을 기대하신다. 하나님께서는 자신을 계시하시고, 다양한 방법을 통해 관계를 깊게 하시고, 하나님 나라의 목적을 성취하는 데 필요한 것을 알게 하신다. 하나님의 자기-계시의 궁극적인 형태는 예수 그리스도의 인격 안에 있다.

그 다음은 응답이다. 대화가 시작되면, 참여자들은 대화를 이어가기 위해 응답한다. 대화에 참여하는 당사자들이 대화를 정의한다. 응답이 없으면 대화는 실제로 일어나지 않는다. 대화가 이뤄지려면 하나 이상의 목소리가 필요하다. 하나님은 응답에 대한 기대 없이 하늘에서 소리치며 지시하지 않으신다. 그 대신, 하나님의 사랑이 넘치고 대인 관계적인 본성은 관계를 열망한다. 하나님께서 혹독한 심판을 내리실 때도, 그 목표는 관계의 목적을 위한 인간의 응답이다. 기독교 예배는 본질적으로 관계적이다. 하나님께서 사람들과의 관계를 원하시기 때문이다.

음악은 고대부터 현재까지 교회에서 대화적 예배를 도왔다. 제레미 벡비(Jeremy S. Begbie)는 이렇게 말한다.

> 한편으로, 노래는 주님의 임재를 그분의 백성에게 알렸고, 또 경험케 하는 수단이 되었다. 다른 한편으로, 노래는 회중과 함께하는 주님의 임재에 대한 그들의 응답을 표현하도록 도왔다.[38] 벡비는 존 클라이니그(John Kleinig)가 내린 결론에 동의한다. 따라서 노래는 성전에서 주님의 은혜로운 임재를 그분의 백성에게 선포했고, 거기서 그들과 함께하신 그분의 임재에 대한 그들의 응답을 표현했다.[39]

음악이 예배의 대화를 이끄는 기능을 한다는 말은 예배의 노래들이 계시이거나 응답(또는 모두)이 될 수 있다는 말이다. 때때로 우리의 노래는 하나님이 누구이신지에 대한 진리와 하나님이 성경을 통해 말씀하신 메시지를 표현하기 위한 가사로 구성된다. 다시 말해, 노래는 자기-계시적인 하나님의 성품을 전달한다. 우리의 노래는 기록된 말씀(성경)과 성육신한 말씀(예수님)에 나타난 하나님이 우리를 위한 은혜로운 계시에 근거하여 거룩하신 분을 명시적으로 묘사하고, 찬양하고, 선포하고, 찬양한다. 하나님에 대한 정통적인 견해, 신앙의 문제, 또는 객관적인 기독교적 경험을 담은 모든 스타일의 노래는 대화 방정식에서 계시 부분을 전달한다고 여겨질 수 있다.

음악 건축가가 계시-유형 노래를 식별하는 데 도움이 되는 몇 가지 특징이 있다(참고: 아래의 특징은 독자의 이해를 돕기 위해 일반화한 것으로, 예외적

---

[38] Jeremy S. Begbie, *Resounding Truth: Christian Wisdom in the World of Music* (Grand Rapids: Baker Academic, 2007), 65–66 (emphasis in original).

[39] Ibid., 66.

이고 중복적인 부분이 있을 수 있다).

- **계시-유형의 노래는 주로 객관적인 경향이 있다.** 계시-유형의 노래 가사에는 사실에 대한 사람들의 느낌과는 상관없이, 진리로 간주하는 진술이 담겨 있다. 예를 들어, 하나님의 위엄에 대한 진술은 객관적이다. 왜냐하면, 성경이 하나님을 초월적으로 영광스러운 분으로 묘사하기 때문이다(시 19:1; 사 6:1 등). 누군가가 하나님의 위엄을 보지 못하거나, 인정하지 않는다고, 위엄이 하나님 본성의 한 측면을 전달한다는 객관적인 진리가 바뀌지는 않는다.

- **계시-유형의 노래는 명제를 강조하는 경향이 있다.** 명제적 텍스트는 진실로 주장된 내용을 제시하고, 그 후 그것을 설명하고, 상술하고, 옹호한다. 본질적으로 사실로 받아들여지는 것이 노래 가사에서 제시되고 설명된다. 대화의 계시 부분을 전달하는 노래들은 성경과 정통 신앙에서 진실로 받아들여지는 사실에 대한 진술로 주를 이룬다.

- **계시-유형의 노래는 성경적 암시에 뿌리를 둔다.** 계시의 주요 원천은 하나님의 말씀이어서 계시적인 방식으로 기능하는 노래들은 대개 성경과 분명하게 연결된 단어, 개념, 메타포 등에 의존한다. 특정한 문구와 줄거리, 이미지는 노래하는 이들의 상상력을 자극하고, 하나님의 이야기에서 표현되는 진리의 근거가 될 것이다.

- **계시-유형의 노래는 삼인칭으로 쓰이는 경향이 있다. 그러나 때에 따라서는 일인칭으로 쓰일 수 있다**(예를 들어, 신조 유형의 노래는 "나는 믿습니다"라고 선포하면서 일인칭 대명사를 사용할 수 있지만, 가사는 신앙의 객관적인 진술만 사용한다). 노래를 계시-지향적으로 만드는 것은 어떤 대명사가 사용되는지가 아니라 객관적인 진리가 전달되고 있는가이다. 즉, 대부분의 객관적 노래는 (노래하는 이에 대한 노래들과는 반대로) 하나님이 누구신지에 대한 우리의 느낌보다는 하나님이 어떤 분이신지를 강조하는 선언적 진술을 사용한다.

어떤 노래들은 대화의 계시 부분을 전달하는 반면에 다른 노래들은 응답 부분을 전달하려 사용된다. 많은 예배 노래는 응답의 역할을 잘 수행한다. 노래가 계시된 내용에 대답하거나 반응하는 경향이 있을 때, 그 노래는 응답으로 간주되어야 한다. 응답 노래는 예배공동체에 진리로 제시된 내용이 그들에게 어떤 의미인지를 표현할 기회를 제공한다. 응답 노래들은 "그 노래가 우리/나에게 의미하는 바는 바로 이것이다"의 노래다.

다음은 응답으로 기능하는 노래들의 몇 가지 일반적인 특징이다(그러나 노래들이 항상 전적으로 계시나 응답의 기능을 하는 것은 아니다).

- 응답-유형 노래들은 하나님이 누구이시고, 무엇을 하셨는지와 관련된 개인적 의견을 좀 더 표현하는 경향이 있다.
- 응답-유형 노래들은 신자들의 삶에서 작동하는 객관적 진리에 대한 경험적 증거를 묘사하는 경향이 있다.
- 응답-유형 노래들은 하나님의 선포된 말씀에 적극적으로 순종하며 살겠다는 의사를 표현한다.
- 그들은 복음의 요구에 따라 살 수 있도록 하나님께 도움을 요청한다.

본질적으로 응답-유형 노래들은 공동체에 선포되는 진리가 그들에게 어떤 의미인지를 표현하도록 돕는다. 그 노래들은 하나님이 계시하신 것에 대한 응답으로 노래할 수 있는 말들을 제공한다.

계시 다음에 응답이라는 특정한 순서는 매우 중요하다. 예배는 하나님의 자기-계시로 시작된다.

아직 말하지 않은 사람에게 어떻게 응답할 수 있는가?

선포되지 않은 것에 어떻게 응답할 수 있는가?

거꾸로 시작하는 것, 즉 하나님께서 예배에서 그분의 신적 현존과 말씀을 우리에게 계시하시도록 하기 전에 우리가 먼저 그분께 응답하는 건 잘못된 신학적, 관계적 판단이다.

일부 전통적인 예배자들이 현대 예배 노래에 참여하라고 요청받을 때 불안해하는 이유 중 일부는 예배 안의 노래 배치가 직관에 반하는 것으로 여겨지기 때문인 것은 아닐까?

많은 현대 예배 노래들은 응답-지향적이다. 하나님이 예배로 부르신다는 사실을 인정하기 전에, 삼위 하나님께서 공동체에 임하시어 그들과 함께하신다는 사실을 선포하기 전에, 예배자들이 그들 자신을 하나님께 표현하려는 열망으로 예배를 시작한다는 것은 성경적 순서를 잘못 표현하는 것으로, 내적으로 혼란을 일으킬 수 있다. 순서는 중요하다. 하나님께서 우리에게 오시고, 하나님께서 우리를 찾으시고, 하나님께서 우리를 부르신다. 그다음에 우리가 하나님의 음성에 응답한다. 대화가 시작되면, 예배 노래들은 예배에서 대화를 이어가는 데 큰 도움을 준다.

어떤 노래들은 분명 계시의 노래들 것이다. 다른 노래들은 명백한 응답 노래들일 것이다. 대화의 양면을 결합한 노래들도 있다. 예를 들어, 크리스 톰린(Chris Tomlin)으로 인해 널리 알려진 티모시 데이비드 휴즈(Timothy David Hughes)의 <빛 되신 주>(Here I Am to Worship)의 절들은 명제적 진리의 계시-유형을 나타내고, 후렴에서 응답으로 이어진다 (2절)

"만유의 높임을 받으소서… (후렴) 나 주를 경배하리."[40]

복음송(부흥 운동 노래라고도 불린다. 제7장에서 다룰 것이다)은 종종 계시와 응답을 결합한다.

어떤 노래들이 계시와 응답에 관해서 어떻게 기능하는지를 결정하는 일은 쉽지 않을 것이다. 하지만, 두 가지를 명심하라.

---

40   Timothy David Hughes, "Here I Am to Worship," 1999, Thankyou Music.

(1) 한 가지 특징이 우세한 경우가 많을 것이다(우세한 걸 따르라).
(2) 계시/응답의 규범적 리듬을 인식하면서 거기에 반하지 말고 맞춰 수행하라. 회중은 당신이 이 원리를 알려주기 전까지(물론, 알려줘야 한다) 어떤 일이 진행되고 있는지 정확히 인식하지 못할 수도 있다. 그러나 직관적으로 이러한 자연스러운 흐름을 감지하고 유익을 얻을 수도 있다.

노래들은 예배의 거룩한 대화가 이어지도록 돕기 때문에, 예배의 여정을 원활하게 한다. 특히, 예배에서 사람들이 다음 행위를 하도록 준비시키거나 예배가 성취되도록 진행하는 데 도움이 된다. 예배의 노래는 우리로 하나님과의 진정 어린 대화를 위한 말을 제공하고, 예배가 주요 행위들과 함께 진행되면서 궁극적인 목적을 달성하도록 돕는다.

3) 음악은 예배의 공동 사역을 완수한다

우리는 예배가 본질적으로 대화적이라는 걸 살펴보았다. 그래서 지금까지 예배는 주로 양방향적이라고 설명했다. 그러나 예배는 양방향적이지만은 않다. 그럴 경우, 예배는 개인주의적으로 될 수 있다. 성경은 공동 예배에 세 당사자, 즉 하나님, 예배자, 동료 예배자들이 능동적으로 참여한다는 사실을 분명하게 보여준다. 사실 예배는 본질적으로 삼방향적이다. 예배는 항상 수직적이다(하나님이 백성에게 말씀하시고 공동체는 하나님을 예배한다). 그리고 동시에 예배는 수평적이다(공동체는 예배에서 교제한다). 예배가 단지 수직적이고, 두 방향으로만 흐른다면(하나님이 사람에게/사람이 하나님께), 우리는 독립적으로 수행하는 예배자가 될 위험이 있다.

그러나 성경적 예배는 상호 의존적 예배, 공동체가 함께하면서 각 구성원의 완전한 참여와 투입에 의존하는 예배로 묘사된다. 그리스도의 몸에 속한 구성원들의 상호 의존성은 기독교 예배의 특징이다. 따라서 예배는 본질적으로 삼방향적이라고 이해하는 게 가장 좋다. 예배는 하나님으로부터 공동체로, 공동체에서 하나님으로, 공동체 구성원들 간의 대화의 세 방향으로 동시에 흐른다.

**그림 3.1
노래의 세가지 방향**

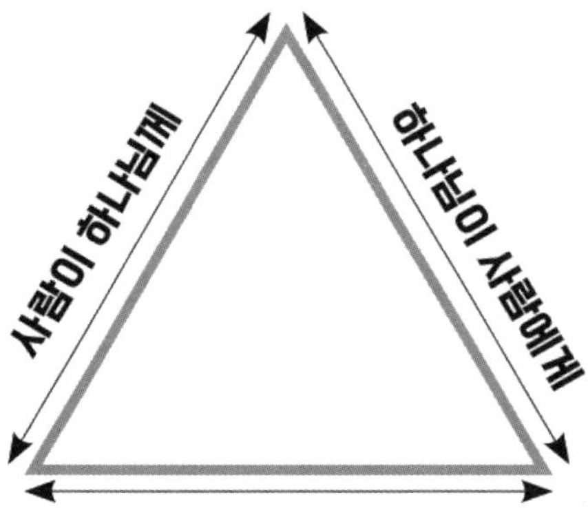

사람이 하나님께

하나님이 사람에게

사람이 사람에게

성경에서 노래는 삼방향적으로 묘사된다. 우리는 하나님께 노래한다(시 95:1; 96:1; 149:1; 엡 5:19-20 등). 그럴 때 우리는 하나님께 직접적으로 말한다. 하나님 역시 우리를 향해 노래하신다. 하나님은 우리를 통해서(슥 3:17), 그리고 우리와 함께 노래하신다(성육신하신 예수님은 교회에서 그분의 형제자매들과 함께 찬양하시는 것으로 묘사된다[히 2:12]). 현재 어떤 노래들은 신자들을 향해 노래하시는 하나님을 묘사한다. 존 일비세이커(John Ylvisaker)의 형대적 찬송가인 <나는 네가 태어날 때 거기 있었다>(I Was There to

Hear Your Borning Cry)가 좋은 예다.[41]

마지막으로, 우리는 교화의 목적으로 서로에게 노래한다(고전 14:26; 엡 5:19-20; 골 3:16). 예를 들어, 노먼 포니스(Norman O. Forness)의 <일어나라, 하나님의 성도들아!>와 리처드 에이버리(Richard K. Avery)와 도널드 마쉬(Donald S. Marsh)의 <우리가 교회입니다>(We Are the Church) 같은 많은 노래에서 공동체는 자기 자신에게 노래한다.

벡비는 바울이 에베소 교인들에게 보낸 편지를 인용하면서, 초기 교회에서는 노래의 수평적 방향이 두드러졌다고 지적한다.

> '주를 향한' 노래에 더해 시와 찬미와 신령한 노래는 교화와 가르침과 권면의 수단으로 '서로를 향해'(엡 5:18-19) 사용된다. 실제로, 바울서신에서 찬송으로 여겨지는 것 가운데 대부분은 하나님께 직접적으로 향한 것이 아니라, 다른 이들을 가르치거나 권면하는 형태를 취한다(예를 들어, 빌 2:6-11; 골 1:15-20).[42]

또한, 벡비(Begbie)는 "우리가 가진 찬송가집과 노래책에 있는 많은 노래는 (하나님을 향한) 수직적 방향과 (서로를 향한) 수평적 방향을 결합하고 있다"라고 말한다.[43]

최근에 예배를 수직적인 방향으로만 설명하는 잘못된 가르침이 나타났다(그리고 주목받고 있다). 결론은 노래들은 하나님께만 향해야지, 서로를 향하면 안 된다는 것이다. 이러한 극단적인 견해를 지지하는 이들에 따르면, 그 근거는 요한계시록에서 찾을 수 있는데, 거기서는 하나님과 그리

---

[41] 이 찬송가의 가사와 관련된 정보를 위해서는 다음을 참고하라. John Ylvisaker, "I Was There to Hear Your Borning Cry," 1985, http://www.hymnary.org/text/i_was_there_to_hear_your_borning_cry.

[42] Begbie, *Resounding Truth*, 70 (원문 강조).

[43] Ibid., 71.

스도를 향한 노래들만 나온다. 영원의 세계에서 모든 음악은 하나님을 향할 것이고, 그래서 현재 교회의 모델이 되어야 한다는 것이다. 그러나 이는 신약에서 매우 강조되며 표현되는 예배의 수평적 본질을 고려하지 않은 아쉬운 관점이다.

스물네 살이라는 나이를 뛰어넘는 지혜로운 한 젊은 예배 인도자는 나와 이메일을 주고받으면서 그러한 관점에 성경적으로 왜 문제가 되는지에 대한 그의 생각을 통찰력 있게 나누었다. 그가 우려하는 바에는 몇 가지 심오한 관찰이 포함되었다. 그는 그 이유를 이렇게 설명한다.

> **첫째**, 예배가 하나님에 대해 하나님께 노래하는 것이라면, 하나님의 말씀을 듣거나 형제자매들의 말을 들을 수 있는 여지가 없게 된다. 굳이 그리스도의 몸인 교회에 모일 이유가 없다. 그냥 집에서 홀로 하나님을 향해 그분에 대해 노래할 수 있다.
>
> **둘째**, 소위 '수직적 예배'에서 천사들은 예배에서 따라야 할 최고의 모범으로 여겨진다. 가장 최고의 예배는 천사들이 하는 것, 즉 하나님께 하나님에 대해 노래하는 것이다. 그러나 천사들은 우리 예배의 인도자들이 아니다. 예수님이 예배의 인도자이시다. 그리고 그리스도께서는 우리의 예배 인도자이실 뿐 아니라, 우리의 예배를 가능케 하는 수단이다. 우리는 천사들의 예배를 모방하려고 해서는 안 된다. 우리는 그리스도께서 우리를 인도하신, 순종적이고 희생적인 예배를 모방하도록 해야 한다. 천사들이 아니라 그리스도께서 기름 부음 받으신 분이다.
>
> **셋째**, 내가 가장 우려하는 것은 수직적 예배가 하나님의 이야기를 노래한다는 개념에 얼마나 모순되는가 하는 점이다. 일부 수직적 예배 주창자들은 천국의 노래들이 예수님이 행하신 일이나 앞으로 하실 일에 대한 노래가 아니라고 믿는다. 그러나 천사들조차도 하나님이 행하신 일을 언급하지 않으면서 하나님께 노래하지 않는다. 요한계시록 5장에서 장로들과 네 생물은 어린양께 그의 피로 모든 종족과 언어와 백성과 민족 가운데서 사람들을 사서 하나님께 드렸다고 노래한다. 그들은 구속에 대해서, 십자가에 대해서 노래하고 있다. 우리가 전체 이야기를 노래하지 않는

다면, 우리는 그리스도인의 삶에서 가장 형성적인 실천 중 하나를 소홀히 하고 무시하는 것이다.[44]

그렇다. 요한은 요한계시록에서 보좌 주위에 모인 이들이 새 노래를 부른다고 기록한다(계 5:9; 14:3). 아마도 종말에 불리는 노래들은 지금 하늘에서 불리고 있는 노래들과는 전적으로 다를 것이다. 하나님 나라가 완전히 임하면 우리의 노래는 하나님께만 향해 불리게 될지 모른다(물론, 하나님의 현존 안에 영원히 거하는 기쁨을 서로에게 계속 노래할지도 모르겠다). 그러나 그때가 이르기 전까지, 성경적 예배는 삼방향적이다. 남아프리카의 한 젊은 신학생이 아름답게 요약했듯이, "예배에서 음악에는 세 가지 목적이 있다. 우리의 마음에 하나님의 말씀을 전달하고, 하나님을 향한 우리의 사랑을 표현한다. 그리고 신자들을 교화한다."[45] 하나님으로부터 공동체로, 공동체로부터 하나님께로, 그리고 신자로부터 신자로라는 세 방향에 주목하라.

예배 음악의 공동체적인 본질은 목회적 음악가의 리더십에 매우 중요하다. 음악은 예배공동체가 함께 드리는 선물이다. 음악은 예배가 공동적이기 때문에 공동적이다. 음악이 예배의 목적에 도움이 되려면 예배의 인도를 따라야 한다. 예배의 음악을 위한 가장 기초적이고 필수적인 기초 중 하나는 함께 모인 회중 안에서 음악이 가진 공동적 기능을 인식하는 것이다. 그렇다면 '공동적'이란 무슨 뜻이고, 어떤 영향을 끼치는가?

'공동적'(corporate)이라는 단어는 인간의 몸을 가리키는 라틴어 **코르푸스**(*corpus*)에서 유래한다. 이 단어는 몸이 창조된 목적에 맞게 기능하도록

---

[44] Aaron Hochhalter, "Vertical Worship," 필자에게 2014년 2월 24일 보낸 이메일 메시지. 허가를 받아 사용됨.
[45] Esmarie Linde, "Music in Worship," lecture, *Evangelische Theologische Faculteit,* Leuven, Belgium, May 2014.

협력하는 방식으로 상호 연관된 지체들을 가지고 있음을 나타낸다. 사도 바울은 교회가 전반적으로 어떻게 기능해야 하는지에 대한 이미지로 인간의 몸을 메타포로 아름답게 활용한다(고전 12:12-27 참조). 교회는 예배를 위해 모일 때, 그리스도의 몸으로서 수행하는 기능의 한 측면을 드러낸다. 바울은 세 서신서에서 예배의 공동적 특성을 음악에 직접적으로 적용한다. 그는 고린도 교회에 보내는 서신서에서 찬송의 노래를 예배의 공동적 요소라고 말하면서, 다양한 교인이 이러한 방식으로 이바지할 것이라고 말한다.

> 그런즉 형제들아 어찌할까 너희가 모일 때에 각각 찬송시도 있으며 가르치는 말씀도 있으며 계시도 있으며 방언도 있으며 통역함도 있나니 모든 것을 덕을 세우기 위하여 하라(고전 14:26).

바울은 에베소에 있는 교인들에게 이렇게 말한다.

> 오직 성령으로 충만함을 받으라 시와 찬송과 신령한 노래들로 서로 화답하며 너희의 마음으로 주께 노래하며 찬송하며(엡 5:18b-19).

이와 비슷하게 바울은 골로새서에서 '한 몸'이라는 이미지를 염두에 두고 골로새 교인들을 가르친다.

> 하나님께 시와 찬미와 신령한 노래들로 노래하라(골 3:15-16).

신약의 예배에서 음악은 사람들이 하나님의 영광을 위해 사람들 가운데서 이바지하는 공동의 일이다.

예배를 묘사하기 위해 '공동적'이라는 말을 사용하는 것은 유용하고 적절하다. 그리고 살펴봤듯이 성경적이다. 그러나 예배가 공동적이라고 말할 수 있지만, 사용하기에 더 좋은 말이 있다고 본다. 바로 '공동체적'(communal)이다. '공동적'(corporate)이라는 단어는 기능적 관계를 강조한다. 실제로 바울은 그리스도의 몸을 묘사할 때 이 단어를 사용하면서 교회를 제대로 기능하는 인간의 몸과 동일시한다. 사실 바울은 이 단어의 한 형태를 사용하여 그리스도의 몸을 설명하면서, 교회를 제대로 기능하는 인간의 몸에 비유한다.

하지만, '공동체적'이라는 표현은 더 깊은 감정적 관계를 암시한다.

바울은 신약의 다른 곳에서 신자들의 공동체를 언급할 때 헬라어 **코이노니아**(koinonia)를 사용하여 이러한 관계를 묘사한다. 코이노니아는 영어로 '파트너십'(partnership), '친교'(communion), 또는 '교제'(fellowship) 등 다양한 단어로 번역된다. 이 단어들은 예배자들이 마음으로 주님께 노래할 때 누리는 특별한 관계의 성격을 잘 담아낸다. 이는 성령이 허락하신 교제를 통해 함께 나누는 사역이다.

음악 행위를 공동의(corporate) 활동이라기보다 공동체적 봉헌으로 묘사하는 것은 특히 오늘날의 예배자들이 이 사역의 본질을 이해하는 데 도움이 될 수 있다. 왜냐하면, 우리는 미국 문화 속에서 'corporate'라는 단어를 매우 다양한 맥락에서 사용하기 때문이다. 예를 들어, 우리는 기업적(corporate) 미국(비즈니스 강조), 공동적(corprate) 도전(인도주의적 활동을 후원하는 일에 참여), 기업(corporate) 자금 조달(어떤 사업에 대한 회사의 재정적 후원) 등에 대해서 말할 때, 이 단어를 사용한다.

이러한 표현들은 모두 어떤 결과를 달성하기 위해 사람들의 협력을 전제로 한 기능적 관계를 암시한다. 하지만, 진정한 공동체성을 경험하지 않고도 공동적 협력은 가능하다. 많은 직장 동료가 협력하여 일은 수행하지만 진정한 교제(fellowship)를 경험하지는 못할 수 있다.

이에 반해, 공동체적인 음악 행위는 하나님께 노래를 드리는 것일 뿐 아니라 예배자들이 공동체로서 그들 자신을 드리는 것이다. 예배에서의 노래는 리더들이 잘 수행되었는지를 확인하는 과제가 아니다. 우리의 노래와 우리 자신을 삼위 하나님께 드리면서 경험하는 성령 충만한 교제이다. 이는 단순한 의무를 넘어서는 깊은 파트너십에 대한 감각이다.

예배는 단순히 누가 어떤 부분에 참여하는가를 따지고, 예전의 모든 요소가 빠짐없이 채워졌는지를 확인하는 것("너희가 모일 때에 각각 찬송시도 있으며 가르치는 말씀도 있으며 계시도 있으며" [고전 14:26])이라기보다는, "너희 몸을 하나님이 기뻐하시는 거룩한 산 제물로 드리라"([롬 12:1])는 말씀처럼, 예배의 모든 부분에 온 공동체가 전인격적으로 참여하는 것이다. 교회의 노래들은 단지 음악 담당자들이나 일부 관심 있는 사람들만의 몫이 아니다. 그것은 하나님과 이웃에게 음악적 예배를 드리는 가운데 깊은 교제 안에 있는 온 공동체의 기쁨 어린 행동이며, 진심 어린 관심과 헌신의 표현이다.

공동체적 음악 만들기(communal music making)는 여러 중요한 함의를 지닌다.

첫째, 이는 교회를 개인주의적 예배에서 벗어나 연합된 예배로, 독립적인 예배에서 벗어나 상호 의존적인 예배로 나아가도록 촉구한다. 회중 노래는 (우연히 다른 신자들과 같은 시간과 장소에 함께 있게 된) 개개인이 개인적인 헌신의 노래를 부르는 기회를 제공하는 게 아니다. 많은 사람이 같은 공간, 같은 시간에 모여 비슷한 행동을 하는 사람들의 모임이 공동체를 의미하지는 않는다. 우리는 눈을 감고 주변 사람들을 차단한 채 오직 하나님과의 친밀하고 개인적인 경험을 추구할 수도 있다. 그러나 그것은 진정한 공동(corporate) 예배가 아니다. 예배는 하나님께서 개인에게 말씀하시고, 개인이 하나님께 응답한다는 점에서 분명히 개인적인 것이지만, 특정한 시간과 장소에서 사람들이 파트너들로서 함께 노래를 드릴 때 공동체 안에서 이루어진다. 상호 의존적인 예배는 신자들 각자의 목소리가 궁극적으로 하나님과 이웃과의 소통에 하나의 목소리로 기여한다는 사실을 이해할 때 가능해진다. 각 노래는 우리 가운데서 함께 노래하시는 그리스도에 의해 모아져 하나님께 올려진다(2장 참조). 상호 의존적 예배란, 교회가 하나로 조화된 많은 목소리로 노래하는 것이다.

둘째, 음악 만들기는 수동적이기보다는 참여적이다. 때때로 예배자들은 여러 가지 이유로 노래하지 않는다. 그들은 자신들이 노래를 잘 부르지 못한다고 생각할 수 있고, 음악에 관심이 없을 수 있다. 또는 기독교 콘서트의 분위기에 빠져 있을 수도 있다. 즉, 앞에서 최선을 다해 열정적으로 노래하는 음악가들을 보면서 공감하지만 노래하며 참여하지는 않는다. 예배자들은 음악의 메시지에는 감동하지만 노래로 참여하는 것은 필요하지도, 심지어 환영받지도 않은 것처럼 보인다. 음악 만들기에 소극적인 이유는 여럿일 수 있다. 소극적인 예배자들을 노래에 온전히 참여하도록 만들려면 기민한 목회적 음악가들이 필요하다(이에 대한 실제적인 지침은 제10장에서 다룬다). 동시에 예배자들이 어려운 상황으로 인해 노래에 참여할 수 없을 때도 있다. 예를 들어, 노래할 의지도 없고, 가사를 입에 담을 힘도 없을 수 있다. 그럴 때, 공동체는 그 노래를 받아 상처 입은 자매나 형제를 대신해서 노래한다. 이것 또한 참여적인 음악 만들기이고, 어쩌면 가장 참여적인 것일지 모른다.

셋째, 공연 음악(presentational music)은 공동체적 음악 만들기에서 적절한 역할을 한다. 공연 음악은 한 명 이상의 음악가가 다른 예배자들을 대신하여 하나님의 영광을 위해 미리 준비하는 음악이다. 예배에서 드려지는 대부분의 음악은 공동체적으로 함께 하는 것이어야 한다. 이러한 실천은 선하고 바른 것이다. 그러나 예배에는 대표적으로 드려지는 음악의 자리도 있다. 많은 교회에서는 회중 노래에만 집중하기 위해 '특송'(special music)[46]이라고 불리기도 하는 공연 음악을 없애기도 한다. 좀 더 적절한 용어는 '표현 음악'(representational music)일 수 있다.

표현 음악은 자격을 갖춘 공동체 구성원들이 미리 준비한 후 공동체를 대표하여 드리는 노래나 기악곡을 의미한다. 이러한 음악은 공동체를 대표하는 것으로 여겨진다. 표현 음악도 예배에서 회중이 함께 부르는 다른 노래들과 같은 기능을 한다(선포, 기도, 권면, 등). 단지 준비된 구성원들이 노래한다는 점에서 다르다. 이와 동시에 표현 음악은 예배에 참여하는 동료 예배자들을 교화하여, 그들로 찬양과 기도를 더욱 잘 드리도록 고무하는 역할도 수행한다.

누군가의 멋진 연설을 듣고, 나로 저렇게 말할 수 있었으면 좋겠다고 생각해 본 적이 있는가?

표현 음악이 바로 그러한 경험과 맞닿아 있다. 표현 음악은 공연 음악, 즉 다른 이들의 즐거움을 위해 제공되는 음악으로 여겨져서는 안 된다. 물론, 즐거움을 줄 수는 있다. 그러나 표현 음악은 본질적으로 하나님을 예배하기 위해 모인 이들을 대신하여 그들의 예배를 풍성하게 하고, 가능하게 하고, 영감을 주는 것으로 이해되어야 한다.

저명한 예배학자인 제임스 화이트(James White)는 예배에서 찬양대(또는 다른 합창단이나 합주단)의 역할을 세 가지로 요약한다. 세 가지 역할이란 말씀 사역을 공유함으로써 회중에게 노래하기(sing to the congregation), 아름다운 것을 드림으로써 회중을 대신하여 노래하기(sing for the congregation), 그리고 회중 노래를 이끎으로써 회중과 함께 노래하기(sing with the

---

46 이 아이디어는 괜찮지만, '특송'이라는 용어는 여러 가지 이유로 문제가 있으며 피해야 한다. 이는 특정 음악이 다른 음악보다 더 우수하다거나, 음악이 다른 사람들을 위한 공연으로 여겨지거나, 음악이 지나치게 공연 중심적이라는 암시를 줄 수 있다. 예배 순서 작성 목적을 위해, 발표적 음악은 단순히 그 자체를 가리키는 용어, 예를 들어 찬가, 독창, 묵상을 위한 기악 등이나 음악 봉헌으로 표현될 수 있다.

congregation)다.[47]

넷째, 공동체적 음악 만들기는 교회가 다양한 취향에 따라 별도의 예배를 만드는 것에서 벗어나 온 교회가 진정으로 함께 예배하는 공동의 예배로 나아가도록 요청한다. 북미 교회에서 두드러진 경향은 스타일 취향을 만족시키기 위해 일주일에 한 번 이상의 대예배(primary worship service)를 제공하는 것이다. 그러나 다양한 스타일에 따라 예배를 제공하는 것은 교회 전체의 노래를 교회가 함께 부르도록 만들지 못한다. 개인의 취향에 맞지 않더라도 서로의 예배 노래를 기꺼이 부르는 공동체는 특별하다. 공동체적 예배는 자기-희생적이다. 다른 사람에게 의미 있는 노래를 부르며 함께 하는 것은 각 그룹의 만족을 위해 따로 떨어져 있는 것보다 더 중요하다. 해롤드 베스트(Harold M. Best)는 이에 대해 열정적이고 단호하게 주장한다.

> 교회를 나이, 스타일, 취향에 따라 여러 그룹으로 나누는 것은 반쪽 공동체, 심지어는 가짜 공동체가 되도록 한다 … 지역교회들이 각자의 취향에 맞는 예배를 위해 여러 그룹으로 나뉘는 모습을 보는 것은 아이러니하고, 더 나아가 성경적으로 문제가 있다. 교회 리더십이 공동의 모임에서 중요한 것을 간과하고 부차적인 것들로 인해 이러한 방향으로 나가도록 압박을 느낀다는 사실은 실망스럽다. 예를 들어, 소위 전통 예배와 현대 예배가 모든 측면에서 근본적으로 다르다면, 적어도 내적 일관성을 바탕으로 찬반 토론을 벌일 수 있다. 그러나 진짜 문제는 구분이 주로 음악과 음악 스타일에 관한 것이라는 점이다. 이것이 사실이라면, 예배는 예수님과 복음을 하나로 묶는 능력에 대한 것이라기보다는 실제로는 세속적이고, 상대적이며, 일시적인 것에 관한 것이다.[48]

---

47 James F. White, *Introduction to Christian Worship*, 3rd ed. (Nashville: Abingdon, 2000), 114.
48 Harold M. Best, *Unceasing Worship: Biblical Perspectives on Worship and the Arts* (Downers

이러한 딜레마에 대해 베스트(Best)는 음악을 주목받는 자리에서 치우고, 그리스도와 그분의 말씀을 중심에 놓자는 해결책을 제시한다.[49] 공동체적 예배는 공동적 예배다. 즉, 공동체는 이런 종류의 예배를 중심으로 모여서 하나의 목소리로 그들의 선물을 드린다.

공동체적 음악 만들기의 마지막 함의는 예배의 언어가 개인적인 표현에서 공동체적인 표현으로, 배타적인 언어에서 포괄적인 언어로 변화한다는 점이다. 우리가 예배하는 공동체라는 것을 진정으로 믿는다면, 우리는 일인칭 단수 대명사를 덜 쓰고, 일인칭 복수 대명사를 더 많이 사용하게 될 것이다. '나'는 '우리'가 되고, '나의'는 '우리의'로 될 것이다.

공동체가 여성과 남성, 젊은이와 노인, 모든 인종, 모든 경제적, 교육적 배경, 모든 신체적 또는 정신적 능력을 지닌 사람들로 구성된다고 믿는다면, 우리는 인간관계에 대해서 말할 때 관대한 언어를 사용할 것이다. 남성을 중심으로 한 'mankind'(인류)라는 표현은 좀 더 중립적이고 포괄적인 'humankind'(인류)로 될 것이고, '형제들'은 '자매들과 형제들'로 될 것이다. '자녀들'은 우리 가운데 있는 젊은이들을 가리키게 될 것이다.

이러한 변화는 중요하다. 우리가 사용하는 언어는 우리의 마음에 있는 것을 전달하기 때문이다. 말은 중요하다. 우리는 배타적인 언어를 사용할 때 모든 사람이 그 의미를 이해할 것이라고 가정하는 것을 삼가야 한다. 그들은 이해하지 못할 수 있다. 그러니 가정하는 일을 삼가라. 관대해지자. 정중해지자. 하나님의 사랑과 선하심 편에 서서 실수를 범하지 않도록 하자.

간혹 어떤 이들은 많은 시편에서 개인적 대명사가 사용되기 때문에 예배의 노래들에서도 개인적 대명사가 많이 사용되어야 한다고 주장한다.

Grove, IL: InterVarsity, 2003), 74–75 (원문 강조).
49 Ibid., 75.

많은 시편이 개인적 대명사를 사용하기는 하지만 두 가지를 명심하자.

(1) 시편은 종종 "개인의 경건과 공동의 예전을 함께 엮는다. 시편은 매우 개인적이지만, 동시에 매우 공동체적이다."[50]
(2) 비록 개인의 목소리가 사용되지만, 이스라엘의 사회에 대한 문화적 관점을 고려하면 공동체의 목소리로 종종 이해된다. 중동의 공동체에 대한 이해는 전반적으로 공동체적이다.

마크 로버츠(Mark Roberts)는 이렇게 말한다.

> 시편은 공동체의 신앙에 목소리를 부여하기 때문에, 예배의 공동체적 차원도 지원하고 강화한다. 시편 전체는 단수와 복수, 개인과 공동체를 연결한다. 따라서 시편은 예배에서 '나'를 표현하는 노래만을 만들거나 사용하고 '우리'를 무시하는 경향을 바로잡는 중요한 역할을 한다.[51]

마찬가지로 찬송가에 사용되는 개인적 대명사는 종종 회중 전체를 대표하는 것으로 이해된다. 예를 들어, 찰스 웨슬리(Charles Wesley)가 가사에서 개인적 대명사를 사용할 때, "우리는 '나'가 찰스 웨슬리일 수도 있고, 노래하는 자신일 수도 있고, 노래하는 다른 누군가일 수도 있고 … 아니면 함께 노래하는 회중의 공유된 '나'일 수도 있음을 이해할 수 있다."[52] 이러한 의미의 개방성은 오늘날 만들어진 많은 음악에서는 덜 명확한데, 그 이유는 '나'가

50　Mark D. Roberts, "The Psalms and the Community of God," *Worship Leader* (January/February 2011): 22.
51　Ibid.
52　J. R. Watson, *The English Hymn: A Critical and Historical Study* (Oxford: Clarendon, 1997), 20.

예배자의 개인적 경험만을 묘사하는 것처럼 보이기 때문이다.

공동적 예배에서 음악 만들기는 하나님과 다른 사람들을 위한 공동체의 사역을 수행한다. 이것은 교회가 신-인간 관계의 다차원적인 본질을 실현할 수 있는 주된 통로이다.

4. 기반 약화하기

예배에서 음악을 사용하기 위한 단단한 기반을 마련하는 것은 목회적 음악가가 취할 수 있는 가장 실제적인 단계다. 음악을 통한 사역의 원칙들이 참되다면, 우리는 음악이 예배에 견실히 이바지하리라 기대할 수 있다. 안타깝지만, 마련된 기반에 위협이 있을 수 있다. 현명한 리더들은 이러한 위협에 경각심을 갖고 기도하며 대응함으로써 그 기반을 지킨다.

오늘날 예배 리더십에는 몇 가지 오해와 잘못된 관행이 여전히 존재한다. 이러한 위협들 가운데서 세 가지를 언급하면서 본 장을 마무리하고자 한다. 세 가지 위협은 우상 숭배로서의 음악 만들기, 예배에서의 세속 음악, 음악의 힘과 하나님의 실제적 임재 사이에서의 혼돈이다.

1) 우상 숭배로서의 음악 만들기

음악 만들기는 예배 안의 다른 활동처럼 우상 숭배 행위가 될 수 있다. 우상 숭배는 "우리가 무언가를 형성한 뒤, 그것이 우리를 형성하도록 허용하는 행위이다. 우리는 우리 자신의 운명을 빚은 후, 그것이 마치 초자연적으로 계시된 것처럼 행동한다."[53] 구약에서 우상 숭배는 사람들이 예

---

53 Best, *Unceasing Worship*, 163, 나는 그의 의견이 통찰력이 있다고 생각한다. 특별히 챕

배하는 물리적 형상을 만드는 것으로 이루어졌다.[54] 인간의 손으로 만들어진 이러한 우상들은 신적인 힘을 가진 것으로 여겨졌다. 하나님은 모세에게 주신 율법의 첫 번째 계명(출 20:2-3)에서 이러한 행동을 경멸하시며 비난하셨다. 구약 전체에서 묘사되었듯이, 이것은 하나님께서 이스라엘로 인해 견디신 가장 큰 짐이었다. 우상 숭배는 언약에 대한 불성실을 의미한다.

> [하나님의 백성이] 자기 영광을 풀 먹는 소의 형상으로 바꾸었도다(시 106:20).

신약은 우상을 만들고 예배하는 행위를 언급하지만 베스트에 따르면, 우상 숭배에 대한 더 넓은 관점을 제시한다.

> 우상 숭배는 올바르고, 신앙에 근거한 지속적인 예배의 삶을 방해하는 모든 것을 포함한다. 우리는 그리스-로마 문화의 종교처럼 쉽게 식별할 수 있는 것에서부터, 영적 교만처럼 미묘하고 알아차리기 어려운 것에 이르기까지 다양한 거짓 신들이 모인 신전을 직면하고 있다.[55]

사도 바울은 로마에 있는 교회를 향해 진리를 억압하는 악한 자들을 조심하라고 강하게 경고했다.

> 스스로 지혜 있다 하나 어리석게 되어 썩어지지 아니하는 하나님의 영광을 썩어질 사람과 새와 짐승과 기어다니는 동물 모양의 우상으로 바꾸었느니라 그러므로 하나

터 11. "You Shall Not Worship Me This Way: Worship, Art and Incipient Idolatry."를 참고하기를 추천한다.

54 태양과 별과 같은 기존의 다른 실체도 숭배의 대상이었다. 당시에도 하늘과 천둥의 신인 로마 신 주피터처럼 숭배의 대상을 표현하기 위해 인물이 만들어지곤 했다.

55 Best, *Unceasing Worship*, 164.

님께서 그들을 마음의 정욕대로 더러움에 내버려 두사 그들의 몸을 서로 욕되게 하게 하셨으니 이는 그들이 하나님의 진리를 거짓 것으로 바꾸어 피조물을 조물주보다 더 경배하고 섬김이라 주는 곧 영원히 찬송할 이시로다 아멘 (롬 1:21-25).

우리가 창조주가 아닌 피조물을 예배하고 섬길 때, 다시 말해, 우리가 우리 예배의 대상이자 주체이신 삼위 하나님보다 음악 그 자체나 음악가들에 더 열광할 때, 음악은 우상 숭배가 된다. 이런 일은 여러 가지 방식으로 일어난다.

목회적 음악가들은 음악이 우상 숭배가 되는 것을 막기 위해 그들 자신과 그들이 이끄는 사람들에게 무엇을 도전해야 하는가?

베스트는 이 질문에 답하는 데 도움이 되는 네 가지 경고 신호를 소개한다.[56]

> 첫째, 예술이 하나님의 임재를 매개하거나 그분을 감지할 수 있게 한다고 가정하는 순간, 우리는 우상 숭배의 영역으로 들어가기 시작한 것이다. 특정한 유형의 음악이나 리더의 음악적 능력에 힘을 부여하는 것은 우상 숭배다(궁극적으로 우리를 형성하는 무언가를 형성하는 것이다). 베스트는 이렇게 경고한다.
> 동료 예배자들로부터 우리의 음악이 하나님을 더욱 실질적으로 느끼게 만든다는 말을 듣는다면, 우리는 올바른 가르침을 받고 회개해야 한다.[57]
> 둘째, 아름다움과 우수함은 우상이 될 수 있다. 창조 세계의 아름다움과 우수함은 하나님이 먼저 창조하셨기 때문에 존재한다. 하나님이 만드신 모든 것은 아름답고 선하다. 그래서 아름다움과 우수함은 하나님께 영광을 돌리기 위해 우리가 예술적으로 추구할 만한 중요한 특성이다. 그러나 창조주가 아닌 피조물을 만족시키기

---

56 Best, *Unceasing Worship*, 166-69. 볼드로 표기된 것은 Best의 말을 직접 인용. 볼드로 표기되지 않은 단어는 그의 주장에 대한 간략한 해석.
57 Ibid., 166.

위해 아름다움과 우수함을 추구하는 일은 우상 숭배이다.

셋째, 우리는 우리의 예술이 만들어내기를 바라는 결과물을 우상으로 삼기 쉽다. 음악은 결과물을 만들어내기 위해 존재하지 않는다. 음악에는 더 큰 목적이 있다. 예술은 동시에 여러 목적을 수행할 수 있다. 예술은 주로 창조된 존재가 창조주께 드리는 것이다. 하나님만이 결과를 주실 수 있다.

넷째, 스타일은 황금 송아지가 될 수 있다. 우리는 어떤 스타일의 음악이든, 먼저 그것을 창조한 후 거기에 신적인 힘을 부여함으로써 우상으로 만들 수 있다. 한 스타일의 예배만을 적절하거나 강력한 것으로 고집하는 것은 창조주이신 하나님의 본성을 오해하고 있음을 보여준다.

우상 숭배로서의 음악을 논할 때 주목해야 할 중요한 사항이 하나 더 있다. 교회는 고대 그리스 문명의 영향을 강하게 받는 시간과 장소 속에서 태어났다. 그리스 신들을 숭배하는 이교도의 의례 음악은 신들에게 영향을 미치기 위해 정기적으로 사용되었다. 음악은 신들을 매혹하여 그들의 호의를 얻거나, 심지어 그들의 현존을 명령하기 위해 사용되었다. 음악은 "호출하다"라는 뜻의 헬라어 용어인 **에피클레시스**(epiclesis)의 한 형태로 사용되었다.[58]

적절한 음악을 적절한 때에 연주하는 것은 신들을 불러내는 것으로 여겨졌다. 초기 그리스도인들은 주위의 이러한 이교적 영향을 거부해야 했다. 음악은 마법이 아니고, 하나님을 조종하는 도구로 기능할 수도 없다. 캘빈 스태퍼트(Calvin R. Stapert)는 "[하나님의 임재를 요청하는] 기독교의 **에페클레시스**는 조작적이 아니라 청원적인 것으로서, 독특한 방식으로 이미 허락된 것을 요청한다"[59]라고 말한다. 그는 신약에서 "'성령 충만'은

---

58 Calvin R. Stapert, *A New Song for an Old World: Musical Thought in the Early Church* (Grand Rapids: Eerdmans, 2007), 18.

59 Ibid., 19.

노래의 결과로 오는 것이 아니다. 오히려 먼저 '성령 충만'이고, 그에 대한 응답으로 노래하는 것이다"[60]라고 설명한다(엡 5:18-19 참조).

하나님은 이스라엘을 향해 우상에 관해 매우 적극적으로 말씀하셨다. 우상에 해야 할 유일한 일은 그것을 허물어뜨리는 것이었다. 예수님의 제자들인 우리는 우상 숭배의 위협을 진지하게 받아들여야 한다. 홀로 경배받으셔야 할 분으로부터 우리의 사랑과 숭배를 빼앗은 모든 것은 물러나게 해야 한다. 왜냐하면, "우상 숭배는 가장 열렬히 예배하는 그리스도인들의 가장 큰 적이며, 심지어 우리 중 일부는 예배 자체를 예배하게 될 수도 있기 때문이다."[61]

2) 예배에서의 세속 음악

예배 음악의 기반을 약화할 수 있는 두 번째 잠재적 위협은 예배에 세속 음악을 사용하는 것이다. 이는 일부 교회들에서 논쟁 중인 주제다. 모든 진리는 하나님의 진리다. 이러한 관점에서 보면, 기술적으로 세속적인 것과 신성한 것 사이에는 실제로 차이가 없을 수 있다. 삶의 모든 것은 신성하기 때문이다. 하나님은 영적인 자격 여부와 상관없이, 사람들에게 창조적 은사를 아낌없이 주신다. 이런 점에서 세속적인 것과 신성한 것 사이에 경계를 긋는 것은 다소 인위적이다.

그러나 기독교의 공동예배에 유익이 되지 않고, 심지어 방해될 수 있는 음악도 있다. 예배에서 세속 음악을 사용하자는 주장은 대개 교회가 자신의 문화적 적절성을 나타내려는 욕망에 기반한다. 소위 문화적 적절성에 대한 욕망은 교회와 교회에 다니지 않는 사람들, 즉 기독교나 교회에 대

---

[60] Ibid.
[61] Best, *Unceasing Worship*, 163.

해 잘 모르는 사람들 사이에 있는 인식의 격차를 해소하려는 것과 직접적으로 관련된다. 많은 리더는 구도자들을 끌어들이기 위해 연결성과 편안함을 제공하는 환경을 조성해야 한다고 느낀다. 때로는 역사적 선례에 호소하기도 한다.

마르틴 루터, 존 웨슬리, 찰스 웨슬리와 같은 유명한 지도자들이 전도의 목적으로 선술집 노래(술 마실 때 부르는 노래)를 사용했다는 신화가 사실로 여겨졌다. 그러나 사실은 그렇지 않다. 루터와 웨슬리 형제는 그들의 찬송가를 위한 곡조를 위해 여러 출처를 참고했다. 그중 일부는 그 지역의 민속곡이었는데 종종 바(bar) 형식으로 되어 있었다. '바' 형식은 AAB라는 단순한 구조로, 두 부분으로 구성된 노래에서 첫 번째 부분이 반복되는 형식이었다. 안타깝게도 '바' 형식이 '술 마실 때 부르는 노래'로 잘못 이해되었다.

두 가지 중요한 사항을 유의해야 한다.

첫째, 바 노래는 술을 마시는 장소와 관련된 노래가 아니다. 곡의 구조적 형식과 관련 있다.

둘째, 루터, 웨슬리 형제 등이 교회가 아닌 다른 목적 때문에 만들어진 곡조를 가져온 것은 사실이지만, 그 곡조를 철저하게 기독교적 찬송가 가사를 위해서만 사용했다(그들은 예배 중에 일반 민속 노래를 부르지 않았다). 이는 세속 노래를 예배에서 반드시 배제해야 한다는 뜻이 아니다. 루터나 웨슬리 형제가 예배에서 세속 노래를 부를 수 있는 근거가 될 수 없다는 뜻일 뿐이다.

사실 교회와 비교회 환경 간의 음악적 표현들 사이에 종종 교차점이 있었다. 교회 밖에서 기원한 텍스트와 스타일을 가진 음악을 예배에서 사용하는 경우가 가끔 있을 수 있다. 그러나 세속적인 예술과 경쟁하여 우리가 비신자들을 좀 더 확보할 수 있다는 가능성을 증명하려는 이유 때문은 아니다. 이는 삼위 하나님을 예배하기 위함이다. 다시 말해, 하나님을 예배하기 위한 목적이 아닌 다른 목적으로 만들어진 음악을 프로그램화한다면, 그것은 문화를 닮아가려는 것이 아니라 문화를 신중히 차용하여 예배의 진정한 목적을 위한 것이어야 한다. 즉, 하나님께 직접적으로 영광을 돌리기 위한 것이어야 한다. 만약 음악이 이러한 기본적인 목적에 실패한다면, 그 음악은 예배에 적합하지 않다. 기독교 철학자 제임스 스미스(James K. A. Smith)는 기독교 예배에서 음악의 전달에 끼치고 있는 세속적인 영향력에 대해 깊은 우려를 표명하며 다음과 같이 말한다.

> 내가 특히 우려하는 것은 교회가 의도치 않게 [찬양 밴드로] 다른 곳에서는 적합할 수 있지만 회중 예배에는 해로울 수 있는 음악적 관행을 기독교 예배에 쉽게 들여오도록 장려했다는 점이다. 좀 더 정확히 말하자면, 때로는 우리가 의도치 않게 [찬양 밴드가] 단지 중립적인 '방법'이 아니라 사실상 '세속적 예전'인 공연의 특정 형태를 도입하도록 장려했던 것은 아닌지 우려한다. 우리가 깨닫지 못하는 사이에 지배적인 공연 관행은 우리가 음악(음악가)과 특정한 방식으로 관계를 맺도록 훈련한다, 즉, 음악을 우리의 즐거움, 엔터테인먼트, 수동적인 경험으로 여기게 만든다. 이러한 '세속적 예전'에서 음악의 기능과 목표는 기독교 예배에서 음악이 갖는 기능과 목표와 상당히 다르다.[62]

바로 여기에 논쟁의 핵심이 있다. 만약 우리가 예배의 중심이 그리스도 안에 계신 하나님이고, 하나님을 예배하는 자로서 언약을 지키기 위해 신자로서 모였다고 주장한다면, 교회가 다른 주된 목적을 위해 모였을 때

---

[62] James K. A. Smith, "An Open Letter to Praise Bands," *Fors Clavigera* (blog), February 20, 2012, http://forsclavigera.blogspot.com/2012/02/open-letter-to-praise-bands.html (원문 강조).

세상의 노래를 부르자고 요청하기는 어렵다. 이는 우리의 목적을 벗어나게 하고 심지어 훼손할 수도 있다. 기독교 예배가 성경적 특성을 버리면 성경적으로 신실할 수 없다. 이것이 로버트 웨버가 우려한 바다.

> 교회는 당연히 문화에 관해 이야기해야 한다. 그러나 하나님의 이야기를 통해서만 진정 어리고 진실하게 말할 수 있다. 교회가 문화에 굴복하여 하나님의 이야기가 아닌 문화의 이야기 중 몇몇을 말하는 순간, 교회는 그 본질과 사명을 상실하고, 세상의 소금과 빛이 되지 못한다.[63]

이는 모든 세속적인 노래가 나쁘고 그리스도인들이 불러서는 안 된다는 뜻이 아니다. 그러한 노래들은 우리가 함께 모일 때 하나님을 예배하고, 하나님의 이야기를 노래하는 데 도움이 되지 않을 가능성이 크다는 뜻이다. 예배의 세속화에 대항해야 한다.

3) 음악의 힘과 하나님의 임재 사이에서의 혼돈

마지막으로 언급할 위협은 예배 음악과 하나님의 임재를 부적절하게 연결하는 것이다. 예배 노래가 하나님의 임재를 시작하거나 보장할 수 있다고 여기는 것은 비성경적이다. 음악의 감정적인 힘을 하나님의 임재로 혼동하기는 매우 쉽다. 모인 공동체 안에서의 하나님의 임재는 특정 순간에 느끼는 감정과는 별개로 객관적인 실재다.

부활하신 주님이 우리 가운데 임재하신다 것이 사실이기 위해 감정을 느끼는 것이 필요한가?

---

[63] Robert E. Webber, *The Divine Embrace: Recovering the Passionate Spiritual Life* (Grand Rapids: Baker Books, 2006), 229.

물론, 아니다.

> 노래를 부르는 동안 한 예배자는 하나님의 임재를 강하게 느꼈는데, 옆에 있는 동료 예배자는 느끼지 못했다면 어떻게 받아들여야 하는가?
> 하나님의 임재 정도가 감정에 따라 좌우되는가?
> 음악이 그런 감정을 만들거나 만들어내지 못하는 힘이 있는가?

그리스도 안에 계신 하나님은 모임 가운데 성령을 통해 임재하신다. 부활하신 주님의 임재는 두세 사람이 그분의 이름으로 모인 곳에 임하겠다고 약속된 것이지(마 18:20), 두세 사람이 음악을 만드는 곳에 임하겠다고 약속된 것은 아니다. 감사하게도 하나님은 종종 예배의 음악을 통해 하나님의 임재를 경험하게 해주시는 은혜를 베푸시지만, 이것이 절대적인 약속으로 우리에게 주어진 것은 아니다. 예배의 노래들은 하나님의 임재를 만들거나, 전달하거나, 명령할 수 없다. 우리는 하나님의 임재를 노래로 불러올 수 없다. 하나님의 임재는 이미 실재이다.

음악은 예배의 다른 요소들처럼 예배에 임재하시는 삼위 하나님과 대화하도록 돕는다. 그러나 우리 마음대로 음악에 힘을 부여하면 안 된다. "우리가 예배 노래를 부르면 하나님은 반드시 임재하신다"라고 말할 수 없다. "[하나님께서는] 이스라엘의 찬송 중에 계시"지만(시 22:3), 이 구절이 찬양할 때 하나님의 임재를 약속하는 것은 아니다. 제임스 토런스는 이렇게 서술한다.

> 그리스도에 대한 우리의 경험보다 더 중요한 것은 우리가 경험하는 그리스도이시다.[64]

---

64 James B. Torrance, *Worship, Community and the Triune God of Grace* (Downers Grove,

예배 음악의 견고한 기반이 음악의 인지된 힘 때문에 약해질 가능성은 우리가 생각하는 것보다 더 클 수 있다. 몇몇 현대 신학자들은 이에 대해 경종을 울린다.[65]

> 음악을 만들거나 들을 때, 음악을 좀 더 '예배적'으로 만들기 위해 신앙이 본질(substance)과 증거(evidence)를 음악에 가져와야 한다고 가정한다면, 나는 큰 위험에 빠지고 있는 중이다. 나는 음악의 힘과 효력이 본질과 증거를 나의 신앙에 가져다준다고 가정함으로써 신앙과 음악적 경험을 연결하는 실수를 저지를 수 있다. 그럴 때 나는 음악의 힘과 주님과의 친밀함을 동일시하는 죄에 빠질 수 있다. 그 순간, 음악은 빵과 포도주와 합하여 새로운 성례전이나 새로운 유형의 화체설을 만들게 된다.[66]

음악은 하나님께서 교회에 주신 강력한 선물이다. 예배 노래는 하나님과 다른 사람들과 소통하는 매우 중요한 수단으로, 없어서는 안 될 요소이다. 그러나 목회적 음악가로서 우리는 리더들이 음악을 하나님의 임재를 위한 전달하는 시스템과 너무 밀접하게 연결하지 않도록 도움을 줘야 한다. 우리는 하나님께서 예배에 실제로 임재하신다고 확신한다. 그러나 그것은 하나님께서 설계하신 방법을 통해서고, 우리의 방식이 아니라 하나님의 방식에 따라 이루어진다.

IL: InterVarsity, 1996), 34.
[65] 이러한 목소리를 내는 이들로는 Harold M. Best, James K. A. Smith, Rpbert E. Webber 등이 있으며, 이들은 음악이 의도치 않게 제3의 성례전으로 규정될 가능성에 대해 우려하고 있다.
[66] Best, *Unceasing Worship*, 30 (원문 강조).

5. 결론

오늘날 예배에서 음악을 위한 기반을 견고하게 세우는 일은 매우 중요하다. 음악 건축가들은 이 작업을 소홀히 해서는 안 된다. 하나님의 뜻에 따라 하나님의 백성을 노래하도록 이끄는 것보다 중요한 일은 없기 때문이다. 음악은 예배에서 중요한 역할을 담당한다. 음악은 하나님의 이야기를 선포하고 경축하게 한다. 이 역할을 다하기 위해, 음악은 예배에서 하나님의 목적을 동반하고, 돕고, 완수한다. 본 장에서는 예배자들이 하나님께 영광을 돌리는 음악에 참여하도록 예배 인도자들이 도울 수 있는 실질적인 단계를 제시했다.

6. 주요 용어

- 권면(exhortation): 격려하고, 힘을 주고, 용기를 북돋는 것.
- 애도(lament): 절망이나 좌절, 하나님을 향한 불평의 기도.
- 공연 음악(presentational music): 다른 예배자를 대표하여 보여줄 예배 행위로 미리 준비하는 음악.
- 응답(response): 하나님-주도적인 계시에 대한 응답. 신자들에게 계시의 의미를 표현하는 것.
- 계시(revelation): 하나님이 당신의 속성과 목적을 나타내시는 것. 계시된 진리를 구성하는 것.

7. 더 학습하기

Begbie, Jeremy S. *Resounding Truth: Christian Wisdom in the World of Music*. Grand Rapids: Baker Academic, 2007.

Best, Harold M. Music through the Eyes of Faith. New York: HarperCollins, 1993.

Corbitt, J. Nathan. *The Sound of the Harvest: Music's Mission in Church and Culture*. Grand Rapids: Baker Books, 1998.

Kroeker, Charlotte, ed. *Music in Christian Worship*. Collegeville, MN: Liturgical Press, 2005.

Pass, David B. *Music and the Church*. Nashville: Broadman, 1989.

Woods, Robert, and Brian Walrath, eds. *The Message in the Music: Studying Contemporary Praise and Worship*. Nashville: Abingdon, 2007.

참여하기

예배 음악의 주요 역할인 하나님의 이야기를 선포하고 경축하는 것을 증진하기 위해, 노래들이 당신의 상황에서 어떻게 기능하고 있는지를 살펴볼 수 있는 실질적인 단계를 밟아라.

1. 교회에서 최근에 가장 많이 불린 25곡의 목록을 작성하라.
각 노래의 기능을 어떻게 식별할 수 있는가? (다음 네 가지 기능 중에서 선택하라: 선포, 찬양, 기도, 권면.)
균형이 잡혔는가, 그렇지 않은가?
만약 기능적인 측면에서 불균형하다면, 어떻게 개선할 수 있겠는가?
2. 동일한 25곡의 목록을 살펴보면서, 각각의 곡이 주로 계시인지 응답인지 결정하라.
계시와 응답 중 우세한 쪽이 있는가?
그렇다면 대화의 균형을 위해 추가할 수 있는 노래들의 목록을 작성하라.
3. 당신의 예배가 공연 음악을 포함했던 적이 있는가?
그렇다면 예배 순서를 되돌아보자.
공연 음악은 대개 어떻게 기능했는가?
어떻게 하면 가장 잘 기능하겠는가?
4. 현재 또는 미래에 당신의 공동체에서 성경적 예배의 기반을 약하게 할 가능성이 있는 요소는 무엇이라고 보는가?
예를 들어, 우상 숭배로서의 음악 만들기, 세속적 음악의 사용, 음악의 힘과 하나님의 임재를 혼동하는 것, 기타 언급되지 않은 다른 요소일 수 있다. 음악의 성경적 목적을 방해하는 위협에 대항할 수 있는 능력을 성령께 간구하는 짧은 기도문을 작성하라. 당신의 기도문을 공동체의 다른 리더와 공유하라.

제4장

예배의 운동성을 위한 노래 선택하기

논리적 흐름 만들기

탐구하기

본 장을 읽기 전에 교회나 단체의 음악 사역에 관련된 사람과 다음 질문에 대해 토론해 보자. 또는 예배 음악에 관심이 있는 친구와 함께 커피를 마시면서, 또는 온라인 채팅을 통해 이 질문들에 대해 논의해 보자. 예배의 특정 목적에 따라 특정 노래를 특정 순서에 배치하는 것의 중요성에 대해 생각해 보자.

1. 특정 예배를 위해 선곡할 때 순서는 어떻게 결정되는가?
   곡의 순서를 정하는 과정에서 고려하는 주요 요소는 무엇인가?
   (예: 주제, 예배 흐름, 메시지의 전달력 등)
2. 곡의 순서는 실용적인 이유에 따라 달라지는가?
   연주자의 키 간 변조 능력, 박자의 변화, '흐름'을 만들려는 욕구 등, 실용적인 이유로 인해 곡의 순서가 변경되는 경우가 얼마나 자주 발생하는가?
3. 각 노래의 기능과 방향성이 어느 정도 반영되는가?
   곡이 찬양, 기도, 권면 등 어떤 기능을 수행하는지, 그리고 그 노래가 하나님을 향한 것인지, 자신을 향한 것인지, 타인을 향한 것인지에 대한 고려가 얼마나 중요하게 작용하는가?

4. 예배에서 노래들이 연속적으로 진행되는가, 그렇지 않은가? 교회가 왜 그 진행 방식을 선택했는지 설명해 보자. 그 방식이 예배의 전반적인 흐름과 목적에 어떻게 이바지하는지 생각해 보자.

예배 순서 안에 노래를 배치하는 것에 대해 생각해 보았다면, 이제 본 장의 나머지 부분을 읽으면서 예배에서 특정 노래를 위한 최적의 위치를 찾는 일이 얼마나 중요한지 생각해 보자. 각 노래가 예배의 흐름과 메시지에 어떻게 기여할 수 있는지, 그 노래가 가장 효과적으로 작용할 수 있는 위치는 어디인지 고민하면서 읽어보자.

1. 심화하기

친구들이 만나서 대화할 때 논리적 흐름이 있는 경우가 많다. 대화는 자연스럽게 전개되고, 완벽하게 이해되는 문구들이 교환된다. 보통 친구들은 인사를 나누고 날씨나 근황에 대한 가벼운 이야기로 대화를 시작한다. 그런 다음 한두 가지 중요한 주제로 넘어가고, 마지막으로 작별 인사와 안녕을 기원하며 대화를 마무리한다. 만약 작별 인사부터 시작하거나, 심각한 문제로 갑자기 뛰어들었다가 다시 돌아온다면, 그것은 이상하게 여겨질 수 있다. 대화는 관계에 따라 중요한 주제로 자연스럽게 흘러가는 움직임으로 전개되는 것 같다.

인간의 대화와 마찬가지로 예배도 관계성을 기반으로 하는 일종의 대화이다. 이전 장에서 기독교 예배는 본질적으로 하나님과 사람 사이의 대화라고 설명했다. 따라서 예배는 거룩한 대화이다. 이 매우 특별한 대화는 인간의 대화처럼, 관계가 있는 사람들이 이해할 수 있는 논리적인 방식으로 자연스럽게 전개되어야 한다.

　본 장의 목적은 예배 음악 건축가가 예배에서 하나님과 인간 사이의 대화가 갖는 기능을 극대화하도록 모든 노래를 적절한 위치에 배치하는 것이 중요하다는 점을 이해하도록 돕는 것이다.

　이를 위해 먼저 예배의 전체적인 움직임, 즉 예배의 큰 구조의 구체적인 모델을 살펴보면서, 예배 형식의 일반적인 의미를 이해할 필요가 있다. 그런 다음, 예배에서 노래를 사용하는 다양한 방법을 비교해 보아야 한다. 교회가 '노래 세트'(song sets)를 사용하든, 예전의 여러 부분에서 노래를 엮어 사용하든, 인도자는 노래가 어떻게 대화를 전달하는 데 도움이 되는지 고려해야 한다. 본 장은 예배 안 노래 배치를 위한 매우 실용적인 방법을 제시하고 있다.

2. 예배에서 대화적 움직임의 중요성

　혹시 방향성이 없어 보이는 대화에 참여한 적이 있는가?

　아마도 무작위적인 주제들이 여기저기 흩어져 있어, 한 생각이 어떻게 다른 생각으로 이어지는지 알기 어려웠을 것이다. 그런 대화는 단절되고 혼란스러울 수 있다. 표현되는 생각에 논리적 순서가 없는 것 같으면 상당히 답답할 수 있다. 그러나 대화가 이해하기 쉽고, 한 부분이 다른 부분으로 분명하고 의미 있게 연결될 때, 진정한 소통이 이루어진다.

　유대-기독교 예배는 처음부터 특정 패턴(patern)이 규범으로 자리 잡은 방식으로 전개되었다. 구약성경에서는 예배가 하나님이 주신 지침에 따라 이루어졌다. 예를 들어, 유대인 예배가 광야에서, 그리고 후에는 예루살렘에서 드려짐에 따라, 하나님께서는 어떤 일이 일어나야 하는지, 누가 인도해야 하는지, 순서는 어때야 하는지를 매우 구체적으로 말씀하셨다. 모세, 다윗, 솔로몬, 그리고 수 세기에 걸친 많은 지도자가 하나님과 언약 백성 간의 만남에 대해 하나님으로부터 특별한 명령을 받았다. 예전의 순서를 따르는 것은 전능하신 하나님께 사랑과 존경을 표현하는 한 가지 방법이었다. 하나님의 방식대로 예배하지 않으면 그에 따른 결과도 있었다(예: 민 16:1-50 참조).

신약 교회의 예배에도 패턴이 있었다. 이러한 패턴은 사도행전 1장부터 나타나기 시작하는데, 여기서 기도는 예수님이 승천하신 후 신앙공동체의 주요한 특징으로 여겨졌다. 예배의 패턴 중 일부는 사도들에 의해 규정된 것으로 보이며, 다른 것들은 권장되는 관행으로 묘사된다. 이것들은 초기 신자들 사이에서 주일예배의 일반적인 패턴을 형성했다. 사도 바울은 고린도 교회에 보낸 편지 중 많은 부분을 예배 순서와 관련된 문제에 할애했다(고전 11~14장 참조). 그는 "모든 것을 품위있게 하고 질서있게 하라"(고전 14:40)고 매우 직설적인 결론을 내린다. 구약성경에서처럼, 질서는 하나님과 다른 사람들에 대한 사랑과 존중을 나타내는 수단이었다. 예배의 순서는 관계를 활성화하거나 방해할 수 있다.

예배는 자연스럽고 이해하기 쉬운 순서를 가져야 하나님과 사람들, 그리고 동료 신자들 사이의 진정한 소통이 증진되고 관계가 풍성해진다. 본 장에서는 예배의 큰 움직임, 즉 몇 가지 주요 '구획'으로 구성된 예배의 전체 구조에 대해 언급할 것이다. 예배를 큰 구획으로 정리하는 것은 예배 스타일과 아무런 관계가 없다는 점을 분명히 인식하는 것이 중요하다. 그것은 관계와 관련된다. 성경에 근거하여 의도적으로 만들어진 예배 대화의 틀은 여러 가지 스타일로 진행될 수 있다. 인간의 대화는 전체적인 순서에서는 같지만, 지역 방언, 억양, 어휘, 습관, 말투 등에서 매우 다양할 수 있다는 점을 생각하자. 요컨대, 논리적 순서는 유지되지만, 대화 스타일은 다양하다. 본 장에서는 예배의 미시적인 순서(말씀, 기도, 간증 등의 배치)에 대해서는 다루지 않는다. 각 공동체는 대화의 큰 구조에 담긴 의미를 이해한 후에 이러한 결정을 내릴 수 있다.

예배를 구조화한 틀은 그 자체로 매우 가치 있을 뿐만 아니라 필수적인 요소이다. 모든 예배에는 일정한 순서가 있다. 많은 공동체에서 중요하게 생각하는 소위 자유 예배(Free Worship)에도 나름의 형식이 존재한다. 의도적이든 아니든, 모든 예배공동체에는 일반적인 패턴이 있다. 중요한 것은 형식의 유무가 아니라, 그 형식이 얼마나 의도적인가 하는 점이다. 예배 인도자들은 형식의 필요성을 의심해서는 안 된다. 형식은 예배자의 친구로, 예배가 하나님이 주신 목적을 달성할 수 있도록 안내한다. 예배의 형태(이것은 스타일을 의미하지는 않는다)는 예배의 순서 이상이다. 그것은 '생동감 있는 원리'[1]다.

형식 자체가 예배를 생동감 없게 만들지는 않는다. 형식은 실제로 특정 장소와 시간에서 예배에 생동감을 불어넣을 수 있다. 좋은 예배는 행동을 뒷받침하는 심층 구조를 요구한다. 좋은 구조는 그 자체로 주의를 끌지 않고 상대적으로 눈에 띄지 않으며, 예배의 행위를 지원하지만 예배를 위축시키지 않는다. 대화가 전개될 때, 이러한 구조는 참여자들과 함께 호흡한다. 심층 구조는 표면 구조보다 중요하다.[2]

심층 구조는 대화의 안전한 토대를 제공하고 변하지 않는 특성을 갖는다. 표면 구조는 예배의 다양한 요소들을 배열하는 구체적인 결정들로 구성되는데, 때로 매주 어느 정도 변경되기도 한다. 예를 들어, 어느 날은 기도를 먼저 하기도 하고, 다른 날은 성경 봉독 순서를 바꾸기도 하는 등의 변동이 있을 수 있다. 그러나 그 밑바탕에는 변수가 존재하는 동안에도 예배에 안정감을 주는 기반이 있다.

최근 한 기독교 대학을 방문했을 때, 한 그룹의 젊은 예배 인도자들이 예배 구조에 관해 이야기하고 싶어 했다. 그들 중 한 명이 질문했다.

---

1 Melanie C. Ross, *Evangelical vs. Liturgical Defying a Dichotomy* (Grand Rapids: Eerdmans, 2014), 6.
2 Ibid. Ross의 '심층 구조'와 '표면 구조'라는 용어를 차용하면서 생각을 정리 해 본 내용.

"예배에 전체적인 구조적 패턴이 있으면 사람들이 그것을 알아차릴까요, 그들이 알아차리지 못해도 괜찮은가요?"

이것은 매우 좋은 질문이다. 나는 예배자들이 규칙적이고 의도적인 예배 패턴의 존재를 알아차리지 못하더라도, 직관적으로 예배의 안정감과 논리를 느낄 것이라고 대답했다. 사람들에게 예배에서 무엇을 기대할 수 있는지 알려주고, 공동체적 경험을 최대한 활용하는 방법을 안내하는 것은 좋은 일이다. 그러나 사람들이 이해하든 못 하든, 좋은 구조적 형식은 하나님과의 좋은 대화로 그들을 인도할 수 있다.

구조를 강물에 비유해 생각해 보자. 강물은 하류를 따라 흐르고, 수면의 물은 저마다 눈에 띄는 패턴을 띠게 된다. 어떤 곳에서는 쓰러진 통나무 위로 흐르고, 어떤 곳에서는 잔잔하고 고요한 것처럼 보이기도 한다. 우리는 저류를 직접 보는 것이 아니라 저류의 영향을 느낄 뿐이다. 좋은 형태는 이와 같다. 좋은 형태는 눈에 보이지 않지만, 그 효과를 경험하게 만든다. 심층 구조는 강의 저류처럼 흐르고, 표면 구조는 우리가 만들어 내는 변수에 따라 썰물과 밀물이 반복되는 것처럼 변화한다. 예배 형식은 결코 제한적으로 설계된 것이 아니라, 방향을 제시하는 동시에 순간순간 일어나는 흐름을 원활하게 하기 위해 존재한다. 우리가 형식을 이끄는 것이 아니라, 형식이 우리를 이끌도록 해야 한다. 예배 음악 건축가는 형식을 거스르기보다는 형식과 함께 작업하는 것이다.

예배의 형식은 표면 구조와 심층 구조 모두에서 의미를 지닌다.

첫째, 순서는 표면 구조의 작용을 통해 의미를 지닌다. 종이 위의 순서는 생명력이 없고 단지 계획일 뿐이다. 정해진 순서는 예배의 요소를 통해 생명을 얻는다. 형식의 의미는 예배를 실행할 때 정의된다. 많은 예배 요소와 그 배열을 통해 예배 음악 건축가는 상황에 맞는 예배를 구성할 수 있다. 각 예배공동체는 예배의 순서를 선택하고 사용해야 하지만 그 순서는 결코 순서 자체를 위한 것이 아니다. 공동체가 은혜로운 대화적 예배에 성공할 수 있도록 돕기 위해 순서가 선택되고 사용된다.

둘째, 예배 형식 자체의 심층 구조는 의미를 담고 있다. 우리가 예배에 사용하는 큰 형식은 더 큰 실재의 상징이다. "매체가 곧 메시지다"라는 말을 들어보았을 것이다.[3] 그렇기 때문에 형식은 무작위로 선택될 수 없다. 형식은 메시지에 있어 중립적이지 않다. 매체(형식)는 메시지(내용)를 표현하고, 이 둘은 공생 관계에 있다. 둘 다 각자의 역할을 하지만 함께 역할을 할 때 더 큰 영향력을 발휘한다. 형식과 내용은 유기적으로 결합해 어느 한쪽의 힘이 상대적으로 눈에 띄지 않게 되며, 그 결과 두 요소가 함께 더 큰 효과를 발휘하게 된다. 예배의 구조적 형식은 단순히 실용적인 것이 아니며, 다른 목적을 달성하기 위한 도구도 아니다. 오히려 형식은 행사(event) 자체의 과정에서 중요한 부분을 차지한다. 예배는 형식을 갖춘 행사(event with a shape)다.

카메룬 야운데(Cameroon Yaoundé)의 다카스툼 무용단(The DAKASTUM)은 형식에서 의미를 찾는다는 개념을 시각적으로 보여준다.[4] 드럼 연주자를 중심으로 가수와 무용수들이 원을 그리며 움직이지만, 그 움직임은 영감을 받은 개별적인 표현이 무작위적인 행위로서 구성되지 않는다. 오히려 춤과 노래의 복잡하고 정교한 조화는 형식과 내용이 합쳐지면서 그 의미를 표현한다. 형식은 의미를 담고 있다. 모든 문화는 예배에 특정한 순서를 사용하고, 그 순서는 심층 구조와 표면 구조를 모두 갖추고 있다. 예배 음악 건축가는 형식의 힘을 인식하고, 노래를 잘 배치하여 대화에 활기를 불어넣고 풍성하게 만들어야 한다.

---

3 "매체가 곧 메시지"는 Marshall McLuhan이 *Understanding Media: The Extensions of Man*에서 사용한 개념이다(Cambridge, MA: MIT Press, 1994).

4 Brian Schrag, "DAKASTUM Movement," Yaoundé, Cameroon (Ethnomusicology and Arts Group, SIL International, 2002), Vimeo, http://vimeo.com/34906424.

3. 예배 구조의 성경적 모델

예배에서 효과적인 형식의 필요성을 인식하는 것과 공동체에 적합한 형식을 선택하는 것은 또 다른 문제이다.

> 리더는 어떻게 거룩한 대화를 구체화할 수 있을까?
> 한 형식이 다른 형식만큼 좋은가?
> 신선함을 유지하기 위해 형식이 자주 바뀌어야 하는가?

이러한 질문은 매우 중요한 질문이다. 성경에는 예배를 위한 특별한 형식이 규정되어 있지 않다. 하지만, 예배 순서를 정하는 데 도움이 될 수 있는 몇 가지 성경적 패러다임이 있다. 오늘날 교회에서 널리 사용되는 세 가지 성경적 예배 구조 모델인 이사야 6장 모델, 성막 모델, 복음 모델(사중 구조)을 소개할 것인데, 나는 이 중 복음 모델이 예배에서 강력한 경험을 할 수 있도록 돕는 특별한 잠재력을 지니고 있다고 제안한다. 각 모델에 대해 설명하면서 대화적 경험의 잠재력을 극대화할 수 있도록 찬양을 형식 안에 배치하는 실용적인 제안을 한다.

1) 이사야 6장 모델

예배의 한 순서는 이사야 6:1-13에 직접적으로 근거한다. 여기서는 이사야 선지자가 환상을 보는 동안 일련의 경건한 사건이 일어난다.

- 하나님이 다가오셔서 자신의 영광을 드러내신다(1-2절).
  하나님은 자신의 신성한 임재를 드러냄으로써 만남을 시작하신다.
  의미: 예배는 우리가 하나님의 임재를 인식하는 것으로 시작된다.

- 예배자들은 하나님의 거룩한 임재를 자각한다(3-4절).
  찬양이 하나님의 임재를 둘러싼다.
  의미: 예배자들은 우주와 함께 하나님의 영광을 노래한다.
- 예배자들은 인간의 무가치함을 자각한다(5절).
  하나님의 거룩하심을 마주하면, 신과 인간 사이의 불연속성이 고통스럽게 드러나면서 절망으로 이어진다.
  의미: 우리는 죄를 고백하는 기도를 드려야 한다.
- 하나님은 예배자들을 깨끗하게 하신다(6-7절).
  하나님은 예배의 경험에 지속적으로 참여할 수 있도록 신실하게 용서를 베푸신다.
  의미: 우리는 하나님의 용서에 대한 확신을 얻는다.
- 예배자는 하나님의 임재에 굴복한다(8절).
  예배자는 하나님의 뜻에 굴복한 상태로 자신을 내어놓는다.
  의미: 예배자는 주님의 말씀을 들을 준비가 되어 있음을 나타낸다.
- 하나님께서 말씀하신다(8절).
  하나님은 "내가 누구를 보내며 누가 우리를 위하여 갈꼬?"라고 물으신다.
  의미: 예배자는 주님의 말씀에 귀를 기울인다.
- 예배자들이 응답한다(8절).
  하나님의 물음에 대한 유일하고 적절한 응답은 항복이다.
  "내가 여기 있나이다 나를 보내소서!"
  의미: 예배자는 하나님의 임재 안에 머무르면서 하나님의 뜻에 자신을 맡긴다.[5]

---

[5] 말씀에 대한 반응과 설교 적용 사이의 차이에 대한 자세한 설명은 아래의 책을 참고하라.
Constance M. Cherry, *The Worship Architect: A Blueprint for Designing Culturally Relevant*

- 예배자가 파송된다(9절).
  하나님께서 이사야에게 "가라!"고 명령하신다.
  의미: 예배자들은 하나님의 명령에 따라 하나님의 메시지를 들고 파송된다.

이사야 6장 모델에는 몇 가지 강점이 있다. 시작부터 하나님 중심적이며, 본질적으로 매우 대화적이고, 계시에서 응답으로 일관되게 이동하며, 인격적이고 관계적이라는 점에서 다양한 예배 스타일로 연출할 수 있다. 다만, 이 모델의 단점은 정기적인 주의 만찬 거행과 같은 중요한 신약 성경의 특성을 충분히 설명하지 못한다는 점이다(일부는 항복의 응답에 주의 만찬이 포함될 수 있다고 주장한다).

그림 4.1
이사야 6장 모델

엄격한
하나님-사람 사이의 관계
상호작용

and Biblically Faithful Services (Grand Rapids: Baker Academic, 2010), 99–100.

2) 성막 모델

오늘날 예배에서 또 다른 인기 있는 모델은 성막 모델이다.[6] 특히, 은사주의/오순절 계열에서 인기 있는 이 모델은 구약성경에 묘사된 이스라엘 역사에서 특정 기간에 나타나는 성막과 성전의 물리적 구조에 기반한다.[7] 성막과 성전의 건축가이신 하나님은 물리적 구조를 크게 뜰(바깥뜰)과 성소(안뜰), 지성소가 있는 성소의 세 가지 구역으로 구성하고, 각 구역으로 통하는 문이 있도록 지정하셨다.[8]

하나님의 계획은 각 구역에 특정 사람들만 출입하도록 제한하고, 각 구역에서 특정 사람들이 특별한 행동을 수행하도록 지정했다. 뜰(이스라엘 궁정)은 정결 의식을 행한 남녀 유대인뿐만 아니라, 이방인들에게도 개방되었다.[9] 성소는 하나님이 주신 직무를 수행하는 제사장들과 레위인들에게만 엄격하게 허락되었고, 지성소는 매년 대속죄일에 대제사장들만 들어갈 수 있었다.[10]

구약 성막의 건축 디자인은 예배의 진행을 위한 메타포가 된다. 고대 유대인 예배자들이 예루살렘 외곽에서 뜰, 성소, 지성소로 이동했던 것처

---

[6] 이 모델에서는 성막, 성전, 성전 법원 등의 용어가 사용된다. 가장 일반적으로 사용되는 용어는 본 장 전체에서 사용할 '성막 모델'이다. 성막과 성전 사이에는 건축 배치에 차이가 있지만, 법원과 성소의 시스템이 유사하기 때문에 두 용어를 서로 바꿔 사용할 수 있다.

[7] "The Style of Contemporary Worship" (Article 196), in *The Renewal of Sunday Worship, vol. 3 of The Complete Library of Christian Worship*, ed. Robert E. Webber (Peabody, MA: Hendrickson, 1993), 213–14.

[8] '성전'의 구조에 대해 언급하는 것은 여러 세기에 걸쳐 세 번이나 건축/재건된 건물이 있기 때문에 어려운 일이다. 그럼에도, 성막 모델을 지지하는 사람들이 언급하는 구역은 뜰과 문에 대한 아주 일반적인 개념을 다루고 있다. 이는 성막과 모든 성전 구조물에 공통적으로 존재했던 영역이다.

[9] Arthur E. Cundall, *"Tabernacle, Temple,"* in Baker Encyclopedia of the Bible, ed. Walter A. Elwell (Grand Rapids: Baker, 1988), 4:2018.

[10] Ibid.

럼, 오늘날 신자들은 이와 유사한 영적 여정을 통해 예배를 드리도록 권장된다. 예배자들은 매우 의도적인 노래 진행을 통해 뜰에서 지성소까지 '자신의 길을 노래'한다.

성막 모델은 대부분 예배의 문에서 뜰로 들어가는 것을 돕기 위해 고안된 노래로 시작하지만 고대 성전 예배는 뜰에 도착하기 훨씬 전부터 시작되었다고 주장할 수도 있다. 성전에 올라갈 때 부르는 시편(예: 시 120-134편)은 순례자들이 팔레스타인 전역의 집을 떠나 요구된 절기 축제에 참여하거나 서원을 위해 여행할 때 불렀다. 그럼에도 불구하고 일반적인 찬양과 경축의 노래는 예배자들이 하나님의 임재로 부름을 받은 사실 자체로 기뻐하는 노래, 즉 다음의 시편의 구절에 뿌리를 두고 유래한 전형적인 장외 예배의 노래다.

> 온 땅이여 여호와께 즐거운 찬송을 부를지어다 기쁨으로 여호와를 섬기며 노래하면서 그의 앞에 나아갈지어다(시 100:1-2).

> 예물을 들고 그의 궁정에 들어갈지어다(시 96:8b).

다음으로, 예배자들은 하나님에 관한 노래를 부르면서[11] 하나님의 성품과 속성에 초점을 맞춘다. 즉, 성소에서의 예배는 하나님께 더욱 집중한다.

마지막으로, 회중은 지성소에 적합한 노래, 즉 하나님을 향한 노래보다는 개인적인 사랑과 경배의 표현을 장려하는 노래로 인도된다.

성막 모델은 하나님을 향한 여정을 기반으로 하며, 하나님과 친밀해지는 순간을 경험하는 것을 최종 목표로 한다. 지성소 '안'에서 몇 곡의 찬

---

11 *"Style of Contemporary Worship,"* 213-14.

양이 끝나면 회중은 그날의 설교/교훈을 들을 준비가 된 것으로 간주하고 예배는 계속 진행된다.

성막 모델은 예배가 ~에서부터 ~을 통해서, ~로 진행하는 하나의 여정이라는 것을 전달한다는 장점이 있다. 또한, 사람들이 살아계신 하나님을 만나기 위해서는 준비가 필요하다는 사실을 지혜롭게 인정하는 모델이기도 하다. 그러나 이 모델에는 풀어야 할 몇 가지 과제가 있다.

(1) 이 형식은 본질적으로 대화적이지 않으며, 노래 세트에서 신과 인간의 대화를 의도적으로 유도하지는 않는다(하지만, 특정 노래의 부산물로 대화가 발생할 수도 있다.).

(2) 성전의 물리적 구조와 특정 예배 진행을 연관시키는 근거로 성경의 일부가 얇게 깔려 있다. 예를 들어, 이 모델은 시편 100:4("감사함으로 그의 문에 들어가며 찬송함으로 그의 궁정에 들어가서 그에게 감사하며 그의 이름을 송축할지어다")와 몇 가지 유사한 구절을 예배 단계의 기초로 삼고 있지만, 이 구절에서 사용된 병렬법(히브리 시에서 광범위하게 사용되는 시적 장치)을 무시한 것 같다. 병렬법은 하나의 개념을 반복하는 데 사용되며, 사건의 순서를 문자 그대로 제시하기 위한 것은 아니다.[12] "감사함으로 그의 문에 들어가는 것"은 "찬양으로 그의 궁정에 들어가"라는 말의 다른 표현이다. 여기서 강조하는 요점은 예배하러 성전에 오는 것이 즐거운 사건이라는 것이다.

(3) 성막 모델은 실제로 예배의 한 부분, 즉 하나님 앞에 사람들이 모이는 것만을 위한 구조를 제공한다. 따라서 예배 음악 건축가에게 전체 예배에 관한 문제를 안내하는 것은 아니다.

---

12 Brian Wren, *Praying Twice: The Music and Words of Congregational Song* (Louisville: Westminster John Knox, 2000), 217.

(4) 이 모델은 예배에서 가장 친밀감을 느끼는 순간으로 진행되면서 예배의 개인주의적 측면으로 향한다. 지성소에서의 친밀감이 갖는 목적은 예배자 개개인이 하나님과 개인적으로 깊이 교제하도록 돕는 것이다. 같은 생각을 가진 예배자들 사이에서 개인은 하나님과의 특별하고 내면적이며 만족스러운 만남을 추구한다. 거의 모든 사람이 하나님과의 의미 있는 만남이 좋다는 데는 동의하지만 이 모델을 사용하면 예배자들이 개인적으로는 예배를 경험하지만 공동체적인 예배는 경험하지 못할 수 있다.

(5) 음악이 성례전적으로 기능하도록 강요될 때다. 즉, 특정 유형의 노래가 특정한 감정과 결과(예를 들어, 감동과 친밀감의 경험)를 바라며 순차적으로 프로그램화되는 경우다. 예배에서 이러한 경험은 특별하고 귀중하다. 그러나 음악적 순서가 그 자체로 하나님과의 만남을 만들어낼 수는 없다. 오직 성령만이 이것을 하실 수 있고 자주 그렇게 하시지만, 우리 계획과는 별개로 하신다.

앞서 언급했듯이 이사야 6장 모델과 성막 모델 모두 강점을 지니고 있다. 나는 두 모델 중 하나가 예배에 적절하지 않다고 지적하려는 의도는 전혀 없다. 현명한 예배 음악 건축가는 어떤 형식이 사용되든 그 형식이 무언가를 전달하는 형성적 힘을 인식해야 한다. 이 두 모델은 성경적 이미지에 뿌리를 두고 있어, 예배를 구성할 때 활용할 수 있는 선택이라는 큰 이점을 지니고 있다. 신약의 메시지를 형식 자체에 담을 수 있는 좀 더 포괄적인 틀을 찾고 있는 기독교 리더에게 실질적인 유익을 줄 수 있는 또 하나의 모델을 하나 더 살펴보도록 하자.

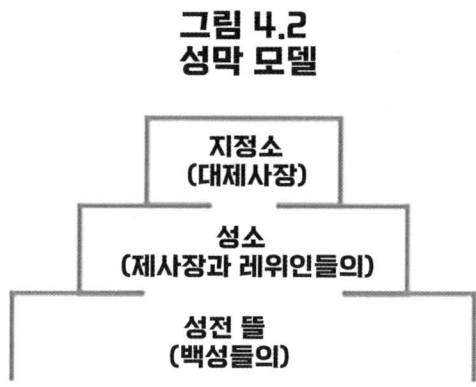

3) 복음 모델(사중 구조)

마지막으로 살펴볼 심층 구조는 복음 모델이다. 이 역사적인 모델은 전통적으로 예배의 '사중 구조'라고 불려 왔지만, 앞으로 후술할 이유로 인해 '복음 모델'이라고 부르겠다. 복음 모델에는 앞서 설명한 두 가지 모델과 차별화되는 몇 가지 중요한 특징이 있다. 이 모델을 돋보이게 하는 가장 큰 특징은 그 구조 자체로 하나님 이야기의 내러티브를 드러내는 구조적 흐름이다. 매체가 곧 메시지인 것이다!

복음 모델을 고려해야 하는 가장 중요한 이유는 그 일련의 움직임이 내러티브, 즉 창조에서 재창조에 이르는 하나님의 놀라운 일하심을 구성하기 때문이다. 이 내러티브는 진리이고, 따라서 전적으로 신뢰할 수 있는 실재의 메타-내러티브(Meta-narrative, 거대담론)이다. '복음'(유앙겔리온)은 '좋은 소식'으로 번역된다.[13] 이 좋은 소식은 하나님께서 천지를 창조하신 태초(창 1:1)부터 "주 예수여, 오소서!"라는 신자들의 청원이 응답 될 종말

---

[13] W. E. Vine, Merrill F. Unger, and William White Jr., eds., Vine's Complete Expository Dictionary of Old and New Testament Words (New York: Thomas Nelson, 1985), s.v. "gospel."

(계 22:20)까지 하나님의 모든 놀라운 일하심으로 구성되어 있다.

이 좋은 소식은 하나님의 아들이신 예수 그리스도의 인격과 사역에서 절정을 이루는 하나님의 이야기로 구성된다. 복음은 아들에 의해 구속된 하나님의 영광스러운 피조물을 위해 하나님이 행하셨고, 행하고 있으며, 행하실 모든 일에 관한 이야기이다. 독자는 곧 알게 되겠지만, 복음 이야기의 움직임은 심층 구조의 틀로서 하나님의 이야기를 극적으로 전달하며 예배하는 교회에 기초적인 내러티브를 제공한다.

교회의 심층 예배 구조를 위해 복음 모델을 선택하는 것은 복음을 선포하는 중요한 하나의 방법이다. 브라이언 채펠(Bryan Chapell)은 이 접근 방식을 강력히 지지하면서 다음과 같이 말한다.

> 교회의 예전, 즉 예배의 구조는 단순히 사람들에게 다음에 어떤 찬송가나 기도가 나올지 알려주는 것 이상의 역할을 한다. 설교가 말로 복음을 표현하고 성례전이 상징으로 복음을 표현하는 것처럼, 예전은 구조로 복음을 표현한다.[14]

채펠(Bryan Chapell)은 현대의 리더들에게 다음과 같이 도전한다.

> 예배는 단순히 임의적 선택, 교회의 전통, 개인의 취향, 문화적 매력의 문제일 수만은 없다. 그리스도의 구속 사역을 전하는 복음에는 복음이 복음으로 남으려면 변하지 말아야 하는 근본적인 진리가 있다. 따라서 우리의 예배 구조가 이 이야기를 일관되게 전달하려면, 예배에는 일관되게 유지되는 특정 측면이 반드시 있어야 한다.[15]

---

[14] Bryan Chapell, *Christ-Centered Worship: Letting the Gospel Shape Our Practice* (Grand Rapids: Baker Academic, 2009), 118–19.
[15] Ibid., 85.

스티빅(Daniel B. Stevick)은 이에 덧붙여 이렇게 주장한다.

> 이러한 예전 형식은 기독교 메시지의 제정과 매우 밀접하게 연관되어 있기 때문에, (많은 개신교 전통이 그랬던 것처럼) 그중 일부를 버리면서도 중심 메시지를 고수하려는 교회는 결국 그 버린 것들을 고통스럽지만 기쁘게 재발견해야 한다.[16]

복음 모델은 성경, 고대 사도의 우선권, 그리고 지속적인 역사적 사용에 뿌리를 두고 있다. 비록 그 과정에서 교회가 이 모델을 형성해 왔지만, 이 모델은 인간이 고안한 예배의 질서가 아니다. 가장 기본적이고 중요한 움직임인 말씀과 성찬은 오순절에 대한 설명처럼 초기 신자들의 관행에서 볼 수 있다. 누가는 오순절에 일어난 놀라운 일을 보고하면서 새롭게 탄생한 기독교 교회에 대해 이렇게 서술한다.

> 그들이 사도의 가르침을 받아 서로 교제하고 떡을 떼며 오로지 기도하기를 힘쓰니라(행 2:42).

이 구절은 단순히 네 가지 항목을 동등하거나 무작위로 나열한 것이 아니라, 예배에는 (교제하는 상황에서) 사도의 가르침과 (기도하면서) 떡을 떼는 두 가지 주요 강조점이 있음을 보여준다.[17] 새롭게 등장한 공동체 예배의 중심에는 사도의 가르침(말씀)과 떡을 떼는 행위(성찬)가 있었다. 실제로 말씀과 식탁에 대한 이러한 헌신은 예배에서 새로운 공동체를 정의하기

---

16 Daniel B. Stevick, *The Crafting of Liturgy: A Guide for Preparers* (New York: Church Hymnal Corp., 1990), 18.

17 '교제' 뒤에 쉼표가 배치되어 있기 때문에, 이 구절에는 네 개의 작은 항목이 아닌 두 개의 큰 항목이 나열된 것이다.

시작했다.[18] 아래에서 설명하겠지만, 초기 교회는 예배를 위한 의식(모임 의식과 파송 의식)을 즉시 개발하여 말씀과 식탁의 행위가 중심이 되는 일관된 틀을 잡았다.[19]

복음 모델의 성경적 뿌리는 구약과 신약성경 전체에서 하나님과 인간이 만나는 많은 사례에서도 볼 수 있다. 이때 드러나는 일관된 대화의 흐름은 예배를 같은 방식으로 순서화하는 데 설득력 있는 근거를 제공한다. 러셀 미트먼(F. Russell Mitman)은 그의 중요한 저서 『성경 형태의 예배』(*Worship in the Shape of Scripture*)에서 모세가 불타는 떨기나무에서 경험한 일(출 3:1-4:17), 가브리엘의 마리아 방문(눅 1:26-38), 예수님이 오천 명을 먹이신 사건(마 14:13-23 등), 이사야의 환상(사 6:1-9a) 등 하나님과 인간의 만남을 묘사하는 수많은 내러티브에서 익숙한 사중 구조가 나타난다고 말한다.[20]

이 외에도 베드로의 부정한 동물에 대한 환상(행 10:9-23), 이삭을 제물로 바치려 했던 아브라함의 모습(창 22:1-19), 요한의 탄생을 알리는 스가랴의 환상(눅 1:8-21, 59-79) 등 성경에는 수많은 예가 있다. 각 만남은 하나님의 다가오심, 선포된 하나님의 메시지, 메시지를 받은 사람의 항복이라는 궁극적으로 긍정적인 반응, 그리고 하나님의 지시에 순종하는 사람의 즉각적인 행동으로 구성된 단계를 거친다.

물론, 성경에 나오는 하나님과 인간의 만남 모두가 이러한 명확한 패턴을 따른다고 주장할 수는 없고, 설령 그렇다고 하더라도 이 심층 구조를 사용하여 기독교 예배를 구성하라는 명시적인 명령은 없다. 그럼에도 성

---

18 Simon Chan, *Liturgical Theology: The Church as Worshiping Community* (Downers Grove, IL: InterVarsity, 2006), 64.
19 Ibid., 63.
20 F. Russell Mitman, *Worship in the Shape of Scripture*, rev. and updated ed. (Cleveland: Pilgrim Press, 2009), 43. 이 책은 기독교 예배의 순서에 관한 논의에 상당한 공헌을 하고 있다.

경에서 볼 수 있는 하나님과 인간 사이에서 일어나는 대화의 일관된 패턴은, 예배에서의 하나님과 인간의 만남에 대한 패턴을 진지하게 숙고할 수 있는 규범적 접근 방식, 심지어는 확실한 근거를 제시한다고 할 수 있다.

성경 외에도 고대 문헌들은 초기 교회가 주일예배를 만들 때 복음 모델을 일관되게 사용했음을 보여준다. 이 문헌 중 가장 초기의 문헌인 (2세기 중반에 로마에서 기록된) 순교자 유스티누스의 『첫째 호교론』(*First Apology*)에는 사람들이 모이고, 말씀을 읽고 설교하며, 빵과 포도주를 받고, 도움이 필요한 사람들을 돌보는 행동 계획을 세우는 복음 모델이 명확하게 설명되어 있다.[21] 다른 초기 문헌들에도 이 초기 구조가 충실하게 나타나 있다. 사중 구조는 표준이 되어 수 세기 동안 사용되었고, 오늘날까지도 "수 세기에 걸쳐 기독교 공동체의 예배 생활에서 발전해 온 기본 구조로서, 특정 교단과 지역교회 관습의 고유성과 관계없이 공통된 형태를 공유하고 있다."[22]

복음 모델에는 특정한 순서로 진행되는 네 가지 필수적이고 큰 움직임이 있다. 이는 매우 자연스러운 대화 패턴으로 전개된다. 하지만, 특정한 감정적 결과나 예배의 상태로 이어지도록 그 순서가 설계되지는 않았다. 그 대신 세상 속에서 하나님의 선교로 이어진다. 이 패턴은 모임, 말씀, 식탁/응답, 파송으로 구성된다.[23]

- **모임**: 공동체는 하나님의 부르심에 응답하여 함께 모인다. 한 주의 첫 날, 부활의 날을 기념하여 초기 기독교 예배자들은 서로 인사하고 그리스

---

[21] Geoffrey Wainwright and Karen B. Westerfield Tucker, eds., *The Oxford History of Christian Worship* (New York: Oxford University Press, 2006), 50.
[22] Mitman, *Worship in the Shape of Scripture*, 37.
[23] 사중 구조에 대한 자세한 설명을 위해서는 *The Worship Architect*, chaps. 4-8을 참조하라.

도를 통한 하나님의 임재를 환영하며 하나님의 복을 기원했다. 그들은 기도하고 헌신과 믿음의 노래를 불렀다. 이 모임은 하나님께서 예배를 시작하시고, 하나님께서 우리를 모으시며, 따라서 우리는 하나님의 열망과 뜻에 응답하여 모인다는 사실을 강조한다. 모임은 우리를 하나님의 가족으로 모으고 예배에서 하나님의 목적을 위해 봉사하도록 우리를 하나로 묶어준다. 또한, 선포되는 말씀을 들을 수 있도록 우리를 준비시킨다. 모임에서 하나님은 은혜로운 초대에 응하여 모인 언약의 백성을 부르신다.

- **말씀**: 우리는 모여서 성경 읽기와 선포된 하나님의 말씀(설교)을 통해 하나님의 말씀을 듣는다. 말씀은 주님의 말씀을 주의 깊게 듣는 시간이다. 설교자는 "주께서 이같이 말씀하셨다"라는 메시지를 선포하고, 예수님을 따르는 헌신적인 신자들은 그날의 메시지에 귀를 기울인다. 성령께서 말씀을 기록할 때 영감을 주셨던 것처럼 성령께서는 말씀을 듣는 데 역동적으로 영감을 주신다. 말씀 시간에는 하나님께서 공동체에 직접 말씀하신다.

- **식탁/응답**: 하나님의 말씀은 항상 응답을 요구한다. 하나님과의 대화에서 하나님의 말씀을 들은 후 응답하지 않고 떠난다는 것은 상상할 수 없는 일이다. 대화에는 최소 두 당사자가 요구된다. 예배의 경우, 하나님과 백성이다. 크리스텐덤(Christendom) 시대 대부분에서 주님의 식탁은 말씀에 대한 응답이었다. 신자들은 거룩한 삶을 살 수 있게 해줄 빵과 포도주를 먹으며 기쁨으로 자신을 새롭게 드리는 것으로 응답했다. 오늘날 많은 개신교 교회에서는 매주 성찬식을 거행하지는 않는다. 하지만, 예배 음악 건축가는 하나님께 응답하는 매개체 역할을 하는 예배 요소를 신중하게 선택함으로써 공동체가 기쁨으로 새롭게 항복할 수 있는 적절한 대안을 계획해야 한다.

● **파송**: 공동체의 헤어짐은 사무적인 해산이 아니다. 하나님과의 약속된 만남의 중요한 마무리이다. 파송은 하나님과 다른 사람들을 섬기라고 공동체에 강력하게 위임하는 것으로 구성된다. 이는 말씀을 듣는 것과 말씀을 행하는 것을 연결하는 선교적 추진력이다(약 1:22-25). 예수님은 부활하신 날 저녁 제자들에게 이렇게 말씀하셨다.

> 너희에게 평강이 있을지어다 아버지께서 나를 보내신 것 같이 나도 너희를 보내노라(요 20:21b).

예배자들은 찬송, 축도, 권면, 섬김에 관련된 소식 등, 예배의 마지막 행위를 통해 하나님의 복과 권능을 받는다. 우리를 예배로 부르시는 분도 하나님이시지만, 예배에서 우리를 보내시는 분도 하나님이시다.

모임, 말씀, 식탁/응답, 파송의 사중 구조의 가장 중요한 특징은 순서 자체가 복음의 메시지라는 점이다! 좋은 소식은 이것이다. 하나님은 우리를 찾으시고, 우리에게 다가오시고, 관계를 시작하신다(모임). 하나님은 예수 그리스도 안에서 가능한 구속을 선포하시면서 구원의 메시지를 말씀하신다(말씀). 하나님은 당신과 떨어져 있는 사람이 구원을 위한 하나님의 부르심에 예라고 말하는 개인적인 항복의 응답을 기다리신다(식탁/응답). 하나님은 고아, 과부, 포로 및 사랑의 돌봄이 필요한 모든 사람을 제자로 삼으시기 위해 우리를 보내신다(파송). 하나님은 찾으시고, 하나님은 말씀하시고, 하나님은 기다리시고, 하나님은 보내신다. 복음 모델의 이 네 가지 움직임은 성경에서 하나님과 인간의 만남을 묘사할 뿐만 아니라 하나님의 이야기를 선포한다.

분명히 말하지만, 모든 예배의 목적이 명백하게 복음 전도적이라는 뜻은 아니다. 오히려 모든 예배는 그 형식에서 복음을 구현함으로써 유익을 얻는다.

예배 참여자들이 이를 알아차릴 수 있을까?

목회적 음악가가 말하지 않는 한 명시적으로 느끼지 못할 수도 있다. 그러나 암시적으로는 그 흐름의 올바름을 느낄 것이고, 반복인 사용 속에서 진리의 토대를 감지할 수 있을 것이다.

"예전은 복음 그 자체와 너무도 밀접하게 연결되어 있어서 예전적 삶의 구조는 곧 구속적 삶의 구조다."[24]

때때로 예배 인도자들은 특정한 형식을 오랫동안 사용하면 지루하고 따분해질까 하여 걱정하기도 한다. 그러나 "신자 개인에게, 이러한 [말씀과 성찬]은 복음 자체와 중요한 관계에 서 있는 형식이기 때문에 그 사람이 그것에 싫증 낼 때만 그렇게 된다."[25]

복음 모델은 신성한 예배를 위한 가장 심오한 기회를 제공한다. 브라이언 렌(Brian Wren)은 이를 잘 요약한다.

> 성전 행렬 대신 기독교 전통은 설득력 있는 내러티브로, 성전이 아닌 식탁으로 이어지는 다른 여정을 제공한다.[26]

복음 모델은 궁극적으로 우리를 개인적인 친밀감이 아닌 매우 중요한 지상 명령으로 인도한다. 복음은 내면이 아니라 외부에 초점을 맞추고 있다. 예배의 복음 내러티브는 "서로 사랑하고, 낯선 사람을 환영하고, 원수를 사랑하고, 가족을 배려하고 존중하며, 억눌리고 버림받은 자의 편에 서서 예수 그리스도의 좋은 소식을 전하도록 우리를 인도한다."[27] 미트만

---

24 Stevick, *Crafting of Liturgy*, 18.
25 Ibid., 21.
26 Wren, *Praying Twice*, 221.
27 Ibid., 219.

은 "'계속 이어진다'(to be continued)는 매주 예배 순서 마지막에 인쇄되는 에필로그가 될 수 있다 ⋯ [왜냐하면] 공동체가 예배를 위해 다음에 다시 모일 때, 대화가 이어져야 하기 때문이다"라고 말한다.[28]

그사이에 흩어진 회중은 부활하신 주님을 예배하기 위해 공동체로 다시 모이기 전까지 예수 그리스도의 참 제자로 매일 매 순간 살아간다. 경건한 예배는 공동체적인 자기희생과 개인적인 자기희생이 끊이지 않는 순환이다.

복음 모델의 강점은 다음과 같다.

(1) 철저하게 에토스와 움직임의 관계성을 강조하는 모델이다.
(2) 대인 관계를 전제로 하는 대화적 성격을 나타낸다.
(3) 예배에서 계시/응답의 순간을 많이 만들어내는 유연성을 유지하면서(미시적 수준), 특히 말씀/식탁의 구조에서 계시/응답의 적절한 역동성을 촉진한다(거시적 수준).
(4) 주일예배는 선교로 이어진다. 주일예배는 공동체가 매일 예배하도록 준비시킨다.
(5) 무엇보다도 모임, 말씀, 식탁/응답, 파송의 사중 구조는 기독교 복음의 움직임을 그대로 묘사한다. 내러티브 구조는 진리를 선포하는 또 하나의 방법이다. 구조도 이야기를 들려준다.[29]

복음 모델이 풀어야 할 과제는 개신교인들 사이에서 주님의 식탁이 일관되게 제공되지 않는다는 점이다. 공동체 예배의 대화적 성격을 유지하려면 말씀 응답에 대한 대안이 필요하다.[30]

---

28 Mitman, *Worship in the Shape of Scripture*, 36.
29 Chapell, *Christ-Centered Worship*, 15.
30 말씀에 대한 다른 응답에 대한 자세한 설명을 위해서는 *The Worship Architect*, chap. 7

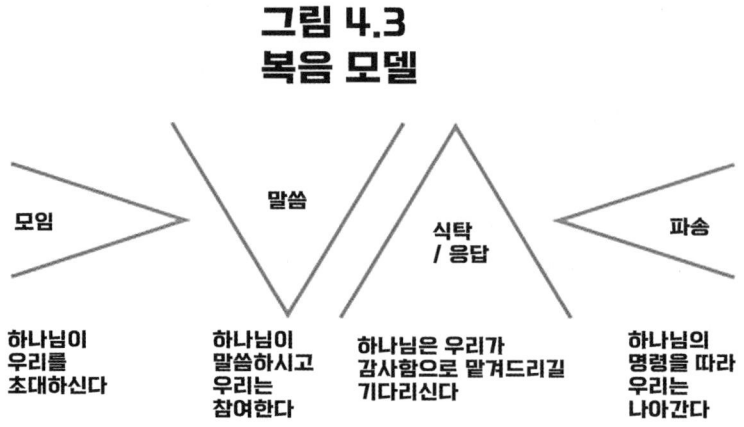

4. 부적절한 모델 피하기

예배 인도자들은 다음을 주의해야 한다. 모든 모델이 동등하게 창조된 것은 아니다. 모든 모델이 공동예배의 하나님-인간 사건을 실행하는 데 적합한 것은 아니다. 매체가 메시지라면, 예배 순서는 중립적이지 않다. 구조는 그 자체로 무언가를 전한다. 따라서 예배 음악 건축가들은 고전적이고, 성경적인 모델에서 벗어나려고 시도하면서 특정한 순서를 마음대로 시행해서는 안 된다.

기독교 예배의 부적절한 구조를 보여주는 두 가지 예가 있는데, 하나는 비교적 좀 오래된 것이고, 다른 하나는 아주 새로운 것이다. 나는 첫 번째 예를 부흥 운동 모델이라고 칭하겠다. 19세기의 영향력 있는 목회자이자 전도자였던 찰스 피니(Charles Finney)는 미국 개척자들이 정착하던 시기에 부흥 운동에서 사용되던 예배 모델을 지역교회의 예배에 새로운 오도(ordo)로 채택했다. 이를 통해 그는 예배의 목적을 신자들과 하나님의 예

을 참조하라.

정된 만남에서 예배를 사용하여 회심하지 않은 자들을 구원으로 부르는 것으로 바꾸었다. 영혼 구원이 예배의 유일한 목적이 되었다. 피니가 제시한 예배의 삼중구조는 다음과 같이 구성된다.

① 준비 단계(회중 찬송, 간증, 극적인 솔로의 독창, 감동적인 악기 연주 등)
② 열정적인 설교
③ 죄인들에게 구원을 위한 즉각적이고 개인적인 결단을 촉구하는 공적인 제단 초청

그는 미국의 개척지에서 일어났던 부흥 운동의 관행을 도시에 있는 교회 상황에 적용했다.
이는 당시와 오늘날까지 교파를 초월하여 예배에 큰 영향을 끼쳤다.
다른 교회 성장 전략들이 예배 순서에 영향을 끼치면서 많은 복음주의 교회가 피니의 예배 관행에서 벗어났지만, 오늘날에도 예배가 끝날 때 공적인 제단 초청을 실행하는 교회들에서는 여전히 사용된다. 공동예배의 목적은 실용적인 이유로 바뀌었다.
예배는 하나님의 언약 백성이 하나님과 깊은 공동체적 교제를 나누는, 성경에 뿌리를 두고, 역사적이며, 에큐메니컬한 복음 모델에서 벗어나 복음 전도로서의 예배로 바뀌었다. 복음 전도는 교회 외부보다 내부에 초점을 맞추게 되었다. 미국 부흥 운동에 뿌리를 둔 삼중 구조(준비 단계, 설교, 공적인 제단 초청)는, 드와이트 L. 무디(Dwight L. Moody), 빌리 선데이(Billy Sunday), 빌리 그레이엄(Billy Graham), 그렉 로리(Greg Laurie)와 같은 부흥사들이 수 세기에 걸쳐 증명했듯이, 지역교회 밖에 있는 선교 단체의 복음 전도 사역에도 큰 영향을 끼쳤다. 회심한 영혼들은 전도 집회의 결과로, 놀라운 경축과 기쁨의 원인이 된다. 그러나 예배의 목적이 복음 전도로 바뀌면서 미국인들은 '프로그램 예배', 즉 참여적인 성격보다, 공연적인

성격이 강한, 감동을 주는 노래와 설교를 물려받았다.[31]

본 장에서 앞서 언급한 모델보다 부흥 운동 모델에는 다른 목적이 더 담겨 있다. 이사야 6장 모델과 복음 모델은 신자들이 세상에서 전도하라는 사명을 받았기 때문에 "내가 여기 있나이다 나를 보내소서"로 끝나지만, 부흥 운동 모델은 "여기 있었군요, 내게로 오세요"로 끝나기 때문에 전도는 주로 설교자의 손에 맡기고 회중들은 보조적인 역할을 한다.

특히, 그날의 성경 구절이 이러한 유형의 선포와 응답을 요구할 때, 설교 시리즈가 전도에 초점을 맞출 때, 또는 기독교의 절기에 따라 특별한 강조가 필요할 때, 복음 전도적 설교와 회개를 위한 공적 요구는 공동예배에 완벽하게 어울린다는 점을 유의하는 것이 중요하다. 그러나 삼중 구조를 기본 모드로 채택하면서 대화식 예배를 기대하는 것은 실제로는 할 수 없는 일을 하라고 요구하는 것이다. 일반적으로 이 구조는 예배의 성경적 목적을 달성하는 데 부적합하다.

주일예배를 전도 목적으로 드린다면 교회는 언제 진정으로 예배하기 위해 모일 수 있는가?

예배를 위한 부적절한 구조의 두 번째 예는 아주 최근에 한 복음주의 대형 교회에서 만들어졌는데, 다른 교회의 리더들이 이것을 배우고 있다. 이 모델을 창안한 예배 인도자는 이것에 특정한 이름을 붙였지만, 여기서는 우리의 목적을 위해 특정 교회나 리더와 동일시하지 않도록 '행위 모델'(Works Model)이라고 칭하겠다. 행위 모델은 예배 인도자가 예배자들을 몸과 영, 영혼의 여정으로 인도하는 세 가지 단계의 하나님과의 만남으로 구성된다. 이 여정은 하나님을 경험하는 것을 표면 단계(몸)에서 좀 더 깊은 단계(혼), 가장 깊은 단계(영)로 내려가는 것으로 묘사한다.

---

31 프로그램(또는 프레젠테이션) 예배와 참여형 예배에 대한 자세한 설명은 위의 책 269-270을 참고하라.

첫 번째 층은 단순히 손뼉치기, 흔들기, 춤추기 등 몸을 움직이는 데 도움이 되는 노래를 부르면서 신체의 참여를 유도한다. 인도자는 예배자들이 다음 단계, 즉 '혼의 예배'로 나가도록 하나님의 뜻에 더욱 순종하도록 촉구한다. 이 단계에서는 예배자들이 그들의 영을 참여시킬 수 있도록 좀 더 숙고적인 성격을 지닌 노래가 제공된다. 예배자들이 마침내 하나님께 모든 것을 맡기며 완전히 순복한다면, 그들은 '영의 예배', 즉 하나님과 연합되는 순간에 도달할 수 있다. 예배자 개개인이 충분히 항복하지 않는다면, 비극적이게도 영혼의 예배에 도달하는 것이 막힐 수 있다. 세 가지 예배 상태는 모두 예배자 개개인의 항복을 통해 이루어지고, 예배자들이 하나님을 표면적으로 경험하는 것에서 깊이 경험하는 것을 돕기 위해 의도적으로 선택된 특정한 유형의 노래가 수반된다.

표면상으로 행위 모델은 성막 모델과 비슷해 보인다. 그러나 접근 방식은 크게 다르다. 따라서 두 모델을 혼동해서는 안 된다. 행위 모델은 몇 가지 잘못된 가정에 근거한다.

첫째, 예배는 하나님이 교회에 주신 선물로 받는 것이 아니라 예배자 개인이 '성취'하는 것이다. 예배의 경험은 우리가 성취한 것이 아니라 하나님께서 그리스도 안에서 성취하신 것에 근거한다. 예배 인도자가 '가장 깊은 단계'에서 하나님을 만나기 위해 예배자들에게 더 큰 개인적인 항복을 강요하는 것은 비성경적이다.

둘째, 몸과 혼, 영은 깔끔하게 분리될 수 없다. 이는 기독교보다 영지주의에 더 가까운 개념이다. 우리는 하나님의 형상대로 창조된 전인적인 인간이다. 따라서 우리는 인간성의 모든 측면에서 통합되어 있다. 우리는 예배나 다른 일에서 존재의 한 차원에서 다른 차원으로 이동하지 않는다.

셋째, 예배자들이 예배의 가장 깊은 '영'의 단계에 도달하도록 돕는 일은 예배 인도자에게 달려 있기에 예배자들이 정해진 순간에 기꺼이 그들 자신을 완전히 내어주도록 격려해야 한다. 그렇지 않으면 그들은 하나님과의 연합을 경험하지 못할 것이다. 이것은 어떤 예배 인도자도 감당할 수 없는 부담이다.

넷째, 행위 모델은 본질적으로 개인적이다. 예배자들이 동시에 한 곳에 모이는 것은 맞지만, 예배의 중점은 예배자 개개인이 영의 예배에 도달하는 것이다. 물론, 참석한 모든 사람이 가장 깊은 단계에 도달하기를 바라지만, 그것은 각 개인이 내면적으로 얼마나 항복하는가에 달려 있다. 예배 인도자의 책망은 교회 전체보다는 개인을 향한다.

가혹하게 들릴지도 모르지만, 이 모델은 기독교보다는 오늘날에도 여전히 실천되는 고대의 이교 종교들과 더 많은 공통점을 가진다. 예배는 결코 획득되는 것이 아니다. 예배자들은 마땅히 예배를 준비하고 진지하게 임해야 하지만 예배는 받는 것이지 획득하는 것이 아니다. 하나님의 임재가 드러나는 것은 하나님의 때에 하나님의 방식으로 일어나는 것이지 우리가 어떤 패턴을 따르기 때문이 아니다.

부적절한 모델의 예를 제시하는 목적은 누군가를 비난하기 위해서가 아니라 취약하거나 잘못된 예배 구조에 대한 예배 음악 건축가의 경각심을 높이기 위함이다. 교회 안에서 더 나은 신학적 성찰이 이루어져야 한다. 그리스도인들이 예배에 대한 특정한 접근 방식을 제시하고, 그 방식이 순수하고 진정으로 만들어졌다고 해서, 단지 기독교 리더가 그것을 개발했다는 이유만으로, 우리는 그러한 방법을 받아들일 수 없다. 결국 매체는 메시지다.

5. 예배에 노래를 배치하는 방법

그래서 우리가 여기에 있다. 우리는 예배 음악 건축가로서 지역교회 예배에 적합한 노래를 선택할 뿐 아니라 예배에서 하나님과 우리, 그리고 우리 서로 간의 소통이 가능하도록 각 노래를 배치하는 책임을 진다. 각 노래의 특성을 평가하는 방법에 대해서는 다음 장에서 다룰 것이다.

여기서 우리는 예배 순서에서 노래를 배치하는 실천적인 측면을 다루겠다. 오늘날 일반적으로 사용하는 두 가지 주요 접근법은 노래 세트(song sets)와 엮어 짠 노래들(interwoven songs)이다. 예배 음악 건축가가 선곡을 잘 이해하고 실행하면 어느 접근법이든 효과적일 수 있다. 두 접근법은 모두 노래가 예배에서 수행하는 찬양, 간구, 권면, 등의 다양한 기능을 얼마나 잘 이해하는가에 달려 있다. 두 접근법을 차례대로 살펴보자.

1) 노래 세트

예배에서 가장 많이 사용되는 방법은 여러 노래가 연속으로 나오는 것으로 '노래 세트'(song sets)라고 불린다. 이 용어는 엔터테인먼트 업계에서 빌려 온 것인데, 거기서는 음악, 코미디, 짧은 드라마, 버라이어티 쇼 등 다양한 유형의 공연과 관련하여 사용된다. 다양한 엔터테인먼트 세트 사이에는 중간 휴식 시간이나 프로그램에 대한 흥미를 유발하고 주요 예술가들이 쉴 수 있는 시간을 제공하는 대체 그룹 공연이 있다. '세트'라는 용어는 음악 콘서트에서 널리 사용된다. 현재 많은 교회의 예배는 한 노래에서 다음 노래로 바로 이어지는 노래 세트를 사용한다. 노래들 사이에는 봉헌, 광고, 영상 간증 등 다른 필요한 행위들이 있다.

노래 세트는 현대 예배 스타일에서 일반적으로 등장한다. 수십 년에 걸쳐 발전해 온 현대 예배는 찬양 시간이 확장된 음악 중심 예배가 되었다.

현대 예배자들 사이에서는 (확장된 찬양 시간과 바로 이어지는 긴 시간의 가르침으로 구성된) 이중 구조 모델, 빈야드 운동에서 유명해진 다섯-단계 모델,[32] 성막 모델과 같은 여러 예배 구조가 등장했다. 수 세기 전에는 모든 예전에 노래가 불려졌다. 일부 지역에서는 여전히 그렇다. 종교개혁 이전까지 미사에서 성직자와 전문적으로 훈련된 음악가들이 노래를 불렀다. 만인제사장직을 위한 열정으로 마르틴 루터와 존 칼빈, 다른 종교개혁자들은 성직자가 부르는 노래의 양을 줄이고, 회중 노래를 늘렸다. 이러한 움직임은 예배에서 노래로 불리는 비율을 효율적으로 줄였는데, 이는 오늘날까지도 대부분 개신교도에게 계속 영향을 끼치고 있다. 어떤 면에서 오순절적이고, 은사주의적이고, 복음주의적인 현대 예배들에서 전형적인, 길어진 노래 시간은 '불리는 예전'을 되찾고 있다. 잃어버린 예전적 관행을 되찾고자 의도적으로 시도한 것은 아니지만, 그 예배들은 말로 표현할 수 있는 것이 노래로 불릴 수 있음을 발견했다.

세트 안 노래들의 순서는 실용적인 이유를 위해서나 기타 여러 이유에 따라 배열되는 경우가 많다. 그 순서는 현재 유행하는 노래들, 분위기를 조성하려는 시도, 그날의 주제, 리더의 개인적 선호, 음악가들의 능력, 자연스러운 전조 등과 같은 것들로 인해 다소 무작위적으로 결정될 수 있다. 노래 배치에는 항상 여러 요소가 복합적으로 작용한다. 그러나 세트 내에서 노래들을 배치할 때 가장 먼저 고려해야 하는 요소는 노래가 담고 있는 내러티브다. 예배가 하나님의 이야기를 하고, 예배가 대화적이라면, 노래는 통일된 내러티브와 대화의 목적을 동시에 제공하는 논리적 순서로 등장해야 한다. 일반적으로 노래 세트는 예배 시작 때 긴 찬양 시간에 사용되지만, 일부 교회에서는 말씀에 대한 응답의 한 유형으로 설교 후에

---

[32] "Style of Contemporary Worship," 212-13. 다섯 단계는 초청, 참여, 높임, 흠모, 친밀로 구성된다.

세트를 진행한다.

노래 세트 내에 노래를 배치하는 것은 목적, 기능, 방향성, 흐름, 줄거리를 특별히 고려해야 한다.

(1) 목적

예배 음악 건축가는 예배 각 부분의 목적을 이해해야 한다. 앞서 살펴본 것처럼, 모임의 목적은 회중이 당신의 임재 안에 있으라는 하나님의 초청에 응답하도록 돕고, 신자들을 그리스도의 몸으로 연합하고, 예배자들이 선포되는 말씀을 듣고 받아들이도록 준비시키는 것이다. 여는 노래 세트는 사용되는 모델과는 관계없이 이러한 목적에 부합해야 한다.

음악 건축가들은 예배하도록 우리를 부르시는 하나님과 그 부르심에 대한 우리의 응답을 말하는 노래들, 예배공동체 안에 임재하시는 예수 그리스도를 경축하는 노래들, 신자들의 특별한 공동체적 유대를 인정하는 노래들, 그리고 우리 찬양과 경배의 전 세계적, 심지어 우주적 본질을 인식하는 노래들을 선택해야 한다.

노래 세트들은 그 길이가 다양하므로, 음악을 건축하는 각 세트에서 목적이 어느 정도를 달성할 수 있는지를 고려해야 한다. 모임이 (성막 모델이나 다른 유사한 모델에서처럼) 하나의 긴 여는 노래 세트로 구성된다면 비교적 연속적인 노래로 모임의 목적 대부분이나 전부를 달성할 수 있다. 만약 모임이 두 개의 적당한 길이의 노래 세트로 구성된다면, 각 세트는 서로 다른 목적을 지닌다. 첫 번째 세트는 하나님의 임재로 들어가는 것에 초점을 맞추고, 두 번째 세트는 곧 이어질 말씀 예식을 위해 조용히 묵상하고 주의 깊게 경청하도록 이끄는 데 초점을 맞춘다.

리더가 모임의 목적을 분명히 알지 못할 때, 노래들은 무질서해진다. 예를 들어, 하나님께서 예배공동체 가운데 그분의 임재를 허락하시기 전에 예배자들이 하나님께 응답하는 노래로 시작하는 것은 혼란을 초래한다.

현재 인기 있는 예배 찬양 중 하나는 실제로 우리에게 응답해 달라고 하나님께 요청하는 내용으로 시작한다. 그것은 거꾸로 된 것이다. 하나님은 분명 그분의 자녀에게 응답하시지만, 그것이 예배의 첫 번째 행위가 되어서는 안 된다. 예배는 하나님께서 그분의 존재를 먼저 계시하시고, 그 계시에 우리가 감사와 겸허로 응답하는 영적 훈련이다.

(2) 기능

예배 음악 건축가는 각 곡의 **기능**을 이해해야 한다. 3장 마지막 부분에 있는 '참여하기'에서 당신이 발견한 내용을 참조하라. 교회의 찬양 목록에 있는 각 노래의 기능을 활용하여 그 기능에 따라 집회에서 노래들을 배치하라. 만일 한 노래가 예배로 초청하는 것이라면, 그 노래는 시작이나 그 근처로 가야 한다. 용서나 자비를 구하는 노래라면, 고백 기도처럼 예배에서 약간 뒤에 배치해야 한다. 우리에게 말씀해 달라고 간구하는 노래라면, 그 노래는 말씀을 듣기 위해 준비하는 마지막 노래로 노래 세트의 끝부분에 있어야 한다. 무슨 말인지 이해했을 것이다. 음악 건축가들은 역동적인 예배를 가능하게 하는 데 있어 이런 유형의 계획이 얼마나 효과적인지 놀라게 될 것이다.

(3) 방향성

모든 노래는 방향성이 있다는 것을 기억하라. 노래는 하나님, 다른 사람, 또는 자신에게 향한다. 노래의 대상이 누구인지 파악하는 것은 대화식 예배에 도움을 주는 좋은 방법이다. 각 노래가 문자 그래도 교대로 불려야 한다는 뜻은 아니지만, 누구를 대상으로 하는 노래인지는 알아야 한다는 말이다. 그러면 예배는 논리와 의도를 가지고 진행하게 된다. 이러한 사항에 주의하면, 예배자들은 불균형적이고 한쪽이 대화를 지배하는 상황을 피할 수 있게 된다(예를 들어, 예배자들만 계속 말하는 상황). 노래들의 방향이 각 부분에서 적합해 보이는지 확인하라.

**그림 4.3
노래의 방향성**

계시   응답   성장

(4) 흐름

어떤 형식을 선택하든, 예배의 각 움직임에는 고유한 특성이 있다. 예배의 전체 진행에서 특정한 움직임의 흐름을 돕는 노래를 선택하라. 예배의 부분들은 정적이지 않다. 대화가 진행되면서 참여의 지점들 사이로 이동한다. 노래 배치에 있어서, 특정 움직임의 시작에서 마무리에 이르기까지 필요한 노래의 유형에 주의하라. 예를 들어, 이사야 6장 모델을 사용할 때 첫 시작에 장엄한 노래들은 좋은 선택이 된다. 찬양이 이어지면서 고백에 이른다. 각 움직임이 그 목적을 수행하고 다음 움직임으로 진행될 때, 그 흐름을 돕는 노래 선택에 따라 대화의 어조(tone)가 미묘하게 달라질 수 있다.[33]

---

[33] 나는 의도적으로 'mood'(분위기) 대신 'tone'(어조)이라는 단어를 사용하고 있다. 노래

(5) 줄거리

노래 세트 내 노래 순서는 하나님의 내러티브를 선포하는 줄거리에 도움이 되어야 한다. 교회가 일 년 내내 교회력을 지키고 경축할 때 예수 그리스도의 사역은 역동적으로 이야기된다. 노래는 해당 주일에 이야기의 어떤 측면을 기념하는지를 분명히 해야 한다.

성육신을 묵상하고 있는가?

그렇다면 인간이 되신 하나님의 신비를 말하는 노래를 불러라.

오순절 날에 성령께서 교회에 오신 것을 경축하고 있는가?

사람들이 이 놀라운 선물에 감사하는 노래를 부르도록 해라. 하나님의 이야기로 알려진 진정한 메타내러티브는 교회의 절기에 신중하게 배치된 노래를 통해 전해진다.

목적, 기능, 방향성, 흐름, 줄거리. 예배 순서에 노래들을 배치할 때 고려할 것이 많아 보인다고 생각할 수 있다. 몇 가지 요소에 주의를 기울여야 하는 것은 사실이지만, 그것에 너무 규율적이거나 기술적으로 접근하지 않도록 하라. 어떤 완벽한 시나리오를 만들어야 한다는 압박감을 느끼지 않으면서, 단순히 이러한 것들이 균형을 잡도록 하라. 각 측면에 대해 숙고하면, 억지로 하지 않아도 노래들이 자연스럽게 제자리를 찾아가는 경우가 많게 된다는 걸 알게 될 것이다. 이 다섯 가지 요소를 염두에 두고, 노래들의 순서를 정하는 연습을 해 보라. 그러면 잘하게 될 것이다. 이러한 중요한 문제들을 놓고 고민하면, 당신 교회의 교인들은 예배에서 더 풍성한 경험을 하게 될 것이다.

(엮어 짠 노래들이 아니라) 확장된 노래 세트를 사용할 때, 음악 건축가들은 다른 추가적인 단계의 평가 작업을 수행해야 한다. 각 노래가 회중 노

의 음색, 템포, 리듬 등이 예배를 표현하도록 자연스럽게 두는 것은 특정한 분위기를 의도적으로 만들어내려는 것과는 상당히 다르기 때문이다.

래로서 가치가 있는지를 평가해야 할 뿐만 아니라, 연속되는 노래들이 예전의 풍성함을 이루는지를 놓고 세트 전체도 평가해야 한다.

> 노래들이 예배를 이야기하는가?
> 노래들이 전체 움직임의 목적을 함께 성취하는가?
> 대화의 진행이 있는가?
> 노래들이 예배자들을 **에서부터**(from) → 을 통해서(through) → 로(to) 움직이게 하는가?

다음은 시작하는 실제적인 단계다. 지난 3개월 동안 사용했던 노래 세트들을 되돌아보자.
어땠는가?
어디를 바꿨으면 하는가?
노래 세트 내러티브의 측면을 한 번에 하나씩 개선해 보라. 당신의 노래 세트가 진정한 내러티브가 될 때까지 기도하면서 신중하게 한 걸음씩 나아가보라.

2) 엮어 짠 노래들

예배에 노래를 배치하는 두 번째이자 매우 일반적인 접근법은 특정한 목적을 달성하기 위해 예배 전체에 걸쳐 노래를 엮어 짜서 사용하는 방법이다. 종교개혁 이래로, 이 방법은 개신교에서 가장 일반적인 접근법이었다(현대 예배에서 노래 세트를 사용하는 현재의 관행과 미국 개척 시대 부흥 운동에서 발전한 '찬양예배'[song service]는 오늘날 많은 개신교 교회에 큰 영향을 미치고 있지만, 역사적으로 볼 때 비교적 최근에 발전한 것들이다).

엮어 짜는 접근법을 사용하면, 각각의 노래는 예배 전반에 걸쳐 다양한 방식으로 사용되면서 전체 예전에 이바지한다.

음악은 예배를 수반하고, 돕고, 완성한다고 논의했던 제3장으로 돌아가 보자. 각 노래에는 주요 기능이 있다. 그래서 노래가 예전을 섬길 때는 그 목적을 충족시키려고 의도적으로 선택되고 배치된다. 예를 들어, 예배에서 하나님의 임재를 인식하는 노래는 예배로 부름을 섬기고, 성경 봉독을 조명해 달라고 성령님을 초청하는 노래는 조명 기도이다. 축도의 기능을 하는 노래는 예배를 마무리한다(말로 표현될 수 있는 모든 것은 노래로 표현될 수 있음을 기억하라). 각 노래가 배치되는 것은 보석 세공사가 아름다운 장신구에 보석을 끼워 그 장신구를 더 아름답게 만드는 것과 비슷하다. 이러한 방식으로, 노래들은 예배를 수반하는 예배의 행위로, 예배 전체에 걸쳐 배치된다.

엮어 짠 노래들이 사용되는 또 다른 방식은 노래들을 둘러싸고 있는 구어적 또는 상징적 예배 행위의 대화적 파트너에서 사용되는 것이다. 이러한 방식에서 음악은 대화를 수용한다. 계시/응답은 예배의 큰 대화적(거시적) 특징이자 작은 대화적(미시적) 특징이기 때문에, 특정 노래들은 예배 대화의 인접한 행위와 함께할 때 매우 효과적이다.

예를 들어, 전통적으로 시편 일과(봉독)는 구약 일과에 대한 해설을 제공한다.[34] 시편 일과를 노래로 부를 때(시편이 불리기 위해 기록되었다는 것을 고려할 때 이는 매우 훌륭한 관행이다), 그것은 구약 일과와 파트너십을 이룬다. 이는 예배 안에서 그 자체로 하나의 독특한 계시/응답의 순간이 된다. 봉헌을 위한 노래, 예물을 바치는 상징적인 행위, 말로 하는 봉헌기도, 노래로 하는 응답(예를 들어, '송영'[The Doxology][35])이 이어질 때, 음악은 구어

---

34 *The Revised Common Lectionary: The Consultation on Common Texts* (Nashville: Abingdon, 1992), 11.

35 송영에는 여러 형태가 있지만, Thomas Ken의 긴 찬송가 한 소절과 루이 부르주아의 곡 'Old 100th'가 결합된 이 곡은 수 세기에 걸쳐 큰 인기를 끌면서 "The Doxology"라

적 또는 상징적 예배 행위와 파트너십을 이루면서 전체 대화의 의미 있는 단위를 형성한다. 예배 전반에서 엮여 짜인 노래들은 예배 행위로 이끌거나, 앞의 행위를 해석하거나, 특정 행위를 장식함으로써 강조하는 일에 도움이 될 수 있다. 이런 방식들과 다른 방식들로, 예배의 행위들은 회중 노래를 통해 대화적으로 진행된다.

마지막으로 예배 전체에서 노래를 엮어 짜는 방식은 공동체 의식을 함양한다. 여러 대상을 향해(하나님께, 다른 사람에게, 자기 자신에게 등) 노래하는 것은 예배의 관계성에 도움이 된다. 공동체가 함께 노래하는 것을 듣는 것만 한 건 없다. 예배 시작부터 끝까지 노래들이 불릴 때, 공동체성은 지속된다. 의도적으로 함께 노래하면 일체성과 하나 됨이 증진된다.

6. 결론

예배의 순서에 노래를 배치하는 일은 음악 건축가가 개발해야 할 중요한 기술이다. 전체적인 예배 순서가 먼저 결정되면, 노래들은 그 순서를 이행하는 데 도움을 준다. 노래 배치는 예배의 큰 목적에 도움이 될 수 있지만 방해할 수도 있다. 노래들을 잘 배치하면 예배 전체에 영적 형성에 더 큰 힘을 발휘할 수 있다.

"노래들이 **오르도**(ordo)에 따라 위치할 때, 그 가사와 리듬이 사람들로 중요한 행위를 하도록 모을 때, 그러한 노래는 우리의 가장 좋은 형성 수단이 될 수 있다."[36]

그러나 **오르도**가 노래들에 따라 바뀔 때, 그 메시지는 없어지거나 예배의 내러티브는 손상될 수 있다. 내 학생 중 하나가 강조하듯이, "예배 노

고 불리게 되었다.

36 Gordon W. Lathrop, *Holy Things: A Liturgical Theology* (Minneapolis: Fortress, 1993), 124.

래는 적절한 시간에, 적절한 장소에서, 적절한 말을 할 때, 그 잠재력을 최대한 발휘한다."[37]

7. 주요 용어

- 오르도(ordo): 라틴어로 "순서." 예배 순서를 가리킬 때 종종 사용된다.
- 의식(rites): 일반적으로 예배 순서의 내용을 구성하는 행동, 말, 몸짓, 등을 가리킨다.
- 노래 세트(song sets): 공동예배의 한 부분으로, 일련의 연속적인 노래들로 구성된다.

8. 더 학습하기

Chapell, Bryan. *Christ-Centered Worship: Letting the Gospel Shape Our Practice*. Grand Rapids: Baker Academic, 2009.

Furr, Gary A., and Milburn Price. *The Dialogue of Worship: Creating Space for Revelation and Response*. Macon, GA: Smyth & Helwys, 1998.

Mitman, F. Russell. *Worship in the Shape of Scripture*, revised and updated. Cleveland: Pilgrim Press, 2009.

Stevick, Daniel B. *The Crafting of Liturgy: A Guide for Preparers*. New York: Church Hymnal Corporation, 1990.

---

[37] Paul Sunderland, "The Language of Our Songs in Worship" (수업자료, The Robert E. Webber Institute for Worship Studies, Jacksonville, FL, May 15, 2014), 4. 허가를 받아 사용됨.

참여하기

아래의 질문에 답하고, 예배를 위한 노래들을 직접 배치해 보자.

1. 현재 여러분의 교회에서 드리는 예배의 '심층 구조'에 대해 기술해 보라.
2. 본 장에서 다룬 세 가지 모델(이사야 6장 모델, 성막 모델, 복음 모델) 중에서, 여러분의 교회 예배에 가장 가까운 것은 무엇인가?
3. 세 모델 중 하나를 사용하여, 그 형식에 따른 순서로 노래를 배치해 보자. 노래 세트나 엮어 짜인 접근법 중 하나를 자유롭게 사용하라. 고려해야 할 가장 중요한 사안은 예배의 대화다.
4. 제3장의 '참여하기'에서 당신이 작성한 25개 노래 목록을 보라. 이번에는 당신 교회에서 가장 많이 부르는 노래의 방향을 주의 깊게 살펴보자. 그림 4.4에서 제시한 화살표를 사용하여 각 노래의 방향을 표시해 보자.

제5장

예배 음악 평가하기

정경 만들기

탐구하기

모든 사람은 예배에서 불러야 할 노래에 대한 의견을 가지고 있는 것 같다. 우리 모두에게는 좋아하는 것과 좋아하지 않는 것이 있다. 그러나 매주 예배 노래를 선택하는 과정에 지역교회의 모든 구성원을 참여시키는 것은 매우 비효율적이고 바람직하지 않다. 모든 공동체에는 예배에서 어떤 노래가 불리고 어떤 노래가 불리지 말아야 하는지를 선택해야 하는 책임을 지닌 사람들이 있다.

누가 노래를 선택하는가?

이러한 결정을 내릴 때 어떤 절차를 밟는 것이 적절한가?

본 장을 읽기 전에 다음 질문들을 중심으로 교회에서 예배 노래를 선택할 때 사용하는 절차에 대해 생각해 보자.

1. 당신 교회에서 매주 예배를 위한 선곡은 누가 하는가?
2. 공동체에서 부르는 노래의 적절성을 어떤 기준으로 판단하는가?
3. 그러한 기준이 문서로 만들어져 있는가?

4. 선곡하는 사람들에게 어떤 유형의 훈련(신학적, 음악적, 목회적 훈련 등)을 요구하는가?
5. 관련된 사람들이 교회 사역의 다양한 측면을 대표하는가?
6. 관련된 사람들이 회중의 다양성을 대표하는가?
7. 각 노래가 불린 빈도수에 대한 기록이 있는가?
8. 노래 목록에 노래를 넣거나 빼는 것에 대한 장기적 또는 단기적 계획이 있는가?

이제 현재 교회에서 노래를 선택할 때 따르는 절차에 대해 고민하기 시작했으니, 본 장의 나머지 부분을 읽으면서 그 절차를 강화할 수 있는 통찰력을 얻어보자.

1. 심화하기

"그게 그렇게 중요한가요?"
하루는 수업 시간에 한 학생이 질문했다. 그의 동료 학생 중 하나가 특정 노래들에 '주님'이라는 칭호가 자주 사용된다고 지적하면서 주님이 하나님을 가리키는 것인지, 예수님을 가리키는 것인지 물었다. 학생들은 각자의 관점을 이야기했다. 그러는 동안에 다른 질문들이 떠올랐다.

노래에서 꼭 하나님의 이름을 언급해야 하는가?
우리는 누구에게 노래하고 있는지 알고 있지 않은가?
왜 성령님을 향한 노래는 많지 않은가?
삼위의 모든 위격을 언급하는 노래들은?

어떤 학생은 이렇게 말했다.

"제 의도만 옳다면, 구체적으로 말하지 않아도 됩니다. 저는 하나님을 사랑한다고 노래할 뿐입니다. 하나님은 제가 누구를 말하는지 아십니다."

아주 활기찬 대화였다.

이러한 논의들은 오늘날 예배 인도자들 사이에서 많이 일어난다. 그 질문들 너머에는 하나님, 교회, 기독교 제자도, 공동체, 지역 문화에 관한 중요한 전제들이 있다. 강의실에 있던 우리는 이러한 것들은 중요하고, 예배공동체가 부르는 노래들과 관련된 사안들은 큰 문제라는 데 동의했다.

모든 예배 음악 건축가가 제기하는 가장 중요한 질문 가운데 하나는 이것이다.

한 노래가 나의 예배 상황에서 사용되기에 적절한지를 결정할 때 무엇을 고려해야 하는가?

리더마다 기준들은 다를 것이다. 그러나 우리가 선택하는 노래들에 대해 좀 더 신중하가 기도하며 선택하면 유익하다. 그것이 바로 본 장의 목표다. 리더들이 노래를 선택할 때 사용하는 근거를 **명확히** 하고, 목적을 가지고 찬양을 **개발하며**, 그들의 교회에서 사용되는 노래의 전반적인 균형을 **평가하도록** 격려하는 것이다. 명확히 하고, 개발하고, 평가하는 일. 우리 앞에 놓인 매우 놀라운 기회다.

2. 선곡한 근거를 명확히 하기

처음부터 시작해 보자.

예배 음악도 평가해야 하는가?

어떤 사람들은 아니라고 말한다. 대학원 수업에서 한 학생이 예배 음악을 비평하는 것은 부적절하다고 주장했던 기억이 난다. 그는 모든 예술은 하나님이 주신 것이기 때문에 노래를 그 신학적, 서정적, 음악적 특성에 따라 평가하는 일을 거부했다. 모순적이게도 그는 자기 작품을 정기적으로 미술 전시회에 출품하여 평가를 받는 전문 예술가였다. 어떤 리더들은 예배를 위한 노래가 부족해 보여도 무시하는 것을 불편해한다. 어떤 이들은 종교적인 성격을 띤 것을 무시하는 것에 불편함을 느낀다. 그것도 위험하다.

하나님께서 그 노래에 영감을 주셨다면 하나님의 방법을 막고 있는 것은 아닌가?

이러한 유형의 내적인 논쟁은 매우 흔하다. 사실 모든 리더는 예배 음악에 관해 이미 판단을 내리고 있다. 문제는 노래에 대한 평가 여부가 아니라 평가를 위한 척도다.

노래들은 기독교 예배에서 그 진정성과 가치를 평가받아야 한다. 이는 몇 가지 이유로 중요하다.

첫째, 예배 노래는 우리를 형성한다(또는 해체한다). 우리가 노래하는 말은 우리 안에 형성되는 신앙에 영향을 끼친다(제11장을 보라). 우리가 함께 부르는 신앙의 노래들이 가진 힘은 우리 안에 부어져, 우리가 예수 그리스도의 헌신적인 제자로 형성되는 데 도움을 준다. 그 노래들은 우리가 마음과 뜻과 정성과 힘을 다해 주 우리 하나님을 사랑하도록 격려한다. 노래할 때 우리는 하나님과 함께 우리의 영적 형성에 참여한다.

둘째, 우리는 리더들로서 하나님이 맡기신 하나님 백성의 영적 형성에 대한 책임을 져야 하기에 노래를 평가해야 한다. 하나님께서는 예배 음악 건축가에게 교회 교육을 위해 커리큘럼을 만드는 사람이나 하나님의 말씀을 전하는 설교자와 같은 수준의 권위를 주셨다.

> 목회적 음악가들은 사람들의 입술에 노래로 불리는 기도의 말을 올려놓는 중요하면서 떨리는 제사장적 직무를 맡고 있다. [그들은] 하나님 말씀의 청지기라는 거룩한 직무를 맡고 있다.[1]

예배에서 버려지는 노래는 없다. 모든 노래는 노래하는 이들의 형성에 잠재적으로 이바지하거나 방해한다.

"영성과 신앙의 문제에 관해서라면, 우리는 우리가 노래하는 바로 그것이다."[2]

리더들이 공동예배의 모든 노래를 평가해야 한다면, 고려하는 노래들을 판단하는 근거가 필요하다. 거룩한 직무를 받아들인 것과 그 직무를 잘 수행하는 것은 다르다. 평가를 위해 사용하는 기준은 매우 중요하다. 우리가 결정하기 위해 사용하는 **수단**은 예배를 위한 우리의 **목표**와 부합해야 하기 때문이다. 노래들을 평가하는 기준은 우리의 궁극적인 목표, 즉 성경적 예배에 참여하는 것과 직접적으로 연관되어야 한다.

예배 음악의 판단은 공동체가 부를 노래를 선택할 때마다 이루어진다. 오늘날 선곡을 위한 몇 가지 유명한 접근법이 있다. 거기에는 다음과 같은 예들이 포함된다.

- **우리는 그 노래가 효과적이기 때문에 부를 것이다.** 이것은 실용적인 접근법이다. "효과적이다"라는 말이 무슨 뜻이냐고 물을 때, 그 답은 대개 느끼는 반응과 관련된다. 리더가 추구하는 어떤 결과를 그 노래가 달성한다면, 그것은 효과적인 것이고, 따라서 예배에 포함된다.

---

1 John D. Witvliet, *Worship Seeking Understanding: Windows into Christian Practice* (Grand Rapids: Baker Academic, 2003), 232.
2 Ibid., 231.

- 우리는 그 노래가 대중적이기 때문에 부를 것이다. 이것은 적절성에 관한 접근법이다. 어떤 노래가 폭넓은 팬층 사이에서 유명해지면, 공동 예배에서 불릴 가치가 있다고 여겨지는 신비로움이 있다.
- 우리는 그 노래를 내가 좋아하기 때문에 부를 것이다. 이것은 개인적인 선호에 따른 접근법이다. 리더들은 때때로 특정 노래나 음악가를 좋아해서 정기적으로 그 노래를 부르려는 유혹에 빠지기도 한다.
- 우리는 하나님께서 영감을 주었기에 그 노래를 부를 것이다. 이것은 영적인 접근법이다. 리더들은 때때로 기독교적 가사를 사용하는 노래들이 모두 하나님으로부터 영감을 받은 것이라고 여긴다. 그래서 그 노래들을 선택하지 않는 것에 주저한다.

위에서 언급한 근거들에 대해 신중해야 한다.

첫째, 실용적인 의미에서 효과적이기 때문에 예배 노래를 선택하는 것에 신중해야 한다. 이러한 접근은 조작으로 이어질 수 있는데, 이는 어떤 경우에도 피해야 할 것이다. 우리는 어떤 노래들이 예배 환경에서 꽤 강력한 효과를 낸다는 사실은 인정한다. 그러나 어떤 결과를 내거나 특정 분위기를 만들기 위해 그 노래들을 의도적으로 사용하는 것은 실용주의를 표방한 것이다. 노래들 자체의 목적보다는 예전의 목적에 도움이 되는 노래를 사용하라(제3장과 제4장을 보라). 선택된 노래들은 예배자들에게 영향을 줄 수 있지만, 그것은 그 음악이 예전을 섬기도록 하는 리더의 진실성(integrity)에 의한 결과여야 한다.

둘째, 당신의 교회가 문화적으로 적절하다는 사실을 증명하기 위해 현재 유행하는 노래만 부르는 것에 대해 조심해야 한다. 유행하는 노래가 꼭 나쁜 것은 아니지만, 그렇다고 꼭 좋은 것도 아니다. 유행은 변덕스럽고, 직관과 마케팅 전략에 따라 움직이는 목표다. 유행하는 노래는 일시적이다. 상대적으로 빠르게 왔다가 사라진다. 적절성은 유행보다는 의미와 관련이 있어야 한다. 모든 연령대의 예배자들에게 의미 있는 노래들도 현재 가장 많이 불리는 노래 10위 안에 들지 못하면 적절성 테스트에서 떨어진다. 또한, 고정관념을 주의해야 한다. 당신이 '유행하는' 무언가를 제안하면, 누구에게 인기가 있는 것이냐는 질문이 따른다. 유행은 범주를 무시한다. 우리는 때때로 특정한 층에 속한 모든 사람은 한 가지 유형의 음악만 선호한다고 잘못 가정한다. 그러나 과제를 제대로 수행하면 그렇지 않다는 것을 알게 될 것이다.

셋째, 당신의 취향이 선곡에 영향을 미치지 않도록 주의하라. 우리 모두에게는 선호하는 스타일이 있다. 하지만, 섬김의 리더는 공동체의 이익을 위해 필요하다면 자신의 욕망을 내려놓도록 부름을 받았다.

다른 사람의 노래를 배울 의향이 있는가?

우리는 서로의 노래를 부를 수 있는가?

자기 선호에 따라 교회의 노래 목록을 통제하려는 유혹에 빠지지 않도록 조심하라. 예배가 우리 자신의 욕망을 만족시키려는 기회로 여겨져서는 안 된다. 겸손은 미덕이다.

넷째, 기독교적 단어가 자동적으로 신적인 영감을 의미한다고 가정하지 않도록 조심하라. 이것은 까다로운 문제이다. 무엇이 하나님에 의해 영감을 받았는지 판단하는 것은 혼란스럽고 주관적인 과정이다.[3] 공동예배를 위한 하나님에 의해 진정으로 영감을 받은 것이 무엇인지를 객관적으로 알 수 있는 방법은 거의 없으며, 사실상 알기란 불가능하다. 두 가지

---

3   나는 어떤 예술 작품들이 일반적인 의미에서 전혀 영감받지 않았다고 주장하려는 것이 아니다. 하나님께서 창조하시기에, 인간도 그리스도인이든 아니든 상관없이 창조한다. 이런 의미에서 예술이 창조되는 모든 순간에는 일정 수준의 신적 영감이 작용한다고 볼 수 있다. 그러나 이 경우 영감의 일반적인 의미는, 특정한 노래가 하나님 앞으로 거룩한 목적을 위해 그분이 직접 섭리하고 개입해서 탄생하게 된 결과물이라는 것이다.

를 고려해 보라.

첫 번째, 종교적 가사를 사용하는 모든 노래가 공동예배를 위한 신적 영감을 받은 것은 아니다. 기독교 노래가 만들어지는 이유는 다양하며, 그중에는 수익이나 명성을 위한 것도 있다. 일부 기독교 노래는 비신자에 의해 다른 목적을 위해 만들어졌는데 종교적 어휘가 포함되어 있다는 이유로 공동예배에 삽입되기도 한다(나는 어떤 교회에서 승천 주일에 인기 있던 피프스 디멘션[5th Dimension]의 노래인 "Up, Up and Away"[4]를 불렀다는 기사를 읽은 적이 있다).

두 번째, 어떤 교회도 하나님으로부터 영감을 받은 모든 노래를 부를 수는 없다. 따라서 하나님의 영감을 근거로 사용해야 한다는 의무감을 가질 이유는 없다. 때때로 다음과 같은 생각에 불안감이 엄습할 수 있다.

'만약 하나님께서 그 음악가에게 노래를 주셨는데, 우리가 그 노래를 부르지 않는다면, 하나님께서 원하시는 복을 받지 못할지도 몰라.'

'만약'이라는 생각에 약해지지 말라. 사역할 때 지나친 짐작은 혼란의 원인이 될 수 있다. 하나님께서 일반적으로 기독교적 노래에 영감을 주실지 모르지만, 그렇다고 그 모든 노래가 공동예배에 적합한 것으로 간주해야 할 의무는 없다.

위에서 언급된 근거의 유형들은 예배에서 노래를 받아들여야 하는 근거로서는 약한 편에 속한다. 그러나 더 나은 근거를 토대로 노래들을 선택하라. 이러한 과정을 통해 똑같은 노래들이 선택될 수도 있다. 그러나 그 선택은 좀 더 정당한 이유에 기반하게 될 것이다. 예배 노래를 평가하

---

[4] Jimmy L. Webb, *"Up, Up and Away,"* 1967, Soul City Records; The 5th Dimension이 불러 인기를 끌었던 노래다.

는 좀 더 강력한 근거를 원한다면, 다음의 대안적인 기준들을 고려하라 (이 기준들은 제3장에서 설명된 예배에서 사용되는 음악의 역할과 기능과 관련되어 있음을 유의하라).

- 우리는 이 노래가 하나님의 이야기를 전하는 데 도움을 주기 때문에 부를 것이다. 이것은 목적 지향적인 접근 방식이다. 음악의 주요 역할은 하나님의 이야기와 그 이야기 속에서 우리의 위치를 선포하고 경축하도록 돕는 것이다.

- 질문: 이 노래는 창조로부터 새 창조에 이르기까지 하나님께서 행하셨고, 행하고 계시면, 앞으로 행하실 일에 명백하게 이바지하는가?

- 우리는 이 노래가 예배자들이 성경에서 요구하는 하나님의 방식에 온전히 참여하도록 돕기 때문에 부를 것이다. 이것은 참여 중심의 접근 방식이다. 음악은 예배자들이 다양한 예배 행위를 말 대신 노래로 표현하는 방식을 제공함으로써 예배에 다층적으로 참여시킨다. 또한, 음악은 예배를 대화적으로 만들며, 이는 하나님과 그의 백성 간 만남의 본질이 대화적이라는 점을 반영한다. 더 나아가, 음악은 예배자들이 하나님과 동료 신자들과의 진정한 관계 안에서 상호 의존적인 예배를 드릴 수 있도록 도와준다.

- 질문: 이 노래는 예배자들이 예전 행위에 온전히 참여하도록 하는가?

- 우리는 이 노래가 우리의 기독교 신앙 전통을 확실하게 표현하기 때문에 우리가 부를 것이다. 이것은 제자도 중심의 접근 방식이다. 노래는 복음의 진리를 선포하는 수단을 제공하고, 동시에 하나님의 가족에

속한 우리 '부족'(tribe)이 특별히 믿는 내용(우리 교단의 신앙)을 표현하는 기회를 제공한다.

- 질문: 이 노래가 기독교 신앙에 대한 우리의 이해를 증진하는 데 도움을 주는가?

예배 노래를 평가하는 첫 번째 단계는 각 노래의 가치를 개별적으로 판단하는 근거들을 숙고하는 데 있다. 그러나 이 작업의 유익은 단일 노래를 평가하는 데 그치지 않는다. 궁극적인 목적은 시간이 흐름에 따라 특정한 공동체의 예배자들에게 진정으로 적합한 노래들을 모으는 것이다. 이제 이것이 무엇을 의미하는지 살펴보자.

3. 노래 정경 만들기

모든 교회는 매주 예배를 계획할 때 출발점이 되는 익숙한 곡들을 모아 놓은 노래 목록(song repertoire)을 가지고 있다. 이러한 노래 목록은 공식적일 수도 있고 비공식적일 수도 있지만, 각 공동체는 예배를 준비할 때 자주 활용하는 일정한 노래들을 보유하고 있다. 이 노래들의 구성은 시간이 지나면서 변화한다. 노래가 추가되거나 제외되는 변화 속도에 따라, 공동체의 핵심 노래 군은 매우 천천히(수년에 걸쳐) 혹은 상당히 빠르게(몇 달 또는 심지어 몇 주 만에) 변화할 수 있다. 특히, 오늘날 사용되는 새로운 노래들의 수명이 비교적 짧은 경향이 있다는 점에서 이러한 변화는 더욱 가속화될 수 있다. 어떤 교회는 일정 시점에 회전되는 노래의 수가 매우 제한적이지만, 다른 교회들은 좀 더 많은 수의 노래들을 반복적으로 사용한다.

때때로 교회의 노래 목록은 공인된 교단 찬송가에 수록되어 있기도 하며, 어떤 공동체는 자체적으로 지역교회의 노래집을 제작하기도 한다. 때에 따라, 노래 목록은 '기독교 저작권 라이센싱 인터내셔널'Christian Copyright Licensing International – CCLI)에 등록된 노래 목록으로 구성되거나,[5] 예배 인도자가 매주 예배 선곡을 위해 참고하는 디지털 오디오 파일의 데이터베이스를 직접 구축하기도 한다.

노래 정경(canon)은 휴대전화에 저장된 곡 목록만큼 유연할 수도 있고, 목회자의 승인 없이는 변경할 수 없는 공인 찬송가 목록만큼 경직되어 있을 수도 있다. 기타 케이스 안에 무심코 넣어둔 손으로 쓴 목록이든, 예배 기획용 소프트웨어 프로그램에 정돈되어 입력된 목록이든, 누군가는 자신이 섬기는 교회에서 현재 사용되고 있는 노래들의 목록을 보유하고 있다. 이것이 바로 그 교회의 노래 정경(canon of song)이다.

노래 정경(canon of song)이란 특정 기독교 공동체의 예배에서 사용하기 위해 심사되고 승인된 노래들을 모아 놓은 것이다. 영어 단어 'canon'은 헬라어 카논(kanōn)에서 유래한 것으로, 사물들 사이를 긋는 기준을 설정하는 도구인 나무로 만든 측정 막대 또는 자를 가리켰다. 이 단어는 점차 '측정된 것' 또는 '규범이 된 것'을 뜻하게 되었다.[6] 예를 들어, 성경(Holy Bible)은 우리의 신앙 규범을 의미하면서 '성경 정경'(canon of Scripture)으로 부른다. 그리스도인들은 성령께서 특정 인물들을 인도하셔서 여러 문헌 중에서 구약과 신약에 포함될 66권의 책을 영적으로 선별하게 하셨다고 믿는다. 교부들이 신적인 영감을 받은 것이라고 공식적으로 인정한 책들

---

5   Christian Copyright Licensing International (CCLI; http://us.ccli.com)은 주로 현대적인 스타일의 많은 노래를 사용하도록 허가해 주는 라이선스 기관이다. 사용 빈도수를 기반으로 구성된 노래 목록은 많은 교회에서 노래 목록 데이터베이스로 활용되고 있다. 다른 라이선스 기관들도 있지만, 현재로서는 CCLI가 가장 잘 알려져 있다.

6   Elio Peretto, *"Canonical-Canon,"* in Encyclopedia of Ancient Christianity, ed. Angelo Di Berardino (Downers Grove, IL: InterVarsity, 2014), 1:417.

만 성경 정경에 포함되었다.

일단 어느 한 책이 정경으로 확정되면, 그 책은 고유한 권위를 지닌 것으로 여겨진다. 이와 유사하게(비록 동일한 수준의 영감이나 엄밀한 심사를 거치지는 않지만), 찬송가편집위원회이든 지역교회의 실무진이든, 공인된 인물들은 다수의 노래 가운데에서 어떤 노래들이 그들의 목회 대상자인 예배자들에게 적합한지를 판단하기 위해 선별 작업을 수행한다. 이러한 승인 작업은 형식적일 수도 있고(예배용 노래의 집합을 구성하는 임무를 부여받은 공식 위원회가 구성되는 경우), 비형식적일 수도 있다(특정 리더에게 주일예배 순서를 위한 노래 선곡이 맡겨지는 경우). 어떤 방식이든 간에, 누군가는 필연적으로 게이트키퍼(gatekeeper)의 역할을 하게 된다. 승인된 노래는 예배에서 사용되고, 그렇지 않은 곡은 불리지 않는다. 결국 누군가가 예배를 위해 특정 노래들을 승인하는 순간, 그 사람은 실질적으로 그 공동체의 노래 정경(canon of song)을 만들게 된다.

음악 건축가들은 어떻게 이러한 결정을 자신 있게 내릴 수 있을까?

그들은 어떻게 적절한 근거를 사용하고 있다고 확신할 수 있을까?

이를 위해서는 기도를 통해 분별력과 지혜를 갖춘 사람이 되어야 한다. 리더들은 분별의 기술을 배울 수 있다.[7] 영어 단어 'discern'은 라틴어 디서네레(discernere)에서 유래하며, 이는 "구분하다, 나누다, 식별하다"라는 뜻을 지닌다. 분별한다는 것은 명확하게 인식하고, 주변 사물들과 구별하여 보는 것을 의미한다.[8] 이 경우 분별은 예배자들을 위한 노래 정경을 만드는 데 필요한 영적 통찰력을 의미한다. 리더는 사용이 가능한 노래들 가운데서 우수한 노래와 그렇지 못한 노래, 강한 노래와 약한 노래, 알곡과

---

[7] 분별력은 성경에 언급된 영적 은사 중 하나이지만(고전 12:10), 리더들도 분별력을 개발할 수 있다.

[8] *Webster's New Universal Unabridged Dictionary*, 2nd ed. (New York: Simon & Schuster, 1983), s.v. "discern."

쭉정이를 분별할 수 있어야 한다. 리더들이 가능한 모든 것을 면밀하게 살피려는 의지와, 전적으로 성령의 인도하심에 순복하려는 태도를 갖출 때, 그들은 신뢰할 수 있는 결과에 도달할 수 있을 것이다.

주께서 솔로몬에게 나타나 소원을 말하라고 하셨을 때, 솔로몬은 자신이 돌보아야 할 백성들을 위한 분별력을 구했다.

> 누가 주의 이 많은 백성을 재판할 수 있사오리이까 듣는 마음을 종에게 주사 주의 백성을 재판하여 선악을 분별하게 하옵소서(왕상 3:9).

솔로몬의 요청은 주를 기쁘시게 했고(10절), 응답을 받았다. 하나님은 우리에게도 같은 지혜를 허락하신다. 사도 야고보는 다음과 같이 확신 있게 말한다.

> 너희 중에 누구든지 지혜가 부족하거든 모든 사람에게 후히 주시고 꾸짖지 아니하시는 하나님께 구하라 그리하면 주시리라(약 1:5).

판단력 있는 통찰(judicial perception)은 구하는 자에게 주어진다. 분별은 공동체 안에서 가장 잘 이루어지므로, 이 과정을 함께할 다른 이들을 포함하는 것이 중요하다. 신적 지혜는 음악 건축가가 하나님을 기쁘시게 하는 노래 정경을 만들도록 안내할 것이다.

노래 정경은 예배의 신학적 또는 예술적 정합성을 위해서만이 아니라 공동체 형성에도 중요하다. 특정한 집단이 하나의 공통된 노래 모음을 공유할 때, 그들 사이에 유대감이 형성된다. 이 노래들은 공동체적 정체성을 형성하는 데 기여하고, 그 노래들을 함께 부르는 행위는 교제를 증진한다. 공동체가 의미를 부여하는 노래들을 함께 소리 내어 부르는 것은 공동체에 대한 헌신과 그 공동체의 정체성을 강화하는 기능을 하고, 동시에 정서적 행위이다. 영이 영을 만나는 순간이다.

웨일즈의 함께 노래하는 위대한 전통은 이를 잘 보여주는 예이다. 웨일즈에서는 공동체 노래 부르기가 국가적 여가 활동으로 자리 잡고 있다. 럭비 경기장을 가득 메운 관중들로부터, 전역의 예배당에서 열리는 기만파 가누스(Gymanfa Ganus - 노래 축제)[9]에 이르기까지, 웨일즈 사람들은 함께 노래를 부르면서 민족 의식을 표현해 왔다. 그러한 순간에 느껴지는 사회적 일체감은 매우 실질적인 것이다. 공유된 음악적 유산은 중요하다.

「뉴욕 타임스」(New York Times)의 칼럼니스트 데이비드 브룩스(David Brooks)는 미국 사회에서 개인화된 노래 정경이 형성되면서 나타나는 사회적 분열 현상에 대해 우려를 표한다.[10]

오늘날 아이팟 문화(iPod culture)는 우리 각자가 자신만의 플레이리스트를 만들 수 있도록 하지만 그 대가는 무엇인가?

브룩스는 오늘날 점점 더 다양해지는 음악 스타일과 그로 인한 음악 시장의 다변화로 인해, 우리는 '우리가 긴 대화의 상속자임을 상기시켜 주는 공동의 전통'을 잃을 위험에 처해 있다고 지적한다.[11] 북미 사회는 한때 사람들이 알고 함께 부르던 대중적인 노래 정경을 공유하고 있었다. 그러나 이제는 그렇지 않다. 같은 노래를 함께 부르는 것은 공동체 형성에 도움을 준다.

노래 정경을 만든다는 것은 본질적으로 노래 목록의 완전성(integrity)을 추구하는 것이다. 여기서 완전성이란 정직함과 온전함이라는 두 가지 측면을 포함한다. 우리가 완전성 있는 사람이라고 말할 수 있으려면, 자신을 어떻게 드러내느냐와 실제 자신이 일치해야 한다. 즉, 겉으로 드러낸

---

9 기만파 가누(Gymanfu Ganu)는 웨일스어로 "신성한 노래를 위한 축제"를 뜻한다.
10 David Brooks, "The Segmented Society," New York Times, November 20, 2007, http://www.nytimes.com/2007/11/20/opinion/20brooks.html?_r=0.
11 Ibid.

인격과 내면의 실체가 일치할 때 정직함이 있고, 이는 완전성의 한 축이다. 또한, 완전성은 '통합'(integration)이라는 개념과도 관련된다. 우리의 다양한 삶의 요소들이 서로 의미 있고 전체적인 방식으로 연결되어 있을 때, 우리는 통합된 사람이며, 이는 곧 완전성이 있는 삶이라고 할 수 있다. 통합이란 단절된 요소들을 사려 깊게 결합하여 인격적 일관성과 조화를 이루는 과정을 의미하고, 그 결과는 온전함(wholeness)이다. 다시 말해, 우리 삶의 여러 영역에서 점들을 연결(connect the dots)하여, 하나의 통일된 시각으로 기능하는 것이다.

반대로, 해체(disintegration)란 기존에 연결되어 있던 것을 조각내고, 단절된 방식으로 기능하게 하는 것이다. 이 경우, 온전함은 무너진다. 따라서 음악 건축가들은 노래 정경을 만들고자 할 때, 이러한 양방향 모두에서 완전성을 추구하고자 한다. 그들은 공동체를 정직하게 만드는 노래들, 다시 말해, 단순히 쉽거나 관련 있어 보이는 노래들만이 아니라 하나님의 이야기 속에서 우리 고유의 자리가 갖는 모든 측면을 반영하는 노래들을 찾고자 한다. 동시에, 그러한 노래들이 하나로 결합할 때 기독교적 실재의 전체적인 그림, 곧 그 승리와 도전이 함께 담긴 총체적인 모습을 드러낼 수 있기를 추구한다.

모든 정경에 포함된 노래들은 각각의 노래 내에서만이 아니라 전체 노래들 사이에서도 완전성을 드러내야 한다. 먼저, 하나의 특정한 노래 내의 완전성 정도에 대해 생각해 보자(나는 다른 책에서 예배 곡들을 신학적, 가사적, 음악적으로 평가하는 방법을 다루고, 지역교회 예배 인도자들이 실제로 활용할 수 있는 실천적인 지침을 함께 제시한 바 있다).[12] 일반적으로 다음의 사항들을

---

12 다음의 두 책은 지역교회의 리더들이 예배에서 사용될 특정한 노래들의 수준을 분별하는 데 도움을 주는 실제적인 방법을 제공하는 유익한 자료가 될 수 있다. Constance M. Cherry, Mary M. Brown, and Christopher T. Bounds, *Selecting Worship Songs: A Guide for Leaders* (Marion, IN: Triangle, 2011); Constance M. Cherry, *The Worship Ar-*

고려해야 한다.

첫째, 신학적 완전성이 있어야 한다. 즉, 기독교 신앙의 근본 진리에 관한 사고의 일관성이 유지되어야 한다.

둘째, 가사적 완전성이 있어야 한다. 잘 구성된 가사, 아름다운 언어 패턴, 올바른 문법과 구두점의 사용,[13] 그리고 처음부터 끝까지 일관된 사상의 흐름이 있어야 한다. N. T. 라이트(N. T. Wright)는 예배 인도자들에게 다음과 같이 경고한다.

> 나는 일부 현대 예배 노래의 가사가 예수님이 주장하시고, 그분의 죽음과 부활을 통해 구속하신 세상에 대한 내러티브, 즉 여전히 고통스럽지만, 새로운 창조를 기대하는 내용의 노래가 아니라, 마치 무작위로 나열된 기독교적 구호처럼 보일 때 걱정스럽다. 일부 예배 노래들은 그러한 메시지를 전하려고 애쓰지만, 만약 그 내러티브가 부서진다면, 그 노래는 마땅히 해야 할 방식으로 그것을 부르고 있는 사람들에게 실제적인 도움이 되지 못한다.[14]

셋째, 음악적 완전성이 있어야 한다. 즉, 조화로운 선율, 흥미로운 하모니, 생동감 있는 리듬 패턴이 필요하다(여기서 생동감 있는 이라는 표현은 단지 빠른 템포를 의미하는 것이 아니다. 느리고 단순한 리듬일지라도 그 노래의 본질을 적절히 표현할 수 있다면, 생동감 있는 것으로 여겨질 수 있다). 음악적 완전성

---

chitect: *A Blueprint for Designing Culturally Relevant and Biblically Faithful Services* (Grand Rapids: Baker Academic, 2010), esp. chap. 11.

[13] 예배 인도자들은 회중 노래의 가사를 스크린에 쏠 때 구두점을 사용해야 한다. 오늘날 관행은 구두점을 생략하는 것이지만, 이는 하나님께 드릴 수 있는 우리의 최선을 표현하지 않는다. 또한, 가사의 내용도 명확하게 전달하지 못한다. 단순히 화면이나 벽에 단어들을 던져버리면 안 된다.

[14] Andrea Hunter, "*Remembering Not to Forget: An Interview with N. T. Wright*," in Worship Leader, May 2012, 20.

은 중요하다. 단지 가사만이 메시지를 전달하는 것이 아니라, 음악 자체도 고유한 이야기를 전달하기 때문이다. 라이트는 다음과 같이 덧붙인다.

> 선율의 핵심은 이야기를 전달하는 데 있다. 선율은 어떤 방향성을 가지고 나아간다. 나는 선율, 선율의 개념 자체를 해체한 예배 노래들에 대해 심각하게 우려한다. 이는 내러티브를 해체하려는 포스트모더니즘의 급진적인 특성을 반영한다. 오늘날 우리의 문화가 그렇다. 그러나 우리는 단순히 16세, 17세기, 혹은 19세기의 것을 반복하는 데 그칠 것이 아니라, 실제로 새로운 선율을 창조하기 위해 분별력을 발휘해야 한다. 회중에게 노래할 진짜 선율을 제공할 때, 그들이 보이는 반응에서 그 차이를 분명히 느낄 수 있다.[15]

존 위트블릿(John D. Witvliet)은 가사와 음악의 통합을 '중요하면서도 두려운 제사장의 직무'라고 부르면서, "이 직무에는 가사뿐 아니라 가사를 해석하고 정서적 형태를 부여하는 선율 또한 포함된다"라고 강조한다.[16]

넷째, 예전적 완전성이 있어야 한다. 노래들은 예배의 모든 측면을 섬긴다(제3장과 제4장에서 이를 자세히 다루었다). 각 노래는 예배에서 특정한 역할을 행한다. 노래는 단순히 감동을 주거나 분위기를 조성하기 위해 사용되는 것이 아니라, 하나님의 백성을 예배로 부르고, 하나님의 임재를 인정하며, 하나님의 백성을 세상으로 파송하여 하나님의 나라를 확장하게 하는 등, 예배의 다양한 목적을 이루기 위한 수단으로 사용된다.

다섯째, 목회적 완전성이 있어야 한다. 노래는 그리스도인의 모든 측면을 다루면서 전인격적으로 말해야 한다. 기독교의 편안하고 승리하는 측면만 노래하고 싶은 유혹은 늘 존재하지만 영혼의 어두운 밤도 언급되어

---

15 Ibid., 21.
16 Witvliet, *Worship Seeking Understanding*, 232.

야 한다. 사람들은 절망을 표현하고 동시에 위로를 받을 수 있는 영혼의 노래를 언제나 필요로 해왔다.

노래 정경은 각각 고유한 가치와 지닌 노래들로 구성된다. 선곡 완전성은 각 곡이 다차원적이고, 각 차원이 예배에서 사용하기 적합한 노래의 전체적 가치에 기여한다는 것을 이해하는 지혜로운 음악 건축가에 달려 있다.

4. 노래 정경의 균형 평가

구성 요소들이 뛰어나 예배에서 부르기에 훌륭한 노래일 수 있어도, 그것이 평가의 끝은 아니다. 노래들은 서로 연결(통합)되어야 하고, 전체가 각 노래들의 합보다 더 큰 것이 되도록 구성해야 한다. 우리가 적절한 노래 선택을 위해 근거를 명확히 하는 것과 적절한 노래 목록을 만드는 것의 중요성을 인식하더라도, 리더들은 그들 자신의 노래 정경에서 균형을 반드시 맞춰야 한다.

음악 건축가들은 예배에서 사람들이 부를 수 있는 좋은 노래들을 찾는다. 열 드라크마를 가지고 있으면서도 잃어버린 한 드라크마를 찾기 위해 온 집을 뒤졌던 여인처럼(눅 15:8-9), 우리는 노래할 수 있는 예배 노래들로 가득한 보물 상자를 가지고 있지만, 거기에 추가할 귀한 노래를 하나 더 찾기 위해 방대한 양의 회중 노래를 샅샅이 뒤진다. 그리고 그 노래를 찾았을 때 기뻐한다.

어느 교회의 노래 정경이든, 특정한 유형이나 스타일의 노래들이 더 많이 포함되어 있을 때가 많다. 이것은 자연스러운 현상이다. 그러나 한 교회의 노래 정경을 생각할 때, 중요한 것은 스타일이 아니라 내용의 균형이다. 여기서 나는 스타일의 균형이 아니라, 기독교 이해와 실천의 폭넓음을 나타내는 노래들의 균형을 주장한다. 많은 교회에 스타일의 균형은 유익할 수 있다. 그러나 궁극적으로 스타일의 문제는 공동체의 노래 정경 안에서 균형을 만들어내지 못한다. 내용의 포괄성이 균형을 보장한다.

전체적인 노래의 균형에 이르려면, 우리가 가진 노래들의 전체 목록이 얼마나 적절한지 평가해야 한다. 영어 단어 'evaluate'(평가하다)는 "강하다, 가치가 있다"라는 의미의 라틴어 에발레레(evalere)에서 유래한다.[17] 즉, 'evaluate'는 'value'(가치)와 관련된 단어로, 무언가를 평가한다는 말은 그 무언가의 가치를 측정하고, 그 가치를 발견하고, 자신이 중요하게 여기는 기준에 비추어 감정하는 것을 의미한다.[18]

따라서 리더들이 교회의 노래 정경을 평가할 때는 교회가 중요하게 여기는 가치들에 비추어 감정하는 것이다. 예배 노래를 선택할 때, 리더들이 개별 노래에 집중하면 전체 그림을 놓칠 수도 있다. 한 걸음 물러서서 노래 목록을 조망하면 놀랄 수도 있다. 그것은 우리가 실제로 무엇을 가치 있게 여기고 있는지(비록 그것이 가치 있다고 생각하지 않았더라도) 말해 줄 것이다. 또한, 우리가 중요하게 여기지만 간과했던 것을 드러내 줄 것이다. 예수님도 말씀하셨다:

> 네 보물 있는 그 곳에는 네 마음도 있느니라(마 6:21).

음악 건축가들은 그들의 공동체를 위한 균형 잡힌 노래 정경을 구축하는 흥미로운 과업을 행함에 있어, 시야를 넓히도록 도움을 받아야 할 때가 있다. 아래는 폭넓게 사고하도록 돕는 점검표다. 그 과정은 단순하다.

다음의 단계들을 따르라.

---

17 *Webster's New Universal Unabridged Dictionary*, s.v., "evaluate."
18 Ibid.

(1) 지난 3개월에서 6개월 사이 교회에서 불렀던 모든 노래의 가사를 모으라. 그리고 필요시 사용할 수 있도록 준비하라.

(2) 아래에 짝지어 나열된 목록을 읽어보면서 해당 영역에 익숙해지라.

(3) 부록 A의 <노래 정경 평가하기> 표를 참조한 후, 현재 교회에서 부르는 각 노래의 가사를 읽어라. 각 노래가 어느 쪽으로 더 기울어져 있는지 확인하여 그쪽에 표시하라. 노래 가사에 짝지어진 두 항목(예를 들어, 찬양과 애도)의 요소가 있는 것처럼 보여도 한쪽 요소가 좀 더 두드러질 것이다. 가사가 섞인 경우에도, 그 두드러진 쪽을 선택하라. 복잡하게 생각하지 마라. 직관적으로 명백한 쪽을 선택하라.

모든 노래에 대한 평가를 마친 후에 전체 결과를 살펴보라.

> 표시가 특정 열에 집중되어 있는가?
> 노래들이 짝지어진 항목에서 어느 한쪽으로 지나치게 치우쳐 있지는 않은가(기독교적 관점의 불균형을 암시)?
> 아니면 중간에 있는가(균형 상태)?
> 아니면 어느 쪽도 잘 나타내지 못하는가(추가적인 작업이 필요)?

평가를 마치면, 예배자들이 하나님의 전체 이야기를 노래하도록 돕기 위해 어떤 유형의 노래들이 필요한지에 대해 꽤 많이 알게 될 것이다. 노래 정경의 약한 부분을 강화할 수 있는 노래들에 대한 탐색을 전략적으로 시작하라.

시작하기에 앞서 두 가지 중요한 사항을 기억해야 한다.

첫째, 이 과제의 목적은 한 가지다. 즉, 시간이 지남에 따라 예배자들이 부르도록 초청되는 노래들이 충만한 기독교적 이해와 경험을 나타내도록 하는 것이다.

둘째, 이 항목들을 '양자택일'로 생각하면 안 된다. '양자 모두'로 여겨져야 한다. 각 항목은 예배의 두 측면을 나열한다. 가장 좋은 노래 정경은 두 측면 모두를 나타낼 것이다. 각각은 서로 대화의 파트너가 되어야 한다. 노래의 균형을 맞추는 것이 평등의 문제는 아니다. 예를 들어, 공동체적 대명사와 개인적 대명사를 사용하는 노래의 수가 반드시 같아야 하는 것은 아니다. 그러나 예배에 관한 성경적 이해를 충실히 나타내기 위해서는 적절한 비율이 필요하다.

다음은 예배에서 노래의 전반적인 균형을 평가할 때 고려해야 하는 15가지 항목의 목록이다. 이 목록은 특별한 순서에 따른 것은 아니고, 완전한 것도 아니다. 자유롭게 확장해도 된다. 각 항목에 대한 간략한 설명이 포함되어 있다.

(1) 계시와 응답

많은 노래는 삼위 하나님과 그분의 나라에 대한 성경적 묘사에 근거하여 계시된 진리의 객관적인 진술을 전달한다. 다른 노래들은 계시된 내용에 비추어 공동체가 노래로 응답할 기회를 제공한다. 계시 노래는 삼인칭으로 서술하고, 응답 노래는 일인칭으로 서술하는 경향이 있다. 건강한 균형은 하나님의 속성과 사역을 선포하고(계시) 그에 대한 찬양과 헌신(응답)이 서로 작용하는 많은 대화적 가능성을 제시한다.

(2) 수직적과 수평적

어떤 노래들은 하나님(성부, 성자, 성령)께 드려지고, 그래서 위를 향하는 방향성을 갖는다. 다른 노래들은 교화를 목적으로 동료 신자들을 대상으로 하기에 밖으로 향한다. 몇몇은 자기 자신을 대상으로 하거나(<내 영혼

아, 너 잠잠하여라>[Be Still, My Soul]) 비신자를 대상으로 할 수도 있지만(<예수가 우리를 부르는 소리>[Softly and Tenderly Jesus Is Calling]), 대부분은 시와 찬송과 신령한 노래로 구성되고, 이를 통해 서로 가르치고, 권면하고, 하나님께 마음으로 감사한다(골 3:16).

(3) 찬양과 애가

많은 노래는 하나님 찬양을 찬양하는 데 초점을 맞춘다. 실제로 성경에는 비탄의 노래가 두드러지는데, 교회는 기쁨에 찬 노래를 지나치게 강조하고 있다는 우려가 커지고 있다. 애가는 공동체가 하나님께 부르짖고, 슬픔을 표현하며, 때로는 하나님의 현존에 대해 질문하도록 돕는다. 찬양과 애가는 성경과 삶에서 깊이 연결되어 있다.

(4) 선언적과 표현적(객관적과 주관적)

노래는 다양한 목소리로 표현된다. 선언적 노래들은 개인의 의견과는 무관하게 하나님이 누구신지를 선포한다. 선언적 노래들은 성경에 나타난 하나님의 성품과 본성에 대한 객관적인 진술로 구성된다. 표현적 노래들은 하나님이 신자 개인에게 어떤 의미인지를 말하거나 노래하는 이가 느끼고 경험하는 것을 표현한다. 이러한 노래들은 개인의 경험에 더 많이 기반하기 때문에 주관적인 경향이 있다.

(5) 공동체적과 개인적

주일 공적 예배에서는 노래와 기도에 공동체적 대명사를 사용하는 것이 가장 적절하다. 이는 우리가 하나님과의 언약을 지키기 위해 모인 백성이기 때문이다. '우리'와 '우리를'은 공동체 전체의 찬양과 간구를 가장 잘 표현한다. 동시에 개인적 대명사도 상황에 따라 적절하게 사용될 수 있다.

개인적 대명사가 사용될 때, '나'와 '나를'은 하나님의 가족 전체가 동의할 수 있는 진술을 가리키는 것으로 명확하게 이해되어야 한다. 예를 들어, <예수로 나의 구주 삼고>(Blessed assurance, Jesus is mine)를 노래하는 것은 예수님이 나만의 구주이심을 의미하는 게 아니다. 오히려 참석한 모든 예배자는 이 고백이 자신의 개인적 고백이라는 믿음으로 노래한다. 공동체적 대명사와 개인적 대명사의 이러한 상호 교차적 용법에 대한 좋은 선례는 시편에서 발견된다. 존 위트블릿은 이렇게 말한다.

> 시편은 일인칭 단수로 드려지는 기도가 항상 독백은 아니라는 점을 가르쳐 준다. '나-시편'은 고립된 시인이 아니라 이스라엘 전체의 감정을 표현할 때가 많다. 이러한 시편은 이스라엘 신앙의 핵심이라고 할 공동체적 특성의 표현으로, 개인주의가 뚜렷한 모든 문화에 도전한다.[19]

(6) 하나님의 이야기와 우리의 이야기

예배 노래는 하나님의 이야기, 즉 하나님께서 그분의 피조물을 위해 무엇을 행하셨고, 지금 무엇을 행하고 계시며, 앞으로 무엇을 행하실지를 분명하고 자세하게 말해야 한다. 물론, 하나의 노래가 이 모든 내용을 전부 포괄하기는 어렵고, 가능하더라도 매우 일반적인 수준에 그칠 것이다. 그러나 예배 노래들은 함께 그 이야기의 각 장면을 제때 펼쳐야 한다. 우리의 노래 정경은 이야기의 단편만을 말하고 마는 경우가 많다. 예를 들어, 성탄절과 부활절에 관련된 노래들은 쉽게 떠오른다.

그러나 예수님의 광야 시험, 승천, 재림에 관한 노래들은?

---

19 John D. Witvliet, *The Biblical Psalms in Christian Worship: A Brief Introduction and Guide to Resources* (Grand Rapids: Eerdmans, 2007), 26.

당신의 노래 정경에 어떤 이야기의 공백이 있는지를 면밀하게 살펴보고, 그 공백을 하나님의 이야기를 아름답게 전하는 강력한 노래들로 채워가야 한다. 다른 노래들은 하나님의 이야기 안에서 우리의 위치를 찾도록 도와줘야 한다(<거기 너 있었는가>[Were You There When They Crucified My Lord?]). 우리는 하나님의 이야기에서 시작하지만 그 이야기에는 우리도 포함된다! 하나님께서 창조하신 각각의 사람은 창조와 타락, 재창조의 드라마에 등장하는 인물이다. 하나님의 위대한 이야기와 그 이야기에 우리가 공동체적으로, 개인적으로 어떻게 연결되는지를 묘사하는 노래들을 찾아보라.

(7) 더 짧게와 더 길게

하나님의 백성은 하나님의 이야기를 노래할 때 예배의 대화를 이어가는 데 도움이 되는 다양한 노래를 사용한다. 어떤 노래들은 대화의 세부 내용을 제공하는 데 탁월하고, 다른 노래들은 마치 장면 전환처럼 이야기를 함께 엮는데 탁월하다. 긴 노래들은 세부 내용을 담을 수 있는 구조적 역량을 지니고 있고, 짧은 노래들은 내용-중심적 노래들과 다른 예배 행위들을 효과적으로 연결하는 역할을 한다. 이 둘 사이의 균형을 잘 맞추고, 예배의 어디에 배치할지를 알면, 대화적 예배를 효과적으로 구성하게 될 것이다(짧은 노래들과 긴 노래들에 대해서는 제6장과 제7장에서 자세히 다룬다).

(8) 하나님의 이름과 칭호

우리가 노래하는 분의 이름을 짓는 건 매우 중요하다. 신적 존재를 향해 숭배하고 간구할 때는 모호함이 없어야 한다. 교회의 노래들은 하나님의 인격적인 이름들과 상징적인 칭호들로 풍성해야 한다. 하나님의 이름들은 영원한 이름들로('성부', '성자', '성령'), 시작과 끝이 없다. 그리고 창조 세계와 무관하게 하나님의 이름이었고 앞으로도 그럴 것이다. 이 이름들은 바로 하나님이 계시하신 것으로, 창조 세계와는 구별되는 삼위일체 하나님의 세 위가 지닌 영원한 본질과 상호 관계를 드러낸다. 이 이름들은 항상 하나님께 적용되었고, 앞으로도 적용될 것이다.

하나님에 대한 칭호들은 (하나님의 뜻에 따라) 시간 안에 묶인 하나님의 활동을 묘사하고, 창조자(creator), 구속자(redeemer), 주관자(sustainer), 성화자(sanctifier) 등과 같이 각 위의 핵심 사역을 표현한다(서로 배타적이지는 않지만). 이 칭호들은 창조 세계에서 비롯되었기에 그 범위가 영원하지는 않다. 모든 교회는 노래들을 검토하여 두 가지를 확인해야 한다.

① 하나님이 당당하게 불리는가?
② 우리가 선호하는 하나님에 대한 호칭뿐 아니라 다양한 호칭이 사용되고 있는가? (오늘날 인기 있는 예배 노래에서는 '주'와 '왕'이라는 칭호들이 두드러지게 사용된다.)

하나님에 대한 성경적 관점으로 예배자들을 제자화하려면 영원부터 영원에 이르는 하나님의 모든 사역을 나타내는 많은 신적 이름과 호칭을 사용해야 할 것이다.

(9) 보편적 전통과 특정적 전통
기독교는 하나의 정통 신앙을 반영한다. 사도 바울은 이렇게 설명한다.

> 몸이 하나요 성령도 한 분이시니 이와 같이 너희가 부르심의 한 소망 안에서 부르심을 받았느니라 주도 한 분이시요 믿음도 하나요 세례도 하나요 하나님도 한 분이시니 곧 만유의 아버지시라(엡 4:4-6a).

기독교의 보편적인 교리들은 교회의 전통으로 불린다. 보편 교회는 이러한 진리를 담은 노래를 부르거나 승인된 신조를 고백함으로써 공통의 신앙과 주를 표현한다. 동시에 다양한 기독교 단체들은 연합을 유지하면서도 구원, 성화, 구속, 그리스도의 재림 등과 같은 신앙의 특정 주제에 대한 서로 다른 관점을 공유한다. 교단들과 독립교회들은 이러한 관점들을 묘사하는 회중 노래들을 만들어 왔다. 자기 전통의 특정한 관점을 표현하는 노래를 부르는 것은 적절하다. 이것은 각 신앙의 유산을 전승하는 한 가지 방식이기도 하다.

(10) 옛 노래와 새로운 노래

균형 잡힌 노래 정경은 오래된 노래와 새로운 노래가 적절하게 잘 섞여 있다. 교회에서 오래도록 널리 사용된 좋은 노래들이 많다. 단지 향수를 불러일으켜서 불리는 것들로 있지만, 오래된 노래들이 여러 세대에 걸쳐 계속 불리는 이유는 시대를 초월하고 감동을 일으키는 메시지 때문인 경우가 많다. 성경과 교회 역사를 보면, 고대 노래를 부르는 오랜 전통이 있다. 라틴어 **마그니피카트**(*Magnificat*)로 불리기도 하는 마리아 찬가(눅 1:46-55)가 좋은 예이다. 수천 년간 신자들이 불러온 이 노래는 시간과 문화를 초월하여 오늘날에도 예배에서 사용되고 있다. <나 같은 죄인 살리신>(Amazing Grace)은 200년 이상 되었음에도, 그리스도인들은 예배에서 계속해서 부를 것이다. 그러나 새로운 노래도 필요하다. 하나님은 계속해서 말씀하시고, 각 세대의 작사가들과 작곡가들에게 교회가 부를 수 있는 하나님의 진리에 대한 새로운 노래들을 만들라고 요청하신다.

'새로운'과 '오래된'이라는 용어는 시간과 장소에 따라 다른 것을 의미할 수 있다. 안타깝게도 오늘날 노래들은 꽤 빨리 오래된 노래로 여겨진다. 새로운 노래들이 때때로 오래된 노래들을 대체하는 경우가 있는데, 이는 북미 문화가 교회 안에서도 당면한 표현을 담은 노래를 요구하는 경향이 있기 때문이다. 그러나 오래된 것이든 새로운 것이든, 그것이 더 낫거나 못하다는 기준이 되는 것은 아니다. 각 노래는 우수성과 유용성을 기준으로 판단되고, 사용되거나 버려져야 한다.

(11) 영원한 것과 현세적인 것

삼위 하나님을 예배하는 것은 영원한 행위다. 우주가 하나님의 영광을 찬양하지 않는 순간은 과거에도 없었고, 앞으로도 없을 것이다. 하늘에서 예배는 영원히 계속된다. 우리의 노래 가운데 일부는 스랍과 그룹이 날마다 밤낮으로 하나님의 거룩하심과 전능하심을 외치는 예배의 끊임없는 본질을 말해야 한다(사 6:3; 계 4:8). 노래들은 예배자들로 하나님을 향한 찬양의 우주적 본질에 집중하게 함으로써, 그들의 경배가 끊임없는 영원의 찬양과 자연스럽게 어우러진다는 인식을 주어야 한다.

그러나 예배의 노래들은 시간과 공간이라는 현세적 차원에서 일어난다. 즉, 노래들은 특정한 시간에 특정한 예배에 참여하는 특정한 사람들이 부르는 것이다. 따라서 노래들은 지금 여기서 노래하라고 우리에게 요청한다! 우리의 노래들은 우리의 모습 그대로, 우리가 있는 곳에서 예배에 참여하도록 촉구해야 한다. 예배는 시간과 장소를 초월하지만 동시에 시간과 장소 안에 존재한다. 다시 말해, 예배 노래들은 내세적이면서 현세적이다. 좋은 노래 정경은 이 두 실체를 받아들이도록 우리를 그쪽으로 인도한다.

(12) 위로하기와 불편하게 만들기

음악은 예배자들의 감정을 움직이는 힘을 갖고 있다. 위안을 주는 음악에는 우리를 안심시키고 위로하는 놀라운 힘이 있다. 익숙하고 편안한 선율, 위로의 가사는 하나님의 평안을 주시는 임재와 모든 게 잘될 것이라는 소망에 대한 확신을 심어 준다. 그러나 예배 노래들은 예언적 행위도 해야 한다. 즉, 가사와 음악은 우리의 현 상황에 도전하고, 심지어 행동하도록 할 만큼 우리를 불편하게 만들어야 한다.

예배 음악은 하나님이 우리 영혼 안에서 행하고자 하시는 간섭으로부터 우리를 보호하거나 차단하는 역할만 해서는 안 된다. 어떤 노래들은 우리를 안일함에서 벗어나 하나님의 뜻을 행하도록 요구하면서 교회로서 중요한 역할을 하도록 돕는다. 때때로 불편하게 만드는 일을 하기 위해서는 불편하게 만드는 노래가 필요하다. 이것을 인식하지 못하는 노래 정경을 경계하라.

(13) 개인적 거룩함과 사회적 거룩함

하나님은 그리스도를 따르는 자들에게 거룩한 삶을 살라고 말씀하신다.

> 거룩함을 따르라 이것이 없이는 아무도 주를 보지 못하리라(히 12:14b).

성경이 말하는 거룩함은 다차원적이다. 개인적 거룩함과 사회적 거룩함을 모두 포함하고, 이 둘은 서로 분리될 수 없다. 의를 온전히 이루려면 둘 다 필요하다. 신자들은 매일 자기를 포기하는 삶을 살고, 거룩함에 이르는 의의 종이 되도록 부름을 받았다(롬 6:19). 그러나 개인적 거룩함의 목적은 단지 우리 자신만을 위함이 아니다. 그것은 타자를 위함이다. "영적 형성은 타자를 위해 그리스도의 형상으로 변해가는 과정이다."[20] 경건한 자들이 선지자의 요구에 따를 때, 개인적 거룩함은 사회적 거룩함으로 이어진다.

> 오직 정의를 물 같이, 공의를 마르지 않는 강 같이 흐르게 할지어다(암 5:24).

---

[20] M. Robert Mulholland Jr., *Invitation to a Journey: A Road Map for Spiritual Formation* (Downers Grove, IL: InterVarsity, 1993), 12.

(14) 주일과 24/7(하루 24시간, 1주 7일 동안 - 역자주)

참된 예배는 삶의 방식이다. 우리는 예배의 삶을 매일 살아간다. 우리가 무엇을 하거나 말하든지, 우리는 그 모든 것을 하나님의 영광을 위해서 한다(고전 10:31). 어떤 노래들은 하나님과의 개인적인 친밀함을 말하면서 조용하게 묵상할 때 더 유의미하게 다가온다. 다른 노래들은 특별히 모인 공동체 전체를 대상으로, 신앙에 관한 광범위한 주제를 다룬다. 물론, 상당히 중첩되는 부분도 있지만, 리더는 기독교적 삶의 다양한 측면과 관련된 노래들을 예배자들에게 권고해야 함을 기억해야 한다. 우리는 지금까지 공동예배를 위한 노래 정경(주일을 위한 노래들)을 고찰했지만, 목회적 음악가들은 예배자들에게 좀 더 개인적으로 격려하는 다른 노래들(24/7을 위한 노래들)도 안내해야 한다.

(15) 성인과 청소년

세대 간 예배는 추구해야 할 이상이다. 하나님의 가족은 모든 연령대의 사람들로 구성되고, 모두 함께 하나님을 예배할 때 많은 유익을 얻는다. 예배자들은 가사와 신학적 수준, 음악 스타일 측면에서 모든 연령대를 위한 노래를 불러야 한다. 성숙한 신학적 표현을 담은 노래들이 있어야 하고, 어린이와 청소년이 이해하고 따라 부르기 쉬운 반복적인 가사를 담고 있는 노래들도 있어야 한다. 단순함이 진부함을 의미하지는 않는다. 모든 연령대가 공감하는 메시지를 담은 노래를 찾아보라. 아이들은 신앙 형성에 도움을 주는 점점 더 싶어지는 신앙의 노래를 부르며 성장할 것이고, 어른들은 신앙을 고취하는 단순한 선율을 좋아하게 될 것이다.

균형 잡힌 노래 정경을 분별하는 것은 음악 건축가의 가장 중요한 임무 가운데 하나이다. 한 노련한 예배 인도자는 이렇게 말한다.

"예배 기획자의 성숙도를 측정하는 한 가지는 예배 모임에서 다른 사람들이 부르게 될 노래를 선택하는 일에 있어 얼마나 겸손해졌는가이다."[21] 리더는 어디서부터 시작해야 하는가?

처음에는 큰 부담감을 느낄 수 있다. 한 번에 모든 것을 바꾸려 하지 말아라! 시간을 두고 한 걸음씩 나아가라. 사역의 변화는 점진적으로 이뤄질 때 가장 효과적이다. 보완이 가장 시급해 보이는 영역을 식별하여 거기서부터 시작하라. 또한, 노래 정경은 유연해야 함을 기억하라. 변화는 항상 일어난다. 노래들이 필요에 따라 추가되고 제하여지는 것은 당연한 일이다. 그러나 여정의 어느 지점을 지나고 있든지, 교회는 하나님께 영광을 돌리고 하나님 백성의 안녕을 위해 기도하며 신중하게 마련된 안정적인 노래 정경의 유익을 누릴 수 있어야 한다.

사도 바울이 빌립보 교회뿐만 아니라 당신의 교회에도 다음과 같은 말을 전하고 있다고 상상해 보라.

> 마지막으로 사랑하는 자들아, 무엇이든지 참되고 무엇이든지 존귀하고 무엇이든지 정의롭고 무엇이든지 순결하고 무엇이든지 기쁜 일이며 무엇이든지 칭찬할 만한 것이 있다면, 무엇이든지 탁월하고 무엇이든지 칭찬할 만한 것이 있다면 이런 것들을 생각하라(빌 4:8).

---

[21] Paul Sunderland, *The Language of Our Songs in Worship* (class paper, The Robert E. Webber Institute for Worship Studies, Jacksonville, FL, May 15, 2014), 3. 허락을 받고 사용한 것임.

5. 결론

음악 건축가들이 교인들을 위한 안정적인 노래 정경을 만들 때, 그들은 신자들의 영적, 문화적 결속력을 형성하는 매우 중요한 작업을 하는 것이다. 현대 사회에서 많은 노래가 일회용처럼 소비된다. 노래들은 일정한 목적을 위해 사용되고, 그 후에는 향수를 자극하기 위해 간헐적으로 다시 불리는 추억의 노래가 된다. 따라서 지속력을 가지고 정기적으로 불리는 노래의 목록을 만드는 일은 쉽지 않다.

노래 정경은 공동체에 현재의 경험뿐 아니라 그들의 과거, 공유된 역사도 노래하는 기회를 제공한다. 견고한 정경은 과거와 현재, 미래의 역사적 관점을 모두 아우르는 노래들을 제공한다. 노래들은 오늘날 우리가 속한 교회공동체의 정체성을 표현할 뿐 아니라, 우리가 지나온 신앙의 여정과 하나님이 원하시는 우리의 미래에 대한 소망도 노래해야 한다.

6. 주요 용어

- 노래 정경(canon of song): 특정 기독교 공동체의 예배에서 사용하도록 심사되거나 승인된 노래들의 모음을 의미한다.

7. 더 학습하기

Cherry, Constance M., Mary M. Brown, and Christopher T. Bounds. *Selecting Worship Songs: A Guide for Leaders*. Marion, IN: Triangle, 2011.
Woods, Robert, and Brian Walrath, eds. *The Message in the Music: Studying Contemporary Praise and Worship*. Nashville: Abingdon, 2007.

참여하기

몇 세기가 지났다. 사회학자들로 구성된 팀이 오래전에 여러분의 교회 공동체에 영향을 끼친 종교적 신념에 관해 연구하고 있다. 대부분의 유물은 없어졌지만, 예배에서 불렸던 노래 가사들의 기록을 발견했다.

지금 여러분의 교회에서 부르고 있는 노래들의 가사만을 근거로, 이 연구자들이 다음의 항목들에 대해 어떤 결론을 합리적으로 내릴 수 있을 것 같은가?

- 하나님에 대한 관점
- 인간에 대한 관점
- 하나님의 삼위일체적 본질
- 악
- 구속
- 성결
- 영원
- 섭리
- 교회
- 예배
- 창조
- 사랑
- 자비
- 심판
- 사회적 책임
- 자유

여러분의 교회가 사용하는 노래 정경의 강점을 정리하라. 부록 A에 있는 평가표("당신의 노래 정경 평가하기")를 완성하지 않았다면, 지금 하라. 평가표를 다 작성했으면, 아래의 단계를 따라 교회의 핵심 노래들을 어떻게 개선할 수 있을지 생각해 보라.

1. 표를 완성한 후, 가장 눈에 띄는 세 가지를 적어라.
2. 이 목록을 교회의 음악 또는 예배 사역에 참여하고 있는 누군가에게 보여주고, 여러분이 발견한 내용을 설명하라. 그리고 그들의 의견을

물어라.

3. 여러분의 노래 정경을 개선할 수 있는 두 가지 아이디어를 적어 보라.

4. 이번 주일에 한 가지를 바꿔보라(작다고 작은 게 아니다. 천천히 하라!). 일관성을 위해 그 변화를 유지하라.

5. 15가지 항목의 목록에서 지금까지 깊이 생각해 보지 않았던 두 쌍을 선택하라. 이 두 쌍과 관련된 성경적 원리를 탐구하라.

6. 다음 두 번의 음악 연습 모임 시작 때 나눌 수 있도록 이 두 쌍을 놓고 묵상한 내용을 간단하게 준비하라.

간주곡(Interlude)
짧은 노래 형식, 긴 노래 형식 소개

다음 두 장에서는 모든 교회에서 유용하게 사용할 수 있는 다양한 유형의 회중 노래를 살펴볼 것이다. 제6장에서는 짧은 노래 형태를 살펴보고 제7장에서는 긴 노래 형태를 살펴볼 것이다. 이 두 가지 큰 범주를 통해 짧은 형식과 긴 형식이 모든 예배공동체에 어떤 도움을 줄 수 있는지에 대한 생각을 정리해 보겠다. 아마도 다음과 같은 질문이 제기될 수 있다.
왜 굳이 다양한 곡을 사용해야 할까?
우리에게 익숙하고 편안한 한두 가지 유형만 사용하면 되지 않을까?
다양한 예배 노래를 불러야 하는 이유는 여러 가지가 있다.

- 노래는 우리를 과거, 현재, 미래의 예배자들과 연결해 주기 때문이다.
- 구약과 신약의 예배자들은 다양한 노래를 불렀기 때문이다.
- 다양한 유형의 노래가 예전을 지원하는 다양한 방식으로 기능하기 때문이다.
- 한 가지 유형의 노래만 좋아하는 사람들로만 구성된 회중은 없기 때문이다.
- 서로의 노래를 부르면 공동체 의식이 깊어지기 때문이다.
- 다양성은 예배자들에게 오늘날 보편적으로 불리고 있는 교회의 노래를 소개하기 때문이다.

다양한 노래를 부르는 데 자주 사용되는 근거 중 하나는 에베소서 5장 18-20절("너희는 시와 찬송과 신령한 노래를 서로 부르며 마음으로 주께 노래하며 화답하라")과 골로새서 3장 16-17절("너희는 감사하는 마음으로 시와 찬송과 신령한 노래를 하나님께 부르며")에 나오는 바울의 권고이다. 바울이 "시편, 찬송, 신령한 노래"라는 용어를 정확히 사용한 의미에 대해서는 의견이 분분하지만 대부분의 학자는 (1) 한 종류의 노래로는 그리스도의 말씀의 풍성함을 표현할 수 없고,[1] (2) 지중해 도시의 다원적 문화에 다양한 노래 표현이 필요했으며,[2] (3) 구약 시편이 예전에 필요한 다양한 노래에 대한 성경적 선례를 제시했기 때문에 교회에 다양한 노래를 기대하고 소중히 여기는 것을 가르치고자 한 그의 큰 의도라는 데 동의한다.[3]

성서학자 다니엘 블록(Daniel I. Block)은 "'시편, 찬송가, 영가'가 동의어로서 기능하는지 아니면 세 가지 종류의 음악을 반영하는지 불분명하지만 이 용어들이 함께 모든 종류의 음악을 의미한다는 것은 분명하다"고 말한다.[4]

다양한 노래를 수용하는 것은 우리로 하여금 '다양한 음악적 언어를 유창하게 구사할 수 있는 능력'을 촉진하는 다중음악적 세계를 만들어가도록 장려한다.[5] 우리가 사는 세상은 "하나의 노래가 모든 것에 적합하다"는 접근 방식이 권장되지 않았던 1세기의 복잡한 다문화 세계와 다르지 않

---

[1] Gordon D. Fee, *God's Empowering Presence: The Holy Spirit in the Letters of Paul* (Peabody, MA: Hendrickson, 1994), 650.
[2] Barry Leisch, *The New Worship: Straight Talk on Music and the Church,* expanded ed. (Grand Rapids: Baker Books, 2001), 41-42.
[3] Ibid., 42.
[4] Daniel I. Block, *For the Glory of God: Recovering a Biblical Theology of Worship* (Grand Rapids: Baker Academic, 2014), 234. 엡 5:18-20와 골 3:15-17의 통찰력 있는 비교는 231-234를 참조.
[5] C. Randall Bradley, *From Memory to Imagination: Reforming the Church's Music* (Grand Rapids: Eerdmans, 2012), 184.

다. 오늘날 예배하는 교회는 그 어느 때보다 다양한 글로벌 문화 속에 존재한다. 따라서 각 공동체는 공동체의 제1 음악 언어(선호 언어)의 노래뿐만 아니라 제2, 제3의 음악 언어를 대표할 수 있는 노래 유형을 반영하여 음악적으로나 예전적으로 다국어가 되도록 노력함으로써, 다중음악을 갖춰야 한다.[6] 이렇게 하면 더 많은 예배자 그룹과 연관될 가능성이 크게 증가한다.

　제6장에서는 세 가지 유형의 짧은 노래, 즉 응답 노래, 독립 노래, 즉흥 노래에 대해 설명하고, 제7장에서는 두 가지 유형의 긴 노래인 '순수 연가'(pure stanza) 노래와 '확장된 연가'(stanza plus) 노래를 살펴본다. 각 장의 각 섹션에서는 먼저 각 노래 유형의 특징, 기능 및 형식에 대해 설명한 다음 해당 노래 유형 내의 특정 장르에 대해 자세히 설명하고 예제를 제공한다.

　다음 두 장에서 많은 내용을 다루기에 아래에 개요를 제공한다. 각 장의 개요는 제6장과 제7장에서도 반복된다.

제6장: 짧은 노래

1. 응답 노래(부름 및 응답 노래, 후렴구 및 후렴구 포함)
- 흑인 영가(Negro Sprituals, 부름과 응답)
- 흑인 가스펠(Black Gospel Songs, 부름과 응답)
- 교창(Antiphones, 도입과 후렴)

2. 독립 노래(반복 형식 노래와 통작 형식 노래 포함)
- 글로벌 노래(Global Songs)

6　Ibid.

- 떼제 노래(Taize Songs)
- 코러스(Choruses)
- 예배 음악

3. 즉흥 노래
- 익숙한 노래(Familiar Songs)
- 즉흥 노래(Improvised Songs)
- 방언 노래(Singing in Tongues)

제7장: 긴 노래

1. 순수 연가
- 고전 찬송가(Classic Hymns)
- 운율 시편(Metrical Psalms)

2. 확장된 연가
- 가스펠(Gospel Songs)
- 현대 찬송가(Modern Hymns)
- 현대 예배 노래(Modern Worship Songs)

제6장

짧은 노래 형식 극대화하기

탐구하기

오래된 교회부터 새롭게 세워진 교회까지, 모든 교회에는 그들만의 노래 역사가 있다. 당신만의 노래를 찾아보자. 본 장을 읽기 전에 예배공동체에서 주로 사용하는 노래의 유형과 그 이유에 대해 생각해 보아라. 항상 그렇듯이, 다른 사람들과 함께 이러한 주제에 대해 생각해 보는 것이 혼자서 가정하고 작업하는 것보다 더 유리하다. 생각을 자극하려면 교회에서 오랫동안 봉사한 사람들과 비공식적인 토론을 시작해라. 당신과 다른 관점을 가진 사람들을 다양하게 초대하라. 사람들이 모이면 다음 질문을 활용해 대화를 시작하라.

1. 음악적 스타일을 언급하지 않고 현재 교회에서 부르는 노래의 가사를 어떻게 설명할 수 있을까?(단순, 장황, 시적, 객관적, 소절, 밀도, 경쾌, 최신, 오래된, 반복적 등) 가능한 한 많은 묘사어를 적어보아라.

2. 교회에서 부르는 노래의 대부분을 한 가지로 설명할 수 있는가? 그렇다면 그 이유는 무엇인가?

3. 시간이 지남에 따라 교회에서 사용하는 노래의 종류(스타일)가 바뀐 적이 있는가?

교회에 가장 오래 있었던 사람에게 물어보거나 파일을 다시 살펴보고 실제로 조사해 보라. 소문에 근거하여 이 질문에 대한 답을 알고 있다고 단정하지 말라.

4. 우리가 우리만의 노래를 부르는 이유는 _____이다(담임목사의 관점).

5. 우리가 우리만의 노래를 부르는 이유는 _____이다(예배 인도자의 관점).

6. 우리가 우리만의 노래를 부르는 이유는 _____이다(일반 회중의 관점).

이제 예배공동체에서 현재 사용되는 노래의 유형에 대해 생각해 보았으니, 본 장을 읽고 회중 찬양의 노래 목록을 넓히는 것에 대해 비판적으로 그리고 실제적으로 생각해 보라.

1. 심화하기

앞의 간주곡에서 우리는 기독교 예배에서 다양한 유형의 노래가 중요하다는 것을 발견했다. 회중 노래의 유형을 비교하거나 분류하는 데 사용되는 두 가지 일반적인 접근 방식에는 역사적 조사와 양식적 연구가 있다.[1] 우리는 이러한 접근법 대신, 다양한 노래 유형이 예배에 얼마나 적합한지에 초점을 맞춘다. 역사적 관점과 스타일 방식은 우리 사역에 큰 영향을 미친다. 그러나 회중 노래 선곡은 이러한 영역에만 국한되지 않는다. 선곡에 대한 논의를 더욱 기능적으로 살펴보기 위해, 일반적인 선곡 범위

---

1 훌륭한 예로는 역사적 조사인 Harry Eskew and Hugh T. McElrath, *Sing with Understanding: Introduction to Christian Hymnology*, 2nd ed. (Nashville: Church Street Press, 1995)와 C. Michael Hawn, ed., *New Songs of Celebration Render: Congregational Song in the Twenty-First Century* (Chicago: GIA, 2013).

에서 벗어나 생각해 보자.

나는 예시로 사용하는 곡의 역사와 스타일을 언급하겠지만 이는 예배 음악 건축가가 예전에서 노래를 최대한 활용하는 방법을 이해하도록 돕는 방향 제시 정도일 뿐이다. 독자들은 앞으로 더 다양한 노래 장르를 자세히 살펴보기를 권한다. 우리의 목표는 각 장르의 강점을 파악하고, 예배가 어떻게 유익을 얻을 수 있는지 살펴보는 것이다.

이를 위해 본 제6장과 제7장에서는 짧은 노래 형식과 긴 노래 형식의 두 가지 범주로 노래 유형을 분류한다.[2] 짧은 노래와 긴 노래를 살펴보면서 각 노래가 예배의 목적에 어떻게 기여하는지 자세히 알아본다. 짧은 노래와 긴 노래를 이분법적으로 나누려는 것은 아니다. 오히려 두 가지 노래 범주가 상호 의존적이며, 함께 사용될 때 교회에 더욱 풍성한 예배 경험을 제공한다는 점을 보여주고자 한다.

본 장에서는 짧은 노래의 세 가지 유형(응답송, 독립형 노래, 즉흥 노래)과 각 유형에 속하는 10가지 장르(흑인 영가, 흑인 가스펠, 교창, 세계의 노래, 테제 노래, 코러스, 예배 음악, 익숙한 노래, 즉흥 찬송, 방언 노래)를 살펴본다(아래 개요 참조). 여기서 제시하는 짧은 노래들은 모든 교회 예배에서 활용될 수 있는 곡들의 대표적인 예시다.

[짧은 노래]

1) 응답 노래(부름 및 응답 노래, 후렴구 및 후렴구 포함)
 - 흑인 영가(Negro Sprituals)
 - 블랙 가스펠(Black Gospel Songs)
 - 교창(Antiphones)

---

[2] 분류란 비교를 목적으로 정보를 논리적으로 나누기 위해 만든 체계다.

2) 독립형 노래(주기적인 곡과 작곡을 통해 만들어진 곡 포함)
- 글로벌 노래(Global Songs)
- 떼제 노래(Taize Songs)
- 코러스(Choruses)
- 예배 음악(Service Music)

3) 즉흥 노래
- 익숙한 노래(Familiar Songs)
- 즉흥 노래(Improvised Songs)
- 방언 노래(Singing in Tongues)

제6장과 제7장에서 특정 용어가 사용되는 방식에 유의해야 한다.

- **유형**: 곡의 공통된 특징, 기능 및 형태에 따라 곡을 분류하는 것을 말한다.
- **특징**: 노래 유형의 특징적인 측면을 식별하는 데 도움을 주는 특성을 정의하는 것을 말한다.
- **기능**: 특정 유형의 노래가 예배의 대화적 특성을 수행하도록 돕기 위해 어떻게 독특하게 준비되었는지를 말한다.
- **형식**: 노래의 실제 작곡 구조를 의미한다.
- **장르**: 고유한 역사, 관용구, 연주 관행 및 스타일을 가진 독특한 노래 표현을 의미하며, 이 모든 것이 결합되어 독특한 성격과 사운드를 지니게 된다. 예를 들어, 흑인 영가는 남북전쟁 이전에 남부 농장에서 등장했고(독특한 역사), 구원, 자유, 비탄에 대한 언급이 특징이며(관용구), 주로 아카펠라로 부르고(연주 관행), 즉흥적인 화음을 사용하는 것(스타일)이 특징이다.

오늘날 교회에서 사용할 수 있는 다양한 노래 유형을 파악하고 모든 예배 공동체에서 회중 노래를 활기차게 만들 수 있는 진정한 잠재력을 고려하는 것이 중요하다. 이 짧은 노래들은 본질적으로 초문화적이며, 적절한 목적에 맞게 사용한다면 어떤 예배 스타일에서도 유용하게 사용될 수 있다. 목표는 현재 사용되는 회중 노래를 대체하는 것이 아니라 노래 목록을 확장하는 것이다. 이제 짧은 노래들을 중심으로 흥미진진한 탐험을 시작하자.

2. 소개

많은 예배 노래를 분류할 수 있는 한 가지 포괄적 범주를 간략히 '짧은 노래 형식'이라고 부를 수 있다.[3] 짧은 노래는 상대적으로 짧은 분량의 가사와 곡을 가지고 있다. 많은 종류의 짧은 노래들은 반복되기 때문에, 그 노래들이 짧은 시간 동안에만 불려진다는 의미는 아니다. 짧은 노래가 음악적으로 초보적이거나 신학적으로 '얕다'고 말하는 것도 아니다. 많은 짧은 노래들은 심오한 영적 깊이를 담고 있으며 음악적으로도 정교하다. 따라서 '짧다'는 것이 열등하다는 선입은 우리가 극복해야 할 첫 번째 생각이다. 짧은 노래가 약하다고 판단하는 것은 형식 자체 때문이 아니라 작사자와 작곡가의 상상력이 부족하기 때문이다(긴 노래 형식도 마찬가지다). 노래의 질은 길이와 관련이 없다.

---

[3] 노래를 '짧다/더 짧다' 또는 '길다/더 길다'로 표현하는 것은 나에게는 독창적이지 않다. C. 랜달 브래들리는 *From Memory to Imagination: Reforming the Church's Music* (Grand Rapids: Eerdmans, 2012), 177-79에서 이 용어를 사용한다. 다른 사람들도 이러한 명칭을 언급했다. 내가 '양식'이라는 단어를 추가한 이유는 본서 제6장과 제7장에서 설명하는 짧은 형식과 긴 형식에는 구별되는 작곡 구조가 있기 때문이다.

짧은 노래의 세 가지 유형, 즉 응답 노래, 독립 노래, 즉흥 노래에 대해 설명하겠다. 각 유형 내에서 **정체성을 부여**하는 데 도움이 되는 특별한 기능을 설명하고, 예배에 기여하는 몇 가지 **고유한 기능**을 제안하며, 몇 가지 **대표적인 형식에 주목**할 것이다. 그런 다음 다양한 장르의 회중 노래의 예를 들어보겠다. 유로-아메리칸 찬양 코러스부터 흑인 영가, 프랑스의 떼제 노래에 이르기까지 다양한 장르의 짧은 노래가 있다. 노래의 장르는 문화적으로 다양한 유형으로 표현되는 경향이 있다. 본 장에서 설명하는 짧은 노래 유형 중 일부는 겹치는 부분이 있지만, 세부적인 비교에 치중하지 않고 각 노래의 주요 측면을 다루겠다. 다시 말하지만 큰 개념을 포착하는 것이 우리의 목적에 가장 유익한 일이다.

이 모든 짧은 노래들은 모든 예배공동체에서 회중 찬송에 활기를 불어넣을 수 있는 진정한 잠재력을 가지고 있다. 리더가 각 곡의 본질을 잘 파악한다면 회중에게 큰 모험이 기다리고 있을 것이다! 짧은 노래들은 음악 작곡가에게 다양한 선택의 폭과 기회를 제공한다.

1) 응답 노래

가장 초기의 지배적인 짧은 노래 유형 중 하나는 응답 노래이다. 응답 노래는 기독교 시대 이전부터 사용되었으며(한 가지 예로 시편 136편 참조) 유대-기독교 역사 전반에 걸쳐 지속적으로 사용되어 왔다.[4] 일반적으로 응답 노래는 성경, 기도문, 찬송가 절 등 관련 예전 자료와 엮어 짧게 부르는 응답을 뜻하며, 다양한 상황에서 창의적으로 사용할 수 있다. 예를 들어, 나는 간증 사이에 응답 노래가 아름답게 연주되는 것을 경험한 적이 있다.

---

4 응답 노래는 많은 문화권에서 사용되며 기독교에만 국한되지 않는다. 모든 종류의 종교는 물론 세속적인 장소에서도 수천 년 동안 응답 노래를 사용해 왔다.

● **특징**: 응답송의 가장 큰 특징은 교창이다. 전체 그룹이 한 번에 노래를 모두 함께 부르는 것이 아니라, 대부분의 경우 찬양 인도자가 먼저 부르고 교인들이 응답하듯이 번갈아 가며 부른다. 교창은 다양한 방식으로 나타난다. 예를 들어, 흑인 가스펠 음악에서는 독창자가 중요한 역할을 하고 회중이 후렴을 번갈아 부르는 방식을 자주 사용한다.

짧은 노래는 말로 소통하는 문화권에서 자주 볼 수 있는데, 이런 문화에서는 응답 노래를 하나의 소통 방법으로 사용한다. 응답 노래는 단순하고 반복적인 특징 덕분에, 나이나 음악적 경험에 관계없이 누구나 쉽게 부를 수 있다. 서면 자료(악보나 가사) 없이도 참여가 가능하다. 이것은 주변 사람들의 목소리에 귀를 기울이고, 대화의 한 부분을 맡아 함께 노래하며, 경험의 중심이 되는 교제를 누리고, 삼위일체 하나님께 공동으로 찬양을 드리는 역동적인 노래의 대화에 참여하는 방식으로 이루어진다.

● **기능**: 응답 노래의 기능은 예배에 창의성을 더하거나 흥미로운 다양성을 제공하거나 노래의 책임을 분담하기 위한 것이 아니다. 그보다는 예배의 본질적인 대화적 특성을 묘사하는 것이 주된 목적이다. 응답 노래는 기독교 예배 고유의 수직적, 수평적 대화를 잘 담아낼 수 있다. 또한, 응답 노래는 참여의 좋은 기회를 제공한다. 응답 노래는 공동체의 완전한 참여에 적합하다. 아래에서 몇 가지 대표적인 장르를 살펴볼 수 있다.

● **형식**: 응답 노래는 그 단순한 성격에 맞춰 매우 기본적인 음악 형식을 사용한다. 대부분의 응답 노래는 부름과 응답 또는 구절과 후렴과 같은 두 부분으로 구성된 형식이 많다(순환 형식은 주제 부분과 변주 부분처럼 응답 노래에서 자주 사용되는데, 이는 글로벌 노래에서 흔히 볼 수 있다. 글로벌 노래에 대해서는 나중에 '독립 노래'에서 설명한다.) 형식 자체는 복잡하지 않은 경향이 있지만, 그 표현은 실제로 상당히 복잡할 수 있다.

(1) 흑인 영가(Negro Sprituals)

흑인 영가(그리고 다음에 설명할 블랙 가스펠송)는 부름과 응답(Call and Response)을 광범위하게 사용하는 응답 노래의 한 장르다(물론, 다른 장르에서도 부름과 응답을 사용한다.). 부름과 응답 형태는 아마도 대화적 노래의 가장 진정성 있는 표현일 것이다. 대화는 시작하는 솔로 목소리('부름')와 그룹이 직접 답하는 목소리('응답')로 구성된다. 부름은 초대, 진술, 질문 등 리더가 다른 사람들을 대화형 노래에 참여시키기 위해 사용할 수 있는 다양한 형태가 될 수 있고, 응답은 집단적인 대답이다. 부르심과 응답은 두 당사자를 참여시킨다는 점에서 절과 후렴과 비슷하지만 훨씬 더 대화에 가깝다는 점에서 다르다. 부름과 응답은 반복, 리더의 문장 완성하기, 이야기 형식 등 다양하게 표현된다.[5] 이 구조는 놀라운 유연성을 가지고 있다. 이 구조는 노래가 불려질 때의 필요와 목표에 따라 조정되고, 추가되고, 단축되고, 확장될 수 있다.[6]

즉흥성은 특히 즉흥적인 표현을 최대한 활용할 수 있는 리더에게 부름과 응답의 중요한 차원이 되는데, 사실 이것이 이 형식의 가장 매력적인 측면 중 하나다.

흑인 영가[7]는 18세기 후반[8]에 북미로 사로잡혀 온 서아프리카인들이 남부의 농장에서 일하는 중에 등장했다.[9] 영가들은 애통 가운데 탄생했다. 배에 탄 노예들은 두려움, 고국의 익숙한 문화적 환경에 대한 그리움, 가

5　Roberta R. King, *A Time to Sing: A Manual for the African Church* (Nairobi, Kenya: Evangel, 1999), 57–77.
6　Ibid., 60.
7　백인 영가는 여기서 다루지 않는 별도의 범주다. 본 장에서 '영가'라는 용어는 흑인 영가를 지칭한다.
8　Angela M. S. Nelson, 'The Spiritual,' *Christian History* 31 (1991): 31. 최초의 노예는 16세기에 미국으로 옮겨왔지만, 영가는 나중에 발전했다.
9　영가는 18세기와 19세기에 노예들이 제작한 세 가지 주요 음악 폼 중 하나였다. 다른 두 가지는 들판의 외침과 작업 노래였다. Ibid., 30.

족과의 이별에 대한 절망, 고문과 같은 신체적 학대에 대해 노래했다. 성경에 나오는 애가처럼 신자들은 절망과 희망을 섞어 노래했다. 많은 영가는 깊은 슬픔을 표현하는 동시에 구원에 대한 기대감을 표현하는 놀라운 상호작용을 보여준다. 1770년대 이전에는 노예들의 교회 설립이 허용되지 않았기 때문에 제한된 참여가 가능한 백인 교회의 분리된 좌석 공간과 노예들이 그들만의 방식으로 예배를 드릴 수 있는 비밀 장소인 <찬양의 집> 또는 <덤불 임시 처소>(Brush Arbors)라는 두 가지 대안적 예배 장소가 등장했다.[10]

"이 집회에서 불린 '영가'는 찬송가, 성경, 아프리카 스타일의 노래를 다양하게 차용했으며, 종종 구약의 이야기에 나오는 풍부한 상징 언어를 사용하여 자유에 대한 은밀한 열망과 노예 제도에 대한 은근한 비판을 표현했다."[11]

음악과 텍스트의 놀라운 종합은 아프리카의 리듬과 멜로디, 식민지 시대의 미국 민요가 결합된 결과였다.[12] 제2차 대각성 운동(약 1790년에서 1850년까지의 부흥 운동) 기간 통합 캠프 모임도 흑인 영가가 확장되고 드러나는 데 중요한 역할을 했다[13](북부에 거주하는 흑인들은 자유롭게 캠프 모임에 참여할 수 있었지만 남부의 흑인들은 해방 이후에 그렇게 할 수 있었다). 캠프 모임은 노예들의 음악이 환영받는 공간을 제공했다. 캠프 모임 음악의 스타일과 연주는 즉흥성을 장려했다. 외침의 응답, 좋아하는 구절의 반복, 소리 늘리기나 굽히기는 모두 아프라카계 미국인들이 영가에서 사용한 특징이며, 이후 가스펠과 블루스, 재즈에서도 사용되었다.[14]

10　Tim Dowley, *Christian Music: A Global History* (Minneapolis: Fortress, 2011), 191.
11　Ibid.
12　Ibid.
13　Horace Clarence Boyer, *The Golden Age of Gospel* (Chicago: University of Illinois Press, 2000), 8-9.
14　Dowley, *Christian Music*, 191.

영가의 음악적 특징으로는 복잡한 리듬, 멜로디 라인의 꾸밈, 즉흥적인 화음, 반음 내린 3도, 5도, 7도 음정 등이 있다.[15] 영가는 주변 서구 문화에서 흔히 들을 수 있는 7음 온음계보다는 서아프리카의 영향을 나타내는 펜타토닉(5음 음계)을 더 많이 사용했다.

부름과 응답은 흑인 영가인 <It's Alright>(괜찮아)에서 쉽게 볼 수 있다.

부름 When it gets dark and I can't see my way,   (어두워서 앞이 보이지 않을 때)
응답 Jesus said He'll fix it and it's alright.   (예수님께서 해결해 주실 거라 하셨으니 괜찮아)
부름 I know He's gonna send me a brighter day.   (주님께서 더 밝은 날을 보내주실 줄 알아)
응답 Jesus said He'll fix it and it's alright.   (예수님께서 고쳐주신다고 하셨으니 괜찮아)
다함께 It's alright, it's alright. My Jesus said He'll fix it and it's alright. It's alright,   (괜찮아 괜찮아. 우리 예수님이 고쳐주신다고 하셨으니 괜찮아 괜찮아.)   it's alright. My Jesus said He'll fix it and it's alright.   (괜찮아. 우리 예수님이 고쳐주신다고 하셨으니 괜찮아)

* <It's Alright>, 작사 작곡가 미상, http://www.hymnary.org/text/when_it_gets_dark_and_i_cant_see_my_way.

부름 및 응답 구조 외에도 영가를 부른 신자들은 종종 두 가지 다른 형식, AAAB 또는 AABA를 사용했다.

    (AAAB 형식의 예)

    In the morning when I rise (아침에 일어날 때)

    In the morning when I rise (아침에 일어날 때)

---

15 Edward Foley, ed., *Worship Music: A Concise Dictionary* (Collegeville, MN: Liturgical Press, 2000), 288.

In the morning when I rise(아침에 일어날 때)

Give me Jesus(나에게 예수님을 주소서)

(다 함께 AABA)

Give me Jesus(나에게 예수님을 주소서)

Give me Jesus(나에게 예수님을 주소서)

You may have all this world(당신은 이 세상을 다 가질지라도)

Give me Jesus[16](나에게 예수님을 주소서)

(AABA 형식의 예)

Were you there when they crucified my Lord?

(거기 너 있었는가 그때에, 주님 그 십자가에 달릴 때)

Were you there when they crucified my Lord?

(거기 너 있었는가 그때에, 주님 그 십자가에 달릴 때)

Oh! Sometimes it causes me to tremble, tremble, tremble.

(오 때로 그 일로 나는 떨려 떨려 떨려)

Were you there when they crucified my Lord?[17]

(거기 너 있었는가 그때에, 주님 그 십자가에 달릴 때)

교회에서 영가를 불러본 적이 없다 하더라도, 아주 쉽게 시도해 볼 수 있다. 아카펠라로 연주된 영가 녹음을 들어보라. 노래의 구조를 파악하고 노래의 어조(흥겨움, 애절함 등)를 기록하라. 음악 리더들에게 영가를 소개하고 소리와 가사에 익숙해지도록 하라. 노래를 부를 수 있는 다양한

---

16 <Give Me Jesus>, 작가 작곡가 미상.
    http://www.hymnary.org/text/in_the_morning_when_i_rise_in_the_morn.
17 "Were You There?,"(거기 너 있었는가) 작곡 작사 미상.
    http://www.hymnary.org/text/were_you_there_when_they_crucified_my_lo.

방법을 실험해 보라. 교회에서 부를 때가 되면 무반주로 과감하게 시도해 보라. 교인들이 사람의 순수한 목소리를 듣도록 하라. 노래에 따라 작은 타악기를 추가할 수도 있지만, 노랫소리가 우세해야 한다. 기타나 키보드, 오르간으로 덮어버리지 말라. 또한, 각 영가는 예배의 적절한 위치에 배치해야 성공에 도움이 된다. 예를 들어, 영가 <너 예수께 조용히 나가>(Steal Away to Jesus)는 중보기도로 이어지기에 적합하고, <산 위에 올라>(Go Tell It on the Mountain)는 기독교의 특정 절기에 훌륭한 파송 노래가 될 수 있다. 대부분의 영가는 작곡가가 알려지지 않았기 때문에 최근 편곡을 사용하지 않는 한 저작권 허가가 필요하지 않다.

흑인 영가는 남북전쟁 이전 미국 시대에 뿌리를 두고 있지만, 전 세계 교회에 속해 있다. 흑인 영가는 노래하는 회중에게 경축과 애통으로 가득 찬 심오한 가사와 멜로디를 제공한다. 이 곡들의 보편적인 매력은 그 무한한 가치에 대한 증거이다. 흑인 영가는 시대와 문화를 초월한다.

(2) 블랙 가스펠(Black Gospel Songs)

미국 역사에서 영가는 해방 이전 시대에 탄생했고, 블랙 가스펠은 해방 이후 시대에 발전했다.[18] 후자는 19세기 말과 20세기 초의 특정 미국 음악, 주로 래그타임, 블루스, 재즈가 결합하여 형성되었다. 20세기 초, 가스펠 음악의 아버지로 여겨지는 토마스 도시(Thomas A. Dorsey)는 이 장르의 노래를 드와이트 무디(Dwight L. Moody)와 아이라 D. 샌키(Ira D. Sankey)의 복음 찬송가(Gospel Hymns)와 구별하기 위해 '가스펠 음악'이라고 명명했다.[19] 복음 찬송가는 표준 개신교 찬송가의 특징을 반영한 반면, 가스펠

---

18 James Abbington, "If It Had Not Been for the Lord on My Side: Hymnody in African-American Churches," in *New Songs of Celebration Render: Congregational Song in the Twenty-First Century*, ed. C. Michael Hawn (Chicago: GIA, 2013), 73.

19 Ibid., 74.

음악은 즉흥 연주, 변경된 음계도 및 복잡한 리듬에 많이 의존했다.[20] 가스펠 음악은 영가와 많은 음악적 표현을 공유하기는 하지만(예: 부름 및 응답 노래를 모두 사용), 미국의 도시 지역에서 발전했다. 가스펠 음악은 아프리카계 미국인공동체의 투쟁과 깊은 관련이 있다. 노예 노래에 뿌리를 두고 있으며, 20세기 초 미국 도시에서 유행하던 세기말 미국 음악 스타일로 발전하면서 블랙 가스펠이라는 이름을 얻게 되었다.

블랙 가스펠은 20세기 이후로도 이어져 왔다. 블랙 가스펠은 민권 운동을 비롯한 아프리카계 미국인 문화의 다양한 운동의 정신을 표현하고 해석하고 전달해 왔다. 제임스 애빙턴(James Abbington)은 "흑인 영가(Negro Spiritual)의 형식이… 발전하는 '자유의 노래'(freedom song)로 직접 옮겨졌다"라고 주장한다.[21] 자유의 노래는 행진과 집회뿐만 아니라 교회에서도 정기적으로 불렸다.[22] 애빙턴은 "간단히 말해, 흑인들이 종교적으로 부르는 노래는 사회학적으로 그들에게 무슨 일이 일어나고 있는지에 대한 단서를 제공한다"[23]라고 결론 내린다.

블랙 가스펠은 오늘날 전 세계 여러 지역에서 여전히 불리고 있다. 또한, 모든 인종적 배경을 가진 사람들에게 인기가 많은 장르이다. 블랙 가스펠은 반복되는 제한된 텍스트 때문에 짧은 형식의 회중 노래에 속한다. 이 노래는 상호작용적이고, 많은 부름과 응답을 사용하며, 춤추고, 흔들고, 박수치는 등 몸을 참여시킨다. 생동감과 감정이 가득하다. 블랙 가스펠은 피아노와 오르간 소리가 나는 키보드, 기타, 베이스, 드럼, 그리고 수많은 작은 타악기 등 전자 악기를 많이 사용한다.

---

20   Ibid., 75.
21   Ibid., 73.
22   Ibid., 74.
23   Ibid., 79.

블랙 가스펠 장르를 탐구하려면, 제임스 클리블랜드(James Cleveland), 에드윈 호킨스(Edwin Hawkins), 안드래 크라우치(Andraé Crouch) 등 20세기 후반의 주목할 만한 아티스트를 살펴보라. 쉬운 가사와 곡조, 전반적으로 전염성이 강한 사운드가 특징인 크라우치의 <곧 아주 곧>(Soon and Very Soon)[24]은 시작하기에 좋은 곡이다. 이스라엘 휴튼(Israel Houghton), 도로시 노우드(Dorothy Norwood), 윌리엄 맥도웰(William McDowell)과 같은 현직 리더들의 노래를 들어보라. 현지 흑인 교회를 방문하고, 현지 음악가를 교회에 초청하여 지도자들을 교육하라. 흑인 가스펠의 정신을 파악하고 나면 그것이 주는 영감에 빠져들게 될 것이다.

(3) 교창(Antiphones)

기독교 실천에서 가장 일반적인 응답 노래는 성경의 시편과 관련된다. 응답 시편의 경우, 일반적으로 회중 전체가 시편에 기초한 '후렴'이라고도 하는 응답을 노래한다. 중간에 나오는 부분은 '단구'(versicle, 시편의 절을 가리킴)라고 하며, 보통 독창자(때로는 Cantor라고도 함)[25] 또는 코러스단이나 찬양팀과 같은 소그룹이 노래한다. 덜 예전적인 환경에서는 리더가 절을 말하고, 그룹이 후렴을 노래하거나 말한다. 역사적으로 절과 후렴을 부르는 방법은 여러 가지가 있었다(복음 찬송가와 관련된 다른 유형의 절과 후렴구는 제7장에서 다룰 것이다).

절과 후렴을 노래하는 한 가지 장르는 고대에 뿌리를 둔 교창식 시편 노래이다. 원래 교창식 시편 노래는 주로 두 앙상블이 시편을 한 절씩 번

---

[24] Andraé Crouch (words and music), "*Soon and Very Soon*," 1976, Bud John Songs/Crouch Music (administered by EMI Christian Music Publishing).

[25] 'cantor'(라틴어로 '가수'라는 뜻)라는 용어는 수천 년 동안 유대-기독교 예배에서 사용되어 왔다. 히브리어로 비슷한 용어인 'sh'liach tzibur'는 '기도 메신저'를 의미하며, 회중이 부르는 기도를 인도하는 회중의 대표적 목소리를 의미한다.

갈아 가며 부르는 노래 방식을 가리켰다. 수도사들과 수녀들은 수 세기 동안 이런 방식으로 매일 기도회에서 시편 150편을 노래해 왔다. 이 경우, 교창은 전체 시편(전체 시편은 교창으로 불렸다)의 시작과 마지막에서 다시 불리는 시편의 한 절로 구성되었다. 오늘날 교창은 전체 시편의 시작과 끝에서, 구절들 사이에 삽입되어서, 또는 시편의 시작과 각 절 후에 다양한 방식으로 사용된다. [26]

시편의 주요 구나 절이 시편의 주요 주제를 포착하는 교창으로 선택된다. 교창은 시편 구절들의 여러 지정된 지점에서 회중에 의해 불리는데, 그 구절들은 리더에 의해 말해지거나 불린다. 교창의 주고받는 참여는 대화를 암시하기에 예배의 대화적 성격에 잘 부합한다. 또한, 교창은 시편 전체에서 여러 지점에서 반복되기 때문에 예배자의 마음과 생각 속에 깊이 뿌리 내리게 된다. 부록 B에는 작곡가의 허락을 받아 회중과 함께 사용해 볼 수 있는 현대적인 교창의 예가 포함되어 있다.

첫째, 교창은 부르기 쉽고 즐겁게 경험할 수 있다. 다음은 이 장르의 짧은 노래를 한 번도 시도해 본 적이 없는 회중에게 교창을 소개하기 위한 두 가지 실용적인 제안이다. 먼저, 익숙한 노래의 한 구절을 선택하여 시편의 절들과 번갈아 가며 교창으로 사용하라(교창은 역사적으로 시편에서 유래된 경우가 많았지만, 반드시 그래야 할 필요는 없다). 예를 들어, 아이작 와츠(Isaac Watts)의 찬송가 첫 구절인 "기쁘다 구주 오셨네"(Joy to the world, the Lord is come)는 시편 98:4-9사이에 삽입하여 사용할 수 있는 훌륭한 교창이 될 수 있다. 이 찬송가와 시편은 모두 주님께서 최후의 심판 가운데 오실 것을 암시한다(놀랍게도! 이 곡은 본래 크리스마스 찬송가가 아니지만 크리스

---

26 Raymond F. Glover, "*Liturgical Music: Its Forms and Functions,*" in Liturgy and Music: Lifetime Learning, ed. Robin A. Leaver and Joyce Ann Zimmerman (Collegeville, MN: Liturgical Press, 1998), 234.

마스에도 잘 어울린다). 회중에게 잘 알려진 가사인 "기쁘다 구주 오셨네. 만 백성 맞으라"를 누군가 시편 98:4을 읽거나 노래하기 전에 부르도록 초대하라. 그런 다음 5절, 7절, 9절 후에 찬송가의 같은 구절을 다시 부르라. 사실 거의 모든 시편은 회중에게 이미 익숙한 노래를 떠올리게 하고, 그중 일부 구절은 교창으로 사용할 수 있다.

둘째, 교창은 작곡하기가 매우 쉽다. 시편에서 눈에 띄는 구나 절을 골라 좋은 멜로디를 붙이기만 하면 된다. 회중을 위해 멜로디를 악보로 만들거나 외우도록 가르치라. 독창자나 낭독자가 시편을 낭독하는 동안 간단하게 하라. 회중이 교창을 부를 때마다 음 높이를 알려주거나 전주를 제공할 필요는 없다. 그냥 몸짓과 미소, 노래로 시작하라. 아이들은 잘 따라올 것이다. 교창은 듣기만 하는 것이 아니라 시편을 경험할 수 있는 멋진 방법이다.

출판된 좋은 교창집도 많이 있다. 찬송가로 시작하는 것도 좋다. 일부 찬송가는 교창 부분을 포함하고 있다. 사람들에게 안정감을 주기 위해 익숙한 것부터 시작하는 것이 가장 좋은 방법이다.

탐구할 만한 응답 노래 장르는 더 많다. 대화식 노래를 최대한 활용하고 예배에서 발견할 수 있는 새로운 참여 의식을 즐겨라.

2) 독립 노래

두 번째 유형의 짧은 노래는 '독립 노래'라고 부르는 것이다. 독립 노래는 절이나 후렴 없이 그 자체로 있는 짧은 노래이다. 응답 노래와 달리 독립 노래는 모든 예배자가 동시에 함께 부르는 노래다.

- **특징**: 독립 노래의 주요 특징은 매우 제한된 양의 텍스트와 곡으로 구성된다는 것이다. 민족음악학자 로버타 R. 킹(Roberta R. King)은 이를 텍스트가 적은 노래라고 부르며, "다른 단어나 구가 거의 없고, 노래 전반에 걸쳐 몇 개의 단어만 바뀐다"라고 말한다.[27] 텍스트와 곡조의 간결성은 즉각적인 참여를 가능하게 할 뿐 아니라, 노래하는 동안 춤추고, 박수 치고, 움직일 자유를 허락한다.

이를 통해 한번에 여러 차원으로(수직적) 예전에 참여하게 할 뿐 아니라, 다른 예배자들과도 함께할 수 있게 한다(수평적). 독립 노래는 간결하기 때문에 상세한 말 없이 한 가지 요점을 전달하는 경향이 있다. 짧기 때문에 반복되는 것도 특징이다. 독립 노래는 메시지를 내면화하기 위해 노래의 전체 반복에 의존한다. 반복 없이 한 번만 부르면 예배자들이 가사를 묵상할 시간이 충분하지 않지만, 여러 번 반복하면 노래를 더 깊이 체험할 수 있다.

- **기능**: 독립 노래는 예배에 매우 유용할 수 있다. 예배의 요소들을 하나로 연결하여 예배가 진행됨에 따라 연속성과 흐름을 만들어낼 수 있다. 또한, 예배로 부름 후에, 기도로 이어질 때, 설교에 응답할 때, 성찬을 받을 때 등과 관련된 예전 행위들에 대한 초청이나 응답의 역할을 할 수 있다. 간결한 가사와 기억하기 쉬운 멜로디로 인해 예배의 다른 요소와 쉽게 어울어진다. 예배자들이 인쇄된 텍스트에 집중하지 않아도 되므로 노래하면서 예배에 참여할 수 있다. 많은 독립 노래는 참회의 기도, 예배로 부름, 치유를 위한 간구, 간증 등 특정 예배 행위를 위한 텍스트로도 잘 사용된다. 독립 노래는 단순하고 자주 반복되기 때문에 누구나 쉽게 자신감을 가지고 즉시 참여할 수 있다.

---

27 King, *A Time to Sing*, 61.

• 형식: 독립 노래는 작곡 형식에서도 단순한 구조를 선호하는 경향이 있다. 여기서는 주제와 글로벌 노래와 떼제 노래를 순환적 장르로 논의할 때(아래 참조), 이들은 응답 노래를 자주 사용하기 때문에 '응답 노래' 부분에서 논의될 수 있었다. 그러나 두 장르 모두 독립적인 형식의 여러 곡으로 구성되어 있기 때문에 여기에서 다루기로 했다. 다시 말하지만 다양한 짧은 노래 형식들 사이에는 겹치는 부분이 많다.

(1) 글로벌 노래(Global Songs)

오늘날 전 세계 교회가 누리는 큰 복 중 하나는 많은 나라에서 기독교 노래에 대한 인식과 참여가 확대되고 있다는 점이다. 예수 그리스도의 예배자들은 수 세기 동안 전 세계 여러 지역에서 하나님을 찬양하는 노래를 불러왔지만, 그들 지역을 넘어서는 경우는 드물었다. 하지만, 여행의 증가, 가속화된 커뮤니케이션(특히, 인터넷), 그리고 전 세계의 예배자들에게 그들 자신의 문화와 시대를 반영하는 토착 성가를 만들고 확장하도록 장려하는 선교학적 강조의 변화로 인해 상황이 크게 달라졌다. 이러한 요인들과 함께 글로벌 노래 발전에 애쓰는 새로운 단체들이 생겨나면서, 서구 교회는 모든 대륙의 형제 자매들이 부르는 마음의 노래를 접하게 되었다.[28] 그 결과 전 세계 모든 신자가 함께 기뻐하며 부를 수 있는 기독교 예배 음악이 쏟아져 나오고 있다. 우리는 흥미진진한 시대에 살고 있다!

물론, 글로벌 노래는 언어, 음조, 리듬 패턴, 화성 구조, 작곡 형식 등 모든 면에서 서로 크게 다르고, 매우 다른 악기를 사용하여 연주된다. 하지만, 많은 비서구 노래는 위에서 설명한 짧은 응답 노래 형식, 특히 부름과 응답 노래와 절과 후렴 노래에 적합하다는 공통점을 가지고 있다. 이

---

28 독자들이 국제민족예배학협의회(http://www.worldofworship.org)의 연구를 살펴볼 것을 적극 권장한다.

는 대부분의 글로벌 노래가 구전 전통에서 비롯되었고 공동체 의식이 매우 높은 문화권에서 불렸기 때문이다. 따라서 노래가 대화적이고 매우 참여적인 특성은 자연스럽다. 많은 글로벌 노래는 순환 구조의 훌륭한 예를 제공한다.

순환 노래에서는 공동체 전체가 짧은 노래를 부른 다음 그 의미를 내면화하기 위해 여러 번 반복한다. 반복 횟수는 그 노래가 유래한 문화, 예전에서의 목적, 그룹 역학에 대한 리더의 감수성 등 여러 가지 요인에 따라 달라진다. 순환 구조는 반복에 의존하지만 무의미한 반복은 아니다. 일반적으로 각 반복은 동일하지 않으며, 노래는 단지 경험을 늘리기 위해 반복되지 않는다. 오히려 각 반복은 공동체가 노래를 꾸미고, 즉흥적으로 만들고, 개인화하며, '소유'할 수 있는 기회다. 그런 의미에서, 노래는 반복되더라도 복제되지 않는다. 반복은 이야기다. 공동체 안에서 일하시는 하나님의 이야기다.

마이클 혼(C. Michael Hawn)은 순환 노래를 주제와 변주의 한 유형으로 간주한다.[29] 주제와 변주에서는 제일 먼저 불리는 진술에서 멜로디 주제가 설정되고, 이후에는 동일한 주제가 반복적으로 제시되는데, 각 반복에서는 원래의 멜로디 주제와 교차되면서 다양한 방식으로 변주된다. 서구 기악 작곡가들은 주제와 변주를 작곡 계획으로 사용할 때 리허설과 연주를 위한 악보를 작성하기 때문에 연주회마다 매우 유사한 해석이 나오는 경향이 있다.

반면 많은 글로벌 노래의 경우 **노래되는** 주제와 변주는 일반적으로 악보에 기록되지 않는다. 따라서 지역, 장소에 따라 무한한 해석이 나오는 경향이 있다. 바로 이것이 핵심이다. 순환 노래는 매 순환마다 살아 숨 쉬

---

29 C. Michael Hawn, *Gather Into One: Praying and Singing Globally* (Grand Rapids: Eerdmans, 2003), 231.

며 변화한다. 이 노래는 매번 동일하게 재현되도록 의도된 것이 아니다. 공동체의 각 구성원이 노래에 기여하며 그 순간을 경험하도록 만들어진 것이다. 처음 노래된 진술이 강하면 반복될 때마다 많은 즉흥적인 확장이 지속될 수 있고 그 활력을 잃지 않는다. 노래가 반복될 때마다 노래의 메시지와 경험은 예배자와 하나님과의 교제로 엮어진다. 이는 노래하는 사람들이 연주에 대한 기대와 기술에 방해받지 않고 노래의 단순함 속에서 하나님을 만날 수 있는 길을 열어준다. 노래가 짧기 때문에 예배자들은 노래되는 중요한 가사에 온전히 집중하고 참여할 수 있다.

때때로 교인들은 "우리 노래가 아니다"라고 느껴지는 노래를 부르는 것 자체에 저항하기도 한다. 많은 진전을 이루었지만, 북미의 많은 교회는 글로벌 노래를 예배에 포함하는 데 더딘 모습을 보인다. 적합한 노래에 대한 그들의 기준은 교회 중심적인 경향을 띤다. 이는 이해할 수는 있지만 용납할 수는 없다. 목회적 음악가들은 다른 사람들이 교회를 큰 교회로 인식하도록 조심스레 이끌 수 있는 좋은 기회를 가지고 있다! 끊임없는 예배를 통해 세상에 대한 비전을 확장하도록 돕고, 결코 만날 수 없는 자매와 형제들의 목소리를 더하도록 격려하라. 세 가지 접근 방식이 도움이 될 것이다.

첫째, 세상의 필요를 위한 공적 중보기도를 진지하게 받아들이라.[30] 전 세계를 위해 기도한 후, 여러분의 노래가 세상을 위한 기도와 함께하도록 천천히 이끌어가라.

둘째, 신자들의 공동체를 전 세계적으로로 정의한다. 각 교회가 예배에서 지역공동체를 대표하는 것은 사실이지만, 그 교회는 과거와 현재, 미

---

[30] C. Michael Hawn, "Worshiping with the Global Church," in *Worship and Mission for the Global Church: An Ethnodoxology Handbook*, ed. James R. Krabill (Pasadena, CA: William Carey Library, 2013), 431.

래에 속한 예수 그리스도의 전 세계 교회라는 훨씬 큰 실체의 작은 한 목소리에 불과하다. 설교, 소그룹 공부, 교회학교 수업 등을 통해 의도적으로 기독교 공동체의 구성에 대한 폭넓은 시각을 형성할 수 있다.

셋째, 영원한 왕국의 궁극적인 공동체를 신자들 앞에 제시하라. 그리스도께서 재림하실 때, 그 공동체는 모든 사람과 피조물을 하나님이 본래 의도하셨던 예배를 위한 한 몸으로 화해시킨다. 그날에는 이렇게 고백하게 될 것이다.

> 각 나라와 족속과 백성과 방언에서 아무도 능히 셀 수 없는 큰 무리가 나와 흰옷을 입고 손에 종려 가지를 들고 보좌 앞과 어린양 앞에 서서 큰 소리로 외쳐 이르되 구원하심이 보좌에 앉으신 우리 하나님과 어린양에게 있도다(계 7:9-10)!

혼은 "교회는 새로운 실제로 나아가기 위해 노래해야 한다"라고 말한다.[31] 우리는 하늘에서와 마찬가지로 땅에서도 노래할 수 있다.

글로벌 노래를 받아들이는 여정을 시작하기 위해 취할 수 있는 몇 가지 간단한 단계는 다음과 같다.

① 거주 지역의 소수민족 교회나 다문화 교회를 방문하고,
② 나와 언어가 다른 그리스도인 형제자매와 친구가 되고,
③ 인터넷에서 글로벌 노래를 듣고,
④ 글로벌 노래 샘플이 담긴 CD나 iTunes 음원을 구매한다;
⑤ 국제민족예배학협의회(International Council of Ethnodoxologists)의 웹사이트를 방문하여 자신과 다른 예배 인도자들에게 글로벌 노래를 접하

---

31 Ibid., 429.

게 한다.³²

⑥ 글로벌 노래가 포함된 찬송가를 살펴본다(주류 교단의 찬송가는 좋은 시작점이 될 것이다).

⑦ 회중이 사용할 수 있게 번역된 다양한 나라의 노래를 수록하고 있는 찬송가집을 구매한다.³³

주저하지 마라. 때로는 많은 설명 없이 그냥 하는 것도 좋은 방법이다. 짐바브웨, 멕시코, 브라질에서 온 형제자매들과 함께 기도하도록 예배자들을 초청하라. 또는 싱가포르, 인도, 그리스의 신자들과 함께 찬양해 달라고 요청하라. 회중에게 참여를 요청하기 전에 새로운 노래를 그들에게 가르치는 일을 주저하지 말라. 리더가 부르는 새 노래를 먼저 들려주도록 하라. 안타깝게도 찬양 인도자들은 이 매우 중요한 부분을 소홀히 하는 경우가 많다. 준비하고, 따뜻하게 초청하고, 예배의 흐름과 목적을 위해 의도적으로 주변 예배 요소를 구성하고, 자신감 있게 인도하고, 그 결과를 즐기라! 또한, 이후 몇 주 동안 새 노래를 계속해서 사용하라. 반복해서 부르면 사람들의 마음과 기억 속에 깊이 자리잡을 수 있다. 한 번 부를 가치가 있다면, 다시 부를 가치도 있다.

(2) 떼제 노래(Taize Songs)

떼제는 독특한 예배 스타일로 짧고 순환적인 노래로 구성되어 있으며, 반복될 때마다 예배자들이 하나님을 깊이 경험하도록 한다. 떼제를 노래하는 기독교 명상이라고 생각할 수도 있다. 침묵 또한 떼제 예배의 중요

---

32 http://www.worldofworship.org.
33 C. Michael Hawn, Halle, *Halle: We Sing the World Round; Songs from the World Church for Children, Youth, and Congregation* (Garland, TX: Choristers Guild, 1999).를 추천한다.

한 특징이며 노래와 함께 엮여져 묵상과 기도를 돕는다.

떼제 노래 대부분은 프랑스 떼제공동체의 일원인 로버트 형제(Brother Robert)와 파리 인근 출신의 뛰어난 프랑스 음악가 자크 베르티에(Jacques Berthier)에 의해 시작되었다. 두 사람은 떼제 노래 목록의 대부분을 함께 작곡했으며[34] 특히 전 세계에서 방문하는 많은 젊은이가 쉽게 부를 수 있는 노래를 작곡하는 데 전념했다.

떼제는 프랑스 남동부에 위치한 작은 마을로, 여기서 에큐메니컬기독교형제공동체가 그들의 이름을 따왔다. 로저 루이 슈츠-마르소슈 형제(Brother Roger Louis Schutz-Marsauche)는 1940년 나치 독일에서 유대인, 고아 등 피난처가 필요한 사람들을 위해 사역해야 한다는 소명을 느끼고 스위스에서 떼제로 이주했다. 1944년 로저 형제는 청빈과 독신, 그리스도에 대한 순종에 동의한 형제들로 구성된 에큐메니컬공동체를 설립했다. 제2차 세계대전 이후, 떼제공동체는 매년 전 세계에서 수많은 예배자들, 특히 순례를 떠나는 젊은이들을 끌어모으는 초교파적이고 국제적인 공동체로 발전했다. 현재 모든 대륙에 공식 떼제공동체가 형성되어 있다.

떼제 음악은 단순하고 반복적인 멜로디가 특징이며, 후렴, 캐논(돌림 노래), 오스티나토(반복 구절) 등 다양한 음악적 장치를 사용하여 예배자들이 인쇄된 악보 없이도 쉽게 노래할 수 있도록 돕는다. 떼제는 주로 관악기와 현악기 등 어쿠스틱 악기를 사용한다. 이 음악은 순환 구조를 사용하거나, 선창자와 회중이 번갈아 부르는 부름과 응답 형식을 취하는 경향이 있다. 주목할 만한 특징 중 하나는 반복될 때마다 연주자와 보컬이 추가되거나 줄어들면서 소리의 층을 형성한다는 것이다. 각 노래는 자연스럽게 쌓이다가 반복되면서 음량과 세기가 서서히 감소한다.

---

[34] C. Michael Hawn, "Through Every Land, by Every Tongue," in *New Songs of Celebration Render: Congregational Song in the Twenty-First Century,* ed. C. Michael Hawn (Chicago: GIA, 2013), 306.

떼제 노래는 20세기 후반과 21세기 초반에 제작된 많은 찬송가집과 노래집에 수록되어 있다. 북미 찬송가에 포함된 가장 인기 있는 두 곡은 예수님과 함께 십자가에 못 박힌 한 강도의 기도에 동참하는 <예수님, 당신의 나라에 오실 때 나를 기억하소서>(Jesus, Remember Me When You Come into Your Kingdom)(전체 텍스트는 9단어)와 시편 102편을 바탕으로 한 <오 주여! 내 기도를 들으소서>(O Lord, Hear My Prayer)이다.

떼제는 시편, 성가, 다른 성경 구절, 전통 기도문 등 다양한 텍스트를 사용한다. 화해는 떼제공동체의 중요한 주제이기 때문에 음악가들은 교파를 초월하여 익숙한 텍스트와 표현을 활용하여 에큐메니컬한 노래를 의도적으로 만들려고 노력한다.[35] 떼제 노래는 어떤 예배에도 아름답게 어우러진다. 자연스러운 아름다움과 접근성 덕분에 누구에게나 쉽게 받아들여지고 인정받는다. 떼제 노래는 특이하게도 찬양 코러스와 성가의 조합이라고 할 수 있다. 떼제공동체의 구성원들은 보편적으로 접근할 수 있고 미학적으로 아름다운 노래들을 세상에 선사했다.

떼제 탐구를 시작하는 좋은 방법은 웹사이트[36]나 CD, 아이튠즈를 통해 떼제공동체의 노래를 듣는 것이다. 주변 지역의 떼제 예배에 참여해 보라(많은 교회에서 정기적으로 떼제 예배를 드리고 있다). 예배 중에 짧은 떼제 노래 중 하나를 기도로서 부르면서 시작하라. 인도자가 멜로디만 연주하는 악기 반주로 한 번 부른 후, 회중이 함께 부르도록 초청하라. 노래가 여러 번 반복될 때 가능한 악기를 추가하라. GIA 출판사(미국 시카고에 있는 교회 음악 전문 출판사 - 역자주)를 통해 많은 떼제 편곡집을 구할 수 있다.[37] 사람들이 많은 정보를 얻기 전에 새로운 노래를 경험하게 하는 것도 좋은 생

---

35 일부 떼제의 노래는 바로 이런 이유로 라틴어로 쓰였는데, 라틴어는 교회에서 오랫동안 사용되어 온 전통이 있어 그리스도인들에게는 일종의 다문화 언어이기도 하다.
36 출판사, http://www.taize.fr/en.
37 GIA 간행물, www.giamusic.com

각이다. 노래와 예전 행위 사이의 연결이 명확하고 리더가 노래를 인도할 준비가 되어 있다면 예배자들은 쉽게 참여할 수 있을 것이다.

순환 노래의 인기가 높아지고 있는 것에 대해 혼은 이렇게 말한다.

> 스트로픽 찬송가(Strophic Hymn, 같은 멜로디를 반복적으로 사용하며 각 절마다 다른 가사를 붙이는 형식의 찬송가)는 여전히 중요하지만 최근 찬송가를 대충 살펴봐도 후렴과 순환 구조가 증가하고 있음을 알 수 있다.[38]

현대 문화는 쉽게 접근할 수 있고 다양한 방식으로 사람들을 참여시키는 노래에 매우 호의적이다. 서구 사회도 많은 곳에서 점점 더 다문화적이 되고 있다. 글로벌 노래와 떼제는 모두의 노래다. 분명히 이것은 "사람들이 동서남북으로부터 와서 하나님의 나라 잔치에 참여하리니"(눅 13:29)의 말씀에 대한 영원한 하나님 나라의 전조이다.

(3) 코러스(Choruses)

짧은 독립 노래의 한 장르인 코러스는 짧고 통작 형식을 사용한다. 반복되는 부분이 없이 모든 구절이 새로운 작곡물은 통작으로 간주된다. 기술적으로 볼 때, 코러스는 하나의 중심 주제를 가진 짧은 기독교 노래다. 코러스는 개인적인 성격의 찬양이나 헌신을 표현하는 특성을 가지는데, 이는 코러스의 발생지, 예를 들어 교회학교의 감화적인 코러스, 캠프와 수련회의 개인적인 체험 노래, 복음 코러스의 간증 노래와 크게 관련된다. 교회학교와 캠프 노래는 오늘날 대부분의 예배 환경에 적합하지 않을 수 있지만, 가스펠 코러스는 상황에 따라 어느 정도의 잠재력을 지닌다.

---

38 C. Michael Hawn, *introduction to New Songs of Celebration Render: Congregational Song in the Twenty-First Century*, ed. C. Michael Hawn (Chicago: GIA, 2013), xli.

1940년대와 1950년대에 두각을 나타낸 가스펠 코러스는 "절이 없는 복음 찬송가로 묘사될 수 있다."[39] 가스펠 코러스는 많은 대규모 전도 집회와 그리스도를 위한 젊은이들(Youth for Christ) 같은 선교단체에서 사용되었다.[40] 독립 가스펠 코러스의 예로는 <살아계신 성령님>(Spirit of the Living God)[41]과 <눈을 주님께 돌려>(Turn Your Eyes upon Jesus)[42]가 있다.

코러스의 최근 발전 중 하나는 현대 예배 운동 초기에 등장한 짧은 노래들이다. 1960년대와 1970년대의 예수 운동(Jesus Movement) 기간에 이 새로운 기독교 음악의 첫 번째 물결은 로큰롤과 초기 록 음악의 표현 형식과 악기를 사용했다.

이러한 코러스는 종종 '찬양 코러스'(찬양이 주요 주제) 또는 '성경 코러스'(가사의 내용이 성경에서 직접 인용되거나 성경적 암시를 포함)라고 불렀다. 현대의 코러스는 1960년부터 시작된 미국의 문화 혁명에서 소외된 젊은이들 사이에서 부흥의 불길이 먼저 퍼지면서 복음전도적으로 사용되었다. 교회에서의 코러스 사용은 처음엔 많은 논란이 있었지만, 1960년대 초부터 1980년대 중반까지 은사주의 갱신 운동과 거의 동시에 진행된 제2 바티칸 공의회의 개혁(1962-1965)으로 인해 강화되면서 결국 많은 교회에서 큰 인기를 얻게 되었다. 오늘날 이 단순한 독립 노래들은 다양한 교회에서 널리 사용되고 있다. 현대 예배 운동은 단순하게 시작되어 여러 변화를 경험했지만, 이러한 코러스는 오늘날 예배에서 유용한 역할을 하므로 간과되어서는 안 된다.

---

39 David W. Music, "I Sing for I Cannot Be Silent: Gospel and Revival Hymnody in the Twentieth Century," in *New Songs of Celebration Render: Congregational Song in the Twenty-First Century*, ed. C. Michael Hawn (Chicago: GIA, 2013), 110.
40 Ibid.
41 Daniel Iverson (words and music), "Spirit of the Living God," 1926.
42 Helen H. Lemmel (words and music), "Turn Your Eyes upon Jesus," 1922.

코러스는 가장 단순한 음악 형식을 사용한다. 필요한 것은 짧은 말들로 하나의 핵심 주제를 전달하는 몇 소절 뿐이다. 이 소절들은 '노래 바이트' 로 묘사될 수 있다. 많은 사람은 코러스(chorus)와 후렴(refrain)ㄹ을 혼동한다. 복음 찬송가에는 후렴이 있는데, 이를 코러스로 잘못 이해한다. 게다가, 오늘날 대부분의 현대 예배 노래에는 실제로 후렴의 기능을 하는 코러스가 있다! 후렴은 절 없이 진정한 후렴이 될 수 없고, 코러스는 절이 있으면 코러스가 될 수 없다. 일부 독립 코러스는 여러 절로 있는 것처럼 보여 더 긴 노래로 보일 수 있다.

하지만, 자세히 살펴보면 한두 단어만 바뀐 동일한 텍스트임을 알 수 있다. 이 경우 최소한의 단어 변경으로 반복되는 코러스다. 새로운 절로 여겨지기에는 단어 변경이 충분하지 않다. "He's Got the Whole World in His Hands"(주님은 온 세상을 손에 쥐고 계신다)가 좋은 예다. 반복될 때마다 간단한 단어 대체가 있지만, 동일한 텍스트다.[43]

> He's got the whole world in his hands … (주님은 온 세상을 손에 쥐고 계신다)
> He's got you and me brother … (주님은 형제인 당신과 나를…)
> He's got you and me sister … (주님은 자매인 당신과 나를…)
> He's got the little bitty baby … (주님은 아주 작은 아기도…) [44]

코러스는 짧은 노래이기 때문에 노래를 지속하기 위해 대개 여러 번 반복된다. 독립 코러스와 순환 또는 주제와 변주 노래 사이의 중요한 차이점 중 하나는, 현대 코러스는 반복될 때 변형되거나 꾸며지지 않는 반면, 글로벌 노래와 떼제 노래는 반복될 때마다 전략적으로 변형된다는 점이

---

43 "아버지", "어머니", "형제", "자매" 등과 같은 단어들을 "가족 단어"라고 한다.
44 "He's Got the Whole World in His Hands," 작자 미상.
http://www.hymnary.org/text/hes_got_the_whole_world_in_his_hands.

다. 코러스가 반복될 때는 의도적인 변주가 거의 없거나 전혀 없다. 이러한 이유로 일부 회중이 초기 코러스를 지루하고 중복된다고 비판했을 가능성이 높다.

순환 노래처럼 코러스는 온 세대 예배에 매우 유익하다. 코러스는 텍스트가 적기 때문에 모든 연령과 배경의 사람들이 쉽게 따라 부를 수 있다. 긴 가사를 가진 노래들 사이에 코러스를 섞어 사용하면, 모든 사람이 쉽게 참여하도록 돕는 음악적 착륙지를 제공한다.

교회에서 찬양 코러스를 사용해 본 적이 없거나 최근에 사용하지 않았다면, 그 노래들에 대해 알아보거나 다시 알아보는 것은 어떤가?

코러스 도입을 위해 두 가지를 제안한다.

첫째, 1970년대와 1980년대의 초기 찬양 코러스 모음집들을 찾아보아라. 분명 알고 있었지만 잊어버린 것들을 떠올릴 수 있을 것이다.

둘째, 교회에서 물어보라. 예전에 자신에게 의미가 있었던 코러스를 기억하는 사람이 있을 것이다. 오래되었지만 좋은 노래를 찾으면 2~3주 동안 예배에서 전략적으로 사용해 보라. 가끔씩 다시 사용하라. 적절히 사용되면, 코러스는 모든 연령대에게 편안하면서도 의미있는 예배 표현이 될 수 있다.

(4) 예배 음악(Service Music)

독립 노래의 네 번째 장르는 예배 음악이다. 이 용어는 예전에서 노래로 불려야 하는 부분들의 음악곡[45]을 의미한다. 어떤 교회들은 예배자들로 회중 노래만 부르게 하고, 예배의 나머지 부분은 말로만 진행한다. 다른 교회들은 예배 예식의 여러 작은 부분을 노래로 표현하는 풍성한 전통

---

45 Foley, *Worship Music*, 279.

을 가지고 있다. 노래로 하든 말로 하든, 모든 예배는 스타일과 관계없이 짧은 초청, 찬양의 외침, 간구 등을 포함한다. 예배 음악은 예배자들이 예배의 여러 연결 부분을 노래할 수 있는 기회를 제공하면서, 예배 전체를 통해 하나님과 사람들 사이의 대화를 통합한다.

따라서 예배 음악은 예배 전반에서 예전의 기능적 행위를 하는 짧은 회중 노래로 구성된다. 예배 음악은 예전 행위의 전환을 표현하기 위해 주로 사용되며, 그 결과 '노래하는 예전'이 된다. 이는 관점의 문제다. 일부 교회에서는 노래가 주로 말로 진행되는 예배에서 뚜렷한 부분을 차지하지만 다른 교회에서는 말로 하는 부분이 적은 노래로 하는 예배처럼 느껴진다. 예배에서 일반적으로 노래되는 부분에는 **송영**(*Doxology*)과 **키리에**(*Kyrie*)가 포함된다.

송영이란 하나님을 직접 찬양하는 짧은 노래로, 종종 삼위일체에 대한 확언을 사용한다. 헬라어에서 '영광의 말'[46]로 번역된 송영은 구약과 신약성경에 자주 등장하며[47] 처음부터 기독교 예배에서 중요한 부분이었다. 아마도 가르침, 권면, 설교의 결론에 사용된 것으로 추정되는 송영은 "회중이 메시지를 자기 것으로 만들 기회를 제공했을 것이다."[48] <OLD 100th>(구 100편)라는 곡조에 맞춘 토마스 켄(Thomas Ken)의 송영은 오늘날 가장 잘 알려진 송영이다. 그래서 <송영>(The Doxology)이라는 유명한 제목을 얻었다. 긴 찬송가의 한 부분일 뿐이지만, 이 짧고 삼위일체적인 찬양의 노래는 수 세기 동안 예배 음악으로 불려 왔다.

Praise God from whom all blessings flow(만복의 근원 하나님)

---

46 Ibid., 94.
47 예를 들어, 바울서신서에는 송영이 많이 등장한다. 롬 11:33-36을 참고해라.
48 Gerhard Delling, *Worship in the New Testament, trans. Percy Scott* (Philadelphia: Westminster, 1962), 64, quoted in Edward Foley, Foundations of Christian Music: The Music of Pre-Constantinian Christianity (Collegeville, MN: Liturgical Press, 1996), 77.

Praise him, all creatures here below(온 백성 찬송 드리고)

Praise him above, ye heavenly host(저 천사여 찬송하세)

Praise Father, Son and Holy Ghost.[49] (성부 성자 성령 아멘)

독백의 또 다른 예로는 글로리아 패트리*(Gloria Patri)*가 있다. 이 제목은 라틴어에서 유래한 것으로 "성부께 영광"(Glory to the Father)라는 뜻이다. 이는 삼위일체적 찬양의 또 다른 예이다.

Glory be to the Father, and to the Son, and to the Holy Ghost

(영광이 성부와 성자와 성령께)

as it was in the beginning, is now, and ever shall be

(처음과 같이 이제와 항상)

world without end. Amen.[50]

(무궁세에 있나이다. 아멘.)

글로리아 패트리의 텍스트는 2세로 거슬러 올라간다. 이것은 4세기부터 그리스도인들이 시편 일과를 마무리할 때 사용되었다.[51] 오늘날 이 곡은 성가부터 현대 음악에 이르기까지 수많은 음악곡으로 사용되고, 성경 봉독의 마무리로 적합하지만 다른 곳에서도 적절하게 사용될 수 있다. (예배가 끝날 때 이 노래를 부르면 멋진 마무리가 되지 않을까?)

---

[49] Thomas Ken, "Praise God from Whom All Blessings Flow," 1674. http://www.hymnary.org/text/praise_god_from_whom_all_blessings_ken.

[50] "Glory Be to the Father," 작곡 작사 미상. http://www.hymnary.org/text/glory_be_to_the_father_and_to_the_son.

[51] Foley, *Worship Music*, 126.

예배에서 자주 노래되는 또 다른 부분은 **키리에**("주여, 자비를 베푸소서"라는 뜻인 키리에 엘레이손이라고도 함)이다. 노래로 불리는 공동 간청인 **키리에**는 하나님의 은혜를 간구한다. 도움이 필요할 때 하나님의 도움을 구하는 간구다. **키리에**는 적어도 8세기부터 기독교 예배에 추가된 헬라어로[52], 그 텍스트는 크게 세 부분으로 구성되어 있다. **키리에 엘레이손**(Kyrie elesion, "주여, 자비를 베푸소서"), **크리스테 엘레이손**(Christe eleison, "그리스도여, 자비를 베푸소서"), 그리고 다시 **키리에 엘레이손**으로 마무리된다. 원래는 주요 중보기도를 할 때 불렸으나[53] 후에는 예배 시작 부분에 나타났다. 참회 기도와 함께 또는 성찬식을 준비할 때 "주님, 자비를 베푸소서"라고 기도하는 것도 적절하다. **키리에**는 고대에 뿌리를 두고 있지만, 최근에는 데이비드 크라우더 (David Crowder), 키스 게티와 크리스틴 게티 (Keith & Kristyn Getty), 마이클 궁고르 (Michael Gungor)와 같은 현대 예술가들의 곡을 통해 주목받고 있다.

예배에 예배 음악을 포함하려면 다음을 참고하라.

① 작게 시작하라. 예전의 복잡한 부분에 얽매이지 말고 한 번에 너무 많은 것을 시도하지 마라. 익숙해질 때까지 한 가지씩만 시도하라.
② 예배를 점검하여 말로 진행되는 것을 노래로 바꿀 수 있는 곳이 있는지 찾아보라. 기도의 초청, 축도 등으로 사용할 수 있는 잘 알려진 코러스나 노래의 일부를 찾아보라. 예배 순서를 바꾸지 말고 평소에 말로 표현되던 것을 노래로 바꾸라.
③ 자신의 스타일을 유지하라. 전통적이거나 예전적인 교회가 역사적으로 예배 음악을 사용해 온 것은 사실이지만, 그렇다고 해서 모든 교

---

[52] Ibid., 173.
[53] Dennis C. Smolarski, SJ, *Liturgical Literacy: From Anamnesis to Worship* (New York: Paulist Press, 1989), 134.

회가 그 스타일로 노래해야 하는 것은 아니다. 본 장에 제시된 모든 유형의 노래는 예배 음악으로 사용할 수 있는 다양한 선택지를 제공한다.

많은 환경에서 잊혀졌지만, 예배 음악은 사람들을 참여시키는 또 하나의 훌륭한 방법이다. 예배 음악은 사람들로 하여금 예배는 정적인 것이 아니라 움직이고 있고, 그들이 그 역동적인 움직임에 참여하고 있다는 것을 이해하도록 돕는다.

3) 즉흥 노래

마지막으로 고려해야 할 짧은 노래의 유형은 즉흥 노래이다. 즉흥 노래를 하나의 유형으로 생각하는 것이 이상하게 여겨질 수 있다. 그러나 믿기 힘들겠지만, 즉흥 노래는 교회에서 오랜 역사를 가지고 있고, 오늘날 예배자들에게 신선함을 제공할 수 있다.

- **특징**: 즉흥 노래란 무엇인가?

즉흥 노래의 한 가지 주요 특징은 예상되거나 계획된 것이 아니라 성령의 인도에 따라 '순간적으로' 발생하는 노래라는 것이다. 즉흥 노래는 응답이 시급하다고 느껴지기 때문에 종종 나타나는 계획되지 않은 노래이다. 노래는 필요한 것을 풀 수 있다. 즉흥 노래는 기억해서 부르거나, '실시간'으로 만들어진 짧은 노래다. 이러한 노래는 바울이 교회들에게 '신령한 노래'를 부르라고 권면했을 때 의미했던 것의 일부일 수 있다.

- **기능**: 즉흥 노래의 목적은 하나님께 영광을 돌리고 신자들을 교화한다는 점에서 모든 회중 노래의 목적과 동일하다. 그러나 한 가지 독특한 측면이 있는데, 바로 리더십을 공유한다는 점이다. 즉흥 노래는 앞쪽이

아니라 회중 내에서 노래를 인도할 수 있는 가능성을 열어준다. 목회적 음악가는 자신의 임무를 계속 수행하면서 하나님께서 모임의 목적을 이루시기 위해 누구를 사용하실지 주의 깊게 살펴본다. 즉흥 노래는 한 사람의 공연이나 자기 만족을 위해 실행되는 것이 아니라, 모든 사람이 함께하기를 바라면서 실행된다. 이것이 바로 수평적 리더십이다. 찬양 인도자가 모든 찬양을 시작하거나 인도할 필요는 없다. 다른 예배자들이 적절한 때에 자발적으로 리더십을 발휘할 수 있다. 목회적 음악가들은 공동체와 함께 일하며 즉흥 노래를 지혜롭게 인도하는 법을 배울 것이다.

- 형식: 아래에서 설명하는 일부 장르에 사용되는 구조는 자유 형식 또는 통작인 경향이 있다. 자유 형식은 기존의 작곡 규칙에 얽매이지 않는다.[54] 그러나 어떤 형식도 완전히 자유롭지는 않다. 음악이 실행 가능하려면 어느 정도의 일관성과 통일성은 반드시 필요하기 때문이다.[55]

즉흥 노래는 그 자리에서 즉시 만들어지기 때문에, 미리 계획된 작곡 형식이 따로 있지 않다. 노래는 명확한 구조를 띠는 듯 보일 수도 있으나, 그러한 구조는 노래가 진행되면서 비로소 인식된다. 자유 형식의 사용은 종종 통작 형식의 음악으로 이어지는데, 이는 곡이 작곡되기보다는 수용되는 경향이 있기 때문이다. 성령의 감동으로, 메시지는 노래하는 사람을 통해 전달되며, 이때 그 사람은 음악적 구성보다 전달될 메시지에 더 관심을 둔다. 즉흥 노래는 여러 가지를 의미할 수 있지만 여기서는 세 가지를 살펴보겠다.

---

54 Wallace Berry, *Form in Music: An Examination of Traditional Techniques of Musical Structure and Their Application in Historical and Contemporary Styles* (Englewood Cliffs, NJ: Prentice-Hall, 1966), 436.

55 Ibid.

(1) 익숙한 노래(Familier Songs)

때때로 예배 중에 누군가가 익숙한 노래를 인도하도록 감동을 받을 수 있다.

그런 상황을 경험해 본 적이 있는가?

아마도 기도나 간증, 혹은 설교가 특별히 감동적으로 흘러간 순간이었을 것이다. 그때 예기치 않게, 교인 중 누군가가 노래를 부르기 시작하고, 다른 사람들도 자연스럽게 그 노래에 함께 참여하면서 그 순간을 온 공동체가 붙잡게 된다. 이 경우 어떤 계획이나 준비도 없었고, 단지 누군가가 마음속에 있던 노래를 자연스럽게 흘러나오게 했을 뿐인데, 그 노래는 곧 공동체 전체의 진심 어린 노래가 된다. 이런 경험을 한 적이 있다면, 그것은 마치 세상에서 가장 자연스러운 일처럼 느껴졌을 것이다. 리허설도, 소개도, 설명도, 악기도 없이 그저 한 사람의 마음에서 솟아나고 다른 이들이 따라 부르며, 마침내 하늘로 스며드는 단순하고 아름다운 노래 하나가 전부였다.

이처럼 익숙한 노래는 공동체의 '기억 창고'에 저장되어 있기 때문에, 인쇄된 가사 없이도 사람들이 함께 부를 수 있다. 짧은 노래는 즉흥 노래에 특히 잘 어울리는데, 더 잘 기억되기 때문만이 아니라, 짧은 가사를 담은 노래들은 계시 유형 노래보다는 응답 유형의 노래로 기능하기 때문이다. 긴 노래나 복잡한 가사를 담고 있는 노래는 이러한 상황에서 흐름을 방해할 수 있다.

(2) 즉흥 노래(Improvised Songs)

즉흥 노래는 이전에 작곡되지 않았고, 앞으로 사용할 목적으로 기록될 의도가 없는 노래이다. 즉흥 노래는 성령의 감동을 받은 사람이 공동체를 대표하여 마음속에 있는 것을 노래하도록 촉구받아 즉석에서 부르는 노래이다. 사도 바울은 고린도 교회에 보낸 편지에서 "너희가 모일 때에 각각의 찬송시도 있으며"(고전 14:26)라고 언급하면서 이러한 관습을 암시한다. 아가페 식사에서 찬송을 부르는 것에 대한 테르툴리아누스(Tertullian)의 설명이 더 명확하다.

> 손을 씻고 등불을 켠 후, 각 사람은 가운데로 나와서 성경에 기초한 것이든, 자신의 창작이든, 그것을 가지고 하나님께 노래해야 한다.[56]

즉흥 노래는 아무도 그 노래를 알지 못하고, 즉석에서 만들어졌기 때문에 공동체가 함께 부를 수 없다. 멜로디가 주어진 성경 구절이나 예언적 메시지가 담긴 노래일 수도 있다. 어떤 경우이든 모든 사람이 이해할 수 있고 교훈적인 성격을 지닌 노래이다. 노래는 짧고, 하나님께 영광을 돌리고 다른 사람들을 격려하는 목적을 달성한 후, 결론을 맺어야 한다. 퀘이커 교도들은 성령이 그들로 하여금 말하고, 기도하고, 노래하도록 움직이시길 조용히 기다리기 때문에, 그들의 음악은 오직 즉흥적이다.[57] 어떤 예배 동체는 다른 공동체보다 즉흥 노래에 더 잘 맞을 수 있다. 당신의 교회가 그렇다면, 이를 기꺼이 받아들이는 동시에 적절한 기준도 세우는 법을 배워야 한다.

(3) 방언 노래(Singing in Tongues)

방언 노래는 성령의 감동을 받은 즉흥 노래로 잘 알고 있는 언어를 초월한다. 이 관행은 교회에서 오랜 역사를 가지고 있지만 다양한 방식으로 인식되고 설명된다. 방언은 하나님을 찬양할 말이 떠오르지 않을 때 예배

---

[56] James McKinnon, *Music in Early Christian Literature* (Cambridge: Cambridge University Press, 1993), 43.

[57] James F. White, *Protestant Worship: Traditions in Transition* (Louisville: Westminster John Knox, 1989), 143.

자의 입에서 흘러나오는 불명료한 음절로 구성될 수 있다. 성 어거스틴(St. Augustine)은 단지 말로는 충분하지 않을 때, 무아지경으로 노래하는 '환희'를 긍정적으로 언급했다. 그는 다음과 같은 깊은 긴장감을 묘사했다.

> [하나님은] 언어를 초월하셨기 때문에, 그분에 대해서 말할 수 없다. 그러나 그분에 대해 말할 수 없다 해도, 침묵할 수는 없다. 그렇다면 환희로 외치는 것 외에 무엇을 할 수 있겠는가? 그러면 말 없이도 그 기쁨을 마음으로 전하고, 기쁨의 무한한 흐름이 음절에 제한되지 않게 될 것이다.[58]

방언 노래는 방언으로 말하기와 유사하게 모르는 언어로 노래하는 것을 의미할 수 있다. 바울은 이이를 "영으로 비밀을 말함이라"고 언급한다(고전 14:2). 분명히 이러한 유형의 방언 노래는 방언으로 말하기와 유사하게 모르는 언어로 노래하는 것을 의미할 수 있다. 바울은 이이를 "영으로 비밀을 말함이라"고 언급한다(고전 14:2). 오순절 또는 은사주의 전통의 교

---

58 Augustine, "Exposition on the Psalms," in *Expositions on the Psalms 1–32*, trans. Maria Boulding (Hyde Park, NY: New City, 2000), 401. 어거스틴이 '말로 표현할 수 없고', '뚜렷한 음절을 버리는' 방식으로 노래하는 것에 대해 언급한 것은 방언으로 노래하는 것을 의미하는 것인지, 아니면 환희의 찬양을 의미하는 것인지에 대한 의문이 있다. 어거스틴은 '알려진' 방언의 은사가 교회에 더 이상 존재하지 않는다고 믿었다. 그는 "성령이 믿는 자들에게 임하시어 그들이 배우지 못한 방언을 말하게 하셨으니" 이는 "성령이 말하게 하심을 따라" 이루어진 표징이었으며, 이러한 표징은 사라졌다고 언급했다. (Augustine, "*Homilies on the First Epistle of John*," trans. H. Browne, The Nicene and Post-Nicene Fathers, First Series, ed. Philip Schaff [Grand Rapids: Eerdmans, 1956], 7:497–98 [emphasis in original]) 어거스틴의 진술이 이 구절에서 '알려지지 않은' 방언의 가능성을 완전히 배제하지는 않지만, 그가 이러한 유형의 방언을 영적 은사로 믿었다는 확증은 없다. 방언의 은사와 관련된 자세한 논의는 다음 자료들을 참조해라: Nathan Busenitz, "*The Gift of Tongues: Comparing the Church Fathers with Contemporary Pentecostalism*," *The Master's Seminary Journal 17, no. 1* (Spring 2006): 61–78; Richard Hogue, *Tongues: A Theological History of Christian Glossolalia* (Mustang, OK: Tate Publishing, 2010); and Ronald A. N. Kydd, *Charismatic Gifts in the Early Church* (Peabody, MA: Hendrickson, 1984)

회, 즉 예배 중에 성령의 은사가 나타나는 것을 환영하는 공동체에 가장 적합하다. 공적 예배에서 방언으로 말하거나 노래하는 것을 장려하는 사람들에게는 이러한 즉흥 노래는 영감을 줄 수 있다. 간혹 예배 중에 한 사람이 방언으로 노래하는 경우도 있지만, 예배에 참석한 많은 사람이나 모든 사람이 동시에 방언으로 노래하는 것이 더 일반적이다.

일반적으로 방언을 말할 때와 마찬가지로 방언으로 **노래할 때**도 사도 바울의 권면이 동일하게 적용된다. 특히, 개인이 방언으로 노래하는 경우에는 통역이 필요하다(고전 14:27b). 회중 전체가 한꺼번에 방언으로 노래하는 경우는 하나님께 드리는 공동 기도로 간주해야 하므로 통역이 필요하지 않다. 모든 경우에 신자들을 세우기 위해 엄격하게 행해야 하며(고전 14:26b), 모든 일을 품위 있고 질서 있게 해야 한다(고전 14:40). 바울이 고린도 교회에 편지를 썼을 때 염두에 두었던 것은 바로 이 점이었을 것이다.

> 그런즉 형제들아 어찌할까 너희가 모일 때에 각각 찬송시도 있으며 가르치는 말씀도 있으며 계시도 있으며 방언도 있으며 통역함도 있나니 모든 것을 덕을 세우기 위하여 하라(고전 14:26).

3. 결론

본 장에서는 예배에서 짧은 노래 형식을 사용하는 것의 놀라운 가치를 예배 음악 건축가들에게 소개했다. 짧은 노래는 모든 회중에게 많은 것을 제공한다. 짧은 노래가 제공하는 유익에는, 쉽게 참여할 수 있다는 점, 포괄적인 특성, 계시/응답의 대화에서 응답으로 자연스럽게 작용하는 점, 다양한 예전 행위를 위한 반주나 내용으로 사용될 수 있는 점, 예배의 주요 단어나 행동에 대한 해설을 제공할 수 있는 능력 등이 포함된다. 다음

장에서는 긴 노래 형식에 대해 설명하겠다. 이 두 형식은 오늘날 찬양하는 교회에 풍성한 노래 표현을 제공한다.

4. 주요 용어

- 아카펠라(a cappella): '채플 형식에서' 무반주 노래를 의미한다.
- 교창(antiphon): 회중이 시편의 반복되는 구절을 인도자가 노래하는 구절과 번갈아 가며 부르는 노래이다.
- 캐논(canons): 한 쪽에서 시작한 멜로디 전부를 다른 쪽이 약간 늦게 정확히 따라 부른다. 캐논은 여러 성부가 같은 방식으로 순차적으로 들어오면서 하나의 멜로디 라인이 여러 층으로 형성되게 만들기도 한다. 일반적으로 '돌림 노래'라고 부른다.
- 성가(canticles): 시편을 제외한 성경의 일부에서 발췌한 노래 텍스트이다.
- 칸토르(cantor): 회중 찬양의 인도자에게 쓰는 용어로, 응답송에서 구절을 부르는 사람이다.
- 코러스(chorus): 하나의 중심 주제가 있는 짧은 노래로, 주로 개인적인 찬양이나 헌신을 주제로 한다.
- 응답 노래(cyclical songs): 일반적으로 변주가 있는 짧은 노래가 여러 번 반복된다.
- 송영(doxology): 하나님에 대한 직접적인 짧은 찬양으로, 종종 삼위일체적 확언을 사용한다.
- 자유 형식(free form): 즉흥 노래이다.
- 글로리아 패트리(Gloria Patri): '성부께 영광을'로 시작하는 삼위일체적 송영이다.

- 키리에 엘레이손(Kyrie eleison): 헬라어로 "주여, 자비를 베푸소서"라는 뜻으로, 고대 기독교 교회가 사용하던 삼중 구조의 노래하는 기도 중 일부이다. "키리에 엘레이손, 크리스테 엘레이손, 키리에 엘레이손."
- 오스티나토스(ostinatos): 한 부분(성악 또는 기악)에서 반복되는 음악적 구절로, 작품 전체에 걸쳐 지속적으로 사용된다.
- 펜타토닉(pentatonic): 5음 음계를 기반으로 하는 작곡으로, 서구 음악에서는 7음 음계인 온음계의 단계적 음의 이동 중 두 곳에 틈이 나타나 다소 개방적이고 모호한 음색을 만들어낸다.
- 응답(response): 선창자가 부르는 절 사이에서 교대로 부르는 짧은 후렴이다.
- 응답 노래(responsorial song): 인도자 또는 다른 가수와 번갈아 가며 부르는 노래이다.
- 예배 음악(service music): 예배 전반에 걸쳐 예전의 기능적 요소로 짜여진 짧은 회중 노래이다.
- 주제와 변주(theme and variations): 처음 부른 상태에서 멜로디 주제가 설정되고, 그 다음에는 동일한 주제의 연속적이고 다양한 표현이 원래의 멜로디와 번갈아 가며 이어진다.
- 통작(through-composed): 처음부터 끝까지 멜로디나 구조를 반복하지 않고, 각 부분마다 새로운 음악적 아이디어를 사용하는 형식이다.
- 단구(versicle): 짧은 성경 구절과 그에 대한 응답(예: 시 51:15: "주여, 내 입술을 열어주소서"[단구] "내 입이 주를 찬송하리이다"[응답])으로 구성된다.

5. 더 학습하기

1) 도서

Abbington, James, ed. *Readings in African American Church Music and Worship*. Chicago: GIA, 2001.
Boyer, Horace Clarence. *The Golden Age of Gospel*. Chicago: University of Illinois Press, 2000.
Hawn, C. Michael. *Gather Into One: Praying and Singing Globally*. Grand Rapids: Eerdmans, 2003.
King, Roberta R. *A Time to Sing: A Manual for the African Church*. Nairobi, Kenya: Evangel, 1999.
Krabill, James R., ed. *Worship and Mission for the Global Church: An Ethno- doxology Handbook*. Pasadena, CA: William Carey Library, 2013.
Witvliet, John D. *The Biblical Psalms in Christian Worship: A Brief Introduc- tion and Guide to Resources*. Grand Rapids: Eerdmans, 2007.

2) 곡집

Bell, John L. *We Walk His Way: Shorter Songs for Worship*. Glasgow, UK: Wild Goose Resource Group, 2008.
Damon, Dan, ed. *At Your Altars: Chants, Refrains, and Short Songs*. Carol Stream, IL: Hope, 2014.
Hawn, C. Michael. *Halle, Halle: We Sing the World Round; Songs from the World Church for Children, Youth, and Congregation*. Garland, TX: Cho- risters Guild, 1999.

3) 웹사이트

The International Council of Ethnodoxologists, http://www.worldofworship.org.

참여하기

짧은 노래에 대해 아는 것과 예배에 적용하는 것은 또 다른 문제이다. 본 장의 가장 중요한 결과는 예배 음악 건축가들이 예배를 풍성하게 하기 위해 짧은 노래의 노래 목록을 확장하는 것이다. 시작하려면 다음 제안을 따르라.

1. 본 장에서 다루는 10가지 장르(흑인 영가, 블랙 가스펠, 교창, 글로벌 노래, 떼제 노래, 예배 음악, 익숙한 노래, 즉흥 찬송, 방언 노래) 중에서 당신과 당신의 회중에게 새롭고 예배에 도움이 될 수 있는 두 가지를 선택해라.
2. 두 장르의 역사와 특징에 대해 자세히 조사해라. 그런 다음 교회 소식지에 이러한 유형의 노래를 회중에게 소개하는 간단하고 흥미로운 기사를 작성해라. 기사에 어울리는 매력적인 시각 자료(사진 등)를 포함해라.
3. 두 가지 선택 항목 각각에 대해 실제 노래를 하나씩 찾아보라. 노래를 부르는 방법을 실험해 보라. 찬양팀이나 찬양대에게 가르쳐라. 어떤 악기가 본래의 느낌을 살리는 데 도움이 될지 생각하라(짧은 노래의 경우 악기가 많지 않은 것이 좋다).
4. 각 노래가 예배에서 어떤 역할을 할 수 있는지 생각해라. 기도인가, 특정 예배 요소에 대한 초청인가, 아니면 신앙고백인가?
5. 새로운 짧은 노래에 익숙해졌다면 예배 시간에 시도해 보라. 지나치게 설명하기보다는, 열정을 가지고 시도해 보라.
6. 몇 주 동안 이 노래를 반복하여 회중이 익숙해질 수 있도록 해라.
7. 이제 다음 새로운 노래로 넘어가라. 가능성은 무궁무진하다!

제7장

긴 노래 형식 극대화하기

탐구하기

본 장에서는 다양한 장르의 긴 노래들을 살펴볼 것이다. 여기에는 고전 찬송, 운율 시편, 복음성가, 현대 찬송가, 그리고 현대 노래가 포함된다. 본격적으로 그것들에 대해 읽기 전에 (미리 보지 말고!) 지금 당신이 속한 예배 환경에서 현재 사용하거나 사용하지 않는 길이가 긴 노래들에 대해 생각해 보라. 아직 어떤 장르들은 익숙하지 않을 수 있지만, 지금 있는 자리에서부터 시작해 보라. 아래는 그런 생각을 시작하는 데 도움이 될 몇 가지 질문들이다.

1. 현재 교회에서는 어떤 장르의 긴 노래를 부르는가?
2. 회중 찬송 노래 목록에 이 곡들이 포함된 이유는 무엇인가?
3. 한 가지 스타일이 주로 사용되는가, 아니면 여러 가지 스타일이 사용되는가?
4. 같은 예배에서 긴 노래와 짧은 노래를 함께 사용하는가? 그렇다면 서로 어떤 관계가 있는가? 그렇지 않다면 그 이유는 무엇어가?
5. 보컬에게 긴 노래의 가사를 전달할 때 어떤 형식(전자 문서, 노래집, 출력물 등)을 사용하는가?

각 형식의 장단점은 무엇인가?

이제 본 장을 읽고 오늘날 예배에서 긴 노래를 사용하는 것에 대한 생각을 확장해 보자.

1. 심화하기

우리가 발견해 가고 있는 것처럼, 각 구조적 형식에는 탁월한 장점이 있다. 짧은 노래, 긴 노래 모두 상호 의존적으로 작동할 때 목회적 음악가가 제공할 수 있는 가장 풍부하고 풍성한 경험을 선사한다는 점을 기억해라. 예배 전체에서 서로를 보완하는 것이 가장 이상적이다. 제6장에서는 짧은 노래들을 살펴보면서 노래의 유형을 분류하기 시작했다. 본 장에서는 긴 노래의 고유한 특성을 설명하고, 다양한 유형을 식별하며, 예시를 제시하고, 예배 음악 건축가가 긴 형태를 최대한 활용할 수 있도록 실질적인 지침을 제공함으로써 2부로 구성된 분류를 완성할 것이다.

많은 자료가 제시되므로, 본 장의 개요를 검토하여 내용을 파악한 후 계속 읽어라.

[긴 노래]

1) 순수 연가
- 고전 찬송가
- 운율 시편

2) 확장된 연가
- 가스펠
- 현대 찬송가
- 현대 예배 노래

2. 소개

예배 음악의 두 번째 광범위한 범주는 긴 노래 형식이다. 긴 노래는 이전 장에서 설명한 곡보다 길이가 더 길고 내용이 더 발전된 곡을 말한다.
"얼마나 긴가요?"
이런 질문에는 단어 수나 음악의 박자 수를 세어서 답하기는 어렵다. 아마도 가장 좋은 답은 생각을 충분히 전개할 수 있을 만큼, 이야기를 서술할 수 있을 만큼, 시편을 의역할 수 있을 만큼, 구원에 대한 개인적인 간증이나 하나님의 신실하심에 대한 경험을 자세히 전달할 수 있을 만큼, 또는 사려 깊은 기도를 할 수 있을 만큼의 길이일 것이다. 노래가 길수록 작곡가는 시적, 음악적 디테일을 살리는 데 필요한 시간과 공간을 확보할 수 있다. 길다고 해서 반드시 더 좋은 것은 아니지만, 기독교 신앙과 관련된 잘 발달한 진술은 공적 예배에 필요하다는 것을 기억해라. 긴 노래 형식은 이러한 필요를 충족시키기 위한 수단이다.

긴 노래는 짧은 노래와는 다른 목적을 가진다. 그것은 바로 설명을 위한 것이라는 점이다. 어린아이에게 질문을 했을 때, 한 단어로 대답하는 경우를 생각해 보라. 그 대답이 당신이 알고자 했던 사실은 알려줄 수 있지만, '왜' 혹은 '어떻게'에 대한 설명은 부족하다.

그래서 아마 "자세히 말해줄래?"

또다시 물었을 것이다.

긴 노래는 작사자에게 그러한 설명의 기회를 제공한다. 어떤 주제에 대해 더 많이 말할 수 있게 하여, 예배자들이 하나님과 타인에 대해, 그리고 하나님께 드리는 생각과 감정을 더 깊이 풀어낼 수 있도록 돕는다. 긴 노래는 일반적으로 더 많은 단어가 포함된 가사를 담고 있으며, 이러한 노래는 높은 텍스트 밀도를 가진다고 말할 수 있다. 다시 말해, 내용이 풍부한 노래들이다.[1] 이러한 노래들은 부정적인 의미에서 '말이 많다'는 것이 아니라, 오히려 신적 본질을 명확하고 아름답게 전달하기 위해 많은 단어들을 경제적으로 사용할 수 있도록 한다.

짧은 노래는 설명이나 해석의 여지가 제한적이지만, 긴 노래는 더 많은 설명과 확장의 공간을 제공하므로, 대개 연이라는 구조적 장치를 사용한다(이는 아래에서 설명된다). 짧은 노래는 보통 짧은 가사와 선율을 반복하며, 그 의미는 암묵적으로 받아들여진다.

반면 긴 노래는 연을 통해 구조를 확장하며, 단어의 의미를 명확히 드러내는 방식으로 전개된다. 이러한 긴 노래들은 하나님의 이야기를 더 자세하게 서술할 수 있으며, 기독교 신앙에 대한 교육적인 가르침을 제공하고, 공동체가 함께 신앙고백을 노래할 수 있게 하며, 세상을 위한 거룩한 삶으로 교회를 부르기도 한다. 이들은 예배자들을 "가르치고, 교육하고, 양육하며, 함양하고, 책망하고, 권면하고, 훈계하고, 경고하고, 기쁘게 하고, 깨우치고, 덕을 세우고, 성장시키는" 기능을 수행한다.[2] 긴 노래 형식 구조는 짧은 노래 형식 구조로는 할 수 없는 것들을 가능하게 한다.

---

[1] Roberta R. King, A Time to Sing: A Manual for the African Church (Nairobi, Kenya: Evangel, 1999), 61.
[2] Marva J. Dawn, A Royal "Waste" of Time: The Splendor of Worshiping God and Being Church for the World (Grand Rapids: Eerdmans, 1999), 15–16.

첫째, 긴 노래 형식은 합리적인 신학적 진술을 제공할 수 있다. 긴 구조에는 한계가 있지만, 발전된 신학적 사상을 합리적으로 표현하여 회중이 노래할 수 있도록 예술적으로 작곡할 수 있다(찰스 웨슬리[Charles Wesley]의 찬송가 <하나님의 크신 사랑>[Love Divine, All Loves Excelling]이 좋은 예이다).

둘째, 이성적인 찬양을 도울 수 있다. 이 경우 찬양은 하나님의 구체적인 사역과 연관되어 있으며, 찬양은 단순히 머리 위를 맴도는 것이 아니라 실제로 내려와 우리 삶 속에 착지한다. 하나님의 찬양은 하나님의 행동과 연결되어 있다(스튜어트 하인[Stuart Hine]의 찬송 <주 하나님 지으신 모든 세계>[How Great Thou Art]가 좋은 예이다).

셋째, 긴 노래는 간증을 확장할 수 있다. 간증은 하나님의 개입과 구원에 대한 개인적인 이야기이다(예: 존 뉴턴[John Newton]의 복음 찬송가 <나 같은 죄인 살리신>[Amaging Grace]).

넷째, 성경의 전체 부분을 의역할 수 있는 광범위한 틀을 제공할 수 있다(예: 시편 23편을 의역한 스코틀랜드 시편가[Scottish Psalter]의 <주는 나의 목자시니, 내게 부족함이 없네>[The Lord's My Shepherd, I'll Not Want])".

긴 예배 노래에는 일반적으로 연(stanza)이 포함되므로 두 가지 유형의 연곡을 살펴볼 것이다. 나는 이를 '순수 연가' 곡과 '확장된 연가' 곡(후렴 및 기타 추가 구성 요소가 있는 연가)이라고 부른다. 각각의 특징, 기능 및 형식에 대해 간략하게 살펴보겠다. 그런 다음 이 두 가지 유형에 속하는 몇 가지 주요 노래 장르인 고전 찬송가, 운율 시편, 복음성가, 현대 찬송가, 현대 예배 노래를 살펴볼 것이다.

3. 순수 연가

순수 연가는 일련의 연으로만 구성된 곡으로, 처음부터 끝까지 하나의 주된 아이디어나 내러티브를 전달하기 위해 모두 함께 작동한다.

- 특징: 순수 연가에서 연(stanza, 4행 이상의 각운이 있는 시구)은 노래의 기본 구성 단위이다. 연은 노래의 전체 주제 중 한 가지 측면을 중심으로 통일된 시적 대사의 집합이다. 연은 시의 한 단락과 같으며, 실제로 대부분의 긴 노래는 전체적으로 노래하는 시와 같다. 각 연은 하나의 하위 주제를 가지고 있으며, 모든 연이 함께 노래의 주요 아이디어를 뒷받침하는 역할을 한다.

따라서 순수 연가는 텍스트에 선형적인 서정적 접근 방식을 사용한다. 연은 성경적 아이디어를 풀어내거나 신학적 주장을 펼치거나, 스토리를 전개하거나, 기도를 심화하는 데 도움이 된다. 이러한 노래는 전체 노래가 일관되게 전개됨에 따라 사고의 연속성에 의존하며, 부르는 이를 A 지점에서 B 지점으로 안내하며, 종종 어떤 종류의 절정을 향해 나아가는 느낌을 준다(요점을 요약하거나 찬양, 우리 자신이나 세상을 위한 청원 등으로 끝맺음).

연의 수는 노래의 목적을 달성하는 데 필요한 내용에 따라 매우 다양하다. 순수 연가 노래는 두 연에서 많게는 수십 연까지 포함될 수 있다. 종종 찬송가에는 원곡 찬송가의 일부 연만 수록되는 경우가 많다. 찰스 웨슬리의 <만 입이 내게 있으면>(O for a Thousand Tongues to Sing)은 일반적으로 4~7연으로 된 찬송가에 수록되지만, 전체 찬송가는 18연으로 구성되어 있다.[3]

---

3   Robin Knowles Wallace, "O for a Thousand Tongues to Sing," *The Hymn*, no. 2 (April 1998): 9, 46.

- **기능**: 순수 연가 노래의 주요 기능은 교리 명제로 무장된 신앙과 찬양과 기도로 표현된 신앙을 노래함으로써 기독교 신앙을 보다 광범위하게 영속시키는 것이다. 신앙을 노래하는 그리스도의 몸은 객관적인 현실과 신자들이 삶에서 그 진리를 경험하는 방식 모두에서 진리를 전달하는 주요 수단이다. 순수 연가는 이를 위한 가장 넓은 예전 노래 구조이다. 이러한 유형의 노래는 예배에서 기독교 교육, 교리 전달, 신조 진술, 정교한 찬양, 심오한 기도, 신자들에 대한 권면, 행동 촉구, 개인적 변화의 증거를 위한 수단으로 기능한다.

- **형식**: 앞서 언급했듯이 순수 연가는 전개된 메시지를 전달하기 위해 전적으로 연에 의존한다. 이는 순차적 구조로 적절하게 설명될 수 있다.[4] 일반적으로 텍스트는 반복되지 않지만, 강조를 위한 장치로 반복되는 짧은 구절이 있을 수 있다(예: 찬송가 "거룩, 거룩, 거룩!"의 각 연은 "거룩, 거룩, 거룩!"으로 시작된다). 각 연과 연 사이의 곡조는 각 스트로피(strophe, 주로 시에서 사용되는 연의 다른 말)에서 동일하다. 각 연에 동일한 멜로디가 사용될 때, 그 음악을 스트로픽이라고 한다.

이러한 음악적 반복은 안정감과 친숙함을 부여하여 노래를 부르기 쉽게 만든다. 순수 연가의 곡은 개별 연을 잘 표현하고 반복을 견딜 수 있도록 잘 작곡되어야 한다. 이제 순수 연가 형식을 일관되게 사용하는 회중 노래의 대표적인 두 가지 장르인 찬송가와 운율 시편을 살펴보자.

---

4 C. Michael Hawn, *One Bread, One Body: Exploring Cultural Diversity in Worship* (Herndon, VA: Alban Institute, 2003), 127.

1) 고전 찬송가

순수 연가 형식을 사용하는 가장 확실한 장르는 고전 찬송가이다. 현대 찬송가는 아래에서 자세히 설명하겠다. 찬송가는 신약 시대부터 기독교 예배의 일부였다. 이후 모든 세대가 찬송가를 불렀으나, 찬송가의 형식은 수 세기에 걸쳐 장소와 장소에 따라 매우 다양해졌다. 그리스도에 대한 신약 찬송가, 특정 이단에 대항하기 위해 쓰인 초기 기독교 찬송가, 헬라어와 라틴어 찬송가, 중세 찬송가, 종교개혁 찬송가 등 각 찬송가는 고유한 특징과 예배 역사에서 차지하는 위치가 있다. 여기서는 고전 찬송가를 시적으로 구상된 서구의 개신교 찬송가를 지칭하며, 대략 지난 600여 년의 광범위한 기간에 걸쳐 쓰이고 주로 유럽과 북미에서 유래한 찬송가를 말한다.

이렇게 설명하면 고전 찬송가는 마틴 루터(Martin Luther)의 독일 종교개혁 찬송가부터 21세기의 현재 찬송가까지 포함된다. 이것은 분명 광범위한 영역이지만, 여러 세기와 지역에서 지속적인 힘을 가진 찬송가의 훌륭한 예가 많이 만들어졌기 때문에 필연적으로 광범위할 수밖에 없다. 17~19세기 영국 찬송가 전통에 뿌리를 둔 찬송가는 특히 연 형식의 잘 쓰인 시와 고전적인 시적 기법, 운율, 압운 형식 등의 사용으로 주목할 만하다.

찬송가란 무엇인가?

찬송가는 삼위일체 하나님에 대한 기독교 신앙의 진술을 운율이 있는 연으로 표현하고 기독교 공동체에서 경건하게 부르기 위해 쓰인 것이다.[5] 고전 찬송가는 시이기 때문에 연은 대부분 운율이 있으며, 각 줄의 음절

---

5   Constance M. Cherry, *The Worship Architect: A Blueprint for Designing Culturally Relevant and Biblically Faithful Services* (Grand Rapids: Baker Academic, 2010), 161 (adapted).

에 강약 악센트가 있는 운율 패턴을 가지고 있다. 텍스트의 운과 운율은 노래를 부르는 능력을 크게 향상시키고 쉽게 암기할 수 있도록 돕는다. 엄밀히 말하면 '찬송가'라는 용어는 노래의 텍스트를 의미하며, '찬송가 곡조'는 텍스트에 지정된 멜로디를 말한다.

대부분의 찬송가 곡조는 여러 찬송가 가사와 함께 사용할 수 있다. 이 변수를 현명하게 조합하면 신선한 관점을 더할 수 있다(노래 가사를 다양한 선율과 바꾸어 사용하는 관행은 시편에서도 발견된다. 몇몇 시편의 시작 부분에는 특정한 곡조를 지정해 놓은 표시가 있는데, 이는 가사를 정해진 선율에 맞추어 부를 수 있도록 한 것이다[시편 56편, 57편, 58편을 참고]). 따라서 찬송가는 더 깊이 전개된 사상을 담고 있고, 서구의 시적 관습의 영향을 받았으며, 사실상 반복이 거의 없기 때문에 짧은 노래와 구별된다.

어떤 면에서 찬송가는 길이, 스타일, 주제, 다양한 음악적 선택(박자, 조, 리듬 패턴 등)과 관련하여 창의적인 표현의 무한한 가능성을 제공한다. 동시에 찬송가는 이해하기 쉽고 부를 수 있으며 신학적으로 정확해야 하며, 시적 형식이 엄격하고, 음악적 표현이 절제되어야 한다. 또한, 텍스트와 곡의 관계에 설득력이 있어야 하며, 목소리가 공동체적이어야 하는 등 여러 가지 경계를 동시에 지켜야 하기에 정통하기 매우 어려운 예술 형식 중 하나이기도 하다.

조지 허버트(George Herbert), 존 밀턴(John Milton), 존 번연(John Bunyan) 등 위대한 찬송가 작사자 중에는 당대의 거장 시인들도 있었다. 찰스 웨슬리(Charles Wesley)와 아이작 와츠(Isaac Watts)는 영국 찬송가 전통의 두 가지 예외적인 예이다. 동시에 대부분의 찬송가는 일반 대중이 작곡한 것으로, 이들은 중요한 공헌을 했다. 찬송가의 곡은 위촉곡, 지역 민요, 당대의 클래식 작곡가 등 다양한 곳에서 나왔다.[6]

6　Harry Eskew and Hugh T. McElrath, Sing with Understanding: An Introduction to

아마도 내가 21세기를 고전 찬송가 시기에 포함시켰다는 점을 눈치챘을 것이다. 찬송가 작곡은 여전히 지속되고 있기 때문이다. 찬송 작곡은 오늘날에도 계속되고 있을 뿐 아니라 점점 더 활기를 띠고 있다! 많은 사람이 찬송가 작곡의 시대가 끝났고, 찬송가집은 과거의 노래만을 담은 닫힌 모음집이라고 잘못 생각하고 있다. 하지만, 이는 전혀 사실과 다르다. 21세기 들어 많은 주요 새 찬송가집들이 출판되었으며, 각 찬송가집에는 저명한 새 찬송가 작곡가들의 심오한 작품이 수록되어 있다(또한, 찬송가만이 아닌 매우 다양한 회중 노래도 포함되어 있다). 수많은 현대 작가와 작곡가가 오늘날 교회를 위한 훌륭한 찬송가를 만들고 있다.

특히, 브라이언 렌(Brian Wren), 토마스 트로거(Thomas Troeger), 칼 도(Carl Daw), 리처드 리치(Richard Leach), 루스 덕(Ruth Duck), 셜리 머레이(Shirley Murray), 다니엘 데이먼(Daniel Damon), 티모시 더들리-스미스(Timothy Dudley-Smith), 실비아 던스턴(Sylvia Dunstan), 프레드 칸(Fred Kaan), 그라시아 그린달(Gracia Grindal), 브라이언 리치(Bryan Leach), 존 벨(John Bell), 제인 마셜(Jane Marshall), 수잔 체르위엔(Susan Cherwien), 아담 타이스(Adam Tice) 등의 작품이 주목할 만하다.[7]

그들의 찬송가는 연가 형식[8], 시적 기법 사용, 공동체적 표현 등 고전 찬송가의 기대에 충실하면서도 서정적 표현이 신선하고 창의적이며 주제 또한 훨씬 더 광범위하다. 그들은 새롭고 생동감 있고 참신한 찬송가를 작곡하면서도, 많은 사람이 동시에 이해할 수 있는 의미를 전달하는 데 필요한 제약을 기꺼이 받아들인다. 찬송가 작곡/작사가들은 주로 자기

　　Christian Hymnology, 2nd ed., rev. and expanded (Nashville: Church Street Press, 1995), 139–40.
7　이 현대 찬송가 작곡가들은 대부분 폴 Paul Westermeyer가 *With Tongues of Fire: Profiles in 20th-Century Hymn Writing* (St. Louis: Concordia, 1995)에서 중요하다고 소개한 인물들이다.
8　일부 유명 찬송가 작곡가들은 후렴 형식을 사용하기도 한다.

표현을 위해 글을 쓰는 시인들처럼 표현의 자유를 누리지 못한다. 그들은 공동체를 섬기기 위해 자유를 희생한다.

최근 몇 년 동안 찬송가를 소홀히 했던 많은 교회가 찬송가의 심오한 가치를 재발견하고 있다. 다음은 찬송가에 익숙해지거나 다시 익숙해지고 싶은 목회적 음악가들을 위한 몇 가지 실천적인 제안이다.

첫째, 옛 찬송가집과 최신 찬송가집을 모두 빌리라. 찬송가가 섹션별로 어떻게 구성되어 있는지 살펴보아라. 각 섹션의 찬송가들을 읽지만 말고, 여러 곡을 직접 불러보라. 반주자와 친구를 찾아서 음악적 소리와 아름다운 노랫말을 즐기라.

둘째, 찬송가를 알고 좋아하는 사람과 친구가 되라. 찬송가 부르기에 대한 열정을 나누고 좋아하는 찬송가 몇 곡을 추천해 달라고 부탁하라.

셋째, 훌륭한 찬송가의 CD를 듣거나 유튜브의 찬송가를 시청하라. 찬송가가 원래의 스타일에 따라 뚜렷하게 다른 방식으로 표현되는 것에 주목하라. 모든 찬송가를 피아노 및/또는 오르간 반주와 함께 불러야 하는 것은 결코 아니다. 어떻게 하면 사람들이 각 찬송가가 원래 불렸을 때 들리는 대로 그 본질을 포착할 수 있도록 도울 수 있을지 생각해 보라.[9]

순수 연가 형식의 찬송가는 모든 예배공동체에 큰 영향을 미친다. 오늘날 많은 젊은이가 과거와 연결될 뿐만 아니라 시대를 초월한 영성을 되새기고 표현할 수 있는 이 풍부한 노래 유산을 탐구할 기회를 바란다.

---

9   앨리스 파커(Alice Parker)의 동영상과 책이 큰 도움이 될 것이다.

2) 운율 시편

순수 연가의 두 번째 장르는 운율 시편으로, 공동 노래를 목적으로 성경의 시편을 의역하여 운문으로 재구성한 것이다. 필요에 따라 본문을 변경하여 시편의 단어들을 강세/약세의 운율 패턴으로 배열하고 운율과 기타 시적 기법도 사용한다. 그래서 신자들이 함께 부르기 위해, 특정 시편과 매우 닮은 형태를 띠게 된다. 누군가가 텍스트를 정리하지 않고 곡을 작곡하지 않으면, 성경을 가지고 시편을 함께 부르기는 너무 어려울 것이다. 의역은 문자적 재진술 정도에 따라 다양하지만 운율 시편은 시편의 실제 시행을 명확히 따른다. 운율 시편에는 찬양, 탄원, 애도 등 다양한 주제가 있다.

운율 시편은 대부분 순수한 연가 형식으로 쓰여졌었다. 시편은 찬송가와 매우 흡사하다. 잘 짜인 긴 텍스트가 연에 등장하고, 운율을 사용하며, 전통적인 체계가 있고, 다른 시적 기법들을 자유롭게 사용한다. 또한, 찬송가처럼 스트로픽이다(각 연마다 동일한 멜로디를 사용한다). 주요 차이점은 운율 시편은 성경을 직접 인용하는 반면 찬송가는 모든 기독교 신앙적 주제를 자유롭게 다룰 수 있다는 것이다. 찬송가는 시편의 구절을 직접 인용하지 않고 암시를 통해 시편을 기반으로 구성될 수 있다(예: <내 주는 강한 성이요>[마틴 루터Martin Luther/시편 46편], <예부터 도움 되시고>[아이작 와츠 Isaac Watts/시편 90편], <영광의 왕께 다 경배하며>[로버트 그랜트 Robert Grant/시편 104편])[10]. 그러나 운율 시편은 시편을 보다 의도적이고 명백하게 구절에서 구절로 비교적 엄격하게 재구성하려는 시도를 한다. 물론, 어떤 연결은 다른 연결보다 더 명확하다.

---

[10] 예를 들면, John D. Witvliet의 *The Biblical Psalms in Christian Worship: A Brief Introduction and Guide to Resources* (Grand Rapids: Eerdmans, 2007), 108p에서 확인할 수 있다.

16세기 초에 여러 종교개혁자, 특히 존 칼빈(John Calvin)의 영향으로 운율 시편이 발전했다. 회중이 다시 예배에서 노래를 부를 수 있게 되면서 (이전에는 권장되지 않았고, 심지어 중세 후기 예전에서는 금지되었던), 사람들이 부를 수 있는 회중 노래를 만들어야 할 필요성이 생겼다. 독일에서 루터는 시편을 부르는 것 외에도 찬송가의 곡과 가사를 만들도록 장려했다. 그는 찬송가 가사가 성경에서 직접 나온 것이 아니기 때문에 사람들이 하나님의 말씀만을 순수하게 노래할 수 없다는 이유로 찬송가를 지지하지 않았던 프랑스의 존 칼빈(Jean Calvin)보다 회중 찬송에 대해 더 폭넓은 관점을 가졌다. 칼빈은 운율 시편가를 창안하지 않았다. 그는 "스트라스부르를 처음 방문했을 때 시편 찬송을 처음 들었다."[11] 그러나 얼마 지나지 않아 그는 클레멘트 마로와 자신이 만든 22개의 텍스트로 구성된 최초의 시편집(시편에서 직접 텍스트를 뽑아 노래한 책)을 제작했다.[12]

이 시편들은 "주로 초기 독일 시편집에서 가져온 곡조에 맞춰져 있었다."[13] 몇 차례의 개정을 거쳐 1562년에 150편의 시편과 누가복음의 십계명과 시므온의 노래가 모두 포함된 완전한 『제네바 시편집』(*Genevan Paslter*)이 출판되었다. 이 텍스트들은 마로(Marot)가 번역했고, 마로가 죽고 나서 테오도르 드 베즈(Théodore de Bèze)가 작업을 완료했으며, 칼빈이 이 작업을 위해 고용한 저명한 작곡가 루이 부르주아(Louis Bourgeois)가 주로 작곡한 125개의 곡에 맞춰져 있다.

시편 노래에 대한 칼빈의 헌신은 놀라울 정도로 대단했다. 주일 오전, 주일 오후, 수요 예배 때마다 어떤 시편을 부를 것인지에 대한 자세한 표

---

11 John D. Witvliet, *Worship Seeking Understanding: Windows into Christian Practice* (Grand Rapids: Baker Academic, 2003), 205.
12 Ibid., 205-6.
13 Ibid., 206.

가 "제네바의 세 교회에 액자로 만들어 걸려 있었다."[14] 이를 통해 사용 중인 시편집에 따라 시편집 전체를 17주에서 25주에 부를 수 있었다.[15] 프랑스와 스위스에서 칼빈의 종교개혁 활동으로 만들어진 운율 시편은 개신교 찬송가에 크게 기여한 작품이다.

거의 모든 교단이 어떤 형태로든 시편을 노래하지만 칼빈과 직접적인 역사적 및 영적 연관이 있는 개혁주의 전통의 교회들은 예배에서 시편 찬송을 충실히 유지하며 더욱 발전시켜 왔다. 그들의 현재 찬송가 및 시편집은 이러한 강조점을 계속해서 증언하고 있다. 따라서 다양한 개혁주의 교회의 찬송가집과 노래집은 음율 시편을 탐구하는 데 훌륭한 자료가 될 수 있다. 그러나 거의 모든 중요한 찬송가에는 훌륭한 운율 시편이 들어 있다. 교파의 경계를 넘나들며 널리 알려진 시편으로는 <이 천지간 만물들아>(All People That on Earth Do Dwell 시편 100편), <내 평생 사는 동안 내 창조주를 찬양하리>(I'll Praise My Maker While I've Breath 시편 146편), <주님은 나의 목자>(My Shepherd Will Supply My Need 시편 23편) 등이 있다. 운율 시편 노래의 아름다움과 힘을 탐구하고 싶다면, 시작하는 데 도움이 되는 몇 가지 방법을 제안한다.

첫째, 교회의 찬송가집이나 데이터베이스를 검색하여 이미 운율 시편을 부르고 있지만 몰랐던 부분이 있는지 알아보라. 시편 찬송에 대한 인식이 생기면 교회가 말 그대로 성경을 노래하고 있다는 사실을 알도록 도울 것이다.

둘째, 개혁주의 전통을 가진 교회(기독교 개혁교회, 미국 개혁교회, 여러 장로교 교단 등)의 찬송가집을 빌려 보라. 색인을 사용하여 주옥같은 시편을

---

14 Ibid., 210.
15 Ibid.

찾아보라.

셋째, 교회의 다른 예배 인도자들에게 운율 시편 찬양을 소개하라. 그들에게 운율 시편 찬양의 아름다움을 알려주라.

넷째, 시편 구절에 대한 성경 공부를 하면서 해당되는 운율 시편도 함께 공부하라. 예를 들어, 시편 103편을 제임스 몽고메리(James Montgomery)의 아름다운 <주를 송축하라, 영혼아>(O Bless the Lord, My Soul)와 함께 연구하라.[16]

다섯째, 자신만의 운율 시편을 써 보라. 운율 시편은 경건하고 예술적인 경험이 될 수 있는 훌륭한 도구이다. 회중에게 매우 유용한 운율 시편이 나올 수도 있다.

지금까지 긴 노래의 한 유형인 순수 연가와 두 가지 대표적인 장르인 고전 찬송가와 운율 시편에 대해 살펴보았다. 폴 존스(Paul S. Jones)는 그것들의 가치를 잘 요약한다.

> 찬송가와 시편은 단순히 예배의 선택적인 부분이 아니라 그 중심에 있다. 그것들은 여러 세대에 걸쳐 하나님의 말씀, 창조, 가르침, 신조, 진리에 응답하면서 하나님의 백성의 공동체적 목소리를 나타냈다. 좋은 기독교 찬송가는 우리를 지금 유행하는 신학으로부터 보고하고, 우리의 하나님에 대한 지식을 강화한다. 찬송가는 죽은 형식이나 구식 예술이 아니다. 찬송가는 살아 있고 유기적이며 활력을 주는 힘으로, 종종 우리를 섬기도록 부르고, 왜 섬겨야 하는지 일깨워 준다. 찬송가와 시편은 기독교의 핵심 교리와 성경의 가르침을 전달한다.[17]

---

16 James Montgomery, "O Bless the Lord, My Soul," http://www.hymnary.org/text/o_bless_the_lord_my_soul_his_grace_to_th.

17 Paul S. Jones, *Singing and Making Music: Issues in Church Music Today* (Phillipsburg, NJ: P&R, 2006), 69–70.

찬송가와 시편은 노래하 교회에 필수적이다. 그것들이 그리스도의 몸에 기여하는 신학적 이해, 영적 형성, 하나님 말씀의 내면화는 이루 말할 수 없다. 최근 수십 년 동안 지도자들은 특정 연령대는 찬송가를 선호하고 다른 연령대는 그렇지 않다는 안타까운 가정을 해왔다. 이러한 이분법은 도전받아야 한다. 이러한 특정 연령 주장은 일반적으로 이러한 이분법을 거부하는 포스트모던 예배자들과 관련하여 적절성이 부족하다는 것을 보여준다.

4. 확장된 연가

두 번째 유형의 긴 노래는 잘 전개된 후렴으로 마무리되는 확장된 연가라고 할 수 있다. 후렴을 '코러스'라고 부르기도 하지만 앞서 살펴보았듯이 코러스는 그 자체로 독립된 형식이다(제6장 참조).

• 특징: 확장된 연가의 주요 특징은 후렴을 사용한다는 점이다. 후렴은 각 연이 끝날 때마다 동일한 음악과 텍스트를 사용하여 반복되는 노래의 부분이다. 이 용어는 시에서 후렴(반복구)이 '특히 연의 끝에서, 반복적으로 나타나는 구나 절'을 의미할 때 사용된다.[18]

후렴은 다양한 유형과 크기로 존재한다. 후렴은 종교적인 성격의 노래와 함께 여러 시대에 걸쳐 다양한 종교적 환경에서 사용되어 왔다. 고대 히브리 성가에서는 회중이 시편의 각 구절 뒤에 '할렐루야'나 '아멘'과 같은 한 마디 말을 하는 것처럼 짧고 간략한 후렴에 참여하도록 했다.[19] 일

---

18 Suzannah Clark, "Refrain," in *The New Grove Dictionary of Music and Musicians*, ed. Stanley Sadie, 2nd ed. (London: Macmillan, 2001), 21:87.

19 Ibid.

부 고전 찬송가에는 각 연의 마지막에 매우 짧고 최소한으로 전개되는 연도(litany) 형식의 응답이 포함되어 있는데, 이는 짧은 후렴으로 간주된다. 예를 들어, 찬송가 <묘한 세상 주시고>(For the Beauty of the Earth)는 <우리 주님 예수께 감사 찬송합니다>(Lord of all, to thee we raise this our song of grateful praise)[20]라는 간단한 찬양으로 각 연을 마무리한다. 행간 후렴은 연의 행 사이에 나타나는 반복되는 구절이다.

> O for a thousand tongues to sing,
> (노래할 수 있는 천 개의 입이 있다면)
> blessed be the name of the Lord!
> (주의 이름 송축하리다!)
> The glories of my God and King,
> (영광스런 나의 하나님, 나의 왕이여)
> blessed be the name of the Lord!
> (주의 이름 송축하리라!)[21]

긴 후렴은 비교적 최근에 발전한 특정 노래 형식에 등장했다. 긴 후렴은 19세기 미국 변방 부흥 운동의 복음 찬송가에서 광범위하게 사용되었고, 20세기 로마 가톨릭 예배 음악의 주요 특징이며, 21세기 현대 예배 노래에서 매우 흔하게 사용된다. 후렴은 오랫동안 사용되어 왔으며 다양한 예배자들에게 인기가 있다.

---

20   Folliott Sandford Pierpoint (words), "For the Beauty of the Earth," 1864, http://www.hymnary.org/text/for_the_beauty_of_the_earth.
21   찰스 웨슬리의 "O for a thousand tongues to sing"(1739)이라는 글의 가사에는 랄프 허드슨(1887)의 복음송 후렴구의 대사가 포함되어 있다. J. Thomas McAfee et al., eds., *Celebrating Grace Hymnal* (Macon, GA: Celebrating Grace, 2010), hymn #350.

후렴은 단순성(적은 수의 단어 사용), 반복성(연의 끝에서 반복), 노래의 감정적 표현을 더 잘 포착하는 능력(연에 대조되는 방식으로)이 특징이다. 후렴은 그 내용과 용도가 다양하지만 여기서는 찬송가와 같은 연에 붙어 있는 발전된 후렴으로 한정하여 논의하겠다.

• 기능: 발전한 후렴은 가수가 연에서 발견되는 전체 메시지에 반응할 수 있는 방법을 제공한다. 위에서 언급했듯이(순수 연가를 다룬 부분에서), 연은 기독교 신앙의 진리를 선포하거나 찬양이나 중보기도와 같은 다양한 예배 행위를 표현하는 수단으로 사용된다. 확장된 연가는 노래하는 이가 노래의 의미를 스스로 이해할 수 있는 즉각적인 기회를 제공한다.

후렴은 기본적으로 연에 표현된 생각을 마무리하는 데 도움이 되는 단순하고 간결한 문구로 전체 노래의 메시지를 강조한다. 때로는 후렴이 연의 내용을 간결하고 긍정적인 진술로 요약하거나, 그 내용을 해설하거나, 찬사를 보내거나, 개인적인 간증을 표현하거나, 헌신의 결단을 나타낸다. 연의 진술과 후렴에 표현된 반응 간의 상호작용은 그 자체로 계시와 반응의 대화를 만들어낸다. 찬양하는 이들은 찬양의 메시지에 즉각적으로 응답할 수 있는 수단을 제공받기 때문에 개인적으로 더욱 몰입할 수 있다.

• 형식: 확장된 연가는 기본적으로 하나의 기본 구조를 가지고 있는데, 바로 연과 후렴이 번갈아 나오는 것이다. 각 연에는 노래의 메시지가 전개됨에 따라 반복되는 단어가 포함되며, 각 후렴에는 연에 대한 직접적인 응답으로 같은 단어가 포함된다. 연과 후렴의 완전한 순환마다 동일한 곡조가 반복된다. 확장된 연가는 다른 두 가지 형식의 결합에서 비롯된다. 순수한 연가 형식은 본질적으로 순차적(많은 단어 사용)인 반면, 다른 많은

노래 형식은 순환적(적은 단어 사용)이다.[22]

확장된 연가는 연가와 후렴을 결합하여 순차적인 것과 순환적인 것을 연결한다. 그 결과 즐거운 대화가 가능한 하이브리드 형식이 탄생했다. 이러한 노래는 후렴이 반복되어 단어 수가 많지 않기 때문에, 주간 정도의 텍스트 밀도를 가진다.[23] 이 결합은 그 자체로 독특한 형태를 만들어낸다.

오늘날에 특히 관련 있는 확장된 연가의 세 가지 장르는 가스펠, 현대 찬송가, 현대 예배 노래이다.

1) 가스펠

부흥 찬송가는 19세기 초, 제2차 대각성 운동 중에 미국에서 탄생했다.[24] 변방의 캠프 모임에서 불렀던 노래는 나중에 '가스펠'(복음 찬송가라고도 하는데, 두 용어는 기본적으로 혼용 가능하다)로 알려지게 되었다. 대부분의 학자는 변방 부흥 운동의 시작을 장로교 목사 제임스 맥그리디(James McGready)의 인도로, 켄터키주 로건 카운티의 정착민들 사이에서 처음으로 대규모 야외 부흥이 일어난 해인 1800년으로 보고 있다.[25]

---

[22] C. Michael Hawn, "Introduction: Streams of Song," in *New Songs of Celebration Render: Congregational Song in the Twenty-First Century*, ed. C. Michael Hawn (Chicago: GIA, 2013), xl.

[23] King, *A Time to Sing*, 63. 킹은 '중간 텍스트 부하'라는 용어를 연이 있는 서양 노래에 적용하지 않고 전 세계 노래에 적용한다. 그러나 나는 그녀의 용어가 스탠자 플러스 노래를 논의하는 데 도움이 된다고 생각한다.

[24] David W. Music, "I Sing for I Cannot Be Silent: Gospel and Revival Hymnody in the Twentieth Century," in *New Songs of Celebration Render: Congregational Song in the Twenty- First Century*, ed. C. Michael Hawn (Chicago: GIA, 2013), 105.

[25] James F. White, *Protestant Worship: Traditions in Transition* (Louisville: Westminster John Knox, 1989), 173.

1801년 켄터키주 케인 리지에서 열린 두 번째(그리고 훨씬 더 큰) 대규모 부흥(또 다른 장로교 목사인 바튼 W. 스톤[Barton W. Stone]이 주요 지도자였던 부흥)[26]과 함께 미국 특유의 현상, 이른바 변방 전통[27]이 시작되었으며 이는 한 세기 동안 어떤 형태로든 지속될 것이었다. 캠프 모임의 관행이 찰스 피니(Charles G. Finney), 드와이트 무디(Dwight L. Moody), 빌리 선데이(Billy Sunday), 빌리 그레이엄(Billy Graham)과 같은 저명한 인물들에 의해 도시화되면서 그 특징은 다음 세대에 걸쳐 식별될 수 있게 되었다. 북미 예배공동체에서 변방 전통의 영향은 오늘날까지도 많은 교회에서 여전히 느껴지고 있다.

서부 지역이 정착되면서 개척자들이 야외 캠프 집회를 열었다. 많은 인파가 모였고 며칠, 심지어 몇 주에 걸쳐 진행되었다. 사람들은 상당한 거리를 이동해야 했기 때문에 체류 기간도 길어야 했다. 캠프 집회는 초교파적이고 인종과 세대를 초월하여 열광적인 설교와 찬양이 특징이었다. 또한, 지리적 거리가 멀어 상대적으로 고립된 사람들에게 사교의 장을 제공하기도 했다.

캠프 모임 전통이 자리 잡아감에 따라, 예배의 독특한 표현들도 함께 형성되었다. 그중에는 공동체 찬양의 몇 가지 특징들이 포함되어 있었다. 보다 비형식적이고 즉흥적인 성격을 지닌 새로운 유형의 회중 찬송이 등장하게 된 것이다.[28] 개척지에서는 찬송가집이 예배에서 실질적인 자원이 되지 못했다. 찬송가집을 구입할 수 있다 하더라도, 문맹률이 높았기 때문에 현실적으로 사용이 어려웠다. 부흥 운동의 찬송가는 구술 전통을 통해 이루어졌다.

캠프 모임 문화에서 확장된 연가는 즉흥적인 초청과 응답과 고전 찬송가에 붙여진 후렴, 이 두 가지 방식 중 하나로 자연스럽게 등장했다. 초창기 캠프 모임에서는 설교자가 찬양을 인도했다(지정된 찬양 인도자는 나중에 등장

---

26 Ibid.
27 Ibid., 171.
28 Music, "I Sing for I Cannot Be Silent," 105.

했다).²⁹ 설교자가 한 구절을 부르며 '초청'을 시작하면 사람들은 '아멘!', '영광!', '할렐루야!' 등을 힘차게 외치며 응답하는 것이 일반적이었는데, 이러한 응답은 음악적 음조를 띠고 길이가 길어졌다.³⁰ 많은 사람이 기억하고 반복하게 되면서 그 자체로 생명을 지닌 단순한 후렴으로 정착하게 되었다.

때로는 인도자가 고전적인 영국 찬송가 전통의 잘 알려진 찬송가의 구절을 부르면, 사람들은 자신들이 만든 독립적인 후렴을 붙였다. 찬송가 가사를 아는 인도자가 홀로 부르는 각 연이 끝나면 군중이 열광적으로 후렴을 불렀다. 초기 후렴은 다소 무작위적으로 보일 수 있다. 후렴은 운율이 거의 없었고 즉흥적으로 만들어졌기 때문에 연과 직접적으로 연결되지 않는 경우가 많았다.³¹ 결과적으로 후렴은 찬송가 가사에 맞춰 자유롭게 불릴 수 있었고, 실제로도 그렇게 했다. 이 명칭은 '떠도는 후렴'(wandering refrain) 또는 '여행하는 후렴'(traveling refrain)으로 알려지게 되었다.³² 예를 들어, 아이작 와츠(Isaac Watts)의 <만왕의 왕 내 주께서>(Alas! And did my savior bleed)는 수십 년에 걸쳐 수많은 떠도는 후렴의 대상이 되었다. 오늘날의 많은 찬송가집에는 와츠의 텍스트가 순수한 연가 형식과 훨씬 후에 작곡된 대중적인 후렴을 사용한 확장된 연가로 모두 포함되어 있다.

> Alas! and did my Savior bleed, and did my Sovereign die?
> (만왕의 왕 내 주께서 왜 고초당했나)
> Would he devote that sacred head for sinners such as I?
> (이 벌레 같은 날 위해 그 보혈 흘렸네)

---

29 James Sallee, *A History of Evangelistic Hymnody* (Grand Rapids: Baker, 1978), 36.
30 Ellen Jane Lorenz, "Chorus, Refrain, Burden," *The Hymn* 45, no. 1 (January 1994): 19.
31 Ibid.
32 David W. Music and Paul A. Richardson, *I Will Sing the Wondrous Story: A History of Baptist Hymnody in North America* (Macon, GA: Mercer University Press, 2008), 308.

후렴

At the cross, at the cross where I first saw the light, and the burden of my heart rolled away,

(십자가 십자가 내가 처음 볼 때에, 나의 맘에 큰 고통 사라져)

it was there by faith I received my sight,

(오늘 믿고서 내 눈 밝았네)

and now I am happy all the day!

(참 내 기쁨 영원하도다!)[33]

   변방 부흥 운동은 결국 사라졌지만 그 노래 스타일은 시간이 지남에 따라 더욱 세련되고 표준화되어 가며, 사라지지 않았다. 캠프 모임 노래의 열기는 19세기 중반에 주일 아침에 열리는 어린이를 위한 기독교 교육 시스템인 교회학교 운동에서 사용되는 노래로 전환되었다.[34] 어린이를 위한 복음 찬송가는 교회학교에서 사용되기 위해 작곡되었다. 당시 교회학교 찬송가 곡을 작곡한 가장 유명한 작곡가는 <예수 사랑하심은>(Jesus Loves Me), <예수가 거느리시니>(He Leadreth Me), <내 기도하는 그 시간>(Sweet Hour of Prayer), <선한 목자 되신 우리 주>(Savior, Like a Shepherd Lead Us) 등

---

[33] Ralph E. Hudson, "At the Cross," in *Worship and Rejoice* (Carol Stream, IL: Hope, 2001), #258.

[34] 교회학교 운동은 가난한 아이들에게 읽기를 가르치기 위한 방법으로 영국에서 시작되었다. 1780년대에 시작된 이 운동은 산업혁명으로 인해 아이들이 주 6일 동안 공장에서 일해야 했던 상황에서 비롯되었다. 기독교 사역자들은 아이들이 학교에 다닐 수 없는 현실을 보완하기 위해 유일한 비근무일인 일요일에 문해 수업을 열었다. 이 수업의 주요 교재는 성경과 기타 기독교 문헌이었다. 이러한 활동이 '주일학교'(교회학교)라고 불렸다. 이 운동이 미국으로 퍼지면서, 교회학교는 북미에서 기독교 교육의 주요 수단이 되었다. Timothy Larsen, "When Did Sunday Schools Start?," *Christianity Today*, August 28, 2008,
http://www.christianitytoday.com/ch/asktheexpert/whendidsundayschoolstart.html.

많은 사랑을 받는 곡의 음악을 작곡한 윌리엄 B. 브래드버리(William B. Bradbury)였다.

오늘날 이 곡들은 찬송가집에 수록되어 있기 때문에 성인 찬송가로 여겨지지만, 사실 어린이를 위한 사역에서 탄생한 곡들이다. 이 악단은 자신들만의 독특한 노래 목록을 만들었다. 19세기 후반의 한 운동은 또 다른 복음 찬송가의 물결을 만들었는데, 이는 유명한 복음 전도자들과 그들의 찬양 인도자들이 이끈 도시 부흥 운동이었다. 이 시기에 '가스펠'과 '복음 찬송가'라는 용어가 일반적으로 사용되기 시작했다.[35] 찰스 G. 피니의 도시 부흥회는 복음 찬송가를 최대한 활용했다. 20세기 초 드와이트 L. 무디(Dwight L. Moody)와 아이라 D. 샌키(Ira D. Sankey), 빌리 선데이(Billy Sunday)와 호머 A. 로드히버(Homer A. Rodeheaver)의 전도 집회도 마찬가지였다. 이 시기 복음 찬송가 가사의 여왕이라고 불릴 수 있는 사람은 그 유명한 패니 크로스비(Fanny Crosby)로, 그녀는 평생 약 8천 곡에 달하는 많은 곡을 작곡했으며,[36]

그중 상당수는 무디와의 관계를 통해 널리 보급되었다. 그녀의 가장 유명한 곡으로는 <주의 음성을 내가 들으니>(I Am Thine, O Lord), <그 큰 일을 행하신>(To God Be the Glory), <인애하신 구세주여>(Pass Me Not, O Gentle Savior), <예수를 나의 구주 삼고>(Blessed Assurance), <저 죽어가는 자 다 구원하고>(Rescue the Perishing) 등이 있다. 이 곡들과 다른 많은 곡은 개인적 회심의 필요성을 강조하고 있어 새로운 도시 부흥에 매우 적합하다. 빌리 그레이엄(Billy Graham)과 찬양 인도자 클리프 배로우스(Cliff Barrows)의 대중 전도 활동으로 복음 찬송가는 21세기에도 계속 불렸으며, 존 W. 피터슨(John W. Peterson), 빌과 글로리아 게이더(Bill and Gloria Gaither) 등 당대의

---

35 Eskew and McElrath, *Sing with Understanding*, 196.
36 Ibid., 198.

주요 인물들이 작곡한 찬송가도 포함되었다.

19세기는 북미에서 복음 찬송가 시대였다. 세기 초반에는 변방 캠프 모임에서 복음성가가 시작되었고, 중반에는 교회학교 운동과 함께 새로운 물결을 일으켰으며, 후반에는 도시 부흥 운동을 통해 찬송가가 추가되었다. 데이비드 W. 뮤직(David W. Music)은 상황을 이렇게 요약한다.

> 고전적인 형태의 부흥 찬송가는 19세기 마지막 30년 동안 초기 부흥 찬송가, 교회학교 찬송, 대중적인 세속 음악 스타일이 복음 찬송가로 합쳐지면서 완성되었다.[37]

복음 찬송가의 가사는 간단하고 주로 구원, 성화, 헌신 등 개인적 체험을 표현하였다. 그 음악 또한 단순하고 직접적이었으며, 주로 장조를 사용하고, 기본적인 화성 진행과 기억에 남는 멜로디가 특징이었다.[38]

> 이 곡은 주일 아침 예배나 경건한 모임을 위한 것이 아니라 당시의 대중가요와 위대한 찬송가 및 복음송 사이의 간극을 메우고, 사람들이 처음 들었을 때 배울 수 있고 어디서든 휘파람을 불며 부를 수 있는 간단하고 쉬운 멜로디를 제공하는 데 목적이 있었다.[39]

하나님의성회, 그리스도의교회, 나사렛교회, 남침례교, 감리교회, 수많은 오순절파 등 부흥 운동에 뿌리를 두고 미국에서 탄생한 많은 개신교 교단은 오늘날까지 복음 찬송가의 강력한 유산을 가지고 있다.

---

37 Music, "I Sing for I Cannot Be Silent," 106.
38 Ibid., 107.
39 Homer A. Rodeheaver, *Twenty Years with Billy Sunday* (Nashville: Cokesbury, 1936), 78, quoted in Eskew and McElrath, *Sing with Understanding*, 202.

가스펠은 확장된 연가의 대표적인 예이다. 연과 후렴의 교대가 잘 정의되어 있으며 형식의 대화적 특성이 분명하다. 가스펠은 응답 노래로 사용될 때 매우 효과적일 수 있다. 반응 찬송은 신자들이 같은 믿음을 가진 사람들과 함께 노래하며 하나님에 대한 사랑과 헌신을 표현하는 데 도움을 준다. 따라서 가스펠은 성경 낭독, 설교, 명제적 진술이 포함된 가사를 가진 노래 등과 같은 객관적인 진리를 선포하는 예배 행위 후에 사용하는 것이 가장 좋다. 많은 복음 찬송가가 예배 순서를 위한 복음 모델에서 말씀에 대한 훌륭한 응답이 된다(제4장 참조).

2) 현대 찬송가

확장된 연가의 두 번째 장르는 현대 찬송가이다. 순수 연가의 예로 앞에서 설명한 고전 찬송가은 지금도 계속해서 작곡되고 있다. 이런 점에서 '현대'라는 단어는 다소 혼란을 줄 수 있다. 본질적으로 현대 찬송가는 연 구조를 사용하기 때문에 '찬송가'로 분류되며, 현대 예배 운동 내에 위치해 있기 때문에 '현대'라는 수식어가 붙는다. 즉, 현대 찬송가는 고전 찬송가와는 약간 다른 장르를 가리킨다. 두 장르는 형식은 공유하지만 기원과 스타일에서 차이를 보인다.

한편으로, 오늘날에도 여전히 쓰이고 있는 고전 찬송가는 전통 찬송가 전통에 깊은 뿌리를 두고 있으며, 이러한 찬송가를 쓰는 시인들은 전통적인 찬송가 흐름에 강한 영향을 받고 있다. 반면, 현대 찬송가는 경배와 찬양 문화 안에서 등장한 것으로, 그 흐름에 깊이 영향을 받은 것이 특징이다.

경배와 찬양 운동은 미국 복음주의의 산물이며, 그 미학은 대중문화에서 비롯되고, 개인적이고 무아경의 영적 지향성을 가지고 있다는 세 가지 특징이 있다.⁴⁰ 현대 찬송가는 이러한 특징에 분명히 부합한다. 현대 찬송가에는 후렴이 포함되는 것이 일반적이기 때문에 여기에서는 후렴을 긴 노래 유형인 확장된 연가 아래에 배치했다. 현대 찬송가는 보다 현대적인 예배 음악 속에서 생겨났기 때문에 현대적 양식을 지니면서도 연의 형식을 유지하고 있다. 현대 찬송가는 리듬 패턴, 코드 진행, 서정적인 관용구에서 서구 문화의 대중음악을 반영한다. 또한, 기타, 드럼, 키보드, 핸드 드럼, 관악기, 현악기 등 대중문화와 관련된 악기를 일관되게 사용한다. 현대 찬송가는 밴드 중심이면서도 확장된 연가 형식을 고수한다.

현대 찬송가는 20세기 후반에 등장했다. 현대 찬송가는 고전 찬송가와 가스펠이 현대적으로 혼합된 것으로 생각할 수 있다. 현대 찬송가는 확장된 연가, 규칙적인 운율, 리듬 패턴 및 일반적인 시적 기법을 사용한다는 점에서 고전 찬송가와 유사하다. 동시에 현대 찬송가 작곡가들은 이러한 요소들을 보다 자유롭게 사용하며, 전통적인 찬송가의 일반적인 시적 제약을 완전히 버리기도 한다. 그럼에도 표준 찬송가의 영향은 분명하다. 현대 찬송가는 종종 더 개인적인 신앙 표현을 포함하고, 자주 후렴을 포함하는 점에서 복음송과 유사하다.

최근 수십 년 동안 꾸준히 현대 찬송가를 작곡한 대표적인 아티스트로는 그레이엄 켄드릭(Gramham Kendrick)과 키스 게티(Keith Getty), 크리스틴 게티(Kristyn Getty), 스튜어트 타운엔드(Stuart Townend)로 구성된 작곡팀이 있다. 세계적으로 인정받는 예배 인도자이자 작곡가인 켄드릭은 40년에 걸친 사역을 통해 1980년대 초 영국에서 초기 찬양 또는 성경 코러스의 연장인 절과 코러스(연과 후렴) 형식을 최초로 만든 사람 중 한 명이

---

40 Greg Scheer, "Shout to the Lord: Praise and Worship from Jesus People to Gen X," in *New Songs of Celebration Render: Congregational Song in the Twenty-First Century*, ed. C. Michael Hawn (Chicago: GIA, 2013), 175.

다.[41] "Shine, Jesus Shine"(비추소서), "Knowing You, Jesus"(예수, 당신을 아는 것), "The Servant King"(섬김의 왕), "Amazing Love"(놀라운 사랑) 등 그의 가장 잘 알려진 곡들은 확장된 연가 구절과 후렴의 구조를 잘 보여준다. 그의 현대 찬송가 <가난한 자의 하나님>(God of the Poor)(순수 연가)는 이 장르의 훌륭한 예이다(운율과 운의 규칙성을 주목하라).

Beauty for brokenness

(깨진 자에게 아름다움을)

Hope for despair

(절망 중에 희망을)

Lord, in your suffering world

(주님, 고통받는 당신의 세상에서)

This is our prayer

(이것이 우리의 기도입니다)

Bread for the children Justice, joy, peace

(아이들에게 양식을, 정의와 기쁨과 평화를)

Sunrise to sunset

(일출에서 일몰까지)

Your kingdom increase!

(당신의 나라가 확장되기를!)

God of the poor

(가난한 자의 하나님)

---

41 '절'(verse)과 '코러스'(chorus)라는 용어는 현대적인 형태의 곡에서 적합하게 사용되며, 유사한 기능을 하는 '연'(stanza)과 '후렴'(refrain)은 전통적인 찬송가와 복음성가에 적합한 용어이다.

Friend of the weak

(약자의 친구시여)

Give us compassion we pray

(우리를 불쌍히 여기소서)

Melt our cold hearts

(우리의 차가운 마음을 녹이시고)

Let tears fall like rain

(눈물이 비처럼 흐르게 하소서)

Come, change our love

(오서서, 우리의 사랑을)

From a spark to a flame

(불씨에서 불길로 변화시켜 주소서)

Lighten our darkness

(우리의 어둠을 밝히시고)

Breathe on this flame

(이 불길에 당신의 숨결을 불어 넣어)

Until your justice burns

(당신의 정의가)

Brightly again

(다시 밝게 타오르기를)

Until the nations

(온 열방이)

Learn of your ways

(당신의 길을 배우고)

Seek your salvation

(당신의 구원을 구하며)

And bring you their praise

(당신을 찬양하기를)

God of the poor

(가난한 자의 하나님)

Friend of the weak

(약자의 친구시여)

Give us compassion we pray

(우리를 불쌍히 여기소서)

Melt our cold hearts

(우리의 차가운 마음을 녹이시고)

Let tears fall like rain

(눈물이 비처럼 흐르게 하소서)

Come, change our love

(오서서, 우리의 사랑을)

From a spark to a flame

(불씨에서 불길로 변화시켜 주소서)[42]

아일랜드 출신의 가수 겸 작곡가인 키스 게티(Keith Getty)와 크리스틴 게티(Kristyn Getty)도 현대 찬송가 작곡가로 잘 알려져 있다. 이들은 현대

---

[42] Graham Kendrick, "God of the Poor "(Beauty for Brokenness), © 1993 Make Way Music (administered in the Western Hemisphere by Music Services). All rights reserved. Used by permission. http://www.grahamkendrick.co.uk.

찬송가를 작곡하는 것을 소명으로 여기고 있다.[43] 이들은 연가 구조에 충실하면서도 모든 세대가 쉽게 부를 수 있는 이해하기 쉬운 가사와 멜로디가 뛰어난 곡을 결합하고자 한다.[44] 게티 부부는 종종 작곡가 스튜어트 타운엔드(Stuart Townend)와 협력하여 <예수 안에 소망 있네>(In Christ Alone), <십자가의 그 능력>(The Power of the Cross), <오라, 부활의 왕을 찾는 이들이여>(Come, People of the Risen King), <말씀하소서>(Speak, O Lord) 등의 주옥 같은 곡을 작곡해 냈다.

3) 현대 예배 노래

확장된 연가를 예시하는 세 번째 장르는 현대 예배 노래이다. 용어가 약간 겹치기 시작했지만 현대 예배 노래는 그 자체로 중요한 장르를 구성하며 오늘날 예배 음악에 큰 힘을 발휘하고 있다. 현대 찬송가와 마찬가지로 현대 예배 운동에 확고하게 뿌리를 두고 있지만 순수한 연으로 특정 지어지지는 않는다. 현대 예배 노래의 구조는 현대 찬송가나 고전 찬송가처럼 고정되어 있지 않으며, 매우 빠른 속도로 계속 진화하고 있다.

이 운동의 초기에는 단순한 찬양이나 성경 코러스로 시작된 것(보서 제6장 참조)이 후렴과 함께 구절을 포함하는 더 긴 노래로 발전했다. 이것은 노래에 실질적인 내러티브를 더할 수 있는 즉각적인 방법이었다. 처음에는 절과 코러스 패턴이라는 단순한 두 부분 형식이 복음 찬송가의 연과 후렴과 비슷해 보였을 수 있다. 그러나 현대 예배 음악은 부흥 운동 찬송가와 직접적인 역사적 계보를 가지고 있지 않다. 현대 예배 음악은 그 구

---

43 Emily R. Brink, "Teaching the Faith, Expanding the Song: An Interview with Irish Hymn writer Keith Getty," *Reformed Worship*, September 2006, http://www.reformedworship.org/article/september-2006/teaching-faith-expanding-song.

44 Ibid.

조상 당시의 대중음악에 대한 기독교적 대응이라고 할 수 있다. 첫 번째 코러스 앞에 나오는 절의 수, 코러스의 반복 빈도 등에 대한 엄격한 규칙이나 통일된 관행은 없다. 특정 노래에서 절과 코러스가 서로 어떻게 관련되는지에 대한 변수는 매우 많다.

켄드릭은 1970년대 후반에 영국에서 절과 코러스 구조가 등장하여 빠르게 인기를 얻었다고 말한다.[45] 그는 이 구조가 로큰롤 시대의 상업 대중음악에서 이미 어느 정도 표준화되어 있던 절과 코러스 형식에 직접적으로 기인한 것으로 본다. 켄드릭은 "70년대 이후 예배 작곡가들은 대부분 절/코러스 구조를 가진 상업적 대중음악을 들으며 자랐기 때문에 예배 노래를 그런 식으로 작곡하는 것이 매우 자연스러웠다"[46]라고 말한다. 의심할 여지 없이 코러스는 대중가요의 경우와 마찬가지로 곡의 정서적 정점이 되었고, 지금도 그러하다. 후렴구는 도입부와 번갈아 가며 반복되는 귀에 쏙쏙 들어오고 기억에 남는 반복적인 부분을 '훅'으로 구성한다. 켄드릭은 이렇게 설명한다.

> 코러스가 감정적 해방감을 제공하는 현상(종종 가장 높은 음과 노래의 메시지를 요약하는 '후크 가사'와 동시에 발생)은 대중문화에 깊이 뿌리내리고 있어서, 코러스가 없으면 그 노래는 불완전하거나 불만족스럽게 여겨질 수 있다.[47]

절과 코러스는 수년 동안 현대 예배 음악의 표준 구조로 사용되어 왔다. 그러나 비교적 최근에는 점점 더 복잡해지고 있으며 우리 눈앞에서 그 형태가 성숙해지고 있다. 노래에 다양한 구조적 차원이 추가되었고, 계속해서 추가되고 있다. 현대 예배 역사가인 레스터 루스(Lester Ruth)는 현대 예배 음

---

45 Graham Kendrick, email message to author, September 4, 2014.
46 Ibid.
47 Ibid.

악의 새로운 복합 형태를 'VC+'고 부르는데 이는 절(verse)과 코러스(chorus)에 브리지(bridge, 연결구), 프리코러스(prechorus, 전-코러스), 또는 엔딩(ending, 종결부) 등이 추가된 형태를 의미한다.[48] "그 결과 현대 예배에서 회중 노래의 음악적 형태에 뚜렷한 변화가 일어났다."[49] 그는 현대 예배 음악의 복잡성이 1990년대 후반에 본격적으로 등장했다고 지적한다.[50] 그는 기독교 저작권 라이센싱 인터내셔널(CCLI)의 상위 25곡 목록에 포함된 노래들을 분석한 결과 VC+ 형식을 사용하는 노래들이 크게 증가했음을 발견한다[51](이 목록은 6개월마다 작성되는데, 교회들이 보고한 자료를 토대로, 교회들에서 가장 많이 연주되는 노래들을 포함한다). 루스는 최근 수십 년 동안 "현대 예배 노래에서 가장 많이 사용되는 형식이 진화했다"며 "이전의 단순한 형식이 절, 코러스, 브리지 및 기타 다양한 요소의 조합을 포함하는 더 복잡한 복합 형태로 대체되었다"고 결론지었다.[52] 루스는 다음과 같이 말한다.

> 오늘날에는 VC 또는 VC+ 형식이 지배적이다 … 고전적인 찬송가든 새로운 찬송가든, 찬송가에 대한 관심은 높아지고 있지만, 단순한 절 형태가 점점 더 복잡해지는 경향을 보인다 … 오늘날 가장 인기 있는 노래의 구조적 복잡성은 현대 예배가 새로운 단계로 접어들었음을 의미한다.[53]

오늘날 현대 예배 음악은 절, 코러스, 브리지 구성을 훨씬 뛰어넘는 구조적 특징들을 보여준다. 거기에는 프리코러스, 브리지, 채널(channel), 인

---

48 Lester Ruth, "How 'Pop' Are the New Worship Songs: Investigating the Levels of Popular Cultural Influence on Contemporary Worship Music," in Global Forum on Arts and Christian Faith, 2015, www.artsandchristianfaith.org, vol. 3, no. 1, page 4.
49 Ibid.
50 Ibid., 5.
51 Ibid., 4-5.
52 Ibid. 3,
53 Ibid., 5.

트로(intro), 아웃트로(outro), 태크(tag), 엔딩 등이 포함된다. 수많은 현대 예배 작곡가와 아티스트는 혁신을 수용하는 것처럼 보이는 장르에서 복잡성과 스타일의 경계를 넓혀가고 있다.

현대 예배 음악의 다른 변화와 전환도 주목할 만하지만 간략하게 언급만 하겠다. 여기에는 패션 운동(Passion Movement)의 음악가들이 대중화시킨 옛 찬송가에 새롭고 현대적인 합창을 추가하는 것이 포함된다. 크리스 톰린(Chris Tomlin)의 <주 달려 죽은 십자가>(The Wonderful Cross)가 대표적인 예이다.[54] 연은 18세기 아이작 와츠가 쓴 것이다("When I survey the wondrous cross on which the Prince of glory died").[55] 코러스는 톰린이 추가한 것이다("O the wonderful cross").[56] 코러스는 모든 현대 예배 노래와 같은 기능을 하며, 노래의 감정적 절정을 제공한다. 또한, 붙어 있는 옛 찬송가의 가사에 대한 개인적인 해석을 제공하는 경향이 있다.

또 다른 인기 있는 접근 방식은 찬송가를 '재조율'(retuning)하는 것이다. 이 경우 음악가들은 옛 찬송가 가사에 완전히 새로운 멜로디를 제공하면서 조율(리튠)한다. 이 운동은 미국장로교(Presbyterian Church of America) 소속 개혁대학교 선교단체(Reformed University Fellowship)의 벨몬트대학교(Belmont University) 담당 캠퍼스 사역자인 케빈 트위트(Kevin Twit)에 의해 널리 알려지게 되었다. 그는 <인델리블 그레이스>(Indelible Grace, 지울 수 없는 은혜)라는 단체를 결성하여 리튜닝 운동과 관련된 인상적인 작품을 만들었다. 트위트의 사역은 수십 개의 유사한 캠퍼스 사역으로 확산되어 수많은 아티스트와 레이블이 많은 찬송가를 녹음했다.[57] 리튜닝 운동은 그 범위

---

54 Chris Tomlin, J. D. Walt, and Jesse Reeves, "The Wonderful Cross," 2000, Six Steps Music (administered by Capital CMG Publishing).
55 Isaac Watts, "When I Survey the Wondrous Cross," 1707, http://www.hymnary.org/text/when_i_survey_the_wondrous_cross.
56 Tomlin, Walt, and Reeves, "Wonderful Cross."
57 "List of Retuned Hymn Projects," *Cardiphonia*, July 29, 2013,

가 넓어서 업데이트 찬송가 운동, 개편 찬송가 운동, 새로운 옛 찬송가 운동 등 여러 이름으로 불린다.[58]

5. 결론

긴 노래는 개신교 종교개혁부터 오늘날까지 여러 방면에서 회중 찬양의 핵심을 형성해 왔다. 긴 노래는 공동체 안에서 하나님의 이야기를 노래하는 실질적인 방법이다. 풍성한 찬양을 제공하고자 하는 예배 음악 건축가는 짧은 노래 형식과 연결하여 긴 노래 형식을 활용할 것이다. 이 노래의 대화는 하나님 백성의 입에 거룩한 말씀을 담아, 하나님께 영광을 돌리고 신자들의 교제를 교화하는 예배의 대화를 훌륭하게 진행할 것이다.

제6장과 제7장에서는 예배 음악 건축가가 예배에서 강력한 노래의 경험을 이끌기 위해 고려해야 할 두 가지 노래 범주를 탐구했다. 짧은 노래와 긴 노래는 '둘 중 하나/또는'이 아니라 '둘 다/그리고'로 생각해야 한다. 각각은 기독교 예배에서 특별한 역할을 한다. 각각은 상호 보완적인 방식으로 서로를 필요로 한다. 친구들 간의 모든 대화는 지속적인 대화와 사이사이에 짧게 끼여드는 감탄의 말이 어우러져 진행된다. 이 둘은 서로 협력하여 관계에 도움이 되는 보다 완전한 만남을 제공한다.

짧은 노래와 긴 노래를 혼합하여 사용할 것을 적극 권장한다. 각 예배에서 이러한 노래들을 서로 대화하는 형식으로 배치하면, 다양한 차원에서 참여가 이루어지면서 예배의 대화가 의미 있고 역동적으로 진행되는 것을 발견하게 될 것이다.

---

[58] Zac Hicks, "The Rehymn Movement," http://www.zachicks.com/the-hymns-movement.
http://cardiphonia.org/2013/07/29/list-of-retuned-hymn-projects.

6. 주요 용어

- 찬송가(hymn): 삼위 하나님을 향한 또는 삼위 하나님에 대한 기독교 신앙의 진술을 운율이 있는 연으로 표현하고, 기독교 공동체가 경건하게 부르도록 쓰여진 시이다.
- 찬송가집(hymnals): 공동예배에서 부르기 위해 출판된 찬송가(및 기타 장르의 노래) 모음집
- 운율 시편(metrical Psalm): 예배에서 함께 노래할 수 있도록 성경의 시편을 운율이 있는 시형으로 의역하고 재구성한 것
- 시편집(psalter): 시편을 기반으로 한 노래책
- 후렴(refrain): 반복되면 항상 같은 멜로디와 가사를 사용하는 부분
- 연(stanza): 노래의 전체 주제 중 하나의 측면을 중심으로 구성된 일련의 행들. 확장된 노래의 단락.
- 스트로픽(strophic): 노래의 각 연에 같은 멜로디가 나오는 경우로 찬송가나 민요에서 흔히 나타난다.

7. 더 학습하기

1) 도서

Hawn, C. Michael, ed. *New Songs of Celebration Render: Congregational Song in the Twenty-First Century*. Chicago: GIA, 2013.

Lovelace, Austin C. *The Anatomy of Hymnody*. Chicago: GIA, 1965. Wren, Brian. *Praying Twice: The Music and Words of Congregational Song.* Louisville: Westminster John Knox, 2000.

Wright, N. T. *The Case for the Psalms: Why They Are Essential*. New York: Harper-

Collins, 2013.

2) 찬송집

African American Heritage Hymnal. Chicago: GIA, 2001.
Lift Up Your Hearts: Psalms, Hymns, and Spiritual Songs. Grand Rapids: Faith Alive Christian Resources, 2013.
Psalms for All Seasons: A Complete Psalter for Worship. Grand Rapids: Calvin Institute
    of Christian Worship/Faith Alive Christian Resources/Brazos, 2012.

3) 웹사이트

Hymnary.org, www.hymnary.org.
찬송가협회, http://www.thehymnsociety.org.

참여하기

대부분의 예배 음악 건축가는 특정 노래 장르에 관해 다른 장르보다 더 많은 배경 지식을 가지고 있다. 이는 자연스러운 일이다.

본 장에서 설명한 장르(고전 찬송가, 운율 시편, 가스펠, 현대 찬송가, 현대 예배 노래) 중 어느 장르에 대한 경험이 가장 적은가?

다음 제안에 따라 덜 알고 있는 장르에 대한 탐구를 시작하자.

1. 여러분이 탐구하고 싶은 장르에 대해 잘 알고 있는 사람을 찾아보라. 인터뷰를 요청하여 그 사람과 그들이 좋아하는 노래 장르에 대해 자세히 알아보라. 그들이 왜 이 특정 장르를 좋아하고 공감하는지 알아보라. 만나기 전에 물어볼 질문을 미리 준비하라. 그들의 응답을 잘 적고, 여러분이 더 알게된 내용에 대해 기록하라.

2. 탐구하고 싶은 장르의 노래 모음집(찬송가집, 가스펠집, 데이터베이스 등)을 찾아보라. 대표적인 노래들을 익히는 데 시간을 투자해라. 인터뷰한 사람에게 몇 가지 모음집을 추천받으라.

3. 예배 인도자들과 함께 이 모음집에 담긴 노래를 준비해 보라. 제공되는 보컬 리더십, 악기 연주 등에 대한 자료를 활용하여, 회중에게 그 노래를 어떻게 소개할 수 있을지 고민해 보라.

4. 새 노래가 예전적으로 잘 기능하도록 예배에서 어디에 배치할 수 있을지 생각해 보라.

5. 응답 노래로 긴 노래와 짝을 이룰 수 있는 짧은 노래를 생각해 보라. 어떤 예배 행위를 해석하거나 꾸미는 데 도움이 될까?

짧은 노래와 긴 노래로 예배의 한 요소나 행동을 자연스럽게 엮어보라. 예배의 한 부분이라고 생각하라. 그런 다음 예배에서 시도해 보라!

제8장

회중의 예배 목소리 발견하기

음악 스타일에 대한 대안적 비전

탐구하기

예배에서의 음악 스타일은 최근 수십 년 동안 교회 지도자들 사이에서 큰 논의의 주제였다. 예배 음악은 교회 역사에서 주기적으로 다양한 운동에서 중요한 요소로 작용해 왔지만, 아마도 지난 반세기 동안처럼 예배 음악이 중심 무대에 오른 적은 없었을 것이다. 모든 대륙에 있는 다양한 종류의 교회는 주로 음악 스타일을 중심으로 예배에 엄청난 변화를 경험했다.

본 장을 읽기 전에 지역교회의 예배에서 음악 스타일이 연주되거나 연주되지 않는 것이 어떤 영향을 미치는지 생각해 보자. 다음은 시작하는 데 도움이 되는 몇 가지 질문이다.

1. 섬기고 있는 교회에서는 예배를 음악 스타일(전통적, 현대적 등)과 관련된 용어로 설명하는가?
2. 교회에 음악 스타일에 따라 구분되는 여러 예배가 있는가?
3. 최근에 지역교회에서 중요한 스타일 변화를 경험한 적이 있는가? 그렇다면 어떻게 바뀌었는가? 언제? 왜 그랬는가?

> 4. 음악 스타일에 변화가 있었다면 단기적, 장기적 효과는 어떤 것이 있었는가?
>
> 이제 예배에서 사용되는 음악 스타일에 대해 간략하게 살펴보았으니, 본 장을 읽고 예배 음악 건축가로서 음악 스타일에 접근하는 방법을 더 생각해 보라.

1. 심화하기

캐나다에서 열린 예배 콘퍼런스에서 휴식 시간에 한 교회 음악가가 나에게 다가와 미소를 지으며 이렇게 말했다.

> "당신이 옳았습니다. 사람들은 카운트하고 있어요."
>
> 호기심이 생겨서 무슨 뜻인지 물어보았다.
>
> "우리 교회에서는 융합 예배(Blended Worship) 스타일을 사용하고 있습니다. 나는 예배 음악을 기획하는 팀에 속해 있습니다. 목사님께서 각 스타일의 할당량을 주셨는데, 모든 예배에는 찬송가 40%와 복음성가 60%가 섞여 있어야 합니다. 어느 한 방향으로 비율을 조정하면 받아들일 수 없으므로 균형을 맞출 때까지 다시 원점으로 돌아가야 합니다."

그녀는 계속해서 다양한 신자들이 자신의 음악적 선호도가 충족되지 않는다고 불평했기 때문에 목사님이 수학적 접근 방식을 통해 해결책을 찾고 있었다고 설명했다!

음악 스타일에 대한 논의는 오랫동안 북미 예배 현장을 지배해 왔으며, 전 세계 여러 곳으로 퍼져 나갔다. 지난 50년 동안 극적인 스타일 변화의 물결이 쓰나미처럼 예배 환경에 영향을 미쳤다. 오늘날의 교회는 개신교와 가톨릭을 막론하고 대부분의 경우 (나이에 상관없이) 더 이상 부모 세대의 교회가 아니다. 많은 곳에서 예배는 불과 5년 전의 모습을 찾아볼 수 없다. 변화의 속도는 인터넷의 발달로 인해 더욱 빨라지고 있다. 거의 모든 곳에서 변화가 예고되고 있다.

이러한 변화는 종종 갈등을 일으키기 때문에 '예배 전쟁'(어떤 음악 스타일을 예배에 포함시켜야 할지 말아야 할지에 대한 논쟁)이 교회생활의 일반적인 어휘의 일부가 되었다. 한때는 이러한 시점에서 갈등이 불가피한 것처럼 보였고, 결국 모든 교회가 분쟁이나 장대한 전투의 현장이 될 것 같았다. 지금은 여전히 여기저기서 작은 충돌이 일어나고 있지만, 수십 년간의 불화 끝에 대부분 교회에서는 휴전이 선언되었다.

휴전의 일반적인 조건 중 하나는 서로 다른 길을 가는 것, 즉 서로 동의하지 않는 것에 동의하는 것이었다. 이는 다양한 형태로 이루어졌다. 어떤 경우에는 예배자들이 교회로부터 "우리 음악 스타일이 당신과 맞지 않으면 음악이 맞는 교회를 찾아라"는 말을 듣고 문자 그대로 교회를 떠나는 경우도 있었다. 많은 예배자가 교회 쇼핑에 나섰는데, 마치 음악이 공개된 예배 시장에서 사고파는 상품처럼 여겨졌다. 다른 경우에는 이미 여러 개의 예배가 있을 정도로 규모가 큰 교회에서는 각 예배를 특정 음악 스타일에 맞춰서 진행하기도 했다.

참석자 수나 편의를 위해 서로 다른 시간에 두세 번씩만 열리던 동일한 예배가 특정 스타일(전통, 현대, 가스펠 등)을 대표하는 예배가 된 것이었다. 주목할 만한 점은, 이러한 예배들 사이의 차이점은 유일하게 음악뿐이었다는 것이다. 무대 구성이나 외형적 부분에서 약간의 차이를 주어 격식을 덜어내거나 더하는 인상을 주긴 했다. 하지만, 성경 봉독, 기도, 설교, 축도 등은 그대로 유지되었고 오로지 음악만이 새로움의 무게를 떠안아야 했다. 휴전의 또 다른 접근 방식은 아예 틈새 접근 방식을 취하는 것이었다.

우리 교회는 한 가지 음악 스타일을 기반으로 틈새시장을 개척할 것이다. 그것이 우리가 하는 일이다. 다른 교회가 다른 사람들을 위해 다른 틈새시장을 개척하도록 내버려두겠다. 하나님의 축복이 있기를 바란다.

이러한 다양한 접근 방식의 결과로 특정 음악 스타일에 초점을 맞춘 예배가 넘쳐나고 있다. 전 세계적으로 음악 스타일(각각 고유한 스타일 레이블로 구분됨)이 급속히 확장되면서 일반 대중의 음악적 취향이 점점 더 광범위하고 정교해짐에 따라 이러한 관심을 반영하는 예배 서비스도 등장하고 있다. 재즈, 얼터너티브, 힙합, 컨트리, 클래식, 록, 월드 등 예배 음악을 위한 아이튠즈의 다양한 카테고리를 살펴보라. 개개인이 자신이 좋아하는 노래로 재생 목록을 만들고, 예배는 새로운 것에 열광하는 북미의 문화적 열정을 충족시키기 위해 그 뒤를 따르고 있다.

지난 50년 동안 우리는 전통과 임시, 공식과 비공식, 관련성 있는 것과 관련 없는 것, 오래된 것과 새로운 것, 젊은 것과 늙은 것, 변화와 현상 유지 등의 이분법을 사용해 왔다. 이분법의 문제점은 두 입장이 공통점이 거의 없는 극단적인 반대 성향을 가진 적으로 가정된다는 것이다. 이분법은 둘 중 하나로만 설정되기 때문이다. 이분법은 사물을 정의하는 데 실용적일 수 있지만, 문제는 종종 그렇지 않은 것에 대해서도 사용된다는 것이다. 즉, 좋지 않은 제품으로 인식되는 것과 비교하여 제품을 홍보하는 것이 더 이분법을 사용하기 적절한 경우다.

그 목표는 다른 사람들과 의견을 공유하고 존중하는 것이 아니라 같은 생각을 가진 사람들을 끌어들이는 것이다. 지난 50년간의 흐름은, 합의를 목표로 삼기보다는 각자의 입장을 고수하는 것이 훨씬 더 쉽다는 사실을 우리에게 보여주었다. 그렇게 하면 굳이 모든 사람을 만족시킬 필요 없이, 비슷한 사람들만 모으면 되기 때문이다.

목회자와 여러 지도자가 교회가 예배 스타일을 찾는 것을 도울 것을 요구 받아왔다. 그러나 어쩌면 **예배 스타일**을 찾는 것보다는 **예배 목소리**, 즉 워십 보이스(Worship Voice)를 찾는 것이 더 중요한 문제일지도 모른다.[1] 본 장에서는 예배 음악 건축가가 음악 스타일과 예배 목소리를 구분하는 데 도움을 주고자 한다.

스타일은 예배자들을 같은 음악적 취향을 가진 사람들과 연결하는 데 초점을 맞추는 경향이 있는 반면, 목소리는 더 넓은 지역적 콘텍스트에 초점을 맞추는 경향이 있다. 본 장에서는 음악 스타일에 대한 몇 가지 가정을 간략하게 논의하고, 그 목적에 주목하며, 자신의 '예배 목소리'를 찾고 사용한다는 것이 무엇을 의미하는지 설명하고, 교회 구성원들이 '이중 언어'(Bilingual)를 사용하는 예배자가 될 수 있도록 돕는 방법을 제시할 것이다.

2. 예배에서의 음악 스타일

음악 스타일은 기본적인 음악 요소(형식, 멜로디, 화성, 리듬 등)를 유사하게 처리하여 다른 스타일과 구별할 수 있는 인식 가능한 전체 사운드를 만들어낸다. 이것이 바로 누군가가 "저건 랙타임(ragtime)이야." 또는 "저건 엘비스 초기 스타일이야"라고 말할 수 있는 이유이다. 오늘날 예배에서 두드러지게 사용되는 몇 가지 음악 스타일이 있다. 본 장의 요점은 각

---

[1] Constance M. Cherry, "Merging Tradition and Innovation in the Life of the Church: Moving from Style to Encountering God in Worship," in *The Conviction of Things Not Seen: Worship and Ministry in the 21st Century,* ed. Todd E. Johnson (Grand Rapids: Brazos, 2002), 32.

각의 스타일을 식별하고 비교하는 것이 아니다.[2] 대신, 예배 음악 건축가들은 오늘날 예배에서 **음악 스타일의 역할**을 살펴봐야 한다. 음악 스타일은 매우 큰 역할을 맡았다. 예배에 새로운 차원의 에너지와 생명력, 활력을 불어넣는 역할을 맡았다.

어떤 경우에는 예배를 더 흥미롭게 만들고, 죽어 있는 교회를 되살리고, 교회에 다니지 않는 사람들을 끌어들이는 예배를 통한 전도의 수단이 되기를 기대받는다. 어떤 경우든 음악 스타일이 기적을 일으킬 수 있다는 기대를 걸고 있다. 음악 스타일에는 특정한 목적이 주어졌다. 사실 예배 갱신을 위해 어떤 스타일을 사용하느냐는 그다지 중요하지 않다. 전통적인 스타일이든 현대적인 스타일이든, 지도자들은 매우 높은 요구를 음악 스타일에 부여하고 있으며, 영감을 주는 클래식 합창단 지휘자든, 록스타 같은 밴드 리더든, 모두가 강한 인상을 남기기를 기대받는다.

많은 리더가 예배에서 음악 스타일의 효과에 대해 아래와 같이 잘못 가정하기 때문에 이런 일이 발생했다.

- 특정 음악 스타일이 교회 규모를 키운다.
- 북미 지역 사람들은 주로 현대 음악을 감상한다.
- 교회에 다니지 않는 사람들은 대중문화의 음악 스타일을 모방하는 교회를 찾고 있다.
- 특정 연령대는 다른 연령대보다 특정 스타일에 더 많이 공감한다.
- 특정 스타일은 특정 교파를 대표한다('현대' 음악은 성공회 예배를 대표하지 않으며, '예전' 음악은 침례교 등과 관련이 없다).

---

2 오늘날 널리 사용되고 있는 특정 예배 스타일에 대한 자세한 설명은 다음을 참조하라. Paul Basden, ed., *Exploring the Worship Spectrum: Six Views* (Grand Rapids: Zondervan, 2004)

- 교회는 대중문화가 만들어내는 높은 수준의 완성도와 경쟁할 수 있다.
- 사람들은 함께하고자 하는 마음보다 자신의 취향에 맞는 음악을 원하는 마음이 더 크다.

그러나 섣불리 이렇게 가정해서는 안 된다. 예를 들어, 음악 외에도 설교의 효과, 사람들의 친근함, 위치 등 교회 성장(또는 쇠퇴)에 영향을 미치는 요소는 많다.

그리고 북미인이 한 가지 스타일의 음악을 가장 좋아한다고 누군가 주장한다면, 그들이 매일 듣는 무수한 스타일을 고려할 때 그 스타일은 무엇일까?

길을 잃은 사람들이 음악을 들을 수 있는 또 다른 장소를 찾는 것이 아니라 하나님에 대한 진정한 경험을 찾고 있을 가능성을 생각해 보자. 또한, 어떤 연령대가 어떤 유형의 음악을 좋아하는지 정의하는 경계가 모호해지고 있다. 노년층은 찬송가를 좋아하고 젊은층은 팝 기반의 예배 음악을 좋아한다고 주장하는 것은 너무 쉬운 일이었다. 하지만, 요즘 리튜닝[3]에 참여하는 젊은이들이 많다는 점을 고려하면 이는 근거 없는 속설일 수 있다. 더 이상 규칙이 되기에는 예외가 너무 많다.

> 특정 스타일이 기독교 예배 전통의 경계를 넘을 수 없다는 것이 정말 사실일까?
> 네오고딕(neo-Gothic, 18세기 후반부터 19세기까지 유럽에서 이어진 운동으로, 고딕 양식의 특징을 재해석한 예술 양식) 양식이라고 해서 '현대적'이 '예전적'으로 받아들여질 수 있을까?

---

3   리튜닝은 공동의 찬양을 위해 오래된 찬송가를 편곡하거나 새로운 곡을 작곡하는 기술이다(챕터 7의 "현대 예배 노래" 섹션 참조).

> 대부분의 교회가 스튜디오에 앉아 음향 엔지니어가 전문적으로 믹싱한 음악을 지속적으로 듣는 대중이 기대하는 수준의 우수성을 만들어낼 수 있는 재정과 인적 자원을 갖추고 있을까?
> 무엇보다도 사람들이 진정한 공동체보다 음악을 더 원한다고 확신할 수 있을까?

일부에서는 그렇게 믿게 만드는 목소리도 있지만, 많은 사람, 특히 밀레니엄 세대는 다른 모든 측면보다 교회에서의 개인적인 관계를 더 중요하게 생각한다.[4]

오해를 주지 않기 위해 말하자면, 음악 스타일이 중요하지 않다는 뜻은 아니다. 스타일은 분명 중요하다. 하지만, 우리가 생각해온 방식대로 중요한 것은 아닐 수도 있다. 음악 스타일은 올바른 관점에서 이해되어야 한다. 이제 예배에서 음악 스타일과 관련하여 널리 퍼져 있는 가정에 도전할 때가 된 것 같다. 예배의 한 차원에 의존하여 쇄신의 무게를 지탱하는 것은 비합리적일 뿐만 아니라 불가능하다. 음악 스타일에는 의도하지 않은 목표를 달성할 수 있는 놀라운 힘이 부여되어 있다. 해롤드 베스트(Harold M. Best)는 이 문제를 잘 요약하고 있다.

> 내가 음악을 얼마나 사랑하는지는 말할 수 없지만 … 우리는 음악에 지나치게 많은 신뢰를 두었고, 하나님의 말씀의 능력, 두려움 없이 선포되는 예언의 권위와 범위, 그리고 진실하면서도 소망이 담긴 중보기도의 힘에는 충분히 의지하지 않았다. 나는 종종 만약 우리가 음악, 특히 겉으로 드러나는 형식적인 음악

4　David McAllister-Wilson, "Think Bigger: The Challenge of Reaching Millennials," *Leading Ideas,* e-newsletter of the Lewis Center for Church Leadership, Wesley Theological Seminary, January 14, 2015, http://www.churchleadership.com/leadingideas/lead-docs/2015/150114_article.html.

을 한켠에 내려놓고, 그 시간을 풍성한 중보기도, 말씀을 읽고 깊이 살피는 시간, 침묵 가운데 머무름, 예언적 선포, 그리고 그 후에야 비로소 노래하고 음악을 만드는 일에 사용한다면 어떤 일이 일어날까 하고 생각하기도 했다.[5]

3. 음악 스타일의 목적

기독교 예배와 관련하여 음악 스타일의 목적은 무엇인가?
감동을 주기 위한 것인가, 아니면 표현하기 위한 것인가?
교회에 대한 관점에 따라 대답이 달라질 수 있다. 복음주의적이고 '매력적'인 교회는 교회에 다니지 않는 사람들을 교회로 데려오기 위해 에너지를 쏟는다.[6] 음악 스타일은 매력의 큰 부분을 차지하며, 교회는 "우리가 만들면 사람들이 올 것이다"라는 사고방식을 가지고 있다. 한 가지 주의할 점이 있다.

> 우리가 예배를 세상 문화에 맞추려고 지나치게 애쓰는 것은, 실제로 우리 개인이 세상 문화 속에서 복음을 살아내지 않아도 되기를 바라는 마음에서 비롯된 것은 아닌지 우리 스스로에게 자문해 보아야 한다.[7]

---

5   Harold M. Best, *Unceasing Worship: Biblical Perspectives on Worship and the Arts* (Downers Grove, IL: InterVarsity, 2003), 140.
6   Paul S. Williams, "Missional or Attractional—Who Cares?," *Christian Standard*, March 31, 2012,
    http://christianstandard.com/2012/03/missional-or-attractional%E2%80%94who-cares.
7   Terry W. York and C. David Bolin, *The Voice of Our Congregation: Seeking and Celebrating God's Song for Us* (Nashville: Abingdon, 2005), 38.

일반적으로 '선교적 교회'라는 용어는 매력적 교회에 반대되는 개념으로 간주한다. 선교적 교회는 교회 밖에서 사역하는 데 초점을 맞추기 때문에 사람들을 건물 안으로 끌어들이는 데 신경을 덜 쓴다.[8] 어떤 의미에서는 교회를 다른 사람들에게 가져가는 것이라고도 볼 수 있다. 이들을 위한 음악 스타일은 매력보다는 표현을 강조할 수 있을 것이다.

음악 스타일은 매력적일까, 아니면 표현적일까?

여기에 또 다른 극명한 이분법이 있다. 사실 정답은 둘 다 "맞다"이다. 음악 스타일은 같은 생각을 가진 예배자들을 끌어모으고, 공동체의 예배를 표현할 수도 있다. 정리하자면, 음악 스타일은 예배에서 중요한 역할을 하지만 우리가 당연하게 생각해온 역할과는 다를 수 있다. 음악은 가사를 제외하고도 메시지를 전달하기 때문에 중립적이지 않다. 그럼에도 "우리가 이 덧없는 인간 구성물인 음악에 짊어진 짐을 생각하면 당혹스럽다. … 교회는 음악을 주목에서 벗어나 그리스도와 그분의 말씀을 다시 두드러지게 하는 예술적 개혁이 절실히 필요하다."[9]

예배 음악이나 그 스타일이 교회의 정체성을 결정짓는 주요한 특징이 되어서는 안 된다. 살아계신 주님과의 진정한 교제가 매력적이고 선교적인 방식으로 예배의 특징이 되어야 한다. 리더는 공동체의 음악 스타일을 사랑으로 지도하고 발전시켜야 하지만 그보다 더 심오한 것을 발견해야 한다. 바로 예배 목소리이다.

8　Williams, "Missional or Attractional."
9　Best, *Unceasing Worship*, 75.

4. 예배 목소리 찾기

"어디서든 당신의 목소리를 알 수 있을 것 같아요."

누군가 당신에게 이런 말을 한 적이 있는가?

한동안 통화하지 않았던 친구에게 전화를 걸었는데, 발신자 표시 없이도 "안녕하세요"라는 말만 듣고도 상대방이 내 목소리를 알아들은 적이 있을 것이다. 사람의 목소리에는 고저, 음색, 억양 등 고유한 특성이 있다. 음성 인식만으로도 증인이 법정에서 피고인의 유죄 또는 무죄를 증언하는 데 충분했다.

예수님은 제자들에게 음성 인식에 대해 말씀하셨다.

> 내가 진실로 진실로 너희에게 이르노니 문을 통하여 양의 우리에 들어가지 아니하고 다른 데로 넘어가는 자는 절도며 강도요 문으로 들어가는 이는 양의 목자라 문지기는 그를 위하여 문을 열고 양은 그의 음성을 듣나니 그가 자기 양의 이름을 각각 불러 인도하여 내느니라 자기 양을 다 내놓은 후에 앞서 가면 양들이 그의 음성을 아는 고로 따라오되 타인의 음성은 알지 못하는 고로 타인을 따르지 아니하고 도리어 도망하느니라 (요 10:1-5).

예수님은 관계의 힘을 강조하기 위해 이 비유를 사용하셨다. 예수님은 이해하지 못하는 제자들에게 자신의 말씀의 의미를 설명하면서 "나는 선한 목자라 나는 내 양을 알고 양도 나를 아는 것이"(요 10:14)라고 말씀하셨다. 이 경우, 목자의 음성을 알아듣는 것은 양들에게 생사와 관련된 문제였다.

모든 교회는 예배에서 하나님과의 관계를 표현하는 자연스러운 방식인 고유한 예배 목소리를 가지고 있다. 회중의 예배 목소리는 여러 가지 요소의 결과이며, 그중 가장 영향력 있는 요소는 예배의 콘텍스트이다. 따라서 예배 목소리는 외부에서 강요되는 것이 아니라 지역 기독교 커뮤니티 내에서 정확하게 표현된다. 예수님은 가르침에서 낯선 사람의 목소리를 따르는 것의 위험성에 대해 경고하셨다.

작가들은 종종 자신의 '목소리'로 글을 쓴다고 말한다.[10] 작가가 자신의 목소리를 찾는다는 것은 좋은 일이다. 그것은 독자들이 이 작가의 글과 다른 작가의 글을 구별할 수 있도록 글의 정체성이 분명해졌다는 것을 의미한다. 무엇보다도, 작가가 선천적으로 물려받은 것과, 후천적으로 습득한 다양한 요소들을 바탕으로 글을 쓰며 진정성을 획득했다는 표시이기도 하다. 작가의 목소리에는 스타일이 포함되지만 그것만으로는 충분하지 않다. 글쓰기 스타일에는 문장 길이, 문장 구조, 개인 어휘(작가의 어휘), 어조(풍자, 유머, 우울, 반성 등) 등이 포함된다.

또한, 작가의 목소리는 사안에 대한 관점이나 신념에 의해서도 영향을 받는다. 그들이 구성하는 작품에는 분명하지는 않지만 미묘한 방식으로 식별할 수 있는 근본적인 신념 체계가 있다. 그들의 세계관을 알아볼 수 있다. 작가의 성격도 목소리의 일부분이다. 작가의 글에는 자연스러운 취약점이 드러나기 마련이다. 이것은 음악 작곡가가 악보에 음을 적어 넣을 때 드러나는 것과도 비슷하다. 예를 들어 볼프강 아마데우스 모차르트(Wolfgang Amadeus Mozart)의 아이 같은 장난기나 루트비히 판 베토벤(Ludwig van Beethoven)의 격동적인 인생은 각각 그들의 음악에 인상적이고 깊은 흔적을 남겼다.

그러나 작가의 목소리에는 아직 더 많은 것이 있다. 작가가 어떤 주제를 선택하느냐도 작가의 목소리를 찾는 데 중요한 요소이다. 또한, 작가가 결코 쓰지 않을 주제에 대해서도 마찬가지이다. 이러한 목소리의 차원

---

10 인디애나웨슬리언대학교의 명예 교수인 Mary M. Brown이 필자에게 목소리 개발에 관한 생각을 공유해 주신 것에 대해 큰 빚을 지고 있다. 이 주제뿐만 아니라 다른 많은 직업 및 생활 주제에 대한 그녀의 통찰력은 매우 귀중한 것이었다.

은 작가 개인의 핵심 가치를 반영하기 때문에 스타일만으로는 다룰 수 없다. 작가가 어떤 것을 주제로 선택할지 말지 결정할 때, 그들은 목소리의 한 차원을 발견한 것이다. '이성의 목소리', '목소리 없는 자의 목소리', '민중의 목소리'를 말할 때 우리는 스타일 이상의 것을 이야기하는 것이다. 이러한 주제는 다양한 문체적 접근 방식으로 다룰 수 있기 때문이다. 오히려 저자가 글을 플랫폼으로 삼아 다른 사람들과 소통하는 데 중요한 초점이나 주제, 즉 다른 사람들에게 영향을 주고자 하는 열정을 가진 이슈에 대해 이야기하고 있다. 테리 요크(Terry W. York)와 데이비드 볼린(David Bolin) 작가가 이를 잘 설명하고 있다.

> 작가나 연기자가 마침내 "자신의 목소리를 찾았다"고 말하는 것은 무엇을 의미할까?
> 그것은 그들의 공연, 작품, 공헌을 더 이상 단순한 모방이 아닌 새롭고 가치 있는, 실제로 공헌이 될 수 있는 진정성이 그들 안에서 마침내 나타났다는 것을 의미한다. 그들이 누구인지가 그들의 기술력을 통해 빛을 발하기 시작한다. 우리는 다른 사람에게서 어떤 형태의 음악이나 예술을 빌려와서 그것이 우리의 것이라고 주장하거나 그것이 우리의 영혼에 대해 표현해주기를 기대할 수 없다. 그것이 우리가 누구인지와 연결되고 우리의 목소리로 진정성 있게 표현될 수 있어야 한다.[11]

예배공동체가 그들만의 예배 목소리를 찾는 것 역시 다차원적인 과정이다. 공동체의 예배 목소리에는 스타일도 포함되지만 그것이 전부는 아니다. 특징적인 말투, 어휘, 예배 어조를 포함한다. 또한, 공동체의 신념과 관점도 포함된다. 모든 교회에는 식별 가능한 성격, 즉 교회 내 하위 그룹의 고유한 조합을 반영하는 지배적인 집단적 성격이 있다. 각 예배공동체

---

[11] York and Bolin, *Voice of Our Congregation*, 26.

에는 공동체가 열정을 가지고 있는 신앙과 사역의 특정 초점이나 주제가 포함된다. 공동체에서 이러한 주제가 무엇인지 설명하는 데 시간을 할애한 적이 없더라도 이러한 주제가 자연스럽게 드러나게 된다.

그렇다면 음악 스타일은 이 과정 중에 어떤 자리에 위치할까?

우리는 예배 목소리와 음악 스타일이라는 서로 다르지만 서로 밀접한 관련이 있는 두 가지를 다루고 있다. 음악 스타일은 예배 목소리의 하위 범주이다. 각 교회의 음악 스타일은 예배 목소리를 구성하는 **여러 요소 중 한 가지 차원**이다. 비록 하나의 차원일지라도 교회의 전체적인 예배 목소리를 표현하는 데 있어 중요한 요소이다.

교회의 주된 음악 스타일은 교회의 정체성에 대해 많은 것을 말해주지만, 그것이 교회의 유일한 정체성은 아니다. 정말 중요한 것은 음악 스타일(다른 차원의 예배 목소리와 함께)이 예배의 콘텍스트와 관련되어 있다는 것이다. 음악 스타일이 진정성을 가지려면 다른 문화에서 차용하여 다른 문화처럼 보이려는 목적으로 사용하는 것이 아니라, 공동체 내부로부터 자연스럽게 흘러나온 표현이어야 한다. 이러한 접근 방식은 **교회의 실체보다 교회가 되기를 바라는 것에 대해 더 많은 것**을 말해준다.

> 회중의 [예배] 목소리는 대부분까지는 아니더라도 종종 노래로 표현된다. 회중의 목소리에 '맞는' 노래를 찾는 것은 목소리 자체를 찾는 것과 매우 밀접한 관련이 있다. 그들의 노래는 그들의 마음과 영혼을 표현해야 한다. 즉, 진정성이 있어야 한다.[12]

요컨대, 각 회중은 "마음의 노래"를 가지고 있다. 그것을 분별하고 받아들이며 자유롭게 노래할 수 있는 사람은 복이 있다.

---

[12] Ibid., 8

예배 목소리와 음악 스타일은 모두 콘텍스트와 관련이 있다. 모든 사회 단체에는 그 단체의 성격을 둘러싸고 정의하는 일련의 상황, 즉 콘텍스트가 있다. 교회의 콘텍스트는 교인들의 교육 수준, 인종 구성, 재정적 안정성, 연령 등 다양한 요소로 구성된다.

또한, 이전 교단 배경, 정치적 견해, 교회와 관련된 기간, 교단이나 운동에 대한 충성도, 교회 인구의 남성과 여성 비율 등 다양한 요소가 있다. 해당 국가의 지역과 이용 가능한 문화적 자원의 폭과 같은 사회적 요인에 의해서도 영향을 받는다. 진정성 있는 교회가 되려면 교회는 **스스로의 콘텍스트를 알고 자신의 콘텍스트를 소유해야 한다**. 리더는 교회가 미처 알지 못했던 자신에 대해 발견하도록 도와야 한다. 또한, 회중이 교회가 처한 상황에 대해 열정을 느끼지 못한다면 리더들이 상황에 대한 주인의식을 가질 수 있도록 도와야 한다.

제1장에서 소개한 목회적 음악가의 몇 가지 특징을 다시 떠올려보면, 리더는 교인들이 자신의 문화적 콘텍스트를 표현하는 하나님과 소통하는 의미 있는 방식인 고유한 예배 목소리를 발견하도록 도와야 한다. 이러한 노력의 일환으로 리더는 공동체의 규범이 되는 음악 스타일을 강화하고 그 안에 균형을 세워갈 수 있는 역할도 수행할 수 있다.

공동체가 자신들의 예배의 목소리를 발견하고, 그에 맞는 음악 스타일을 발전시키는 것은 분명 중요하다. 그러나 나는 현상 유지를 지지하는 것도 아니고, 더 나아가 자기 안에만 머무르는 태도를 옹호하는 것도 아니다. 우리는 단지 자신의 선호를 반복하여 재활용함으로써, 현재의 맥락을 고수하고 변화를 피하라는 부르심을 받은 것이 아니다. 결국,

> 우리 가운데 있는 시인들과 예언자들은 항상 우리를 본래의 목소리로 되돌아가라고만 부르지는 않는다. 때로는 우리를 앞으로 나아가 진정한 목소리를 찾으라고 부르기도 한다. 어느 쪽이든 그것은 그리스도를 따르는 삶과 제자도의 지속

적인 깊어짐을 향한 부르심이다. 하지만, 많은 경우 공동체는 자신만의 은사와 사명 안으로 깊이 들어가기를 두려워하고, 그보다는 다른 교회를 모방하려는 시도를 택하곤 한다.[13]

콘텍스트는 비록 속도가 느릴지라도 끊임없이 변화한다. 우리가 상황을 인식하고 그것을 포용한다면 예배 목소리는 중요한 변화가 일어날 때마다 깊어지고 넓어져야 한다. 우리 가운데 나타난 낯선 이들이 머무는 것을 환영할 때, 그들이 우리의 예배 목소리를 확장시킨다는 사실도 기꺼이 환영해야 한다. 이를 위해 우리는 음악 노래 목록에 노래를 추가하여 공동체의 노래가 하나님이 모으신 사람들을 진정으로 반영하도록 해야 할 수도 있다. 좋은 소식이 있다.

> 회중의 목소리는 한 장르나 스타일에 국한되지 않는다. 하나의 메시지, 하나의 목소리, 여러 가지 감정이 여러 유형의 노래로 표현될 수 있다. 회중은 그 노래들이 한 목소리의 표현이라는 인식 아래 여러 스타일을 받아들일 수 있다.[14]

목회적 음악가는 관계와 경청을 통해 회중의 예배 목소리를 분별할 것이다. 리더들이 회중이 예배 목소리를 찾도록 돕는 다른 방법은 다음과 같이 섬김의 리더십을 통해 사람들에게 자신을 내어주는 것 외에는 없다. 하나님께 복종하는 행위이다. 리더는 자신이 선호하는 음악 스타일을 만족시키려는 욕망과 기대를 내려놓아야 할 수도 있고, 예배 상품을 판매하는 사람들의 눈에 '적절하게' 보이기 위해 이미지를 만들려는 욕망을 내려놓아야 할 수도 있다.

---

13 Ibid., 32.
14 Ibid., 10.

> 회중의 목소리를 찾는다는 것은 우리의 뜻을 하나님의 뜻에 복종하는 것이며, 우리의 길을 목자의 길에 복종하는 것이다. 노래가 우리를 소유하는 것이지 우리가 노래를 소유하는 것이 아니다.[15]

이런 질문을 자주 받는다.
"교회 안에 여러 문화가 있다면 어떻게 해야 할까요?
예배에서 우리의 음악 스타일이 우리의 콘텍스트에서 파생된 것이라면, 여러 콘텍스트가 있는 것처럼 보일 때는 어떻게 해야 할까요?"

사실 대부분의 교회에는 여러 하위 문화가 공존하고 있으며, 그것들이 함께 모여 그 교회의 전체적인 콘텍스트를 구성한다. 따라서 그런 하위 문화들은 단순한 예외가 아닌, 실제로 콘텍스트를 특징짓는 요소의 일부이다. 이 경우, 당신의 콘텍스트는 다문화적(반드시 인종적 또는 민족적 의미는 아님)이다. 콘텍스트는 그 공동체를 둘러싸고 정의하는 모든 관련된 현실적 조건들로 구성된다.

가장 좋은 방법은 다음과 같다.

첫째, 할당량을 채우는 것이 아니라 공동체가 서로의 노래를 부르고 싶은 열망을 표현하는 사랑의 행동으로 각 진정한 하위 그룹이 노래 목록에서 대표되도록 한다.

둘째, 음악뿐만 아니라 교회의 예배 목소리를 형성하는 데 도움이 되는 여러 요소가 있다는 점을 강조하는 것이다. 각 그룹의 의사소통 구조가 잘 세워져, 모임이 원활하게 이루어지고, 공개적으로 기도하거나 성경을 읽도록 초청받고, 예배를 계획하는 데 포함되며, 봉사 활동에 참여하는 등의 역할을 하는지 확인한다.

---

15 Ibid., 30.

교회가 음악과 예배 스타일이 무엇인지 고민할 때가 되었을 때 '쇼핑하러 가는' 대신 내면을 들여다보기로 결정하는 것은 진정한 돌파구가 되는 순간이다. 교회가 어떤 음악과 예배 스타일을 사용해야 하는지에 대한 해답은 이미 공동체 안에 주어진 은사 안에서 찾을 수 있다.[16]

5. 예배 목소리 사용하기

이 모든 것이 교회에서 워터 쿨러(water cooler, *사무실이나 공공장소 물통 근처에서 사람들이 나누는 비공식적이고, 업무와 무관한 이야기들을 일컫는 은어-역자주)를 둘러싸고 나누는 흥미로운 대화일 수 있지만, 예배 음악 건축가는 실제로 어디서부터 시작해야 할까?

우리 교회 예배의 문화적 함의를 고려하며 음악 스타일을 염두에 둘 수 있는 구체적인 방법이 있을까?

한 가지 방법은 우리의 노래 목록이 실제로 우리가 속한 모든 지역 및 세계 문화를 얼마나 잘 반영하고 있는지 고려하는 것이다. 겉으로 보면 우리의 음악 스타일 선택은 단지 음악 매장의 CD 카테고리에서 찾을 수 있는 전통, 가스펠, 현대적 또는 컨트리 중에서 선택하는 것처럼 보일 수 있다. 하지만, 회중의 콘텍스트는 눈에 보이는 것뿐만 아니라 눈에 보이지 않는 것까지 포함된다. 교회의 예배 분위기에 가장 잘 맞는 핵심 음악 스타일이 있을 것이다.

이것이 자연스럽게 주요 기준점이 될 것이다.

하지만, 스타일 범주에 대한 고민을 잠시 멈추고 더 큰 그림을 바라본다면 어떨까?

---

16 Ibid., 31.

그렇게 한다면 우리는 예배의 이분법적인 사고를 넘어서서, 방향을 제시할 수 있는 더 중요한 범주를 발견할 수 있을 것이다.

음악 범주를 다르게 생각하는 데 도움이 될 수 있는 한 가지 자료는 예배와 문화에 관한 나이로비 선언문[17]을 참고하는 것이다. 1996년 케냐 나이로비에서 열린 회의에서 나온 이 성명서는 루터교세계연맹이 수년에 걸쳐 진행한 예배와 문화에 관한 여러 협의의 산물이다. 나이로비 선언문은 기독교 예배에 관한 네 가지 핵심 사항을 제시한다.

(1) 예배는 문화 초월적이다(모든 문화를 초월한다).
(2) 상황적이다(지역 문화 속에서 이루어진다).
(3) 반문화적이다(예배는 문화를 비판하고 교정한다).
(4) 교차 문화적이다(예배는 교회의 일치를 보여준다).[18]

이 네 가지 요점을 예배 음악에 적용해 보자.[19] 예배 음악은 문화 초월적 목소리, 지역적 목소리, 반문화적 목소리, 교차 문화적 목소리를 가지고 있다고 말할 수 있다.

첫째, 음악에는 문화 초월적 목소리가 있다.
하나님의 이야기는 어느 한 문화를 넘어 모든 사람들에게 영향을 미친다는 점에서 문화초월적이다. 예수 그리스도의 삶, 죽음, 부활, 승천, 재림

---

17 Lutheran World Federation, "Nairobi Statement on Worship and Culture," 1996, http://download.elca.org/ELCA%20Resource%20Repository/LWF_Nairobi_Statement_1994.pdf.
18 Ibid.
19 예배와 문화에 관한 나이로비 선언문의 원칙을 해석하고 적용할 때, 나는 그 원칙을 엄격하게 다시 말하려는 것이 아니다. 그보다는 성명서의 요점을 음악 스타일에 적용하기 위해 느슨하게 의역하고 있다.

은 과거, 현재, 미래의 모든 신자 사이에서 불리는 시대의 노래다. 따라서 하나님의 이야기를 선포하고 기념하기 위해 하나님께서 주신 은사(성경, 세례, 성찬식, 영적 은사 등)는 지역 문화를 초월한다. 이러한 은사들은 모든 신자가 기쁨으로 공유한다.

- 적용: 우리는 모든 신자가 공유하는 것들을 충실히 노래하고 있는가?
  여기서 우리는 일차적으로는 내용에, 이차적으로는 음악 스타일에 관심을 기울여야 한다.

둘째, 음악에는 지역적 목소리가 있다.
우리는 "복음의 가치와 일치하는 한, 주어진 문화의 가치와 패턴"[20]을 존중하고 발전시켜 예배 음악이 특정 시간에 특정 장소의 특정 사람들과 깊이 연결되도록 노력해야 한다.

- 적용: 이 지역 예배자들이 부르는 노래에 의미를 부여하는 데 도움이 되는 음악적 유산, 표현, 스타일 등을 알고 있는가?
  그것이 우리가 확장하는 음악적 노래의 핵심을 형성하고 있는가?
  여기서 우리는 특정 예배공동체를 진정으로 표현하는 음악에 관심을 두어야 한다.

셋째, 음악에는 반문화적인 목소리가 있다.
예배 음악은 모든 문화의 '죄악되고 비인간적이며 복음의 가치에 모순되는' 측면을 비판해야 할 책임이 있는 예언자적 측면을 가지고 있다.[21]

---

20 Lutheran World Federation, "Nairobi Statement."
21 Ibid.

문화의 변혁이 목표이다. 공동체의 노래 중 일부는 "지상 문화에 존재하는 모든 종류의 억압과 사회적 불의에 도전해야 한다."[22]

- 적용: 우리가 부르는 노래들 중에 어떤 것들이 사회의 자기중심적 패턴에 도전하고, 거룩한 삶으로 변화된 삶을 살아가도록 신자들을 부르며, 그 결과 더 순결하고, 더 건강하고, 더 안전한 공동체로 이어지게 하는가?
여기서 우리는 문화의 자기애적인 방식을 모방하지 말고, 필요할 때에는 그것들에 의문을 제기하자고 독려해야 한다.

넷째, 음악에는 교차 문화적인 목소리가 있다.

하나님의 백성은 하나님의 이야기를 공통적으로 공유하기 때문에 예배공동체는 "찬송가와 예술, 그리고 문화적 장벽을 넘어 예배의 다른 요소들을 공유함으로써 큰 유익을 얻는다."[23] 어느 대륙에서든 기독교 예배는 우리가 결코 만날 수 없는 사람들, 우리가 방문하지 못할 땅에 사는 사람들이 부르는 노래를 포함할 때 더욱 깊어진다. 이 노래들은 우리가 앞으로 부를 노래를 기대하며 지금 부르는 교제의 노래다. 영원한 왕국에서 같은 자매, 형제들과 함께할 수 있다.

- 적용: 참신함이 아니라 연합을 위해 예배에서 다른 나라에서 온 간단한 노래를 목회적으로 소개하는 것을 고려해 보라. 시간이 지나면 예배자들의 상황 인식이 지역적인 것에서 전 세계로 확장될 것이다. 서로 노래를 부르는 것은 증인으로 하나가 되는 것이다.

---

22 Ibid.
23 Ibid.

> 몸이 하나요 성령도 한 분이시니 이와 같이 너희가 부르심의 한 소망 안에서 부르심을 받았느니라 주도 한 분이시요 믿음도 하나요 세례도 하나요 하나님도 한 분이시니 곧 만유의 아버지시라 (엡 4:4-6a).

나이로비 선언문은 교회가 원하는 예배의 차원을 선택하여 실천할 수 있는 선택 메뉴를 제공하는 것이 아니다. 이 선언이 말하는 모든 차원은 진정성 있는 예배공동체에게 반드시 필요한 요소들이다. 마찬가지로 예배 음악 건축가들은 문화초월적, 상황적, 반문화적, 다문화적 예배를 위한 비전을 발전시키는 음악을 사용하도록 부름받았다. 이러한 방식으로 교회는 하늘에서와 같이 땅에서도 교회가 된다.

6. 이제 우리는 어디로 나아가야 할까? 우리의 예배에서 "이중 언어"를 내는 목소리 되기

음악은 예배자들이 하나님과 서로 소통하기 위해 사용하는 일종의 언어이다. 음악은 우리가 하나님의 놀라운 이야기를 노래로 전할 때 신앙의 위대한 주제를 노래하는 데 도움을 준다. 모든 신자는 음악이라는 언어를 공유하며, 음악은 우리가 초문화적, 상황적, 반문화적, 교차 문화적으로 노래할 수 있게 해준다.

음악 스타일은 언어 내에서 방언과 같은 기능을 하며[24], 특정 하위 문화를 식별하는 토착적이고 자연스러운 음악 관용구 및 표현으로 구성된다. 이를 통해 우리는 상황에 맞게 노래할 수 있다. 음악 방언(스타일)은 우리

---

[24] David B. Pass, *Music and the Church: A Theology of Church Music* (Nashville: Broadman, 1989), 91-92.

가 사회학적으로[25] 그리고 영적으로 어떤 사람인지에 따라 결정된다. 대부분의 경우 우리는 방언을 선택하기보다는 발견한다. 음악 스타일은 우리가 '현지에서 노래'하는 데 도움을 준다.

그렇다면 어느 쪽을 택할 것인가?
우리 지역 상황의 방언으로 우리에게 편안하고 익숙한 노래를 만족스럽게 부를 것인가, 아니면 하나님의 가족 전체에 대한 인식을 반영하기 위해 우리의 노래 기반을 넓혀야 할 것인가?
또 다른 양자택일의 이분법을 피하려면 어떻게 해야 할까?

교회는 예배 목소리에서 이중 언어를 구사할 수 있어야 한다.[26] 이중 언어를 구사하는 사람들은 두 가지 언어로 효과적으로 의사소통할 수 있는 어휘, 문법, 억양을 가지고 있으며, 어떤 대화에서든 두 언어를 쉽게 오갈 수 있다. 두 언어가 모국어가 된 이들은 말하기 전에 문법을 분석하기 위해 멈출 필요 없이 말하기와 듣기를 병행한다. 음악 스타일은 우리의 모국어, 즉 우리가 가장 친숙하게 느끼는 언어라고 생각할 수 있다. 그것은 우리 지역교회 가족의 방언으로 부르는 언어이다. 동시에 우리는 이중 언어를 사용하며, 익숙한 범위와 안락한 영역을 넘어 소통할 수 있는 제2의 언어, 즉 하나님의 가족 전체의 음악을 인정하고 비평하고 연합할 수 있는 제2의 언어를 배운다. 스타일 중심의 예배는 일반적으로 특정한 집단 한 곳에만 초점을 맞추며 관계를 맺으려는 방식이다. 이중 언어를 사용하는 예배는 여러 공동체와 소통하려는 예배이다.

---

25 Ibid., 92-93.
26 이 단락은 Cherry, "Merging Tradition and Innovation in the Life of the Church," 31-32. 에서 발췌함.

최종 결과는 전 세계적으로 생각하고 지역적으로 노래하는 것이다. 그렇게 함으로써 우리의 노래는 우주 교회를 대표할 만큼 충분히 크면서도 지역교회를 대표할 만큼 충분히 작아야 한다. 단순히 음악 스타일에만 초점을 맞추는 것이 아니라, 그 너머 더 깊은 예배 목소리를 인식하는 방향으로 나아가게 된다. 그렇게 그 예배는 이중언어로 말하는 예배가 되어가는 것이다.

7. 결론

본 장은 음악 스타일이 리더들의 관심을 사로잡았고, 리더들이 특정 스타일의 장점과 힘에 대해 여러 가지 가정을 해왔다는 점을 인정하는 것으로 시작한다. 때때로 음악 스타일은 불순한 동기를 위한 도구가 되기도 했다. 나는 마케팅 전략이 아니라 회중의 맥락에 뿌리를 둔 공동체의 '예배 목소리'라는 더 큰 장을 고려해야 한다고 제안했다. 스타일의 이분법은 교회들 사이뿐만 아니라 교회 내에서도 분열을 초래하는 경우가 너무 많다.

우리가 예배를 하나님과의 공동체적 대화의 자리로 진심으로 믿는다면, 우리에게는 자기공동체의 예배 목소리를 명확히 이해하는 일이 반드시 필요하다. 우리는 다른 이들의 목소리를 사용하면 안된다. 우리가 가진 것은 하나님께서 우리에게 주신 우리의 목소리뿐이며, 이는 오직 하나님의 영광을 위해 사용해야 한다.

8. 주요 용어

- 콘텍스트(context): 개인, 그룹, 운동 등의 캐릭터를 둘러싸고 정의하는 상황이다.
- 음악 스타일(musical style): 기본적인 음악적 요소(형식, 멜로디, 화성, 리듬 등)를 유사하게 처리하여 다른 스타일과 구별되는 인식 가능한 전체 사운드를 생성하는 방식이다.
- 예배 목소리(worship voice): 여러 상황적 요인, 즉 교회가 단체 예배에서 하나님과 관계를 맺는 고유한 방식, 전반적인 상황에 비추어 하나님과의 관계를 표현하는 자연스러운 방식 등이 복합적으로 작용한 결과이다.

9. 더 학습하기

Basden, Paul, ed. *Exploring the Worship Spectrum: Six Views*. Grand Rapids: Zondervan, 2004.

Best, Harold M. *Unceasing Worship: Biblical Perspectives on Worship and the Arts*. Downers Grove, IL: InterVarsity, 2003.

York, Terry W., and C. David Bolin. *The Voice of Our Congregation: Seeking and Celebrating God's Song for Us*. Nashville: Abingdon, 2005.

참여하기

공동체의 예배 목소리를 발견하기 위한 첫 번째 단계는 상황을 조사하는 것이다.

1. 예배공동체에 영향을 미치는 모든 상황적 차원(교육 수준, 연령, 도시 또는 농촌 지역, 인종적 배경, 대표되는 교단 등)을 생각할 수 있는 모든 목록을 작성하자.
2. 현재 상황을 어떻게 설명하겠는가?
현재 보이는 대로 한 페이지 분량의 설명을 작성하자.
3. 당신의 설명의 명확성을 위해 오랜 시간 공동체에서 신앙생활을 해 온 사람들의 자문을 구해 보자.
4. 예배에서 당신의 음악 스타일이 교회 공동체의 사람들과 어떤 방식으로 연관되어 있는지 생각해 보자.
모든 사람을 대표할 수 있는가?
5. 음악 스타일이 교회의 변화된 맥락 때문에 바뀌었는지 아니면 맥락 변화와 무관하게 바뀌었는지를 살펴보라.
6. 교회에서 이중 언어 예배는 어떤 모습일까?

제9장

회중 찬양 인도하기
현장 경험에서 얻은 실용적인 조언

탐구하기

본 장을 읽기 전에 예배에서 효과적인 또는 효과적이지 않은 찬양 인도자의 조건이 무엇인지 생각해 보자. 다음 질문들을 생각해 보는 것으로 시작하라.

1. 최근에 매우 효과적으로 인도하는 찬양 인도자를 본 적이 있는가?
 그 리더의 리더십이 효과적인 이유는 무엇인가?
2. 예배에서 효과적이지 않은 찬양 인도자를 목격했던 경우를 생각해 보아라.
 그 리더가 효과를 저해하는 것처럼 보였던 행동(또는 효과적이나 하지 않은 행동)은 무엇이었는가?
3. 자신에게 예배에서 회중 찬양을 인도하는 책임이 있다면, 자신의 강점은 무엇이라고 생각하는가?
 구체적으로 어떤 점을 개선하고 싶으신가?
 그 이유는 무엇인가?

이제 찬양 인도에 도움이 되는 기술과 자질에 대해 생각해 보았으니, 본 장의 나머지 부분을 읽고 예배 음악 건축가로서 가장 중요한 역할을 개선하는 데 필요한 실질적인 지침을 얻어라.

1. 심화하기

예배에서 회중 찬양은 음악 사역의 핵심이다. 뛰어난 합창단, 활기찬 찬양대, 다양한 종류의 악기, 전문 보컬 앙상블, 솔리스트, 역동적인 반주 등 다양한 형태로 표현되는 음악은 영광스러운 경험이다. 하지만, 그 어떤 것도 예배에서 열정적인 회중 찬양의 아름다움을 대체할 수는 없다. 어떤 이유로든 음악적 예배의 단 한 가지 측면을 유지할 수 있다면 그것은 회중 찬양이어야 한다. 하나님의 백성들이 함께 노래하는 것은 예배에서 모든 음악적 요소의 가장 중요한 요소이다.

초기 교회의 신학자이자 철학자인 성 어거스틴(St. Augustine)은 예배에서 회중 찬양의 중요성을 강조했다:

> 형제들이 교회에 모였을 때, 성스러운 찬송을 부르기에 적절하지 않은 시간이 있겠는가?
> 독서나 토론, 주교의 공개 기도, 혹은 부제의 인도에 의한 공동 기도가 있는 시간 외에는, 모인 그리스도인들이 할 수 있는 더 좋고 유익하며 거룩한 일이 무엇이겠는가?[1]

---

[1] Augustine, "Letter 55: Augustine to Januarious, Regarding the Celebration of Easter," trans. Wilfrid Parsons, *The Fathers of the Church*, ed. Roy Joseph Deferrari (New York: Fathers of the Church, 1951), 12:290.

어거스틴이 제안한 것처럼, 그리고 우리가 살펴본 것처럼, 회중 찬양은 기독교 예배에 없어서는 안 될 필수 요소이다. 경배의 노래를 부르는 것은 하나님을 전심으로 섬기려는 모든 예배자의 거룩한 소명이다. 예배의 모든 중심적인 측면과 마찬가지로, 리더는 예배를 촉진하고 향상시키는 데 핵심적인 역할을 한다. 리더는 사람들이 기도하고, 성경 말씀을 듣고, 설교에 참여하고, 헌금하고, 성찬을 받도록 돕는다. 리더는 또한 사람들이 신앙의 노래를 부를 수 있도록 돕는다. 리더는 교회의 찬양을 인도하고, 지도하고, 권면하고, 시범을 보여줌으로써 많은 목소리가 모여 하나님의 영광을 위한 하나의 목소리로 만들어지도록 한다. 주로 음악 리더십은 격려하는 사역이다.

목회적 음악가 버질 펑크(Virgil C. Funk)는 모든 예배공동체가 직면한 세 가지 음악적 과제가 있다고 주장한다.

"어떻게 하면 회중이 찬양을 부르게 할 것인가, 어떻게 하면 찬양을 지속할 것인가, 어떻게 하면 찬양을 향상시킬 것인가."[2]

이것이 바로 찬양 인도자의 임무이다. 제1장에서 언급했듯이 교회에서는 찬양 인도자에게 다양한 호칭을 사용한다. 예배 인도자는 현대식 예배당에서 흔히 사용되는 반면, 찬양대는 예전적인 환경에서 사용되는 경향이 있다. 목회적 음악가라는 용어는 실제 음악 지휘를 전혀 포함하지 않을 수도 있는 광범위한 음악적 리더십을 포괄한다는 점을 기억하라.

본 장에서는 회중의 찬양을 지휘하고 활기를 불어넣는 책임을 맡은 '찬양 인도자'에 대해서만 다룬다. 찬양 인도자는 구체적으로 사람들이 노래를 부르고, 노래를 지속하며, 회중의 찬양을 향상시키는 데 도움을 주는 보컬리스트를 말한다. 이 문구는 교회의 찬양을 인도하는 것(목회적 음악가

---

2   Virgil C. Funk, "Do It with Style," in *The Singing Assembly*, vol. 6 of *Pastoral Music in Practice*, ed. Virgil C. Funk (Washington, DC: Pastoral Press, 1991), 35.

의 직무 중 하나)을 명시적으로 지칭할 수 있을 만큼 좁지만, 스타일에 관계 없이 모든 유형의 노래를 포괄할 수 있을 만큼 넓다('예배 인도자' 및 '찬양대' 라는 용어는 특정 스타일에만 한정적으로 사용되기 때문에).

간단히 말해, 본 장은 찬양 인도자가 다른 사람들을 찬양의 자리로 인도하는 데 도움이 되는 내용이다. 두 가지 주요 측면, 즉 노래 인도와 노래에 활기를 불어넣는 것이 다뤄진다. 악기 반주도 일반적으로 찬양 인도에서 중요한 부분이기 때문에 세 번째 부분에서는 예배에서 악기 사용에 대해 다룬다(물론,, 많은 찬양 인도자가 악기를 연주하기도 하지만 악기 사용법은 별도로 다룰 것이다). 각 장의 여러 지점에서 보다 안전한 찬양 인도자가 되기 위한 실용적인 팁을 제공한다.

회중 찬양을 인도하는 것은 시간을 들여 개발시켜야 하는 다차원적인 사역이다. 단순히 노래하는 목소리가 좋다고 해서 반드시 유능한 찬양 인도자가 되는 것은 아니다. 자질과 기술의 보완이 필요하다. 따라서 교회에서 신나는 찬양 인도 사역을 시작하기 위한 출발점으로 기본적인 정보와 기술을 소개한다.

2. 교회의 노래 연출하기

효과적인 찬양 인도자가 되려면 구성원들을 잘 지휘해야 한다. 그렇다고 해서 꼭 팔짓으로 음악을 지휘한다는 의미만은 아니다. 일부 전통에서는 회중 찬양을 인도할 때 표준 지휘법을 사용해 온 역사가 있다. 특정 스타일의 노래, 특히 고전 찬송가와 가스펠은 다른 노래보다 지휘자의 몸짓에 더 잘 어울린다. 실제로 일부 교회, 특히 미국 부흥 운동 전통에 뿌리를 둔 교회에서는 여전히 찬양 인도자가 노래를 지휘하기를 기대하지만 현재 이러한 관행은 쇠퇴하고 있다. 여기에 몇 가지 이유가 있다.

20세기 초의 예전 갱신 운동은 일반적으로 한명의 찬양 인도자가 이끄는 복음성가보다 오르간 연주자와 성가대가 이끄는 고전 찬송가를 다시 강조했다. 또한, 세기 후반에 현대 예배의 영향력이 커지면서 찬양팀과 밴드가 리더가 되고 지휘자의 역할이 축소되는 데 영향을 미쳤다. 찬양팀 원들은 마이크를 잡거나 악기를 연주하는 경우가 많기 때문에 지휘를 할 수 있는 손이 자유롭지 않다. 또한, 노래 가사가 스크린에 투사되어 찬양팀 머리 위로 회중의 시선이 집중되기 때문에 리더의 팔동작을 따라가기 어려운 경우가 많다. 오늘날에는 찬양을 인도하는 것이 반드시 지휘를 의미하는 것은 아니다.

  노래 지휘란 여러 명의 구성원들이 노래하는 공동의 행위를 이끄는 것과 관련이 있다. 이 작업의 대부분은 지휘 이외의 기능을 통해 이루어진다. 특히, 두 가지 특성은 훌륭한 노래 인도를 위해 매우 중요하다.

첫째, 리더는 안정감 있는 노래 목소리를 가져야 한다.
이것은 다음을 의미한다.

  (1) 일관되게 음정을 맞춰 부를 수 있다. 음정을 잘 맞추는 능력(정확한 음악적 음정을 부를 수 있는 능력)은 좋은 찬양 인도의 핵심이다. 노래하는 사람은 음정을 정확하고 명확하게 듣고 만들어낼 수 있어야 한다.

  (2) 그들은 일반적으로 노래하는 사람에게 매력적으로 들리는 목소리를 가지고 있다. 큰 목소리가 반드시 유익한 것은 아니며, 독창자의 목소리 역시 특별한 이점을 지니는 것은 아니다. 이 두 가지는 리더를 주목받게 할 수 있다. 탄탄한 '회중의 목소리'[3]가 더 도움이 될 수 있다.

---

3 회중 찬양의 유능한 리더인 앨리스 파커(Alice Parker)는 종종 자신의 목소리를 훈련된 독창자의 목소리가 아니라 '회중적' 목소리라고 표현한다.

▪ 더 나은 소리를 위한 팁

연습을 통해 음정을 듣고 맞추는 능력을 키우라. 안정적인 보컬에게 음정을 불러달라고 요청하거나 피아노로 음을 연주하면서 노래를 불러보라. 정확한 음정을 위해 주의 깊게 들어보라.

둘째, 활기차고 유쾌한 마음이다. 좋은 찬양 인도에서 인도자의 태도는 정확한 음정 다음으로 중요하다. 회중 찬양에 대한 리더의 열정은 자연스럽고 분명하게 드러날 것이다. 리더의 눈에는 반짝임이 있고, 태도에는 따뜻함이 있으며, 사람들을 노래로 초청하는 환대가 느껴진다. 싱가포르에서 열린 예배 콘퍼런스에서 말레이시아 찬양 인도자의 인도에 이끌려 노래했던 기억을 잊을 수 없다.

나는 평생 수많은 찬양예배를 경험했지만 그처럼 유쾌하고 매력적인 찬양 인도자는 거의 본 적이 없다. 그는 완전히 진정성 있고 활기차고 매력적으로 보이는 태도로 우리를 찬양으로 이끌었다. 그의 웃는 얼굴, 춤추는 눈빛, 완벽한 몸짓은 우리 모두를 단숨에 매료시켰다. 예배가 끝난 후 나는 그가 음악 리더십에 대한 정식 교육을 받은 적이 없다는 사실을 알게 되었지만, 그의 재능과 정신은 그를 역동적인 찬양 인도자로 만들기에 충분했다.

생동감 있는 리더십은 리더의 내면 깊은 곳에서 우러나오는 진정한 찬양의 기쁨에서 비롯된 따뜻하고 매력적인 표정에서 시작된다. 리더는 교회의 찬송 소리에 대한 진정한 열정을 가져야 한다.

이러한 열정은 과장된 행동이 아니라 그리스도와 그분의 교회, 음악 자체에 대한 내면의 사랑을 통해 자연스럽게 드러난다. 사람의 표정은 내면의 삶을 겉으로 드러내는 것이다.

생동감 있는 영은 사람의 눈을 통해서도 전달된다. 찬양 인도자는 눈을 감고 예배자 앞에 서서는 안 된다. 리더가 주변 사람들을 신경 쓰지 않고 자신만의 예배 공간에서 하나님과 함께하는 순간에 몰두하는 것처럼 보일 수 있다. 리더는 자신이 섬기고 있는 사람들의 눈을 바라보는 것이 중요하다. 인간관계에서는 눈을 통해 엄청난 양의 소통이 이루어진다. "당신의 눈빛에서 알 수 있다"는 말은 완곡한 표현이 아니라 현실이다. 눈과 눈을 마주치는 것은 리더가 사람들과 소통하고 관계를 형성하는 주요 수단이다. 인도하는 동안 예배 공간 전체에서 다양한 사람들을 바라보는 것은 매우 적절하다. 눈을 통해 연결하라. 리더가 자신의 찬양 경험에 진정으로 투자하고 있다고 믿는 예배자들은 참여도를 높일 것이다. 리더의 열정은 전염될 것이다.

개인적 존재감을 높이기 위한 조언: 예배에서 리더의 리더십을 영상으로 녹화하라. 솔직하게 말해줄 수 있는 사람과 함께 그 영향을 면밀히 검토하라. 당신이 예배에 참여하지 않는 것처럼 보이는 부분에 주목하라. 사람들의 참여를 개선할 수 있는 세 가지 방법을 찾아보라.

효과적인 찬양 인도자가 되려면 타고난 능력과 훈련을 통해 습득되는 기술이 모두 필요하다. 목소리와 성격은 대부분 타고난 능력으로 간주된다. 하지만, 그런 능력을 잘 드러내지 못하는 사람을 처음부터 성급히 판단해서는 안 된다. 타고난 재능은 있지만 이를 발견하고 키우는 방법을 배운 적이 없는 사람도 있을 수 있다. 코칭과 격려, 멘토링을 통해 아직 개발되지 않은 자원을 찾아내어 활용할 수 있다. 또한, 찬양 인도자는 여러 가지 기술을 습득해야 하는데, 이에 대한 내용은 아래에 설명되어 있다.

1) 힘 있게 시작하기

찬양팀은 언제 노래를 시작해야 하는지, 그리고 노래의 다른 부분으로 언제 들어가야 하는지 알아야 한다. 첫음절부터 언제 노래를 부를지 명확히 해야 한다. 사람들과 눈을 맞추고 자신감 있는 팔 동작을 취하는 것이 사람들을 노래로 이끄는 가장 좋은 방법이다. 모니터 화면이나 악보집, 기타 페달이 아닌 사람들을 직접 바라보는 것이 중요하다. 오른팔의 업비트 또는 다운비트는 사람들이 노래에 안정적으로 들어갈 수 있도록 준비시켜 준다. 대부분의 경우 템포를 설정하는 기악 도입부가 있기 때문에 추가 박자는 필요하지 않다. 사람들을 직접 바라보고 미소를 지으며 팔 동작을 취하면 된다. 리더의 손이 악기 연주에 집중되어 있다면 리드 인이나 시작 음으로 고개를 살짝 들어 올리는 것이 큰 도움이 된다. 리더 자신의 존재감과 동작은 사람들이 함께 노래를 시작할 때 자신감을 갖게 하는 데 큰 도움이 된다.

안타깝게도 많은 리더가 사람들에게 동작을 취하지 않고 노래를 부르기 시작한다. 회중은 노래가 시작되었다는 것을 알아차리고 방황하게 된다. 회중 찬송은 공동체 활동이라는 사실을 잊지 말아야 한다. 함께 시작하는 것은 노래하는 사람들 사이에 에너지와 자신감을 만들어내는 데 큰 역할을 한다. 회중 찬송은 리더의 노래가 아니라, 리더가 신중한 의도를 가지고 인도하는 회중의 노래이다.

2) 템포 설정하기

각 노래에 가장 적합한 템포(속도)를 설정하는 것은 노래 리더십의 매우 중요한 부분이다. 선택한 템포에 따라 노래의 생사가 갈릴 수 있다. 악기 연주자들은 예배 전에 충분한 리허설을 통해 리더가 원하는 템포에 익숙해지도록 해야 한다. 템포는 잘 연습된 악기 도입부나 드럼 연주자가 드럼스틱을 두드리는 등 다양한 방법으로 회중에게 전달된다. 어떤 방식으로든 노래의 템포는 궁극적으로 노래 리더가 결정한다.

다음은 적절한 템포를 결정하기 위한 몇 가지 지침이다.

첫째, 가장 중요한 것은 각 노래가 스스로 말하게 하라. 가사는 적절한 템포로 기울어지고 곡조도 마찬가지다(엄밀히 말하면 노래는 텍스트와 곡조의 조합이라는 점을 기억하라). 어떤 노래는 밝고 활기차고 빠른 템포를 제안하고, 어떤 노래는 느리고 사색적인 템포를 제안한다. 예를 들어, 두 곡의 노래에 각각 "Holy! Holy! Holy!"(거룩! 거룩! 거룩!)라는 가사가 포함되어 있어 천국의 영원한 노래를 연상시킨다고 하자. 인기 있는 <죽임 당한 그 어린양>(Revelation Song)[4]은 천국의 노래에 대한 신비로운 예시를 반영하며, 가사는 하나님과 어린양에 대한 모든 피조물의 찬양에 대한 성경적 묘사를 사용하여 '경외심'을 불러일으키는 데 성공했다. 성찰적인 성격을 지닌 이 찬송은 적당히 느린 속도를 요구하기 때문에 노래하는 자는 지금 찬양을 부르는 동안에도 다가올 우주적 사건을 기대할 수 있다.

고전 찬송가 <거룩 거룩 거룩 전능하신 주 하나님>(Holy, Holy, Holy! Lord God Almighty!)[5]은 같은 장면을 묘사하지만 다른 방식으로 표현한다. 이 찬송가는 교회가 지금 초대받은 삼위일체 하나님을 향한 찬양이 계속되고 있음을 더 잘 표현하고 있다. 텍스트와 곡조는 '죽임 당한 그 어린양'의 유동적인 느낌과는 반대로 거의 행진곡에 가까운 견고한 느낌이다. 이

---

[4] Jennie Lee Riddle, "Revelation Song," 2004, Gateway Create Publishing (administered by Capitol CMG Publishing, IMI). 이 노래는 Kari Jobe, Jesus Culture, Sandi Patty 등 여러 아티스트들이 함께 녹음했다.

[5] Reginald Heber (words) and John B. Dykes (music), "Holy, Holy, Holy! Lord God Almighty!,"
http://www.hymnary.org/text/holy_holy_holy_lord_god_almighty_early.

찬송가는 밝고 활기찬 템포에 잘 어울린다. 두 곡의 템포를 바꾸면 노래의 정신이 잘못 표현될 뿐만 아니라 에너지도 죽게 된다.

둘째, 적절한 템포를 결정하기 위한 두 번째 지침은 예배에서 노래가 차지하는 위치이다. 제4장에서 설명한 것처럼, 노래는 예전적 기능에 따라 서두에 배치하는 것이 가장 좋다. 예배에서 노래의 의미와 그에 따른 목적을 주의 깊게 살펴보라. 이 역시 적절한 템포를 결정하는 데 도움이 된다. 예를 들어, 애가는 슬픔을 표현하기 위해 느린 템포가 어울릴 가능성이 높다. 송영은 아마도 더 빠른 템포가 어울릴 것이다(이러한 해석은 문화에 따라 다를 수 있다). 노래의 자연스러운 느낌을 해치지 않으면서 예배에 어울리도록 노래의 템포를 약간 조정하는 것은 자유롭게 해라.

셋째, 템포는 가사의 단어 수에 영향을 받는다. 가사에 반복되지 않는 단어들이 많이 포함되어있는 경우(즉, 노래의 텍스트 밀도가 높은 경우) 약간 느린 템포가 도움이 될 수 있으며, 이는 보컬로 하여금 각 단어를 발음할 수 있게 해준다. 반대로 가사가 적고 반복되는 내용이 많은 경우(텍스트 밀도가 낮은 경우) 템포를 조절할 필요가 없다.

넷째, 친숙함 요소를 고려하라.

새로운 노래를 시도하고 있는가?

그렇다면 너무 느리지 않으면서도 배우기 쉬운 적당한 템포를 선택하라. 그러면 회중이 새로운 노래에 익숙해지면서 보다 자연스러운 템포로 노래하는 것이 훨씬 쉬워진다. 노래하는 사람들이 참여할 수 있는 모든 가능성을 열어두라.

- **템포 설정을 위한 제안**

악기상가 등에서 메트로놈을 구입하거나 무료 메트로놈 앱을 다운로드하라. 각 노래마다 다양한 템포로 실험해 보라.

3) 음역 설정하기

훈련받지 않은 보컬들은 일반적으로 자신이 편안하게 낼 수 있는 음역대(vocal range)가 있다. 악기와 마찬가지로 사람의 목소리도 물리적으로 낼 수 있는 최저음과 최고음에 한계가 있다. 훈련된 목소리는 적절한 조절로 음역대를 확장할 수 있지만, 일반 예배자들은 그러한 훈련을 받은 적이 없다. 찬송가위원회가 찬송가집에 수록된 모든 곡에 대해 일정한 음역대를 설정하는 것이 일반적이다. 흥미롭게도 최근 출판된 찬송가에서는 이 음역대가 좁고 낮아졌다. 일부 사람들은 음역대가 낮아진 것에 대해 아쉬워한다. 그러나 이것이 현실이다. 회중이 노래할 것으로 예상되는 낮은음과 높은음을 알고 있는 것은 성공적인 찬양을 위해 중요하다.

특히, 현대 예배 음악의 찬양 인도자들은 현대 음악의 고음 범위에 대해 오랫동안 우려를 표명해 왔다. 많은 현대 곡은 원래 스테이지(교회 밖 집회, 콘서트 등을 위한 예배 밴드)를 위해 작곡된 후 교회로 들어오는 경우가 많다(이것은 전혀 새로운 관행이 아니다. 앤드레 크라우치[Andraé Crouch], 에이미 그랜트[Amy Grant] 등의 노래를 생각해 보라). 문제는 교회에서 일반 보컬들이 아닌 더 높은 음을 낼 수 있는 전문 보컬을 위해 노래가 작곡되는 경우가 많다는 것이다. 찬양 인도자는 때때로 회중의 능력에 따라 노래를 더 관리하기 쉬운 음정으로 조옮김을 해야 할 때가 있다. 한 노련한 예배 인도자는 이렇게 말한다.

> 나는 예배 밴드가 회중에게 너무 높은 음역대의 노래를 지속적으로 선택하는 문제를 어떻게 해결해야 할지 정말 고민하고 있다. 이는 정말 빈번하게 일어나는 문제이다. 나는 숙련된 보컬들에게만 적합한 곡을 선택하는 인도자들은 사람들의 예배에 장애물을 만들고 있는 것이라고 생각한다. 이는 찬양을 특권층만의 전유물로 만

들고 있는 것이다. 우리는 목회적 음악가라는 사실을 망각하고 말이다.[6]

그의 말이 맞다. 범위를 벗어난 음역을 함께 부르는 것이 가능한 음역으로 바꾸지 않으면 사람들을 좌절시키고 궁극적으로 완전한 참여에서 배제하게 된다.

노래를 소화 가능한 음역으로 제한하는 것의 필요는, 음악팀뿐만 아니라 예배 인도자에게도 적용된다. 최근에 나는 아름다운 테너 목소리를 가진 리더가 찬양을 인도하는 교회에서 예배를 드리고 있었다. 오프닝 곡의 첫 절과 후렴은 잘 불렀다. 하지만, 2절로 넘어가는 순간 리더가 개인적인 감동을 따라 한 옥타브 더 높은 음을 내면서 회중이 어떻게 진행해야 할지 혼란스러워했었다(참고: 할 수 있다고 해서 꼭 해야 하는 것은 아니다!) 만약 이 현장이 콘서트였다면 이런 상황은 괜찮았을 것이다. 찬양 인도자의 역할을 수행할 때는 자제력이 필요하다.

> ▪ 음역을 설정하기 위한 조언
> 예배 노래 목록에 있는 모든 곡의 가장 낮은 음과 가장 높은 음을 적어 보라. 사람들에게 어떤 노래를 함께 부르자고 요청할지 파악해라. 회중 중에서 노래를 잘하지만 훈련받지 않은 몇 명의 사람들에게 도움을 구하라. 그들을 통해 현실적인 음역대가 어느 정도인지 파악해라. 그런 다음 필요한 경우 노래를 조옮김하라.

---

[6] Paul Sunderland, email message to author, February 24, 2014.

4) 난이도 표시하기

곡의 난이도와 관련해서도 비슷한 문제가 존재한다. 어떤 곡들은 콘서트용으로 작곡되었기에, 전문 연주자나 보컬들에게는 가능한 복잡한 기교들이 일반 회중들에게는 부담스럽고 어려운 요소가 될 수 있다. 한 리더는 이렇게 반성한다.

> 많은 찬양 인도자가 회중들에게 무턱대고 너무 어려운 노래를 부르라고 요구하고 있다. 나는 이 회중의 노래 능력에 대한 파악 부족이, 현대 교회에서 공동체 찬양을 쇠퇴시키는 주요 원인이라고 생각한다.[7]

이것은 새로운 문제가 아니다. 수십 년 전 현대 예배 노래들이 찬송가에 수록되기 시작했을 때, 그 편곡은 대부분 녹음된 음원 그대로를 따라가는 방식이었고, 공동체가 함께 부르기 위해 조정한 형태는 아니었다. 그 결과, 여러 사람들이 함께 부르기에는 어려웠으며, 특히 복잡한 리듬 패턴은 회중 찬양에서 큰 문제가 되었다.

▪ **어려운 노래를 선곡할 때의 조언**
찬양팀은 주기적으로 더 어려운 현대적인 노래를 회중곡으로 선곡할 수 있다. 이는 성가대가 앤섬을 부르는 방식과 유사하다. 이 경우 회중이 함께 부를 것으로 기대하지 않는다. 리더는 어떤 경우에도 '쇼'라고 생각하는 것을 피해야 한다(합창 앤섬에서도 동일한 위험이 존재한다). 그러나 가끔씩 이런 노래는 적절한 자리에서 회중을 대신해서 음악적 봉헌으로 잘 활

---

7 Jeffry Rogers, email message to author, March 3, 2014.

용될 수 있다.[8]

5) 효과적인 악기 도입부 만들기

악기 도입은 찬양 인도자에게 있어 성공의 열쇠다. 오늘날 예배에서 노래는 대부분 반주를 동반한다(일부 전통에서는 예배에서 악기 반주를 허용하지 않지만). 도입부의 목적은 노래하는 사람이 들어가기 전에 노래의 템포, 스타일, 음량을 설정하여 노래하는 사람을 돕는 것이다. 좋은 도입부는 노래가 탄탄한 토대 위에서 진행되도록 한다. 도입부에는 노래 멜로디의 일부를 포함시켜 보컬들이 어떤 노래를 부를지 바로 듣고 인지할 수 있도록 하는 것이 좋다.

실제로 반주자가 아름답게 조율되었지만 회중이 알아들을 수 없는 음악을 연주하는 것은 별로 도움이 되지 않는다. 뛰어난 음악가들이 성가대가 등장하기 전에 인상적인 음악적 기량을 보여주는 연주(예: 오르간 연주자의 즉흥적인 자유 화성이나 브라스 합창단의 팡파르)를 듣는 것은 흥미로울 수 있지만, 멜로디는 도입부 전체에서 분명하게 엮여 있거나 도입부가 끝날 때 명확하게 확립되어 있어야 한다. 요점은 멜로디 라인이 사람들을 노래에 참여하도록 확실하게 이끌어야 한다는 것이다.

일부 악기는 명확한 도입부에 사용하기에 적합하지 않다. 어떠한 경우 드럼, 솔로나 베이스, 기타, 릭만으로는 곡을 확실하게 시작할 수 없다. 마찬가지로 전자 기타로 일련의 코드 진행을 단순히 치는 것이 리더에게는 도움이 될 수 있지만, 사람들에게는 불확실한 느낌을 줄 수 있다. 멜로디는 다른 악기로 연주하는 것이 가장 좋다. 피아노/키보드 또는 플루트, 오보에, 바이올린 등의 'C키' 악기는 멜로디 도입부에 매우 적합하므로

---

[8] Ibid.

가능하면 사용하는 것이 좋다.

도입부는 미리 리허설을 해야 한다. 혼란을 피하기 위해 모든 사람이 같은 내용을 알고 있어야 한다. 길지 않아야 하지만 회중을 위한 역할을 충분히 수행할 수 있을 정도로 충실하게 준비해야 한다.

▪ 도입부를 만들기 위한 조언

각 곡의 전반부 멜로디의 일부를 도입부로 선택하라. 예배자들을 향해 노래를 시작하라는 몸짓을 취하기 전에 그들이 잘 시작할 수 있도록 마지막 카덴스(cadence, 마침법)로 끝나도록 확인하라. 노래의 첫 소절과 마지막 소절을 결합하면 종종 멜로디가 명확하게 표현되고 결론이 분명해져서 찬양하는 사람들에게 자신감을 줄 수 있기 때문에 좋은 시도다.

6) 볼륨 레벨 모니터링하기

볼륨 레벨은 효과적인 찬양 인도를 위한 또 다른 주요 고려 사항이다. 볼륨 레벨의 값은 의심할 여지 없이 수년에 걸쳐 상승했다. 더 클수록 좋다는 가정이 있었기 때문이다. 증폭은 소리의 송출과 소리의 균형이라는 두 가지 기본 목적을 가지고 있다. 소리의 투영은 물리적 공간이 이를 필요로 할 때, 즉 보컬과 악기의 힘이 전체 공간에 도달하는 데 도움이 필요할 때 필요하다. 힘을 과시하기 위한 목적이 아니다.

소리의 증폭은 힘의 상징이다. 증폭이 음악가의 목소리를 더 잘 들리게 한다는 논리적 목적을 넘어설 이유는 없다. 일단 그 목적이 달성되면 그 이상의 모든 것은 파워가 될 수 있다. 증폭은 다양한 목소리와 악기 간의 형평성을 높이기 위해 사운드를 믹싱하는 데도 사용된다. 이는 모든 규모의 공연장에서 매우 유용한 기능이 될 수 있다. 훌륭한 노래 리더는 음향 기술자와 협력하여 적절한 사운드 믹스를 달성하는 방법을 배운다. 이는 시행착오를 통한 연습과 함께 이루어진다.

회중이 들을 수 없다면 너무 큰소리라는 한 가지 기본 원칙을 반드시 지켜야 한다. 회중 찬양의 초점은 인도자가 아닌 회중에게 맞춰져야 한다. 회중이 찬양 인도자와 반주자의 소리를 들을 수 있도록 소리를 송출하고, 그들의 소리로 실내를 가득 채우면 된다. 회중 찬양이 무기력해지는 주된 이유 중 하나는 음악 소리와 인도자의 목소리가 찬양하는 사람의 목소리를 가리기 때문이다. 회중들이 자신의 목소리가 들리지 않는다면 노래를 부를 이유가 없다.

우리는 예배에서 찬양할 때 볼륨이 너무 커서 자신의 목소리가 들리지 않는 경험을 해본 적이 있을 것이다. 그것은 권력 남용이다. 위에서 언급한 것과 같은 철학이 여기에도 적용된다. 할 수 있다고 해서 반드시 해야 한다는 의미는 아니다. 이와 관련 된 성경적인 뉘앙스를 담은 격언이 있는데 다음과 같다.

"회중은 증가해야하고 인도자는 감소해야 한다."[9]

회중들을 구경꾼으로 만드는 빠른 방법 중 하나는 사람들의 목소리를 인도자의 목소리로 덮어버리는 것이다. 찬양 인도자는 현명해야 한다:

> 보컬 리더십 회중보다 노래를 크게 부르거나, 그들을 압도하는 것과는 아무런 관련이 없다. 보컬 리더십은 공동체 안에서부터 나오는 것으로 이해되어야 한다. 이것은 마치 시끄러운 교실에서 선생님이 속삭이듯 말함으로써 아이들이 조용히 하고 귀 기울이게 만드는 것과 같다. 이것은 곧 공동체가 되는 법을 배우는 일이다. 여기에는 리더뿐 아니라 회중도 함께 듣는 법을 배우는 것이 포함된다.[10]

---

9   Harold M. Best, *Unceasing Worship: Biblical Perspectives on Worship and the Arts* (Downers Grove, IL: InterVarsity, 2003), 144.
10 Mark Mummert, Mark Sedio, and Richard R. Webster, "Techniques for Leading," in *Leading the Church's Song,* ed. Robert Buckley Farlee and Eric Vollen (Minneapolis: Augsburg Fortress, 1998), 19.

볼륨 레벨 모니터링을 위한 조언: 평소와 같이 볼륨 레벨 설정하라. 다른 인도자가 여러분을 대신하여 찬송에 온전히 참여하는 예배자가 되도록 하라. 예배의 자리 한가운데에 자신을 위치시켜라. 자신과 주변 사람들의 목소리에 귀를 기울여라.

회중의 목소리가 인도자(보컬과 연주자)의 목소리와 비교하여 얼마나 들리는가?

사람들의 목소리에 우선순위를 두어야 한다고 생각한다면 어떤 조정을 해야 할지를 고민하라.

7) 태도 점검

모든 리더의 태도는 다른 사람들에게 쉽게 드러난다. 목소리 톤, 자세, 제스처, 사용하는 유머의 유형, 심지어 복장까지 다양한 방식으로 드러난다. 리더는 자신감이 넘치되 오만해서는 안 되고, 열정이 넘치되 지나치지 않아야 하며, 진정으로 겸손하되 자기를 비하해서는 안 되고, 가치 있다고 느끼되 자만해서는 안 되며, 회중 중 하나이지만 회중 위에 있어서는 안 된다. 결국 태도는 관계에 관한 것이다. 하나님 및 다른 사람들과 진정성 있는 관계를 맺는 것이 찬양 인도자의 태도를 형성하는 가장 좋은 방법이며, 이를 통해 모든 사람에게 섬김의 정신을 드러낼 수 있다.

3. 찬양에 생기를 불어넣기

효과적인 찬양 인도자가 되려면 팀원들에게 방향을 제시하는 것도 중요하지만 그게 다가 아니다. 각 곡의 핵심을 파악하여 음악에 생명을 불어넣는 것도 그 역량에 포함된다. 장르에 관계없이 모든 회중 노래에 비슷한 악기, 템포, 음량 등을 적용하는 인도자는 공동체에 심각한 해를 끼친다. 각 노래에는 고유한 뿌리, 역사적 또는 문체적 전통과 관련된 고유한 방식, 고유한 '고향'이 있다. 노래는 그 본연의 특성을 드러낼 수 있도록 자유롭게 설정하거나 새로운 방식으로 경험할 수 있도록 특별한 설정을 가미해야 한다.

안타깝게도 너무 자주 노래는 그 배경에 관계없이 교회의 다른 모든 노래와 같은 유형의 일반적인 반주와 리더십을 적용하여 평평하게 들리도록 획일화되었다. 마치 성스러운 음악의 소리는 어떠해야 한다는 선입견이 있는 것처럼 획일적으로 교회스럽게 느껴지기도 한다. 이러한 오해는 교회에서 부르는 음악에 대한 인식을 무디게 하고 그 에너지를 빼앗아 갔다.

찬양 인도자들이 찬양을 인도할 때 예측 가능한 패턴에 빠지는 데에는 몇 가지 이유가 있을 것이다. 때로는 게으르거나 상상력이 부족하기 때문일 수도 있고, 노래에 생명을 불어넣는 방법을 배운 적이 없기 때문일 수도 있다. 오늘날 가장 유명한 노래 작곡가 중 한 명인 앨리스 파커(Alice Parker)는 우리가 노래를 이끌어가는 데 있어 부족한 부분 중 하나가 인쇄된 악보에 지나치게 충실한 데서 비롯된다고 굳게 믿고 있다.

> 나에게 악보 페이지는 가상의 감옥이다. 내 머릿속의 음악은 선명하게 흐르고 아름답게 표현된다. 하지만, 그것을 글로 적는 순간, 그것은 다루기 힘든 음표와 딱딱한 카운트, 시각적인 문탁함으로 갇혀 버린다. 그것을 자유로운 상태로 복원하는 그룹은 드문데, 이는 시각적 페이지를 청각적/구술적 소리로 옮기는 것이 아니라 그 자체를 끝으로 취급하기 때문이라고 생각한다.[11]

---

11 Alice Parker, "Song Leading," in *Melodious Accord newsletter*, April 2014, 3.

회중 찬송에 활기를 불어넣을 시간이다! 음악적이고 열정적인 찬양 인도자라면 누구나 찬양에 활기를 불어넣는 방법을 배울 수 있다. 다음은 시작하기 위한 몇 가지 실용적인 단계이다.

1) 1단계: 노래에 익숙해지기

모든 노래에는 역사가 있으니 그 역사를 알아보아야 한다. 노래의 원래 맥락에 비추어 텍스트와 곡조를 비판적으로 검토, 즉 비평해야 한다.[12] 사람과 마찬가지로 노래도 항상 '태어나는' 동시에 '태어나는' 존재이다. 노래는 작곡가의 시대적 배경, 문화적 환경, 삶에 대한 관점, 종교적 성향 등에서 탄생한다. 또한, 노래는 일반적으로 청중을 염두에 두고 만들어진다. 그런 의미에서 노래는 노래를 환영하고 노래할 공동체에서 태어난다.

다음은 시작하기 위한 몇 가지 예시적인 질문이다. 물론, 모든 노래에 대한 완전한 정보가 제공되지는 않지만, 가능한 한 최선을 다해 찾아보아야 한다. 당신이 저널리스트라고 가정해 보자.

어떤 정보를 발견할 수 있을까?

(1) 누가 노래를 만들었는가?
(2) 언제? (몇 세기/10년 전? 그때 세상에는 무슨 일이 있었는가?)
(3) 어디서? (작사가/작곡가가 어디에 살았거나 살고 있는가? 어떤 글로벌 영향력이 그 사람의 사고에 영향을 미쳤는가? 이것이 가사나 음악 스타일에서 어떻게 나타나는가?)
(4) 왜? (어떤 상황에서 영감을 얻었는가?)

---

[12] 본문비평(exegesis)은 일반적으로 성경의 구절을 검토하는 과정과 관련이 있다. 이는 작가와 원래 청중의 시각을 통해 구절을 살펴보는 매우 체계적인 방법을 포함한다.

(5) 회중은? (특정 그룹이 노래할 수 있도록 만들어졌는가? 그렇다면 그 이유는 무엇인가?)

(6) 목적? (작곡가가 사람들에게 어떠한 영향을 주고자 했는가?)

이러한 작업을 시작하기에 가장 좋은 곳은 다양한 찬양 자료집을 찾는 것이다. 대부분의 주요 찬양집 출판사들은 찬양집 안에 수록된 곡과 관련된 배경 정보를 제공하는 자료집을 출판한다(여기서 찬양이란 찬송가뿐만 아니라 다양한 예배 노래가 포함되어 있음을 기억해라). 찬양 자료집은 기독교대학이나, 신학대학의 도서관에서도 쉽게 찾을 수 있다.

■ 핵심 질문: 이 곡을 이끌어가는 데 어떤 배경지식이 도움이 되는가?

2) 2단계: 노래 주의 깊게 듣기

노래를 실제로 들어보아라. 처음 듣는다고 상상해 보아라. 다양한 녹음본(CD, 유튜브 등)을 찾아 들어보되, 섣불리 추측하지 말라.

노래가 실제로 무엇을 말하고 있나?
노래가 어떻게 들리나?
다른 아티스트가 부를 때 어떻게 들리나?

이 노래를 불러줄 사람을 찾아보아라(노래를 잘 부르는 사람이라도 다른 사람의 노래를 들으면 깨달음을 얻을 수 있다). 그 사람이 노래하는 것을 주의 깊게 듣고 어떻게 들리는지 메모해 보라.

■ 핵심 질문: 이 노래의 어떤 소리가 나의 인도에 영향을 주는가?

3) 3단계: 상상력 발휘하기

노래가 처음 불렸을 때 어떻게 불렸을지 상상해 보아라. 눈을 감고 노래의 세계로 들어가 보자.

(1) 이 노래가 처음 불렸을 때 그 자리에 있다고 가정해 보자. 어디에 있나?
(2) 상황에 대해 설명해라.
(3) 주변 환경을 설명해라.
(4) 노래를 부르는 그룹의 소리를 설명해라.
(5) 음악에 대해 설명해라.
(6) 함께 사용되는 악기(있는 경우)에 대해 설명해라.
(7) 이 노래를 부를 때 느끼는 감정을 설명해라.

- 핵심 질문: 이 곡을 이끌어가는 데 도움이 될 만한 상상은 무엇인가?

4) 4단계: 실험

노래를 부르는 다양한 방법을 실험해 보라. 다양한 방법으로 큰 소리로 불러보라. 예를 들어 음량, 템포, 리듬 패턴, 화음, 발성[13], 음악 스타일, 반주 악기 등을 다양하게 바꿔보라. 용기를 내자. 노래는 망가지지 않는다! 어떤 노래들은 자유롭게 표현할수록 더 살아나기도 한다.

---

[13] 예를 들어, 남자 보컬들이 높은 음역대의 목소리 대신 멜로디를 이끌어 갈 수 있는 방법은 없을까?

■ 핵심 질문: 노래가 가지고 있는 자연스러움에 맞게 들릴 수 있도록 하기 위해, 어떤 독특한 요소를 더해줄 수 있는가?

5) 5단계: 비전 전달

팀원들에게 비전을 잘 전달하기 위해 노력하라. 보컬과 악기 연주자 등 모든 인도자가 회중을 어떻게 인도할지 미리 충분히 숙지할 수 있도록 노력하라. 악기 연주자들이 찬양을 압도하는 것이 아니라, 찬양을 돕는 상호보완적 역할을 할 수 있도록 하라. 찬양을 인도하는 팀이나 찬양대에 자신감을 심어주어 그들이 찬양을 인도하는 방식을 내면화할 수 있도록 도와라. 교회 주보, 예배 순서 또는 스크린 등을 통해 간단한 정보를 공유하여 회중에게 비전을 전달하라. 적은 것이 좋다. 너무 많은 정보는 실제로 필요하지 않으며 무시당할 것이다. 사람들이 방향을 잡고 관심을 가질 수 있을 만큼만 제공해라.

■ 핵심 질문: 관련된 모든 인도자가 자신감을 갖도록 어떻게 준비시킬 수 있는가?

6) 6단계: 즐기기!

인도할 때 기쁨과 즐거움의 정신을 표현해라. 내면 깊은 곳에서 노래가 나오도록 해라. 설득력이 있어야 한다. 이것은 당신 자신의 준비에서 비롯된다. 책임감을 가지라. 목소리를 준비하고, 입장할 때부터의 제스처를 준비하라. 노래를 어떻게 시작하고 인도할지 연습하라. 그런 다음 준비해 온 노래를 즐겨라. 이러한 당신의 노력은 성공에 큰 도움이 될 것이다.

- 핵심 질문: 이 노래를 성공적으로 이끌기 위해 어떻게 준비해야 하는가?

7) 추가적인 실질적 고려 사항

다음은 노래에 생기를 불어넣기 위한 몇 가지 실용적인 고려 사항이다.

(1) 어디에 서 있을지 결정해라

여러 가지 선택지가 있다. 당신이 서 있는 위치는 당신이 이루고자 하는 목표에 적합해야 한다.

① 앞쪽, 높은 위치
② 앞쪽, 사람들과 같은 높이
③ 사람들의 중앙에서
④ 둥글게 서로를 바라보며 서 있는 사람들 중심에서 전통적으로 Scared Harp(공동체의 참여를 중시한, 미국의 전통적인 찬양 장르 - 역자주)나 공동체 노래 모임에서의 자리이다. 인도자는 거룩한 사각형(the scared square)의 중심에 서고, 4성부 보컬들은 서로를 마주보게 배치되었다.

(2) 악기가 필요한지 결정하라

많은 경우 반주가 과도하다. 반주가 없는 노래에는 아름다움이 있다. 여러 종류의 노래는 전혀 반주 없이, 오직 사람의 목소리만으로 시작되는 것(하나님이 창조한 유일한 악기!)이 필요할 때, 아카펠라 찬양을 권장하라.

(3) 유용한 기법을 사용해라

① 에코: 리더가 노래의 한 구절을 부르고, 회중이 이를 따라 부르도록 초청하는 대화식 접근법이다.

② 라인 아웃: 리더가 노래 전체 구절을 부르고, 회중이 이를 반복하는 매우 오래된 방식이다. 라인 아웃은 에코를 사용하지만 노래 전체(각 연)에서 지속적으로 이루어진다. 반면 에코는 노래의 일부만을 강화하는 기법이다.

③ 멜로디 강화: 새로운 곡이나 덜 친숙한 곡의 경우, 피아노 반주에서 옥타브를 사용하거나 높은 음역대의 악기가 멜로디를 함께 연주하여 강조하는 것을 고려하라. 이는 노래하는 이들에게 안정감을 주어 첫 경험을 좋게 만드는 데 도움이 된다.

④ 페달 노트: 노래의 일부 또는 전체에 걸쳐, 특정 그룹이 하나의 음을 지속적으로 유지하며 부르도록 초대하는 방식이다. 이는 오르간 연주자가 곡의 한 부분에서 한 음을 지속하는 것과 유사한 효과를 낸다. 예를 들어, <아버지의 사랑에 대하여>(Of the Father's Love Begotten)와 같은 곡에 매우 효과적이다.[14]

⑤ 데스칸트: 데스칸트는 멜로디를 장식하는 독립적인 보컬 라인이다. 종종 마지막 연에서 높은 목소리로 수행된다. 이는 흥분의 수준을 높이는 효과가 있다. 솔리스트나 선택된 가수 그룹을 준비하여 노래의 일부에서 멜로디를 장식하게 하라. 4성부 찬송가의 테너 라인을 옥타브 더 높게 부르면 좋은 데스칸트를 제공할 수 있다. 데스칸트 모음집도 구매할 수 있다.

---

14 Early fourth-century hymn still in many hymnals. See Aurelius Clemens Prudentius, "Of the Father's Love Begotten," http://www.hymnary.org/text/of_the_fathers_love_begotten.

⑥ **모방(돌림노래)**: 흥미를 불러일으키는 훌륭한 기법이다. 많은 곡이 다른, 미리 정해진 시점에서 멜로디가 들어가는 방식에 잘 어울린다. 전체 멜로디를 부르되, 사람들이 서로 다른 시점에서 노래를 시작하도록 배정되는 것이다. 이는 일반적으로 '돌림노래'라고 알려져 있다. 평화를 위한 단순한 노래인 <평화를 주소서>(Dona Nobis Pacem)[15]는 이 기법의 아름다운 예이다. 원래 돌림노래로 작곡된 곡이 아니더라도, 이러한 기법을 적용하면 신비로운 소리의 층을 만들어내는 데 효과적으로 작동한다.

⑦ **단순한 화음**: 노래를 생기 있게 만들고자 할 때 화음에 너무 많은 신경을 쓰지 말라. 단순하게 유지하라. 멜로디와 함께 잘 어울리는 하나의 잘 배치된 화음 부분이 매우 효과적일 수 있다. 4성부 노래는 오늘날에도 훌륭하고 멋진 성과지만, 노래 자체가 잘 맞아야 한다. 고전 찬송가, 운율 시편, 가스펠은 일반적으로 4성부 노래에 적합하다.

⑧ **가사 표시**: 노래책 또는 투사된 가사 등 가사의 표시 방식은 노래의 부르기 용이성에 큰 차이를 만든다. 글씨 크기, 글씨 색상, 배경 등에 대해 훈련받은 디자인 전문가에게 문의하라. 또한, 띄어쓰기 등 각 줄이 나누어지는 위치에 주의하여 의미가 통하도록 해라. 문장 부호도 중요하다. 명확한 가사를 위해 적절한 문장 부호를 추가하라(원본에 제공되지 않더라도). 가사의 명확성과 하나님께 드리는 예술의 모든 측면을 잘 관리하는 것이기 때문이다.

⑨ **집중하기**: 순간에 집중하기 위해 노력하라. 이는 주로 경험을 통해 온다. 주변에서 일어나는 일에 진정으로 주의를 기울이고 그에 따라 반응하라. 본능을 믿으라. 즉각적으로 생각하라. 그 순간에 맞는 것처럼 보이는 것을 따라가라. 자신을 잘 준비하여 하나님께 헌신한다면, 대부

---

15 "Dona Nobis Pacem", http://www.hymnary.org/text/dona_nobis_pacem_canon.

분의 경우 당신의 직관이 잘 맞을 것이다.

예배자들은 시간을 들여 열심히 준비한 찬양 인도자로부터 유익을 얻는다. 노래가 지루하다면, 그 책임은 찬양 인도자에게 있다. 찬양의 생동감은 모든 예배공동체가 현실적으로 이룰 수 있는 목표이다.

4. 노래 반주하기: 예배에서의 악기 사용

회중 찬양을 인도하려면 앞서 살펴본 것처럼 의도적인 방향과 창의적인 활기를 불어넣어야 한다. 노래 리더십의 또 다른 중요한 차원은 악기를 현명하게 사용하는 것이다.

구약과 신약성경에는 에어로폰(트럼펫과 피리와 같은 관악기), 멤브레인폰(손북[16]과 같은 두드리는 악기), 이디오폰(딸랑이와 팀벨과 같은 흔드는 악기), 코도폰(비파와 수금 같은 현악기) 등 모든 문화에서 사용된 기본적인 악기 유형이 언급되어 있다. 악기는 성경에서 전쟁, 축하 행사, 예배 등 다양한 용도로 사용되었다.

역사적으로 볼 때 기독교 예배에서 악기의 사용은 다소 산발적이었다. 여러 지역에서 악기가 널리 사용된 시기가 있었던 반면, 다른 장소와 시대에는 전혀 사용되지 않은 경우도 있었다. 예배에서 악기의 성경적, 역사적 관행을 추적하는 것은 흥미롭지만 여기서는 특별히 관련이 없다. 대신 찬양 인도자가 회중 찬양을 반주할 때 악기를 어떻게 사용해야 하는지

---

[16] 성경에서 자주 언급되는 '토프'라는 단어는 나무나 금속 고리 위에 동물 가죽을 펴서 만든 북으로, 손으로 쳐서 연주하는 악기로 간주된다. Mary Hopper, "Music and Musical Instruments," in *Baker Encyclopedia of the Bible*, ed. Walter A. Elwell (Grand Rapids: Baker, 1988), 3:1511.

에 대해 집중적으로 살펴볼 것이다.

그러나 반주 역할과는 별개로 예배에서 악기 인도는 그 자체로도 중요한 사역이라는 점을 먼저 강조하고자 한다. 온 피조물이 창조주를 찬양하는 데 동참하듯이, "가사가 없는 악기들은 창조의 노래를 반영하며, 따라서 자신의 역할을 하도록 부름받았다."[17] 반주자의 주된 역할을 논의하기 전에, 알려진 예배 노래를 악기로 편곡한 것과 악기를 위해 새로 작곡한 곡 등 유익한 기악 음악의 두 가지 예를 살펴볼 수 있다. 두 경우 모두 예배에서 악기가 '말하기'를 함으로써 예배자들은 유익을 얻는다. 악기들은 말없이 하나님의 이야기를 전달한다. N. T. 라이트(N. T. Wright)가 말했듯이, 예배에서 가사가 유일한 스토리텔러는 아니며, 음악(곡)도 이야기를 전한다.[18]

이것은 매우 중요한 사실을 상기시켜 준다. 동시에 단어를 사용하지 않는 예술 형식은 기껏해야 암시적인 내용을 제공할 뿐이다. 사건을 묘사하거나 아이디어나 감정을 전달하기 위해 작곡된 기악곡은 명료하게 표현된 명제가 아닌 인상을 준다(낭만주의 시대의 프로그램 음악이 좋은 예다). 무용, 마임, 조각, 목탄 스케치 또는 말이 없는 예술 형식도 마찬가지다. 말이 있으면 전달하고자 하는 내용을 매우 명확하게 전달할 수 있지만, 말이 없으면 상황은 더 개방적이다. 이는 한 예술 형식을 다른 예술 형식보다 우위에 두려는 것이 아니다. 단순히 말은 아이디어를 가장 명확하게 전달할 수 있는 수단을 제공하는 반면, 다른 예술 형식은 의도하는 바가 더 암시적이라는 것을 말하려는 것이다.

알려진 노래를 악기로 편곡한 경우, 단어는 듣는 사람(기억을 통해 배경에 흐르는 메시지의 영향을 받는 사람)이 기억에서 끌어온다. 특정 가사에 대한

---

[17] Paul Westermeyer, *The Heart of the Matter: Church Music as Praise, Prayer, Proclamation, Story, and Gift* (Chicago: GIA, 2001), 19.
[18] N. T. Wright, "Remembering Not to Forget," *Worship Leader*, May 2012, 21.

기억에 의존하지 않고 새로 만들어진 예배용 음악의 경우, 성경 이야기와 관련된 음악이라도 일반적인 이야기가 음악으로 전달될 수 있지만 듣는 사람이 부족한 부분을 채우도록 남겨둔다. 악기 그룹은 그 자체로 예배에 기여할 수 있는 자리가 있으며, 배경음악을 만들거나 분위기를 조성하는 것으로 축소되어서는 안 된다. 동시에, 그 표현 방식이 가지는 한계도 인식해야 한다.

기독교 예배에서 악기의 주된 용도는 하나님의 이야기를 전달하는 데 도움을 주는 것이다. 예배자는 이야기를 노래하고, 악기 연주자는 그 이야기를 뒷받침하고 장식한다. 기본적으로 악기 반주는 두 가지 방식으로 기능한다.

첫째, 노래를 뒷받침한다. 아카펠라를 부르는 것은 매우 감동적인 경험이 될 수 있지만, 서구와 세계 여러 지역 대부분의 기독교 교회에서 이루어지는 이러한 유형의 노래는 적절한 악기의 지원을 통해 많은 이점을 얻을 수 있다. 건반 악기(오르간, 피아노, 신디사이저 등)는 충분한 음량을 제공하고, 열 손가락을 한 번에 사용할 수 있으므로 더 풍성한 화음을 만들 수 있으며, 고음과 저음을 함께 사용하여 남성과 여성 보컬 모두를 도울 수 있고, 멜로디는 명확하게 강조하면서 다른 음은 여전히 들을 수 있으며, 음량, 화음, 루바토 측면에서 표현력이 매우 뛰어나는 등 여러 가지 이유로 매우 효과적인 역할을 수행한다.

다른 악기들도 회중 찬송의 보조 역할을 잘 수행한다. 기타는 풍부한 코드 진행을 통해 화음을 지원한다. 또한, 특정 유형의 치는 연주를 통해 리듬감을 제공할 수 있을 뿐만 아니라 피킹을 통해 부드럽고 부드러운 배경을 만들 수도 있다. 오늘날 많은 교회에서 소규모 앙상블 반주(찬양대, 브라스 합창단, 목관악기, 현악기, 핸드벨) 또는 풀 오케스트라 반주의 이점을 누리고 있다.

이 모든 경우에서 악기는 보컬을 보조하는 역할을 하며, 노래를 가리기 위한 것이 아니다. 악기는 탄탄한 도입부를 제공하고 멜로디를 강조하며 가수가 소심해지지 않도록 기초를 제공할 수 있다. 하지만, 균형이 핵심이다. 보컬들은 반주 위에 노래를 들려줘야 한다. 반주란 말 그대로 지원 역할을 하는 것을 의미한다. 반주한다는 것은 호위하고, 보완하고, 파트너가 되는 것이다. 회중 찬송에서 악기 연주자의 역할은 찬양을 호위하고 하나님께 영광을 돌리는 데 동역하는 것이다. 한 학생이 제출한 보고서에 등장하는 상황을 피하기 위해 악기 연주자들 사이에서 적절한 자제를 권장해야 한다.

> 우리 예배 목사님은 내가 엉뚱한 베이스라인을 연주하거나 멋진 리프를 만드는 것에 신경 쓰지 않으시고, 그냥 올라가서 예수님을 찬양하길 원하신다고 말씀하셨다. 물론, 내가 모든 것을 망치지 않기를 기대하셨지만, 사람들을 위해 연주하기보다는 하나님을 위해 연주하는 데 집중하길 원하셨다. 나는 이런 접근이 정말 마음에 들어서 밴드로서 느껴오던 많은 압박감을 덜 수 있었다.[19]

악기 연주자들은 자기표현을 추구하고 싶은 유혹을 받을 수 있지만, 회중 찬양을 추월하는 것이 아니라 회중 찬양을 향상시키는 종의 역할에 있다고 생각하도록 이끌어야 한다. 그들의 사역은 보컬 사역자들의 사역과 동일한 가치를 지니지만, 눈에 띄는 정도에서는 동일하지 않다.

둘째, 장식의 기능이다. 장식한다는 것은 꾸미고, (장식을 통해) 아름다움을 더한다는 뜻이다. 대부분의 악기는 멜로디를 장식하는 음악적 선을 제공하는 데 완벽하게 적합하다. 악기들은 함께 어우러져 매우 풍성한 소리를 만들어낸다. 오늘날 현대 악기의 모든 음색, 음역대, 음질에 대한 경이

---

19 Student reflection paper, submitted March 15, 2015.

로움은 놀랍기에 그지없다. 상상력과 약간의 독창성을 발휘하면 회중 찬양의 색채를 정말 다양하게 확장할 수 있다.

악기 연주자와 함께 작업해 본 경험이 적다면 처음부터 무리하게 뛰어들지 마라. 간단하게 시작하라. 다음은 교회에서 악기 연주를 다음 단계로 끌어올리기 위한 몇 가지 전략이다.

1) 악기 연주자 찾기

악기 편성을 고려할 때는 긍정적으로 생각하라. 주변에 생각보다 많은 사람들이 악기를 연주하고 있다.

(1) 교회 내 악기 연주자를 파악하라. 교회 전체에 연주자 모집 공고를 내는 것은 피하라. 일단 "누구든지 오세요, 모두 오세요"라고 초대를 하고 나면 준비가 되지 않은 사람을 거절하기가 매우 어려울 수 있다. 다른 음악가들의 추천을 받는 것도 좋은 전략이 될 수 있다.

(2) 중학생과 고등학생에게 지역 학교 밴드 또는 오케스트라 참여에 관한 설문지를 작성하도록 요청하라. 잠재적 후보자를 인터뷰하고 오디션을 진행하라.

(3) 공동체의 오케스트라 및 밴드의 디렉터에게 연락하여 악기 연주자 명단을 확인하라.

(4) 해당 지역에서 개인 레슨을 하고있는 교사에게 연락하라. 그들의 학생 중 교회에서 연주할 준비가 되어 있는 학생이 있는지 물어보라.

2) 악기의 장식적 사용

회중 찬송에서 악기를 장식용으로 사용하는 것은 의외로 쉽다. 다음은 몇 가지 팁이다.

(1) 노래 목록에 있는 기존 곡의 카운터 멜로디에 대한 간단한 데스칸트로 시작해라. 주요 교회 음악 출판사의 웹사이트에서 데스칸트를 찾을 수 있는 좋은 곳이 있다. 많은 출판사에서 표준 찬송가와 현대곡에 맞는 데스칸트 모음집을 출판하고 있다.

(2) 성악 데스칸트의 경우와 마찬가지로, 4부 화성으로 작곡된 표준 찬송가의 테너 라인은 기악 데스칸트에 매우 잘 어울리는 경우가 많다. 약간의 조정을 통해 테너 파트에서 매우 효과적인 카운터 멜로디를 만들어 낼 수 있다. 곡의 성격에 맞는 악기를 결정해라. 사용하는 악기에 따라 디센트를 조옮김 해야 할 수도 있다.

(3) 데스칸트를 작성하라. 다만, 회중송의 멜로디를 해치지 않으면서도 흥미를 더할 수 있는 곡이어야 한다. 각 오케스트라 악기의 음역대, 음자리표, 가장 좋은 피처링 방법이 설명되어 있는 기본 오케스트레이션 책을 구매해라.

(4) 악기 연주자를 구할 수 없는 경우에는 좋은 신디사이저를 사용하는 것이 좋다. 악기 사운드 샘플은 수년에 걸쳐 크게 향상되었으며 놀라울 정도로 사실적일 수 있다.

3) 사람들과 함께 일하기

가장 기본은 "사람을 사랑하고 악기를 이용하라"이다(그 반대가 아니다). 악기 연주자와 대화하는 방식으로 악기 연주자에게 감사를 표시해라.

(1) 예배를 위한 특정한 악보를 건네기 전에, 먼저 그들에게 직접 연주해 보도록 요청하라. 첫 번째 단계는 그들의 기량, 연주 스타일, 경험 등을 파악하는 것이다.

(2) 악기 연주자가 처음에 연주할 수 있는 간단한 것을 찾아보아라. 무리해서 흔들리는 것보다 성공적인 첫 연주를 하는 것이 더 낫다.

(3) 악기 연주자가 연주하도록 요청받는 모든 곡에 음악뿐만 아니라 가사를 제공하라. 악기 연주자는 가사를 해석하고 장식한다는 점을 기억하라. 연주를 위한 첫 번째 단계로 가사를 알고 내면화해야 한다.

(4) 모든 세부 사항을 명확하게 설명하라. 문자나 이메일을 통해서라도 모든 내용을 서면으로 작성하는 것이 매우 유용하다. 혼란을 줄일 수 있다.

(5) 재정적 준비에 대해 명확히 하라. 악기 연주자가 자원봉사를 할 것으로 예상되는 경우, 시작하기 전에 미리 알려라. 사례금을 지급할 계획이라면 미리 얼마를 예상하는지 알려라. 돈과 관련하여 추측하는 것은 결코 좋은 생각이 아니다.

(6) 상대방의 시간을 존중하라. 일대일 리허설이든 대규모 그룹 리허설이든 제시간에 맞춰 준비해야 한다. 악기 연주자들은 당신의 배려에 크게 감사하고 가치 있다고 느낄 것이다.

(7) 리허설에 도움을 주기 위해 각 악기 파트를 연주하거나 노래할 수 있어야 한다.

(8) 봉사에 참여한 사람들에게 항상 감사 인사를 건네라. 감사는 기본적인 예의일 뿐만 아니라 지속적인 관계를 구축하는 데도 도움이 된다.

찬양 인도자는 예배에서 회중 찬양을 반주하고 장식할 수 있는 다양한 악기를 최대한 활용해야 한다. 특정 예배 스타일은 거의 독점적으로 선호하는 악기에만 의존해 왔지만, 지금은 그 어느 때보다 다양한 방법으로 혼합할 수 있는 시대다. 틀에 박힌 것에서 벗어나 다양한 색채의 사운드를 탐색해 보자.

5. 결론

회중 찬양은 예배 음악 사역의 핵심이다. 교회는 리더십의 가장 중요한 부분을 맡길 수 있는 사람을 찾아야 한다. 어쩌면 그 사람이 바로 이 글을 읽고 있는 당신일지도 모른다. 그렇다면 회중 찬양의 매력에 빠져보자. 다른 사람들이 하나님의 노래를 부르도록 돕는 데 당신의 삶을 헌신하자. 나는 찰스 가드너(Charles R. Gardner)의 "목회적 음악가는 다른 어떤 음악 소리보다 신자가 노래하는 소리를 사랑하는 법을 배워야 한다"[20]라는 권면에 동의한다. 만약 당신이 이 같은 마음을 갖는다면, 당신이 인도하는 예배에 참여하는 신자들 또한 그것을 느끼게 될 것이다.

6. 주요 용어

- 카덴스(cadence): 음악 작곡의 주요 구절의 끝(착지 지점)으로, 음악적 사고가 완성되었음을 나타낸다.
- 카운터 멜로디(counter melody): 멜로디와 짝을 이루기 위해 작곡된 독립적인 음악 라인으로, 멜로디 듀엣을 구성하는 두 개의 동일한 목소리처럼 작동한다.

---

20   Charles R. Gardner, "Ten Commandments for Those Who Love the Sound of a Singing Congregation," in The Singing Assembly, vol. 6 of *Pastoral Music in Practice*, ed. Virgil C. Funk (Washington, DC: Pastoral Press, 1991), 103.

- 데스칸트(descant): 멜로디를 장식하는 역할을 하는 독립적인 보컬 라인으로, 일반적으로 마지막 소절에서 고음으로 연주된다.
- 노래 연출(directing song): 안전한 보컬과 개인적 리더십을 통해 여러 가수가 함께 노래를 부를 수 있도록 지도한다.
- 해설(exegesis): 원래의 문맥에 비추어 가사를 비판적으로 검토하는 작업이다.
- 찬송가 해설집(hymnal companions): 출판된 찬송가집에 수록된 찬송가와 관련된 정보에 대한 사전이다.
- 음정(intonation): 정확한 음으로 노래하거나 악기를 연주할 수 있는 능력이다.
- 메트로놈(metromome): 숫자 값에 따라 다양한 템포를 보여주는 장치이다.
- 음역대(range): 악곡의 가장 낮은 음과 가장 높은 음 사이의 거리이다.
- 루바토(rubato): 표현을 위해 템포를 뒤로 늦추거나 앞당길 수 있는 자유도이다.
- 템포(tempo): 노래나 연주하는 속도이다.
- 음색(timbre): 악기나 음성을 식별할 수 있게 하는 소리의 특성(예: 클라리넷과 오보에의 소리 차이).
- 조옮김(transpose): 전체 악보를 다른 음정(위 또는 아래)으로 이동하는 작업이다.
- 보이싱(voicing): 노래의 세부적인 부분에 특정 목소리(소프라노, 알토, 테너, 베이스)를 할당하는 것으로, 악기 오케스트레이션과 같은 원리를 말한다.

7. 더 학습하기

1) 도서

Barrier, Jim, Julie Hansford, and Mark Johnson, eds. *The Instrumental Re- source for Church and School*. Nashville: Church Street, 2002.

Farlee, Robert Buckley, and Eric Vollen, eds. *Leading the Church's Song*. Min- neapolis: Augsburg Fortress, 1998.

Flather, Doug, and Tami Flather. *The Praise and Worship Team Instant Tune- Up*. Grand Rapids: Zondervan, 2002.

Music, David W. *Instruments in Church: A Collection of Source Documents*. Lanham, MD: Scarecrow, 1998.

Parker, Alice. *Creative Hymn Singing, 2nd ed. Chapel Hill,* NC: Hinshaw Music, 1976.

Rienstra, Debra, and Ron Rienstra. *Worship Words: Discipling Language for Faithful Ministry*. Grand Rapids: Baker Academic, 2009.

Schultze, Quentin. *High-Tech Worship? Using Presentational Technology Wisely*. Grand Rapids: Baker Books, 2004.

2) 곡집

The Descant Hymnal. Durham, NC: Apex Music, 2003.

Hopson, Hal H. *The Creative Use of Descants in Worship*. Carol Stream, IL: Hope, 1999.

참여하기

다음 단계를 활용하여 찬양 인도자로서 자신을 비평해 보자.
(다른 인도자를 지도하는 경우, 이 단계를 활용해 그들을 코칭해라.)

노래 연출
1. 예배 중 보컬 리더십 녹음을 들어보아라. 훈련된 가수를 초대하여 음정의 정확성을 평가받아라.
2. 예배 중 노래를 이끄는 모습을 비디오로 확인하라.
당신이 환대하는 영을 잘 표현하고 있는가?
공동 찬양의 행위에 적절히 열정적으로 보이는가?
3. 회중의 주의를 분산시킬 수 있는 눈에 띄는 습관(불필요한 배회, 눈 감기, 말할 때의 "음" 등)이 있는가?
4. 회중이 언제 노래를 시작해야 하는지 완전히 확신하고 있는가?

노래에 생기를 불어넣기
1. 회중의 일반적인 경험에 포함되지 않는 장르의 새로운 노래를 탐구하라. 노래의 배경을 철저히 조사하고, 샘플을 들어보며, 원래 환경이 어떤 소리였을지를 상상하라. 음악 리더 팀을 리허설하고, 회중이 새로운 노래를 부르는 즐거움을 발견하도록 이끌어라.
2. 교회 내의 악기 연주자를 발견하기 위한 설문지를 만들어라. (어떤 이들은 숨어 있을 수 있다.) 그들의 능력 수준에 맞게 그들을 포함하기 시작하라.

제10장

그리스도의 몸으로서 찬양에 참여하기
찬양을 통해 예배자들이 참여하도록 돕기

탐구하기

예배에서 참여는 뜨거운 주제다. "예배자들이 참여하도록 어떻게 할 수 있을까?"는 오늘날 리더들 사이에서 가장 흔히 제기되는 질문 중 하나다. 그들은 예배, 특히 회중 찬양에서 느끼는 일반적인 무관심에 대해 큰 우려를 공유한다.

"나는 앞에서 내 마음을 쏟고 있지만, 회중은 활력이 없어 보인다. 사람들은 그저 나를 바라보고 있을 뿐이다. 나는 무엇을 할 수 있을까?"

본 장을 읽기 전에, 여러분 교회의 참여 수준, 특히 찬양하는 시간의 참여 수준을 확인하라. 여러분 인식이 가능한 한 정확할 수 있도록 대화할 사람들을 찾으라. 다른 직원이나 다양한 연령대의 교인들과 함께 커피를 나누며 비공식적인 대화를 나누어 보라. 서로의 이야기를 잘 듣고, 그 대화에서 어떤 통찰이 나오는지 살펴보라. 아래의 짧은 설문지를 사용하여 시작해 보라. 각 질문에 1에서 10까지의 숫자로 답해라.

[1 = 전혀 동의하지 않음, 5 = 동의도, 반대도 하지 않음. 10 = 강력히 동의함]

1. 우리 교회의 예배자들은 대체로 노래할 때 매우 열정적으로 보인다.
2. 나는 회중이 힘차게 노래하는 소리를 듣는다.
3. 참여의 신체적 표현들을 볼 수 있다(그 표현들이 무엇인지 적으라).
4. 노래하는 목소리가 악기 연주 소리보다 더 크게 들린다.
5. 참여의 양이 시간이 지남에 따라 변한 것 같다(언제 이렇게 변했는지 적으라).

이제 여러분 교회의 회중 노래 참여의 수준에 대한 생각을 모았다면, 예배 음악 건축가들이 노래의 중요한 역할을 잘 수행하도록 예배자들을 어떻게 훈련할 수 있는지에 대한 통찰을 얻도록 본 장의 나머지 부분을 읽으라.

1. 심화하기

젊은 교수는 의아했다. 학생들의 당황한 표정이 그를 놀라게 했고 할 말을 잃게했다. 그는 매우 큰 기독교 대학에서 대학원 수준의 예배 수업을 가르치고 있었는데, 그가 "기독교 예배는 그리스도에 관한 것이며, 예배를 계획할 때마다 이 사실을 고려해야 한다"고 제안했을 때, 학생들은 혼란스러운 눈빛과 어색한 침묵으로 반응했다. 마침내 학생 중 한 명이 중요한 질문을 던졌다.

"우리가 예배를 오직 예수님에 관한 것으로 만든다면, 어떻게 사람들의 참여를 유지할 수 있을까요?"[1]

---

1 저자에게 보내온 이메일, 2015년 1월 19일

바로 그 질문은 브라이언이 인정하고 싶지 않았던 예배의 현재 상황에 대해 그가 인정하고 싶지 않았던 많은 것을 알려줬다. 브라이언은 오늘날 젊은 예배 인도자들 사이에 널리 퍼져 있는, 예배에 사람들이 눈에 띄게 참여하도록 만드는 것은 리더에게 달려 있다는, 즉 사람들이 예배에 참여하도록 만드는 어떤 비결이 있을 것이라는 가정에 대해 걱정했다. 그들은 예배에서 예수 그리스도의 실제 임재가 참여의 가장 큰 원인이라고 생각한 적이 없었다. 대신 그들은 참여를 유도하기 위한 인간적인 전략을 생각하고 있었다. 브라이언은 "제가 가르쳐야 할 것이 있군요"라고 결론을 내렸다. 브라이언은 인내심을 가지고 예배 참여에 대한 더 나은 질문들로 그들을 인도했다.

참여. 몰입. 연결. 이 단어들은 예배 인도자들 사이에서 자주 사용되는 유행어로, 우리는 예배자들의 진성정 있고 열정적인 참여를 보고 싶어한다. 즉, 우리는 예배자들이 예배의 순간에 몰입하고 하나님과 연결되어 있는 모습을 보길 원한다. 리더들은 특히 예배의 음악적 부분에서 감정적 몰입의 외적 신호를 주로 살핀다. 만약 그런 신호가 분명하지 않으면 쉽게 낙담하게 된다. 노래는 참여 수준이 더 쉽게 드러나는 영역 중 하나로, 목소리의 크기부터 시작해 박수, 춤, 고개들기, 손들기 등의 신체적 표현까지 포함한다. 그러나 이런 것들이 반드시 진정한 참여를 보장하는 것은 아니다. 신자들의 몰입에 대한 논의를 시작할 곳은 외적 신호가 아니라, 헌신된 신자들이 공동 노래에서 자신의 영적 역할을 온전히 받아들이기 위해 필요한 내적 겸손이다.

참여는 외적 표현보다는 노력의 공유나 협력과 더 관련 있다. 우리가 알다시피, 신약의 헬라어 단어 코이노니아(koinonia)는 '참여'로 번역되기도 하지만 '교제'나 '협력'으로도 번역된다. 예배에서의 참여에 대한 성경적 관점은 주로 기독교 공동체의 구성원들이 서로 협력하여 하나님께 사역하는 방식에 초점을 맞춘다. 참여는 개인적인 것보다는 공동체적인 성격을 띤다. 이는 하나님께서 기대하시는 예배를 완수하기 위해 집단적으로 투자하는 것이다. 받기보다 주기에 관한 것이다.

예배에서 노래하는 것은 기독교 제자도의 문제이다. 찬송은 하나님께 헌신하는 예수 그리스도를 따르는 수단이다.[2] 찬송에서 회중은 예배에서 함께 협력하도록 하는 주요 수단으로서 역할한다. 이는 자신을 찬양하는 사람이 아니라고 여기는 이들에게도 포함된다. 교회가 찬양을 해야 한다면, 우리는 기독교 공동체의 유대를 유지하는 데 도움을 주는 노래 사역에 헌신해야 한다. 기도, 서약, 봉헌 등 모든 예배 행위에서도 마찬가지이다. 우리는 예배의 모든 측면에 헌신적인 참여자가 되는 법을 배운다. 예배는 예배자로서의 우리의 역할을 온전히 포기할 것을 요구하며, 그 중 하나는 우리가 무엇을 하든지 하나님의 영광을 위해 해야 한다는 것을 기억하며 찬양을 드리는 것이다(고전 10:31).

본 장에서는 예배 참여에 대한 간략한 소개를 배경으로 해서, 목회적 음악가들로 하여금 신자들이 공동예배에서 노래하는 자들로서 중요한 역할을 수행할 수 있도록 돕는 데 초점을 맞춘다. 예배자들이 예배에 온전히 참여할 수 있게 돕는 것은 예배 인도자의 주요 소명이어야 한다.

> 모든 사람의 완전하고 능동적인 참여는 무엇보다도 먼저 고려해야 할 목표이며, 따라서 영혼의 목자들은 모든 목회 사역에서 필요한 교육을 통해 이를 달성하기 위해 열심을 다해야 한다.[3]

---

2   예수님은 하나님께 찬송을 부르셨고(마 26:30), 예수님은 회중 속에서 하나님을 찬양하셨다(히 2:11b-12).

3   Second Vatican Council, "The Constitution on the Sacred Liturgy," *Sacrosanctum Concilium*, December 4, 1963, chap. 1, sec. 2, no. 14, http://www.vatican.va/archive/hist_councils /ii_vatican_council/documents/vat-ii_const_19631204_sacrosanctum-concilium_en.html.

제3장에서는 예배에서 노래의 공동체적 성격에 대한 일반적인 신학을 살펴봤다. 여기서는 예배자들이 진정한 찬양의 참여를 통해 그리스도의 몸 안에서 하나님이 주신 역할을 감당하도록 구체적으로 안내하는 데 초점을 맞춘다. 주께 찬양하기, 공동체 안에서 찬양하기, 마음으로 찬양하기, 영으로 찬양하기, 새 노래로 찬양하기 등 다섯 가지 핵심적인 측면을 이해하면 예배 참여에 큰 변화를 가져올 수 있다.

2. 주께 찬양하기: 올바른 의도로 참여하기

부를 것인가, 부르지 않을 것인가. 그것이 문제다. 많은 신자가 예배에서 찬양을 부르는 것을 짜릿한 경험으로 여긴다. 그들은 악기 연주자와 리더의 열정적인 인도에 따라 기꺼이 함께한다. 주변 사람들이 온 힘을 다해 노래할 때, 군중과 함께 "경이, 사랑, 찬양에 빠지는 것"은 쉽다.[4] 그러나 또 다른 예배자들은 찬양을 통해 참여하지 않는다. 관심이 없거나 자신이 부족하다고 느끼기 때문일 수 있다. 어떤 사람들은 좋은 연주자의 음악을 듣는 것을 좋아해서, 어떤 사람들은 자의식 때문에 노래를 부르지 않는다. 예배 중에 노래를 부르지 않는 이유는 다양하다

어떤 사람이 찬양을 부르지 않는 데에는 합당한 이유가 있을 수 있지만, 찬양 인도자들은 너무도 자주 그렇게 참여하지 않는 것을 개인의 선호로 받아들이거나 심지어 장려한다. 예배에 열정적으로 참여하든 그렇지 않든, 예배에서 찬송하는 것은 구약과 신약을 통틀어 하나님의 백성을 향한 긴급한 기대라는 사실을 부인할 수 없다. "노래하다"라는 단어는 성경에

---

[4] 이 문구는 Charles Wesley의 찬송가 <하나님의 크신 사랑>(Love Divine, All Loves Excelling)의 마지막 구절에서 가져온 것이다.

서 100개 이상의 구절에 등장한다.[5] 이 단어는 서술적으로("내가 여호와의 인자하심을 영원히 노래하며 주의 성실하심을 내 입으로 대대에 알게 하리이다"[시 89:1]), 규범적으로("여호와께 노래하여 그의 이름을 송축하며 그의 구원을 날마다 전파할지어다"[시 96:2]) 모두 사용된다. 다시 말해, 예배에서 찬양하는 것은 일반적인 경험을 통해 가정되는 규범적 실천인 동시에 지켜야 할 명령이다. 우리는 노래해야 한다. 왜냐하면, 노래는 그 주요 수신자에게 신실할 수 있는 수단이기 때문이다.

예배에서 우리는 주님께 찬양을 드린다.[6] 삼위 하나님이신 주님은 우리 찬양의 주요 수신자이시다.[7] 회중이 찬송에 참여하는 출발점은 찬양이 **주님께 공동으로 드리는 사역**이라는 것을 인식하는 것이다. 우리 공동체의 노래를 들으시는 분, 그 노래를 받으시는 분, 그 노래를 기뻐하시는 분, 각자의 목소리가 찬양의 합창에 동참하기를 갈망하시는 분이 계시는데, 그분은 바로 하나님이다. "주님께 노래하라"는 말은 성경에서 자주 발견되며, 종종 명령형으로 나타난다.[8]

성경이 우리에게 주님께 노래하라고 촉구하고 심지어 지시한다면, 이는 우리의 진심 어린 의도가 되어야 한다. 우리는 목소리의 질이나 음악에 대한 관심의 정도 때문에 참여하는 것이 아니다. 아니, 우리는 주님을 위한 것이기 때문에 참여한다. 신적 수신자는 우리가 예배에서 찬송에 모든 것을 바칠 충분한 이유이다.

---

5 Accordance Bible Software에서 검색한 결과이다.
6 본서의 다른 곳에서 나는 예배 노래를 공동체에 소개하는 것이 적절하다는 점을 강조했으며, 본 장의 뒷부분에서도 이 문제를 다룬다.
7 히브리어 성경에 "주님께 노래하라"는 구절이 등장할 때 '주님'은 YHWH(야웨, 경건하게 '아도나이'로 발음)이다. 그러나 신약의 가르침에 비추어 볼 때 성부, 성자, 성령(삼위일체)이 회중의 찬양을 받으시는 분이 되는 것이 적절하다.
8 Accordance Bible Software에 검색한 결과, 히브리어로는 "노래하다"라는 명령형이 15번 나타나는 것으로 나타났다.

주님께 찬양을 드리는 것은 올바른 의도의 문제이다. 의도는 목적과 관련이 있다. 무언가를 하려고 한다는 것은 그것을 하려는 목적이 있다는 뜻이다. 노래는 의지의 문제가 된다. 제98대 캔터베리 대주교였던 윌리엄 템플(Willian Temple)은 찬송과 의지의 의도 사이의 연결성을 잘 이해했다.

1931년, 옥스퍼드 미션([Oxford Mission] 개신교도들에게 부흥집회로 알려짐)이 끝날 무렵, 그는 성 동정녀 마리아대학교회에서 회중이 찬송가 <주 달려 죽은 십자가>(When I Survey the Wondrous Cross)를 부르도록 인도했다. 마지막 절이 시작되기 전에, 그는 회중을 멈추고 가사를 읽어보라고 요청했다. "그 가사가 마음에 진심으로 다가온다면, 최대한 큰 소리로 불러 보세요. 그렇지 않다면 조용히 하세요. 조금이라도 진심을 담아 부르고 싶다면 아주 부드럽게 부르세요"라고 말했다. 오르간이 연주되고 2천 명의 목소리가 속삭였다.

> Were the whole realm of nature mine,
> (온 세상 만물 가져도)
> That were an offering far too small;
> (주 은혜 못 다 갚겠네)
> Love so amazing, so divine,
> (놀라운 사랑 받은 나)
> Demands my soul, my life, my all.
> (몸으로 제물 삼겠네)[9]

---

9   James E. Kiefer, "William Temple, Theologian, Archbishop of Canterbury, 27 October 1944." http://justus.anglican.org/resources/bio/61.html.

우리는 지상 왕국의 많은 시민 사이에서 하나의 목소리로 참여하기 위해 시온의 노래를 기꺼이 부를 수 있도록 우리의 의도를 복종시켜야 한다. 노래의 목적은 우리 자신이 아니라 하나님을 기쁘시게 하는 것이다. 자신이 좋아하지 않는 음악 스타일의 노래를 부르기 거절하는 사람들이 있다. 그들은 그 스타일을 선호하지 않거나 공감하지 않기 때문에 입을 다물고 있다. 그들은 참여를 보류한다. 우리는 열정적으로 노래하려는 우리의 의도를 위해 하나님의 도움이 필요할지도 모른다. 실제로 몇몇 찬송가는 적절한 의도로 노래하도록 영적 도움을 요청한다.

> Come, thou Fount of every blessing, tune my heart to sing thy grace;
> (복의 근원 강림하사 찬송하게 하소서)
> streams of mercy, never ceasing, call for songs of loudest praise.
> (한량없이 자비하심 측량할 길 없도다)
> Teach me some melodious sonnet, sung by flaming tongues above.
> (천사들의 찬송가로 나를 가르치소서)
> Praise the mount I'm fixed upon it, mount of God's redeeming love.
> (구속하신 그 사랑을 항상 찬송합니다)[10]

때때로 하나님을 찬양하기 위해 우리의 마음을 조율해야 할 때가 있는데, 그 이유는 찬양이 항상 자연스럽게 나오지 않을 수도 있기 때문이다. 그러나 하나님의 끊임없는 자비가 크게 찬양하도록 요구하기 때문에, 우리는 노래해야 한다. 가장 큰 찬양의 노래를 부른다. 올바른 의도를 가지고 있던 다윗("하나님이여 내 마음을 정하였사오니 내가 노래하며 나의 마음을 다

---

[10] Robert Robinson, "Come, Thou Fount of Every Blessing(복은 근원 강림하사)" 1758. http://www.hymnary.org/text/come_thou_fount_of_every_blessing.

하여 찬양하리로다"[시 108:1])도 영감을 얻기 위해 혼잣말을 하곤 했다.

> 비파야, 수금아, 깰지어다 내가 새벽을 깨우리로다 여호와여 내가 만민 중에서 주께 감사하고 뭇 나라 중에서 주를 찬양하오리니(시 108:2-3).

예배자들이 찬송하는 열정이 부족하다면, 그들 안에 주님을 향한 노래가 깨어나도록 기도해야 한다.

3. 공동체와 함께 찬양하기: 다른 사람을 위해 참여하기

예배 인도자는 사람들의 참여가 낮다고 느낄 때, 상황을 바로잡기 위해 다양한 전략을 시도하고 싶어한다. 하지만, 안타깝게도 예배 인도자들은 예배자들에게 왜 참여하지 않는지에 대해 인터뷰를 실시하지 않고 단지 가정에 기반한 계획을 세울 때가 많다.

내 학생 중 한 명인 제로드가 수업이 끝난 어느 날 나와 이야기를 나누고 싶다고 요청했다. 그는 낙담하고 있었으며, 교회에서 수요일 밤 청년 모임에서 인기 있는 예배 찬양을 인도했지만 아이들이 참여하려 하지 않았다고 말했다. 그들은 지루해 보였다. 그는 어떻게 하면 음악에 대한 흥미를 유발할 수 있는지 물었다.

"아이들에 대해 말해 보세요"라고 내가 물었다. 그는 이 청소년들이 해당 교회 출신이 아니라 최근의전도 프로그램의 결과로 인근의 범죄가 많은 지역에서 왔다고 말했다. 그들 중 그리스도인은 한 명도 없었고 교회에 가본 적도 없었다.

나는 제로드에게 잘못된 질문을 하고 있다고 말했다. 그는 어떻게 하면 아이들이 음악에 관심을 갖게 될까가 아니라, 어떻게 하면 아이들이 그리스도인들과의 관계와 궁극적으로는 하나님과의 관계에 관심을 가질 수 있을까를 질문해야 할 것이다. 이를 위해서는 아예 노래하지 않는 것도 포함될 수 있다.

제로드는 참여의 문제에 대해, 특정 유형의 대중적인 음악을 활용한 프로그램으로 좋은 결과를 기대했다.

나는 "예수님을 잘 알지 못할 때, 예수님께 사랑의 노래를 부르는 것에 대해 열정을 느끼기란 쉽지 않다"라고 말했다.

그리고 우리는 사람들이 노래할 때의 참여 수준에 대해 예배 인도자들이 일반적으로 갖는 기대에 관해 의미있는 토론을 이어갔다.

악기의 볼륨을 높이거나, 더 경쾌한 노래를 선택하거나, 음악 스타일을 완전히 바꾸거나, 회중에게 "진심을 다해 노래하라"는 식으로 훈계하는 등 외적인 방법을 통해 무기력한 찬양을 다루는 경우가 종종 있다. 일반적으로 강압적인 방법은 효과적이지 않다. 대신 참여를 증진시키기 위한 가장 현명한 접근 방식 중 하나는 리더들이 공동체에서 노래하는 역할에 대해 예배자들을 훈련시키는 것이다.

그 출발점은 예배자들에게 회중 찬양은 본질적으로 공동체적 활동이고, 그들의 헌신에 따라 달라지는 공동 행사라는 점을 가르치는 것이다. 예배를 위해 하나님의 백성이 모이는 것, 때로 '집회'라고도 하는 것은 예배의 가장 근본적인 상징이다. 두세 사람이 모이든, 수천 명이 모이든, 그리스도의 이름으로 모인 예배자들의 집회는 예수 그리스도의 교회가 존재하는 실체를 상징한다. 그 집회는 단순한 상징만이 아니다. 집회는 또한 하나님 나라의 지상 시민들이 부활하신 주님의 임재 안에서 함께 모이는 행위를 통한 독특한 방식으로 발견되는 실제이기도 하다. 그렇기 때문에 예배자는 개개인의 역할에 대한 이해가 매우 중요하다.

"보고 듣고 감동받기 위해 수고를 감수하는 사람들은 바로 그들의 존재와 행동으로 모인 교회라는 상징을 구성하기 때문에 거룩한 예배를 드린다."[11]

예배자 개개인이 함께 찬양할 때, 참여를 통해 서로를 섬기게 된다. 랜달 브래들리(C. Randall Bradley)는 "참여가 없는 공동체는 존재하지 않는다. 방관자로 서 있다는 것은 지역 예배공동체, 예배 안에서 우리의 자리를 포기하는 것이다"[12]라고 말했다.

참여 없는 공동체는 존재하지 않는다. 자신이 원할 때 원하는 방식으로 참여하는 독립적인 개인들이 그리스도의 몸을 위한 노래로 나아가려면, 완전한 참여가 필수적이다. 참된 예배는 우리를 이타적인 찬송으로 부른다. 우리는 자신의 욕망에 따라 결정하려는 성향, 즉 순간의 욕구를 충족시키기 위해 수동성과 참여 사이를 오가는 태도를 내려놓는다. 대신, 우리는 다른 사람들을 위해 노래하고 공동체의 진정한 예배 목소리에 기여하도록 우리를 강하게 하시는 성령께 통제권을 넘긴다.

모인 집회가 **연합의 가시적 상징**이라면, 찬양 소리는 **연합의 청각적 상징**이다. 초기 신자들에게 '한 목소리'로 노래하는 것은 공동체 내의 영적 조화를 표현하는 것이었다. 바울은 로마 교회에 편지를 쓰면서 서로 조화롭게 살아가는 그들의 능력을 한 목소리로 하나님께 영광을 돌리는 것과 연결시켰다(롬 15:5-6). 한 목소리로 노래하는 것은 초기 교회 교부들 사이에서 중요한 주제였으며, 신앙의 일치와 노래의 일치를 연결하기도 했다.[13] 일찍이 제창(unison)은 가장 순수한 형태의 영적 일치로 여겨졌으며,

---

[11] Lawrence Madden, "The Congregation's Active Participation Is Performance," in *The Singing Assembly*, vol. 6 of *Pastoral Music in Practice*, ed. Virgil C. Funk (Washington, DC: Pastoral Press, 1991), 52 (emphasis in original).

[12] C. Randall Bradley, *From Memory to Imagination: Reforming the Church's Music* (Grand Rapids: Eerdmans, 2012), 124.

[13] Calvin R. Stapert, *A New Song for an Old World: Musical Thought in the Early Church* (Grand Rapids: Eerdmans, 2007), 25.

"'한 목소리로'는 기독교 노래 이상이 되었으며, 그 이상은 일치된 공동체적 찬양 속에서 자연스럽게 표현되었다."[14] 예배에서 그리스도의 몸으로서 함께 노래하는 것은 신자들 사이의 영적 친밀감을 형성하고 표현하는 데 분명한 도움이 된다. "함께 기도하는 가족은 함께 머문다"라는 속담은 '함께 노래하는 하나님의 가족은 하나가 된다'라고 바꾸어 말할 수 있을 것이다.

본 장에서는 지역교회의 주일예배에서 그리스도의 몸으로서 찬양하는 것을 우선으로 다루지만, 그리스도인들이 예배나/와 교제를 위해 모이는 모든 시간은 찬양할 수 있는 훌륭한 시간이다. 몸은 여러 차원을 가지고 있다. 소그룹에서 단체 찬양을 하는 것은 기독교 공동체를 경험할 수 있는 좋은 방법이다. 소그룹에서 공동 노래를 장려하는 것은 교회의 노래가 새롭게 되는 데 큰 도움이 될 수 있다. 마찬가지로, 각 가정에서 가족이 함께 노래하는 것도 다시 회복되어야 한다.

나는 목회적 음악가들이 가족 예배 중이든, 차 안에서든, 집 안에서든, 가족이 그리스도의 몸의 또 다른 차원으로 함께 노래할 수 있도록 돕는 자료를 제공할 것을 권장한다. 주님께 기쁨의 소리를 내는 데는 훈련된 음악가가 필요하지 않다. 무엇보다도 우리는 그리스도의 몸이 과거, 현재, 미래의 하나님의 성도들이 끊임없는 찬양을 통해 영광스러운 예배의 의무를 수행하고 있다는 사실을 기억해야 한다. 우리가 주일예배에 열정적으로 참여할 때, 우리의 노래는 우리보다 앞서 간 구름같이 둘러싼 증인들과 천상의 존재들이 밤낮으로 쉬지 않고 부르는 예배의 노래와 신비롭게 합쳐진다(계 4:8b). 공동 노래는 영원하고 우주적인 활동이다.

그리스도의 몸에 기대되는 회중 노래의 중요한 사역을 고려할 때, 각 구성원이 훈련된 자세와 은혜로운 태도로 자신의 역할을 감당할 수 있도

---

14 Ibid., 27.

록 돕는 실천적 지침들이 유익하다. 각 시대의 다양한 종교 지도자들은 예배에서 공동 노래를 위한 구체적인 지침을 교회에 제공해 왔다. 놀랍게도 그들도 오늘날 우리처럼 같은 도전에 직면했던 것 같다. 시대와 장소가 크게 다른 두 저명한 인물의 예배에 대한 조언은 놀라울 정도로 유사하다. 초기 교회의 주교였던 레메시아나의 니케타스(Niceta of Remesiana)는 신자들에게 공동 노래의 규율에 관해 자세히 권고했다. 14세기 후 성공회 사제인 존 웨슬리(John Wesley)도 같은 시도를 하였다. 이들의 조언은 오늘날 예배자들에게도 여전히 유효하다.

니케타스(4-5세기)는 오늘날 세르비아에 해당하는 레메시아나 지역의 주교였다. 이 지역은 정치적으로 동방 교회와 연관되어 있었지만, 로마 주교와도 교회적 연관을 가지고 있었다.[15] 니케타스는 예비 신자들을 위한 여섯 권의 사목 지침서로 가장 잘 알려져 있다.[16] 그의 설교 중 하나인 <찬송의 활용>(*De utilitate hymnorum*)은 '교회 음악에 관한 핵심적인 교부 문헌 중 하나'이다.[17] 예배에서 공동 노래가 갖는 중요성에 대한 흥미로운 통찰을 제공한다. 여기에서는 그의 설교의 일부를 길게 인용한다(괄호 안의 단어는 니케타스 라틴어 원문에서 따온 것이다).

> 시편 기자(hymnidicus)의 권면처럼 경계하는 감각과 깨어 있는 마음으로 노래하자. "하나님은 온 땅의 왕이시니, 정성을 다하여 찬양하여라"(시 47:7. 원서에는 46:8이라고 기록되어 있으나 해당 본문은 47:7이어서 바꿈 - 역자주)고 말씀하신 것처럼, 시편은 영, 즉 목소리로만 부르는 것이 아니라 마음으로도 부르고(고전 14:15), 그래서 우리는 흔히 그렇듯이 외적인 생각에 사로잡혀서 우리의 수고의 열매를 잃지 않도록 노래

---

15 Maria Grazia Mara, "Niceta of Remesiana," in *Encyclopedia of Ancient Christianity,* ed. Angelo Di Berardino (Downers Grove, IL: InterVarsity, 2014), 910.
16 Ibid.
17 James McKinnon, *Music in Early Christian Literature* (Cambridge: Cambridge University Press, 1987), 134.

하는 것을 생각해야 한다. 거룩한 종교에 어울리는 양식(sonus)과 멜로디로 노래해야 하며, 극적인 고통을 드러내서는 안되고, 오히려 음악적 움직임(ipsa modulatione) 속에서 기독교적인 단순함을 보여 주어야 한다. 극적인 것과 연관되지 않도록 해야 하며, 오히려 청중이 회개하도록 해야 한다.

또한, 우리의 목소리는 불협화음(disona)이 아니라 협화음(consona)이어야 한다. 어떤 사람이 노래를 길게 끌 때(protrahat) 다른 사람은 그것을 짧게 끊어서는(contrahat) 안 되고, 어떤 사람이 목소리를 높이는(extollat) 동안에, 다른 사람이 너무 낮게(hum liet) 노래해서는 안 된다. 오히려 각자는 조화로운(concinentis) 합창의 소리 속에 자신의 목소리를 통합하기 위해 노력해야 하며, 시타라(cithara)를 연주하듯 외적으로 과시하려는 방식으로 목소리를 내서는 안 된다. 그리고 다른 사람들과 목소리를 잘 섞어내지(aequare) 못하는 사람은 큰 소리를 내는 것보다 조용한(lenta) 목소리로 노래하는 것이 예전적 기능을 수행하고 노래하는 형제들을 방해하지 않기 때문에 더 낫다.[18]

니케타스의 관심은 다음과 같은 권면으로 요약될 수 있다. 즉, 예배자들은 산만함을 피하기 위해 열정적이고 집중된 마음으로 노래하고, 주의를 끌지 않도록 적절하게 절제해야(과장된 표현을 피해야) 하고, 곡조와 박자에 맞춰 노래해야 하고, 다른 사람들보다 지나치게 크거나 작게 부르지 말아야 하며, 예전에 방해하기보다는 기여하는 방식으로 노래해야 한다. 이는 서구 교회에서 '성도의 교제'[19]라는 문구를 처음 쓴 것으로 알려진 작가에게 익숙한 주제인 한 목소리로 찬양을 드리는 것을 강조하는 것이 분명하다. 이 문구는 결국 사도신경에 포함되었다.

---

18 Ibid., 138.
19 Mara, "Niceta of Remesiana," 911.

니케타스처럼 웨슬리도 예배자들 간의 소리와 목적의 일치를 강조하였다. 18세기 성공회 사제였던 존 웨슬리는 그의 형제 찰스 및 다른 주요 지도자들과 함께 영국에서 성공회의 쇄신에 초점을 맞춘 운동을 이끌었다. 시간이 지나면서 이 운동은 감리교 운동으로 알려지게 되었다. 감리교인들은 종종 야외, 설교당, 다양한 장소에서 모임을 가졌는데, 이 모임에는 찬송이 포함되었다. 영적 삶에 대한 체계적인 접근법으로 잘 알려진 웨슬리는 공동 찬양의 다소 무절제하고 개인주의적인 성격에 대해 우려하여 찬양을 위한 절차를 확립하였다. 그의 유명한 <노래를 위한 지침>(Directions for Singing)은 1761년판 『찬송가 선곡집』(Select Hymns with Tunes Annext)에 처음 등장하였다. 웨슬리의 목적은 분명했다.

"신성한 예배의 이 부분이 하나님께 더 받아들여지고, 당신과 다른 사람들에게 더 유익할 수 있도록 다음 지침을 주의 깊게 지키라."[20]

첫째, 다른 곡을 배우기 전에 이 곡들을 먼저 배우고, 그 후에는 원하는 만큼 많이 배우라.

둘째, 가사를 조금이라도 바꾸거나 고치지 말고 여기에 인쇄된 대로 정확하게 부르라. 다른 방식으로 노래하는 법을 배웠다면, 가능한 한 빨리 잊어버리라.

셋째, 모두 함께 찬양한다. 가능한 한 자주 회중과 함께 해라. 조금의 나약함이나 피곤함이 당신을 방해하지 않도록 하라. 그것이 당신에게 십자가라면, 짊어지라. 복을 받을 것이다.

넷째, 힘차고 용기있게 노래하라. 반쯤 죽은 듯이 또는 반쯤 잠든 듯이 노래하지 말라. 힘차게 목소리를 높여라, 사탄의 노래를 부를 때처럼 당

---

20 Carlton R. Young, *Companion to the United Methodist Hymnal* (Nashville: Abingdon, 1993), 320.을 인용한 John Wesley의 말.

신의 목소리를 두려워하지 말고, 들리는 것을 부끄러워하지 말라.

다섯째, 겸손하게 노래하라. 다른 사람들보다 더 크게 또는 분명하게 들리도록 소리를 지르지 말라. 조화를 파괴하지 않도록 목소리를 하나로 모아서 하나의 맑고 듣기 좋은 소리를 내도록 노력하라.

여섯째, 정확한 박자로 노래해라. 어떤 박자든 그 박자에 맞추어 부르도록 하라. 박자보다 앞서거나 뒤처지지 말고, 인도하는 목소리에 주의 깊게 귀 기울이며 최대한 정확하게 하라. 그리고 너무 느리게 부르지 않도록 주의하라. 늘어지게 부르는 방식은 본래 게으른 사람들에게서 자연스럽게 나타나는 습관이다. 이제는 그런 습관을 우리 가운데서 몰아내고, 처음 부를 때처럼 모든 곡을 빠르게 부를 때가 되었다.

일곱째, 무엇보다도 영적으로 노래하라. 당신이 노래하는 모든 단어에서 하나님을 바라보라. 자신이나 다른 어떤 피조물보다 그분을 더 기쁘시게 하는 것을 목표로 해라. 이를 위해 당신이 부르는 소리의 의미에 엄격한 주의를 기울이고, 당신의 마음이 소리에 휩쓸리지 않고, 항상 하나님께로 향하도록 하라. 그러면 당신의 노래는 주께서 지금 승인하시고, 그가 하늘의 구름 속에서 오실 때 상을 받게 될 것이다.[21]

웨슬리는 예배자들이 작곡자와 작사가의 의도를 존중하며 각 노래를 불러야 하고, 가능한 한 자주 참여해야 하고, 공동 노래를 영적 훈련으로 간주해야 하며, 열정으로 노래해야 하고, 자신이 주목을 받지 않게 노래해야 하며, 박자를 지켜야 하고, 하나님께 헌신한 태도로 노래해야 한다고 강조했다. 니케타스처럼 웨슬리도 예배자들 간의 소리와 목적의 일치를 강조하였다.

---

21 *The United Methodist Hymnal* (Nashville: United Methodist Publishing House, 1989), vii. 에서 인용된 John Wesley의 말

두 지도자가 다룬 문제들이 상당 부분 겹친다는 점은 놀랍다. 두 지도자의 공통된 관심사는 오늘날 현대 예배자들에게 많은 지혜를 준다. 두 지도자는 모두 긍정적인 조언으로 시작하면서도 다소 갑작스러운 '하지 말아야 할 것들'에 대한 말을 피하지 않는다. 이러한 접근 방식을 사용하여, 다음과 같이 요약하겠다.

첫째, 예배에 적합한 간단하고 명확하며 통일된 노래를 부르도록 노력하라. 모든 목소리가 조화의 상징으로 함께 어우러지도록 하라. 다른 사람보다 더 크게 들리려고 하지 말며 과도한 음악적 표현을 피하라.

둘째, 리더가 설정한 템포에 맞춰 노래하라. 뒤쳐지지 말라. 그것은 게으름의 한 형태다.

셋째, 하나님을 기쁘시게 하기 위해 노래하라. 각 노래를 하나님께 지속적으로 바치라. 잡념에 사로잡히거나 소리의 아름다움에 빠져들지 말라.

두 지도자 모두 예배자들에게 노래 부르기를 **영적 소명**으로 삼으라고 촉구했다는 점이 흥미롭다. 실제로 찬송은 그들의 주요 관심사이다. 니케타스는 이 생각으로 시작하고, 웨슬리는 이 생각으로 끝맺는다. 회중 내에서 노래의 활력은 일종의 영적 지표이다. 저명한 찬송가 학자인 휴 맥엘라스(Hugh T. McElrath)는 "회중 찬양 참여의 깊이와 폭은 회중의 영적 삶의 깊이와 폭을 나타내는 좋은 지표"[22]라고 주장한다.

또한, 두 지도자는 함께 음악을 만드는 기술에 대한 관심도 공유한다. 서로의 말에 귀를 기울이며 노래를 배우고, 함께 부르는 노래의 전체적인 아름다움에 기여하려고 노력하는 것은 회중 찬양을 다른 차원으로 끌어

---

[22] Hugh T. McElrath, "Hymnology," lecture at Southern Baptist Theological Seminary, Louisville, KY, fall 1980.

올린다. 회중 노래는 노래하는 사람들에게, 노래를 전혀 부르지 않거나, 다른 사람이 무엇을 하든 상관없이 전력을 다해 노래하는 것처럼 극단적인 선택지를 제공하는 대신, 사랑 어린 자기 절제 속에서 가장 아름답게 표현된다. 우리 예배자들은 한 목소리로 주님께 이타적인 노래를 드리고자 할 때, 서로를 존경하고 우선시 하면서, 서로의 바람에 대한 공손한 배려, 존중, 수락을 보여야 한다. 목회적 음악가의 임무 중 하나는 예배자들에게 그리스도의 몸으로서 함께 '찬양을 만드는' 데 필요한 영적 기질과 예술적 기술을 가르치는 것이다.

4. 마음으로 찬양하기: 지성으로 참여하기

사도 바울은 고린도 교회에 보낸 첫 번째 편지에서 공적 예배 문제와 관련하여 교회를 안내하는 데 많은 시간을 할애한다(특히, 고전 11~14장). 예배에서 영적 은사를 사용하는 것에 대해 언급할 때 바울은 이렇게 결론을 내린다.

> 그러면 어떻게 할까 내가 영으로 기도하고 또 마음으로 기도하며 내가 영으로 찬송하고 또 마음으로 찬송하리라(고전 14:15).

바울에게 영으로 노래하는 것과 마음으로 노래하는 것은 서로 분리된 두 가지 실체가 아니었다. 오히려 동전의 양면과도 같았다.

> 바울은 자신의 삶과 신앙의 표현에서 그가 말하는 통합, 온전함을 나타낸다. 신앙의 삶을 사람의 일부분으로 구분되는 것이 아니라, 전인, 즉 정신과 영과 마음이

새롭게 되어 창조주이시며 구속자이신 하나님을 섬기는 것이다.²³

바울은 일관되게 전인적으로 예배에 참여하여 산 제물로 드리는 몸(롬 12:1), 새롭게 된 마음(롬 12:2), 영과 마음으로 기도하는 것(고전 14:15)을 갈망한다.

바울은 예배에 온전히 참여하는 온전한 사람에 대한 모든 관심에도 불구하고 개인적으로 공적 예배에서 마음으로 기도하고 노래하는 것의 가치를 선호한다.

왜 그럴까?

한 가지 주된 이유는 성화 때문이다. 바울은 방언으로 말할 때(영으로 기도할 때) 외적인 사람은 아무런 유익을 얻지 못하고(고전 14:16), 다른 사람이 세워지지 않는다고 지적한다(고전 14:17).²⁴ 바울은 "방언으로 기도하면 내 영은 기도하지만 내 마음은 열매를 맺지 못하기 때문"(고전 14:14)이라고 주장한다. 바울은 "교회에서 나는 방언으로 만 마디 말을 하는 것보다 차라리 마음으로 다섯 마디 말을 하여 다른 사람에게도 가르치기를 원한다"(고전 14:19)라고 강조한다. 이 구절의 핵심은 "다른 사람을 가르치다"이다. 마음을 사용한다는 것은 단순히 예배자가 자신의 인지 능력을 사용하는 것이 아니라, 그리스도의 몸을 세우는 데 기여하기 위해 우리의 마음을 사용하는 것이다.

바울이 골로새 교인들에게 보낸 편지에서 예배에서 부르는 노래가 그리스도의 말씀이 공동체 안에 풍성히 거하게 하고, 모든 지혜로 서로 가

---

23 J. Paul Sampley, "The First Letter to the Corinthians: Introduction, Commentary, and Reflections," in *Acts; Introduction to Epistolary Literature; Romans; 1 Corinthians*, vol. 10 of *The New Interpreter's Bible: A Commentary in Twelve Volumes* (Nashville: Abingdon, 2002), 963.

24 영으로 말하고 기도한 내용을 알기 위해서 해석이 필요하다고 강조한다(고전 14:5). .

르치고 권면하며, 시와 찬송과 신령한 노래를 부르며 서로 가르칠 때 마음을 사용해야 한다고 말한 것은 바로 이 점을 언급하고 있는 것이다(골 3:16). 예배에서 비생산적인 마음은 문제가 된다. 바울은 모든 신자들이 마음을 새롭게 함으로 하나님의 선하시고 기뻐하시고 온전하신 뜻을 분별할 수 있기를 갈망한다(롬 12:2).

마음으로 찬양하라는 바울의 분명한 지시는 그리스도의 몸으로서 지적 참여가 중요하다는 것을 시사한다.

첫째, 우리는 그리스도인들이 알 수 있도록 **진리**(온전한 진리, 오직 진리)를 노래해야 한다. 예배 찬양은 명확해야 하고, 기독교 신앙에 충실해야 하며, 하나님의 신비에 대한 경이로움을 불러일으키는 진리를 노래해야 한다. 예배 찬양은 이해하기 쉬우면서도 우리를 진리에 대한 더 깊은 깨달음으로 인도해야 한다. 우리가 하나님과 기독교 신앙에 대한 진리를 노래할 때 우리는 선포와 증거에 참여하게 된다.

둘째, 마음으로 부르는 찬양은 함께 책임을 지는데 도움이 된다. 노래는 우리 자신과 다른 신자들을 훈계하고, 기독교 신앙의 문제에 대해 서로 조언하고, 불순종의 결과를 경고하는 수단으로 사용된다. 노래는 우리가 마음과 목숨과 뜻과 힘을 다해 주 하나님을 사랑하고 다른 사람을 우리 자신처럼 사랑하고자 하는 우리의 의도를 표현하는데 도와준다(막 12:30-31). 요컨대, 우리가 노래를 부를 때 우리는 공동체 구성원들이 정직하고 신실함을 유지하도록 돕는데 참여하면서 우리의 성공과 실패를 서로에게 간증하는 것이다.

셋째, 마음으로 노래하는 것은 신자들의 성화에 동참하는데 도움이 된다. 우리는 믿음 안에서 서로를 세우도록 부름받았다. 바울은 그의 서신에서 일관되게 성화를 주장한다. 성화는 신약 예배의 특징이다.[25] 성화한다는 것은 누군가의 지식과 인격이 향상되도록 돕는 것이다. 격려의 노래를 부르는 것은 성화를 위한 주요 수단이다. 마음으로 노래하면 공동체가 은혜 안에서 성장하고 예수 그리스도의 죽음과 부활에 더욱 깊이 일치할 수 있다(빌 3:10).

하나님의 영광과 교회의 격려를 위해 우리의 생각과 상상력을 새롭게 하기를 소망하며 마음으로 노래하자.

5. 영으로 찬양하기: 사랑의 마음으로 참여하기

예배에서 공동체는 마음과 영으로 찬양할 것이 요구된다. 지금까지 우리는 그 중 마음으로 찬양한다는 것에 대해 살펴보았고, 이제 독자들은 내가 같은 성경 구절로 돌아가서 영으로 찬양한다는 것이 무엇인지 설명할 것이라고 기대할지도 모른다. 그러나 나는 그대신 예배에서의 영적 은사에 대한 바울의 논의의 핵심, 곧 고린도전서 13장의 깊이 있는 사도적 가르침으로 향하고자 한다.

바로 이곳에서 우리는 영으로 찬양한다는 것이 무엇인지 요약된 핵심을 발견할 수 있다. 그것은 곧 자신이 노래하는 공동체를 사랑하는 것이다. 찬양에 참여하는 것은 서로에 대한 사랑의 영으로 이루어져야 한다.

영으로 노래하는 것은 사랑 없이는 불가능하다. 바울이 고린도전서 14장 15절에서 "영으로 찬송하라"고 언급했을 때는 영적 은사 중 하나인 방언에 대해서만 언급하고 있다. 그러나 13장에서 사랑에 대한 논의로 넘어갈 때 바울은 12장 마지막에 많은 영적 은사 목록을 제시한다(방언은 여러

---

[25] Ralph P. Martin, *Worship in the Early Church* (Grand Rapids: Eerdmans, 1971), 132–33.

은사 중 하나이다). 이 편지의 요점은 사랑이 없으면 모든 은사가 무의미하다는 것이다. 어떤 은사가 주어지든 더 탁월한 방법, 즉 사랑의 방법을 뛰어넘을 수는 없다.

13장에서 회중 찬송에 대해 명시적으로 말하고 있지는 않지만, 13장을 공동체 찬송에 적용하는 것이 지나친 해석이라고 생각하지 않는다. 결국, 바울은 골로새서에서 사랑과 공동체의 노래를 연결하고 있다.

> 이 모든 것 위에 사랑을 더하라 이는 온전하게 매는 띠니라(골 3:14).

> 시와 찬송과 신령한 노래를 부르며 감사하는 마음으로 하나님을 찬양하고(골 3:16b).

우리가 공동체에서 부르는 모든 노래는 사랑 없이는 의미가 없다. 인간과 천사의 방언으로 쓰인 아름다운 노래도 사랑이 없으면 소음에 불과하다. 노래로 전달되는 모든 지식도 사랑이 없으면 아무것도 아니다. 노래할 때 가장 위대한 믿음을 갖는 것도 사랑 없이는 아무것도 아니다. 관대함과 자기희생도 사랑 없이는 아무것도 얻지 못한다. 진정한 사랑으로 가득 찬 마음으로 노래에 참여하면 놀라운 결과를 얻을 수 있다. 우리에게 사랑이 있다면, 회중 찬양은 서로에게 인내와 친절을 베푸는 자리가 될 것이다. 우리는 시기하거나 자랑하거나 교만하거나 무례한 모습을 보이지 않을 것이다. 우리는 자신의 방식을 고집하거나 짜증을 내거나 분개하지 않을 것이다. 우리는 다른 사람이 걸려 넘어져도 기뻐하지 않고 진리를 축하할 것이다. 그리스도인의 사랑으로 노래할 때 우리는 모든 것을 참으며 모든 것을 믿고 모든 것을 바라며 모든 것을 견뎌낼 것이다.

바울이 오늘날 예배에 대한 광범위한 참여 부족을 알게 된다면, 고린도 교인들에게 보낸 편지의 이 부분을 인용해, 우리에게도 똑같은 말을 할 것이라고 확신한다.

사랑을 추구하라(고전 14:1a).

사랑은 그 어떤 히트곡이나 인상적인 악기 연주보다 예배당에 활력을 불어넣을 것이다. 사랑은 마음을 따뜻하게 하고, 공동체를 더욱 깊게 한다. 사랑은 하나님과 다른 사람들을 위한 것이기 때문에 모든 사람이 열심을 다해 찬양에 참여하도록 이끌 것이다.

사랑을 추구하라.

하지만, 어떻게 할 수 있을까?

사랑은 하나님의 선물인 동시에 발전시켜야 할 것이다. 기독교적 사랑을 위해 기도하라. 정직하고 의도적으로 사랑을 구한다면 하나님께서는 인간의 마음에 사랑의 선물을 거절하지 않으실 것이다. 또한, 사랑을 키워라. 그것을 실천하라. 감정에 의존하지 말고 사랑을 먼저 실천하라. 오히려 당신이 바라는 사랑을 느끼기도 전에 사랑의 행동을 하라. 공동체의 다른 사람들에게 사랑의 몸짓을 취하면 감정이 따라올 것이다. 바울은 13장에서 헬라어 **아가페**를 사용한다. 신약성경에는 다양한 유형의 사랑을 나타내는 데 사용되는 여러 단어가 있지만, 이 문맥에서 아가페는 감정이나 자연스러운 성향이 아닌 모든 사람의 복지를 추구하는 사랑을 말한다.[26] 행동이 선행되어야 할 수도 있다. 진정으로 사랑을 추구하려는 의도가 있다면 인위적인 것이 아니라 진실한 여정을 통해 진정한 사랑을 추구한다는 뜻이다.

찬양하며 사랑을 키우기 위해 취할 수 있는 실용적인 단계가 있다.

---

[26] W. E. Vine, Merrill F. Unger, and William White Jr., eds., *Vine's Complete Expository Dictionary of Old and New Testament Words* (Nashville: Thomas Nelson, 1985), s.v. "agapē."

첫째, 찬양할 때 눈을 뜨라. 공동 노래는 하나님과의 사적인 순간에 관한 것이 아니다. 실제로 주변 사람들을 바라보라. 하나님을 찬양하는 공동체의 모습을 상상해 보라. 노래로 그들의 존재를 경축하라.

둘째, 다른 사람들이 찬양할 때 하나님께 찬양을 드리고 성령의 감동을 받을 수 있는 힘을 얻도록 기도하라. 예배 인도자를 위해 기도하라.

셋째, 다른 사람들을 대신하여 찬양을 인도하라. 다른 사람들이 찬양할 수 없을 때 믿음의 노래를 부르라. 믿음이나 의지, 기운이 부족한 사람을 위해 노래를 불러주라. 그들을 대신하여 그들의 노래를 삼위일체 하나님께 올려드려라.

영, 즉 사랑의 영으로 노래하면 회중의 참여도가 크게 높아지는 것을 발견하게 될 것이다.

6. 새 노래로 찬양하기: 예수님의 노래에 참여하기

회중 찬양에 참여하는 마지막 방법은 새 노래를 부르는 것이다. 성경에서 '새 노래'라는 구절이 9번 나오는데, 그 중 5번은 예배자를 초청하는 의미로 등장한다. 예는 다음과 같다.

> 새 노래로 여호와께 노래하라 온 땅이여 여호와께 노래할지어다 (시 96:1).

> 할렐루야 새 노래로 여호와께 노래하며 신자의 모임 가운데에서 찬양할지어다 (시 149:1).

> 항해하는 자들과 바다 가운데의 만물과 섬들과 거기에 사는 사람들아 여호와께 새 노래로 노래하며 땅끝에서부터 찬송하라 (사 42:10).

일반적으로 '새 노래'를 예배에서 부를 신곡을 작곡하는 것으로 해석하는데, 이는 현실적인 해석 중 하나다. 새로운 곡을 작곡하는 것은 교회의 지속적인 필요이다. 참여를 늘리는 한 가지 방법은 새로운 곡을 부를 수 있도록 장려하는 것이다. 하지만, 여기에는 큰 도전이 따른다. 너무 많은 교회가 새로운 곡만을 부르는 데에만 열중하고 있다.

우리는 새로운 것에 열광하고 '오래된 것'은 지난주 것에 불과하더라도 쉽게 무시한다. 예배 찬양은 어제의 신문처럼 일회용이 되어 버린다. 다행히도 일부 예배 인도자들은 새로운 것에 대한 집착하는 서구 문화가 가치 판단의 기준이 되는 것이 과연 영적으로 지혜로운 일인가에 대해 진지하게 성찰하기 시작했다. 예배 음악 목록을 매주 교체하는 것이 아니라 확장하는 것이 중요하기 때문에(제5장 참조) 노래의 정경을 정립하는 것이 중요하다. 예배에서 끊임없이 새로운 노래가 나오는 것을 재평가해야 한다.

주님께 새 노래를 부르는 것에 대한 합리적인 해석 중 하나는 예배를 위한 새로운 표현의 노래를 만드는 것이다.

하지만, 그게 전부일까?

예배 참여에 대한 우리의 부르심을 조명할 수 있는 추가적인 의미가 있을 수 있다. 또 다른 가능성은 새로운 노래를 부른다는 것이 기존의 노래에 새로운 생명을 불어넣는 방식으로 노래를 '새롭게' 부르는 것과 관련이 있을 수 있다는 것이다. 이 주장을 하면서 새 노래를 작곡하지 말자는 것은 아니다. 대신, 오랜 예배 노래를 버리기보다는 현재의 활력을 가득 담아 부르자는 것이다. 성경 교사이자 예배 인도자인 마크 로버츠(Mark Roberts)는 바로 이 점을 지적한다:

> 성서학자들은 새 노래(히브리어로 쉬르 차-대시)라는 구절의 두 가지 가능한 의미를 본다. 어떤 이들은 문자 그대로 가사의 새로움을 강조한다. 다른 학자들은 새 노

래가 최근에 작곡된 곡일 필요는 없다고 설명한다. 시편 기자는 이 언어를 사용하여 새로운 의미와 열정을 담아 부르는 익숙한 노래를 가리킬 수 있다. 시편에는 새 노래의 문자적 의미와 비유적 의미가 모두 존재할 수 있다.[27]

의미와 열정은 새로운 음악이 아니라 하나님에 대한 우리의 경험에서 비롯된다. 우리가 끊임없이 쏟아져 나오는 새로운 노래에 의존하여 몰입한다면, 우리는 몰입의 원천을 잘못 찾은 것이다. 새로운 노래가 아니라 성령이 우리의 힘찬 찬양의 원천이다. 그렇기 때문에 회중 찬송은 영적지표의 한 유형이며, 교회의 신앙이 깊을수록 더욱 활기차게 된다.

해롤드 베스트(Harold M. Best)도 새 노래의 한 가지 의미는 "주님께 새 노래를 부르는 것"이라고 말한다.[28] 그는 "성경적 새로움은 무엇보다도 신앙의 삶에서 비롯되는 새로움"이라고 제안한다. 노래가 차용되었든, 반복되었든, 마음에 들지 않게 다르든, 믿음만이 그것을 새롭게 만든다.[29] 결국 노래는 한 번만 진정으로 새롭다.[30] 그러므로 노래를 반복해서 부를 때는 마치 처음 부르는 것처럼 해야 하며, 그렇지 않으면 예수님께서 제자들에게 경고하신 헛된 반복의 죄를 범할 수 있다(마 6:7).[31]

노래를 새롭게 부르는 것은 그 자리에서 활기를 끌어내는 것의 문제가 아니다. 베스트와 로버츠는 찬양을 새롭게 부르기 위해 필요한 것은 우리의 영적 삶에 대한 지속적인 관심이며, 찬양의 열정이 하나님과 더욱 깊게 동행한 결과라고 강조한다. 사실 이것은 새로운 노래를 찾는 것보다

---

27 Mark D. Roberts, "The True Source of a New Song," in *Worship Leader*, January/ February 2010, 14.
28 Harold M. Best, *Unceasing Worship: Biblical Perspectives on Worship and the Arts* (Downers Grove, IL: InterVarsity, 2003), 145.
29 Ibid.
30 Ibid.
31 Ibid., 146.

더 많은 노력이 필요하다. 예를 들어, 우리를 흥분시킬 노래를 인터넷에서 검색하는 것보다 우리를 형성할 진리를 성경에서 검색하는 일에 더 많은 노력이 필요하다. 이는 일부 지도자들이 사람들이 성경을 읽는 것보다 성경에 관한 책을 읽는 것을 더 선호한다는 사실을 발견했을 때 직면하는 좌절감과 비슷하다. 어떤 대가를 치르더라도 성경이 교회에게 "할렐루야 새 노래로 여호와께 노래하며 성도의 모임 가운데에서 찬양할지어다"(시 149:1)라고 명령할 때, 우리는 우리 안에 거하시는 성령의 새 생명을 반영하여 우리의 노래를 새롭게 부르려고 노력해야 한다.

새 노래를 부른다는 세 번째 의미는 새 노래가 되시는 예수 그리스도를 가리킨다. 초기 기독교에서 '새 노래'라는 용어는 교부들의 저술에서 매우 특별한 의미를 지닌 은유로 등장했으며, 특히 예수 그리스도를 지칭했다. 한 예로 알렉산드리아의 클레멘트(Clement, 150-215년경)는 새 노래를 로고스(말씀)[32]인 그리스도로 파악했다. 말씀이시고, 하나님과 세상을 함께 창조하신 그리스도(요 1:1-3)는 노래로 세상을 존재케 하셨다고 할 수 있다. 그렇게 함으로써 새 노래는 우주의 음악을 주관하여 그 소리에 조화를 가져왔다.[33]

알렉산드리아 교리 학교의 교사이기도 했던 클레멘트는 그의 저술에서 '음악을 가장하여 사람들을 우상 숭배로 최초로 이끌었던' 고대 그리스 신화 속 인물들과 연관된 음악에 대한 지배적인 문화관에 이의를 제기했다.[34] 그의 동료 그리스인들은 특정 음계가 가진 감정 및 행동의 힘과 관련된 신화적 이야기와 음악 이론의 관점에서 구체적 조화[35]를 설명했다.

---

32 McKinnon, *Music in Early Christian Literature*, 29.
33 Ibid., 30.
34 Oliver Strunk, "Clement of Alexandria—From the Exhortation to the Greeks," in *Source Readings in Music History: From Classical Antiquity through the Romantic Era* (New York: Norton, 1950), 61.
35 구의 음악(Music of the Spheres)이라고도 불리는 이 고대의 철학적 관점(피타고라스

클레멘트는 이 모든 것을 불협화음이라고 부르며, 우주의 음악의 주인이신 새 노래(New Song)가 우주 전체의 조화로운 배열을 책임지고 있다고 주장했다.[36] 클레멘트는 주님(그리스도)이 인간을 "자신의 형상을 따라 아름답고 숨 쉬는 도구로 만들었으며, 분명히 그분 자신이 하나님의 모든 조화로운 도구이며 선율적이고 거룩하며 이 세상 위에 있는 지혜, 하늘의 말씀 ⋯ 능력에 합당한 그리스도이시다. 나는 그분을 새 노래라고 불렀다"[37]고 말한다.

예수 그리스도는 새 노래이시다! 예배의 노래에 온전히 참여한다는 것은 예수님이 노래의 인도자이실 뿐만 아니라 노래 그 자체이심을 깨닫는 것이다. 찬송은 우리가 참여하는 활동 그 이상이 되며, 그리스도 안에서 하나님께서 성령의 능력으로 우리를 변화시키시는 은혜의 통로이다.[38] 우리는 그리스도께서 아버지께 자신의 노래를 부르실 때 그리스도와 함께 노래한다. 그리스도는 교회 노래의 주어이자 동사이다. 그분은 새 노래이시다. '새롭다'는 것은 예수님이 하시는 일이다. 새 하늘과 새 땅의 최종적인 설립은 그리스도의 약속에 달려 있다.

> 보라, 내가 만물을 새롭게 하노라(계 21:5).

의 것으로 여겨짐)은 천체의 움직임이 음악적 간격에 해당하는 수학적 비율에 따라 배열되어 있다고 제안한다.

36 Ibid., 62.
37 Ibid., 63.
38 나는 음악이 성찬이 아니라는 점을 강조하고 싶다. 그것은 결코 하나님의 백성을 대신하여 하나님의 신성한 행동의 수단으로 약속된 것이 아니다. 그러나 하나님께서 우리를 그분 아들의 형상을 닮아가기 위해 섭리적으로 사용하시는 다양한 은혜의 수단이 있다. 예배의 여러 요소(기도, 권면, 음악, 기름 부음 등)가 이러한 방식으로 자주 사용된다.

예배에 참여한다는 것은 궁극적으로 모든 것을 새롭게 만드시는 분, 즉 노래하는 사람이자 노래하시는 분이신 분께 찬양을 드리는 것이다.

진정한 참여는 새 노래를 부르는 것과 영원히 연결되어 있다. 로버트 레흐너(Robert F. Lechner)는 다음과 같이 요약한다.

> 우리가 집회에 적합한 행위를 말할 때 사용하는 포괄적인 단어는 사랑도 아니고, 아는 것도 아니고, 느끼는 것도 아닌 참여이다. 집회는 교회 내 그룹이 실제로 나눌 때만 존재한다. 그리고 이 참여의 목표는 임재의 실현이다. 집회에 적합한 은혜는 하나님의 백성 가운데서 그리스도의 임재가 강화되는 것이라고 말할 수 있다. 그리고 그리스도의 임재가 깊어질수록 집회는 구원이 진행되고 아버지께 영광을 돌리는 장소가 된다.[39]

7. 결론

우리는 원점으로 돌아왔다.

만약 예배가 오직 예수님에 관한 것이라면, 사람들을 어떻게 참여하게 할 것인가?

질문을 다시 정리해 보자.

> 만약 예배가 오직 예수님에 관한 것이 아니라면, 우리는 무엇에 참여하고 있는가?
> 기술(?) 무대(?) 조명(?) 노래 세트(?) 악기(?) 기발한 동영상(?) 영화 클립(?) 발표를 위한 소프트웨어(?) 우리가 사랑하는 음악(?) 압도적인 음향

---

[39] Robert F. Lechner, "The People of God in Assembly," *Worship* 39, no. 5 (1965): 259–64.

시스템(?) 궁극적으로(그리고 가장 부정적으로는), 이러한 것들이 우리 자신의 참여를 돕고 있는가?

위에 언급된 것들은 예배에서 유용한 매체가 될 수 있다. 그러나 질문은 여전히 남아 있다.

진정한 참여를 만들어내는 것은 무엇인가?
이 중 어떤 것도 우리에게 제공되지 않는다면, 진정한 참여는 존재하지 않을 것인가?
존재할 수 있다면, 우리는 어떻게 완전히 참여하는 사람이 될 수 있을까?
우리의 참여의 원천은 무엇이나 누구일까?

우리는 '무엇'의 힘(위에 나열된 예시들)과 '누구'의 힘(예수님, 새 노래)을 구분해야 한다.

예배에서 제자가 되는 것은 오늘날 교회에서 가장 시급한 필요 중 하나이다. 믿는 자들에게 정보에 기반한 헌신적인 예배 참여자가 되도록 가르치는 것은 지난 수십 년간 크게 간과되어 왔다. 어떤 이유에서인지 리더들은 예배가 저절로 이루어진다고 가정해 왔고, 사람들이 자동적으로 자신이 예배자가 되기 위해 필요한 것을 발견할 것이라고 생각해왔다. 불행히도 이는 그리 잘 작동하지 않았다. 교회에 참석하는 사람들은 예배가 무엇인지 전혀 모르고 있는 경우가 많다.

결국, 우리는 예배자들의 주의를 끌기 위해 외부 수단을 찾는데 노력을 우선시할 수 있으며, 최소한 그들을 집착하게 하거나, 잘하면 그들을 즐겁게 해주기를 바랄 수 있다. 또는 그 대신, 우리는 우선순위를 재조정할 수 있다. 우리는 리더로서의 정당하고 긴급한 의무를 받아들이고 모든 예배자들이 주님께 찬양하고, 공동체 안에서 찬양하고, 마음으로 찬양하고, 영으로 찬양하며, 새 노래를 부르도록 훈련시키는 것을 선택할 수 있다. 참여는 외부에서가 아니라 공동체 내에서 발생할 것이다. 그 차이는 놀라울 것이다.

8. 주요 용어

- 아가페(agape): '사랑'으로 번역되는 헬라어로, 감정이 아닌 모든 사람의 복지를 추구하려는 의도에 기반한 사랑의 일종이다.
- 코이노니아(koinonia): '참여', '교제' 또는 '파트너십'으로 번역되는 헬라어로, 신자 간의 독특한 관계를 지칭할 때 자주 사용된다.
- 새 노래(New Song): 초기 기독교 문헌에 등장하는 예수 그리스도에 대한 은유이다.

9. 더 학습하기

Bonhoeffer, Dietrich. *Life Together*. New York: Harper & Row, 1954.
Funk, Virgil C., ed. *The Singing Assembly*. Vol. 6 of *Pastoral Music in Practice*. Washington, DC: Pastoral Press, 1991.

참여하기

교회에서 참여적 찬양을 개선하기 위해 다음의 실용적인 단계를 시도해 보아라:

1. 자신을 예배에서 노래에 대한 열정을 새롭게 하는 운동의 리더라고 가정해 보자.
당신이 만들 "찬양에 대한 지침"은 무엇일까?
본 장에서 찾을 수 있는 존 웨슬리의 목록을 참고하되, 현재 공동체의 상황을 염두에 두고 자신만의 일곱 가지 노래 지침을 작성해 보자.
2. 주요 예배 외에 노래를 장려할 수 있는 세 가지 방법을 나열해 보자. 예를 들어, 교회학교, 소그룹, 가족 단위 또는 교회 회의 등에서 어떻게 노래를 도입하거나 강화할 수 있을까?
3. 교회의 소그룹 리더(목회적, 음악적, 행정적 등)를 모아라. 고린도전서 13장을 요약하면서 행동 동사("말하다," "예언의 능력이 있다," "모든 믿음을 갖고 있다" 등)를 "노래하다"나 "노래"로 바꿔 보자. 이것이 교회에서의 참여적 찬양에 대해 무엇을 의미하는지 논의하자.

제11장

찬양을 통해 제자 양성하기

예배를 통한 영성 형성

탐구하기

　최근에, 아주 오랜 시간 동안 생각하지도 않았던 예전 노래가 갑자기 머릿속에 떠오른 적이 있었는가?
　그것은 20년 전 라디오에서 자주 나오던 대중가요였을 수도 있고, 어린 시절 교회학교에서 불렀던 합창곡이거나 여름 성경학교에서 배운 노래였을 수도 있다. 그 노래는 마치 갑작스럽게, 아무 이유 없이 떠올랐을 것이다. 어떤 노래였는지 정확히 기억하는 데 시간이 좀 걸렸을 수도 있다. 하지만, 조금씩 마음속의 멜로디가 강해지더니 어느새 큰 소리로 흥얼거리기 시작했을 것이다. 이윽고 그 노래를 알아차렸고 가사가 다시 떠오르기 시작했을 것이다. 기억도 마찬가지다. 그 노래가 특별한 의미가 있었던 상황이나 장소를 떠올릴 수 있었을 것이다. 그 노래는 그동안 들리지 않게 조용히 흐르고 있었지만, 예상치 못한 무언가가 볼륨을 높이면서, 다시금 의식 속으로 스며들었다. 마치 그 노래는 오랜 친구처럼 느껴졌을 것이다. 본 장을 읽기 전에 노래의 지속력에 대해 생각해 보자.
　다음은 SNS나 문제로 친구들과 나눌 수 있는 몇 가지 도움이 될만한 질문들이다.

> 1. 고등학교 시절에 가장 좋아했던 노래를 말해 보자.
> 2. 그 노래와 관련된 기억이 나는 상황을 설명해라.
> 3. 느껴지는 감정을 한 단어로 설명한다면?
> 4. 당신의 회심과 가장 연관된 기독교 노래는 무엇인가? 그 곡을 고른 이유는 무엇인가?
> 5. 어떤 종류의 노래이든 상관없이, 자신의 인생 노래가 있다면 무엇인가?
> 6. 그 노래는 어떤 당신의 이야기를 담고 있는가?
>
> 노래는 우리 삶의 이야기와 관련이 있다. 이제 노래가 가진 힘에 대해 생각하기 시작했으니, 본 장을 읽고 노래가 영성 형성에 얼마나 강력한 힘을 발휘하는지 알아보자.

1. 심화하기

노래는 우리 삶의 이야기를 담고 있다. 우리가 꼭 가수가 아니어도 노래의 힘을 느낄 수 있다. 많은 사람이 블루스, 컨트리 또는 가스펠 노래의 가사 내용에 공감한다. 노래는 우리가 어느 시점에 경험한 현실을 묘사하며, 가사가 전개됨에 따라 노래의 이야기 속에서 자신의 이야기를 찾게 된다. 노래는 우리에게 영향을 미친다. 노래는 우리가 누구인지 표현하고 우리가 어떤 사람이 될 수 있는지를 말한다. 국가의 첫 소절이 울려 퍼지면, 국민들의 마음속에는 과거에 그것이 지녔던 의미뿐만 아니라, 앞으로 그것이 지니게 될 의미에 대한 깊은 감정적 열정이 일어난다.

국가는 나라의 역사에 대한 자부심을 표현하는 동시에 국민들에게 미래의 의무를 촉구한다. 한 문화의 노래는 그 문화에 살고 있는 사람들의 성격에 깊은 영향을 미친다. 플라톤은 "내가 한 나라의 노래를 만들도록 해주면, 그 나라의 법은 누가 만들든 상관하지 않겠다"고 말했다. 이렇듯 노래는 우리의 삶을 형성한다.

마찬가지로, 예배의 노래는 자연스럽게 예배의 형성 과정에서 강력한 역할을 한다. 예배의 많은 요소가 중요하지만 특히 기독교 신앙의 노래는 영적 형성을 위한 수단으로 매우 적합하다. 음악은 텍스트와 멜로디를 결합하여 우리 존재의 깊은 곳까지 매우 쉽고 깊게 닿아 놀라운 영향을 미치기 때문이다. 예수 그리스도의 제자는 예배를 통해 형성되며, 그 과정에서 찬양은 중요한 역할을 한다.

본 장에서는 먼저 예배의 성격이 어떻게 변화하는지 살펴보는 시간을 갖고자 한다. 목회적 음악가는 예배의 형성적 특성을 이해해야 한다. 큰 그림을 살펴본 후, 특히 회중 찬양을 살펴보고 예배의 맥락에서 음악이 영적 형성을 가능하게 하는 데 매우 중요한 역할을 어떻게 하는지 살펴볼 것이다. 우리는 음악이 영성 형성을 촉진하는 은혜의 수단임을 살펴볼 것이다. 궁극적으로 우리의 목적은 예배 전반에서, 특히 찬양을 통해 제자가 어떻게 양성되는지를 살펴보는 것이다. 찬양이 우리의 영적 형성에 얼마나 큰 영향을 끼치는지 알게 된다면, 우리는 노래를 통해 예배자들을 훈련한다는 사실을 인식하면서 세심한 주의와 의도를 가지고 이끌게 될 것이다.

2. 영성 형성으로서의 예배

예배는 우리를 변화시킨다. 꽤 담대한 주장이다.

사실일까?

우리는 예배를 어떻게 변화시킬지 논의하고 계획하는 데 많은 시간을 보내지만, 예배가 우리를 어떻게 변화시키는지에 대해서는 많이 생각해 본 적이 있는가?

많은 리더가 이렇게 도발적이고 흥미진진한 생각에 받아 본 적이 없다 하지만 예배는 그 핵심에서 변화를 일으킨다. 특정 기독교 공동체가 의도적이고 규칙적이며 성경적인 예배에 헌신할 때, 참여자들은 그 경험을 통해 내적으로 형성되기 시작하고 그 경험을 통해 외적으로 신앙을 실천하게 된다. 우리가 예배를 드릴 때, 우리가 깨닫든 깨닫지 못하든 우리는 예전의 영향력 아래 놓이게 된다(참고: 모든 교회에는 각자의 상황에 맞는 예배를 돕는 행동, 말, 몸짓, 상징 등이 집합된 예전이 있다).

"영향을 받고 있다"는 표현은 다양한 맥락에서 사용된다. 부모는 자녀에게 잘못된 방향으로 이끌 수 있는 친구와 어울리지 말라고 경고한다. 법 집행 기관에서는 약물이나 알코올에 취한 상태에서 운전하는 것을 가리킬 때 이 단어를 사용한다. 음주 상태에서 운전하는 것은 자신과 타인에게 실질적인 위험을 초래할 수 있는 상황에 스스로를 내맡기는 행위이다.

우리가 공동체에서 하나님을 예배하기로 선택할 때, 우리는 그 공동체 예전의 영향력 아래 자신을 맡기는 것을 선택하는 것이다(여기저기서 불특정하게 드리는 예배 시간을 말하는 것이 아닌, 지역교회에서 드리는 정기적인 예배를 말하는 것이다). 그 예배의 **내용과 방식**은 모두 예배자들에게 영향을 미친다. 이것이 사실이라면, 우리가 어떤 **예전**을 따르는지가 정말 중요하다. 우리가 예배 전통을 선택할 때, 사실 우리는 영적 삶의 궤적을 선택하는 것이다.

예배자들이 좋은 믿음을 가지고 매주 당신의 예배에 자신들을 맡긴다면, 시간이 지나 그들에게 어떤 변화가 일어날 것 같은가?

당신은 어떤 변화를 기대해도 될 것 같은가?

예배 스타일도 영향력 있는 역할을 할 수 있지만(스타일은 중립적이지 않다), 나는 예배 **스타일**에 대해 말하는 것이 아니다. 나는 주로 예배의 내용과 예배의 방식에 대해 이야기하고 있다. 여기서 말하는 **내용**이란 하나님과의 대화에서 전달되는 실제 대화, 즉 기도, 찬송, 설교 등의 내용을 의미한다. 예배의 대부분은 말을 통해 이루어지지만 전부는 아니다. 일부 내용은 상징, 몸짓, 순수 예술 형식, 표현 예술 형식 등 다양한 형태로 전달되기도 한다. 그럼에도 불구하고 대화의 텍스트는 우리를 형성한다. 우리는 시간이 지남에 따라 우리가 노래하고, 기도하고, 듣고, 행하는 것에 의해 변화된다.

예배의 **방식**이란 예배의 내용을 인도할 때 리더가 취하는 태도적 접근 방식, 즉 겸손함(또는 겸손하지 않음), 경건함(또는 경건하지 않음) 등 예배 경험에 가져오는 덕목들을 말한다.

> 우리의 예배 정신(ethos)은 예배자들이 드릴 준비를 하고 올 것이라 기대하는가, 아니면 받을 준비를 하고 올 것이라 기대하는가?
> 적극적으로 참여할 것인가, 아니면 수동적으로 참여할 것인가?
> 소비자가 되기를 원하는가, 아니면 생산자가 되기를 원하는가?

우리가 인도하는 기쁨, 성실함, 환대, 심지어 유능함까지 모두 하나님과 신앙에 대한 우리의 이해를 형성한다. 성령을 통해 그리스도 안에서 하나님을 예배하는 기독교 공동체의 모습은 그 자체로 변화를 일으킬 수 있다.

5세기 고대 문구인 라틴어 표현, 'lex orandi, lex credendi'(렉스 오란디, 렉스 크레덴디)[1]는 "기도의 법은 믿음의 법이다"라고 번역된다. 우리가 기도하는 것이 예배의 맥락에서 우리가 믿는 것이 된다. 즉, 모든 예배는 기도이며, 우리가 기도할 때 사용하는 단어들이 궁극적으로 우리가 믿는 것을

---

[1] Attributed to Prosper of Aquitaine. *See Simon Chan, Liturgical Theology: The Church as Worshiping Community* (Downers Grove, IL: InterVarsity, 2006), 48.

형성한다. 우리가 부르는 노래는 우리가 믿는 것을 형성한다. 신조, 공동체가 듣는 성경 구절, 세례 예전과 성찬 예전 모두가 우리를 형성한다. 간단히 말해, 교회의 교리는 예배의 영향을 받는다. 내가 제안하는 것은, 대부분의 믿음은 체계적인 신학자들이나 박식한 설교자들에게서 듣는 것보다 예배 중에 말하고 행하는 것에서 더 비롯된다. 이것이 사실인지에 대해서는 논의될 수 있지만, 예배의 송영 행위가 우리에게 큰 영향을 끼친다는 것은 분명하다.

'렉스 오란디, 렉스 크레덴디'는 양방향으로 작용할 수 있으며, 실제로 그렇게 된다. 확실히, 신앙공동체가 믿게 되는 것이 예전의 형식을 개혁하는 경우도 있다. 개신교 개혁의 결과로 이루어진 예전의 변화가 떠오른다. 이는 리더가 새로운 이해와 헌신의 직접적인 결과로 예배에서 말하는 것과 행하는 것에 의도적인 조정을 할 때마다 발생한다. 사실, 기도의 법과 믿음의 법은 역동적인 파트너십으로 가장 잘 설명된다. 하나가 다른 하나에 일방적인 영향을 미치는 것과는 다르다. 예배가 믿음을 형성하는 것보다 믿음이 예배를 형성하는 경우가 더 많을 것이다.[2] 여기서 중요한 것은 예배의 내용과 방식이 참여자들의 영적 삶을 형성하는 데 미치는 영향력을 결코 과소평가해서는 안 된다는 점이다.

생물학적 가족은 가족 행사에 참여함으로써 가치관, 신념, 언어, 우선순위 등을 공유하게 된다. 이 중 일부는 가족이 함께 삶을 공유하면서 가족이 말하고 반복하는 말을 통해 배우고, 일부는 가족의 행동을 관찰하는 것만으로도 배운다. 그 중 일부는 긍정적으로 형성되기도 하고(예: 가족이 가난한 사람들에게 봉사하는 경우), 일부는 부정적으로 형성되기도 한다(예: 부모가 어린 자녀에게 다른 인종을 증오하도록 가르치는 경우). 우리가 본래 누구인지에 대

---

2 Ibid., 48-40. 찬은 알렉산더 슈메만(Alexander Schmemann)과 에이단 카바나(Aidan Kavanagh)가 모두 이 입장을 고수하고 있다고 말한다.

한 많은 부분은 가르침보다는 경험을 통해 무의식적으로 형성된다.

예배도 마찬가지이다. 우리 자신을 교회 예전의 영향 아래 놓을 때, 우리는 듣고, 말하고, 생각하고, 맛보고, 느끼고, 상상하는 것에 의해 변화되는 자신을 발견하게 된다. 우리는 예배를 통해 우리가 말하고 행동하는 것을 믿게 되기 위해 기도한다(렉스 오란디, 렉스 크레덴디). 이러한 기독교 세계관은 예전에서 부분적으로 포착된다.[3] 우리는 믿음으로 예배하고 우리 자신을 내맡긴 예전에 의해 형성된 자신을 발견한다. 이것이 세대 통합적 예배가 시급한 이유 중 하나이다. 지역교회에서 어린아이와 청소년이 모든 연령대의 성인과 함께 예배하는 것은 매우 중요하다. 함께 노래하고 기도할 때, 우리는 젊은 신자들은 믿음 안에서 훈련하고 그들의 기독교적 이해를 형성하게 된다. 그리고 동시에 우리도 형성된다.

렉스 오란디, 렉스 크레덴디는 비공식적으로나 공식적으로 모두 이루어진다. 비공식적으로, 예전의 변혁적 측면은 진정한 예배자들이 공동예배에 계속해서 온전히 참여할 때 자연스럽게 일어난다. 우리는 예배에서 명백히 드러나는 믿음과 헌신을 통해 서서히 우리가 예전이 되어가고 있음을 발견하게 된다. 우리는 예배의 법을 더 이상 따를 필요가 없을 때 진정한 예배자가 되고 있다고 말할 수 있다. 즉, 예배 형식이 우리에게 자연스러워졌고, 더이상 단순히 예전을 수행하는 것이 아니라, 예전을 살아가고 있다는 뜻이다. 동시에 현명하고 경건한 지도자들은 예배의 형식도 중요하다는 것을 알고 있다. 그들은 적절하고 풍부한 내용으로 잘 짜인 예배를 만들고, 예배자들이 올바른 태도로 예배에 접근하도록 장려함으로써 기독교 영성을 갖도록 한다.

---

3 모든 그리스도인이 동일한 세계관을 가지고 있다거나 그리스도인으로서 세상을 보는 방법이 하나밖에 없다는 것을 말하려는 것이 아니다. 여기서 나는 기독교 신앙의 중심이 되는 더 크고 보편적이며 정통적인 견해(그리스도 중심성, 하나님 나라 등)를 언급하는 것이다.

공식적이든 비공식적이든, 변화는 새로운 삶의 방식으로 이어진다. 때로 이 표현에 포함되는 세 번째이자 중요한 용어는 렉스 비벤디(*lex vivendi*)인데, "우리는 그렇게 살게 된다"는 뜻이다.[4] 예배학연구소(IWS, the Institute for Worship Studies)의 설립자인 고(故) 로버트 웨버(Robert E. Webber)는 학기가 시작되면 정기적으로 각 수업을 방문했다. 그는 학생들과 얼굴을 마주하는 시간을 매우 즐겼다. 그는 몇 가지 중요한 생각을 공유한 다음 일반적인 질문과 답변을 위해 토론의 장을 열곤 했다.

한 세션에서 박사과정 학생 하나가 웨버에게 "진정으로 예배를 드렸는지 어떻게 알 수 있습니까?"라고 질문했던 것이 생생하게 기억난다. 웨버는 망설임 없이 "매일매일 하나님께 순종하는 마음이 점점 더 커진다면 진정으로 예배를 드린 것이다"라고 대답했다. 이어서 그는 순종 가운데 성장하지 않고 있다면 예배에 문제가 있는 것이라고 말했다. 순종은 예배가 우리를 형성한 방식에 대한 증거이다. 렉스 오란디, 렉스 크레덴디, 렉스 비벤디(*Lex orandi, Lex credendi, Les vivendi*):

"우리가 예배하는 방식은 우리가 무엇을 믿는지를 반영하고 우리가 어떻게 살게 될지를 결정한다."[5]

예배에 우리에게 이 정도로 영향을 미칠 때, 즉 공동체의 예배에 온전히 참여하여 하나님의 임재 안에 진정으로 거함으로써 불순종에서 순종의 삶으로 변화될 때, 우리는 **일차 신학**(primary theology)에 **참여한다**. 우리는 먼저 **신학**을 **행한다**. 예배하고, 성경에 나타난 예배에 대한 하나님의 기대를 충족시키기 위한 귀중한 사업에 투자하는 것이 우리의 가장 큰 소명이고, 이것이 바로 일차 신학이다.

---

4   Keith Fournier, "Lex Orandi, Lex Credendi, Lex Vivendi: As We Worship, So We Believe, So We Live," *Catholic Online*, November 8, 2010,
    http://www.catholic.org/news/hf/faith/story.php?id=39029.

5   Ibid.

예배가 일차 신학인 이유는 다음과 같다.

첫째, 예배가 가장 중요하기 때문이다.

둘째, 하나님에 대한 논의가 아니라 하나님과의 경험, 즉 하나님을 직접 만나는 것이기 때문이다.

이차 신학(secondary theology)은 일차 신학에 대한 조직적인 숙고로, 일차 예전 신학의 실체를 설명하기 위한 수단인 교리적 결론으로 구성된다. 그것은 이해를 추구하는 예배이다.

> 이차 예전 신학은, 교회가 하나님을 만나는 공적 예배라는 일차적 경험 속에 담긴 의미를 가능한 한 깊이 있게 설명하려는 시도이다. 그 목적은, 예배자들이 대부분 암묵적이거나 직관적으로 알고 있는 것들을 명시적으로 풀어내는 데 있다.[6]

그러나 이차 예전 신학은 단지 인지적 이해를 위한 것이 아니라 "회중들이 [예배에] 더 깊이 참여할 수 있도록 하는 것이 가장 중요한 기능이다."[7] 우리는 단순히 더 많은 지식을 얻기 위해서가 아니라, 삼위일체 하나님께 더욱 온전히 헌신된 예배자가 되기 위해 이해하려는 것이다. 일차 신학과 이차 신학에 이은 세 번째 유형의 신학은 **목회 예전 신학**이라고 불리며, 신학자 고든 레스롭(Gordon W. Lathrop)은 이를 "우리 시대에 진행 중인 예배의 형식에 대해 긴급하게 필요한 쇄신을 이끄는 비판적이며 개혁적인 가장자리"[8] 라고 설명한다.[9] 예배는 항상 개혁이 필요하다(Ecclesia

---

6 Chan, *Liturgical Theology*, 51.
7 Gordon W. Lathrop, *Holy Things: A Liturgical Theology* (Minneapolis: Fortress, 1993), 6.
8 Ibid., 7.
9 Ibid., 7-8.

semper reformanda est).[10] 하나님께서 바라시는 예배하는 교회가 되기 위한 과정은 계속되는 여정이다. 따라서 모든 예배 인도자들은 성경적, 신학적, 역사적, 선교적, 목회적 관점에서 예배를 지속적으로 비판적으로 성찰하며, 오늘의 시대에 신실함을 지키기 위한 노력을 기울여야 한다. 예배의 재검토는 항상 필요하다. 레스롭은 이러한 문제를 다음과 같이 간결하게 요약한다.

- 일차 예전 신학: 예전에 참여하기.
- 이차 예전 신학: 예전 분별하기.
- 목회 예전 신학: 예전을 새롭게 하기.[11]

누가복음 24장 13-35절에 나오는 엄청난 부활 후 이야기는 상호 의존적인 관계에 있는 일차, 이차, 목회 예전 신학의 완벽한 예이다. 예수님이 부활하시던 날, 예루살렘에서 엠마오 마을로 여행하던 두 제자는 예수의 십자가 처형을 목격하고 집으로 돌아가는 중이었다. 그들은 자신들이 따르던 랍비가 죽은 채로 방치되어 있었기 때문에 정신이 혼미하고 혼란스러웠다. 여자 제자들이 예수님이 살아 있다고 보고했지만, 두 제자는 심각한 의심을 품고 있었다. 둘이 대화를 나누고 있을 때 예수님이 신비롭게 나타나 두 제자와 함께 걷고 있었지만, 그들은 예수님을 알아보지 못했다. 여정이 진행되면서 예수님은 "모든 경전에 있는 자신에 관한 것들을 그들에게 해석해 주셨다"(27절). 하지만, 제자들의 혼란은 여전했다.

---

10 "교회는 항상 개혁되어야 한다"는 뜻의 Ecclesia semper reformanda est는 "교회는 항상 개혁되어야 한다"로 번역된다. 칼 바르트(Karl Barth)가 처음 사용한 이 용어는 교회의 정통성을 위해 끊임없이 재검토해야 한다는 일각의 외침이 되었다.
11 Lathrop, *Holy Things*, 8.

나중에 집에서 식사를 하며 예배를 드리던 중 그들은 예수님을 알아봤다. 손님이었던 예수님이 주인이 되신 것이다. 예수님은 떡을 떼어 축사하시고 떼어 그들에게 주셨다(30절). 이 두 사람은 예수님이 오천 명을 먹이실 때(눅 9:16)와 죽기 전날 밤 유월절 식사(눅 22:19) 등 다른 식사에서도 이와 같은 네 가지 행동을 하신 것을 보거나 들은 적이 있을 것이다. 하지만, **이번에는** 제자들이 눈을 뜨고 예수님을 알아보았다. 그들은 부활하신 주님을 먼저 경험했고, 그것에 **참여**하는 자신을 발견했다(일차 신학). 다음으로 그들은 예배에서 일어난 일을 되돌아보았다.

> 그들이 서로 말하되 길에서 우리에게 말씀하시고 우리에게 성경을 풀어 주실 때에 우리 속에서 마음이 뜨겁지 아니하더냐(눅 24:32a).

그들은 예배에서 일어난 일에 대해 생각하고 이해할 수 있었으며, 낮은 자세로 나아갔으며, 그들의 믿음은 보상을 받았다. 그들은 예전을 분별하고 있었다(이차 신학).

마지막으로 제자들은 즉시 예루살렘으로 돌아가기 위해 떠났고 그곳에서 다른 제자들이 놀라움에 어리둥절해 있는 것을 발견했다. 그들은 떡을 떼면서 예수님이 어떻게 그들에게 알려졌는지 이야기했다(35절). 주님의 식탁에 임재하신 그리스도의 임재 경험은 모든 것을 변화시켰다. 그들은 당시 시급히 필요했던 예배의 쇄신을 경험했다. 그들은 그 패턴을 새롭게 한 자신을 발견했다(목회 신학).

일차, 이차, 목회 신학은 **렉스 오란디**, **렉스 크레덴디**, **렉스 비벤디**를 이해하는 방식이다. 우리는 예배를 실행하고, 예배를 성찰하며, 우리 시대 예배의 갱신을 구현하는 방식으로 살아간다. 결국, 우리가 예배하는 대로

우리는 믿고, 그렇게 살아갈 것이다.[12]

내가 말하는 것은 공동체의 지속적인 예배가 우리에게 영적 형성의 기회를 제공한다는 사실이다. 리처드 J. 포스터(Richard J. Foster)는 예배를 "하나님 앞에 우리를 세워 그분이 우리를 변화시킬 수 있도록 하는 질서 있는 행동과 삶의 방식"[13]이라고 말한다. 그렇기 때문에 우리가 정기적으로, 진지하게, 의도적으로 하나님께 예배할 때, 우리는 하나님께서 우리를 만나시고 그분의 영광을 위해 우리를 변화시킬 기회를 만들어낸다고 말한다. 참된 예배의 결과로 우리에게 일어나는 변화는 종종 예상치 못한 것일 수도 있고, 처음에는 보이지 않을 수도 있지만, 그럼에도 일어나고 있다. 영적 훈련의 열매는 대부분 천천히 자라며 즉시 눈에 띄는 경우가 드물다.

우리는 하나님께서 예배를 통해 우리를 변화시키는 방법을 찾으실 때 인내심을 가져야 한다. 예배를 하나님께 영광을 돌리기 위해 수행하는 영적 훈련으로 여길 때, 예배의 일에 헌신할 때, 의지를 가지고 개인적으로 참여할 때, 다른 사람들의 예배 경험에 기여할 때, 우리는 공식적인(의도적인) 형성에 참여하는 것이다.

모든 영적 훈련과 마찬가지로, 이 훈련의 열매를 풍성하게 하는 특정한 관행들이 있다. 예배의 경우, 이러한 관행에는 공동 기도, 렉시오 디비나(*Lectio Divina*)[14], 봉헌, 찬양, 권면, 그리고 물론, 성례전/규례 등이 포함된다. 다른 관행들도 언급될 수 있지만, 이는 우리가 하나님께서 우리를 변화시키도록 하기 위해 영적 훈련으로서 예배에 들어갈 때 수행하는 몇 가

---

12 Ibid.
13 Richard J. Foster, *Celebration of Discipline: The Path to Spiritual Growth,* rev. ed. (San Francisco: Harper & Row, 1988), 166.
14 렉시오 디비나('거룩한 독서')는 하나님의 말씀을 듣고 궁극적으로 일상생활의 변화를 목적으로 침묵, 명상, 묵상을 포함하는 경건한 성경 읽기에 대한 고대의 접근 방식이다.

지 관행이다. 이들은 우리에게 그 훈련에 참여할 수 있는 수단을 제공한다. 내가 일부 영적 훈련을 사용하여 다른 훈련을 촉진하라고 제안했다고 생각한다면, 당신이 맞다. 이제부터 이에 대해 설명하겠다.

특정 순간에 하나님의 부르심을 받는 특정한 훈련은(이 시점에서) **일차적인 훈련**이다. 하나님께서 공동체를 예배로 부르실 때, 우리는 **공동체로서** 자신을 '훈련된 은혜의 길'에 놓으면서 일차적 훈련(현재로서는 주된 훈련)에 참여한다.[15] 그러나 예배를 통한 변화라는 하나님의 초청에 응답하기 위해, 우리는 일차적 훈련을 수행하는 데 참여할 수 있는 다른 관행들을 제공한다. 현재 이러한 훈련이 주된 초점은 아니지만 당면한 주된 영적 훈련(예배)을 돕기 위해 마련된 훈련이기 때문에 **보조 훈련**으로 기능하고 있다. 물론, 각 보조 훈련 역시, 그 자체로 주된 훈련이며, 하나님께서 다른 때에 우리를 초청하실 때 그렇게 사용될 수 있다.

기독교 예배에 내재된 잠재적인 변화를 최대한 활용하기 위해 다음과 같은 다양한 영적 훈련 방법을 사용할 수 있다.

- 찬양, 고백, 청원, 경청기도, 중보기도 등을 통해 **공동기도를** 드린다.
- 성경을 묵상하면서 **렉시오 디비나**에 참여한다.
- 하나님께 순종하여 우리의 **봉헌물**을 가져오고, 드리고, 헌신한다.
- 한 목소리로 활기차고 열심히 찬양한다.
- 서로를 격려하고 서로에게 책임감을 갖도록 공적으로 **권면**한다.
- **식탁**에서 잔치를 베풀고 **세례**를 기억한다.

이러한 (그리고 다른) 영적 훈련은 공동예배에서의 훈련을 가능하게 한다. 예배에 참여할 때 우리는 하나님께서 이러한 순간을 변화의 기회로

---

15 Foster, *Celebration of Discipline*, 7.

사용하실 것을 믿으며 우리 자신을 하나님께 바친다. 이러한 훈련에 의도적으로 참여하는 것은 하나님의 영광과 다른 사람들을 위해 예배를 통해 개인과 공동체가 변화될 수 있는 중요한 수단이다. 지금까지 나는 기독교 예배 변화의 본질에 대해 긍정적인 방식으로 이야기했다.

하지만, 어떤 훈련이든 변질될 가능성도 있다는 점을 기억해야 한다. 잘못된 이유나 이기적인 동기로 훈련을 행할 때, 훈련을 부주의하게 또는 반감으로 행사할 때, 그 결과는 중립적이지 않을 수 있다. 변질될 수 있다. 우리가 예배라고 부르는 인간적으로 파생된 종교 프로그램이 우리를 개혁하는 것이 아니라 오히려 변질시킬 수 있다는 점에서 리더인 우리에게 매우 큰 도전이 된다. 여기서 신인동형 동성론적 예배가 떠오른다(제1장 참조).

이기적이거나 불순한 동기로 예배를 진행하거나 부주의하게 예배를 계획하고 인도할 때, 우리는 참여자들을 변질시킬 위험이 있다. 조심하지 않으면 우리의 예배는 하나님이 우리를 변화시키시는 것이 아니라 우리가 하나님을 변화시키려는 시도가 될 수 있다. 예배에 대한 하나님의 비전을 우리가 바꾸려고 할 때 그렇게 된다. 우리 자신으로부터 시작할 때 이렇게 된다. 우리는 예배할지 말지, **언제** 예배할지, **어떻게** 예배할지, **어디서** 예배할지, **누구와** 함께 예배할지, 예배에서 **무엇**을 할 것인지, 심지어 애초에 **왜** 예배할지까지 결정한다. 로버트 웨버는 이러한 딜레마를 '자기 상황에 기반한 영성'이라고 말하였다.[16] 많은 분야에서 예배는 매우 나르시시즘적이 된 것이다.

예배에 참여하는 것은 시간이 지남에 따라 우리를 변화시킬 것이다. 유일한 질문은 그것이 우리를 어떤 방식으로 변화시킬 것인가 하는 것이다.

---

16 Robert E. Webber, *The Divine Embrace: Recovering the Passionate Spiritual Life* (Baker Books, 2006), 95.

주로 우리, 우리의 필요, 우리의 욕구, 우리의 의지가 중심이 되는 "네 마음대로 하라"는 예배는 우리를 자기중심적인 방식으로 변화시킨다. 우리는 예배자가 감사해야 한다는 것을 금방 알게 될 것이다. **그리스도 중심적인 예배는 우리를 경건한 방향으로 인도한다.** 하나님의 예배에 대한 비전이 우리의 예배에 대한 비전이 되고, 우리는 하나님의 만족을 추구하고 다른 예배자들이 같은 것을 추구하도록 섬김으로써 즉각적인 만족을 위한 우리의 권리를 내려놓게 된다.

누가복음 24장으로 돌아가 보자. 엠마오 제자들은 그리스도와의 만남을 통해 변화를 경험했다. 이 이야기의 맥락은 처음부터 예배로 시작된 것은 아니었지만 결국 그렇게 되었다. 이 이야기에는 예배의 핵심적인 특징이 많이 담겨있다.

- 예수님은 제자들에게 다가오셔서 만남을 시작하셨다.
- 예수님은 그들을 있는 그대로 받아들이면서도 그분과 더 깊은 관계로 나아가게 하셨다.
- 예수님은 그들에게 성경을 설명해 주셨다.
- 예수님과 그의 제자들 사이에는 깊은 애정이 있었다.
- 그들은 거룩한 식사를 경험했다.
- 그들은 식탁에서의 행동에서 그를 알아봤다.
- 그들은 예수님이 살아 계심을 간증하기 위해 다른 사람들에게 열심히 달려갔다.

이 사건을 통해 일어난 변화를 주목하라. 이야기는 슬픔에 잠기고 혼란스러워하는 제자들의 모습에서 시작하여 희열에 넘치고 확신에 찬 제자들의 모습으로 끝난다.

이러한 놀라운 변화는 비공식적으로 공식적으로 모두 일어났다. 대부분의 경우 그들은 변화가 일어나고 있다는 사실을 몰랐고, 어떤 때는 변화가 진행되고 있다는 사실을 알게 되었다. 비공식적으로 두 제자가 엠마오를 향해 한 걸음씩 나아갈 때, 그들도 부활하신 주님께 한 걸음씩 이끌려 가고 있었다. 그들은 자신도 모르게 진리에 가까워지고 있었다. 그들은 무언가를 느끼기 시작했고, 적어도 흥미를 느꼈기 때문에 주님이 그들과 함께 머물도록 강요했다.

제자들은 스승을 아직 알아보지 못했지만, 스승의 면전에 있는 것만으로도 변화가 시작되었다. 그들은 자신들이 변화되었다는 것을 알기도 전에 변화를 경험하고 있었다. 동시에 그들의 변화는 공식적으로 일어났다. 예수님은 모세부터 시작하여 선지자들을 통해 체계적으로 제자들을 가르치셨다. 제자들을 가르치고, 그들을 설득하고, 훈계하셨다. 제자들은 랍비의 세심한 가르침을 경험했다. 자발적이고 체계적이며 관계적이고 명제적인 이 모든 것이 제자들을 변화시키는 데 기여했다.

거룩한 대화, 질문, 신학적 성찰, 훈계, 책임감, 성경 묵상, 기도, 떡 떼기, 조명, 증거 등 이 놀라운 이야기에서 발견되는 다양한 보조 훈련에도 주목하라. 이 모든 것이 심오한 영적 예배의 절정에 이르는 길이 되었다! 예배는 우리가 알지 못하는 방식으로 우리를 형성한다. 우리는 종종 이 놀라운 일에 대해 전혀 알지못한다. 우리도 제자들처럼 뒤를 돌아봐야만 알아차릴 수 있다.

제자들의 변화는 처음에는 눈에 띄지 않았다. 제자들이 "잠깐만요! 이제 알겠어요!"라고 외친 것은 그 일이 일어난 후에였다. "우리가 예수님과 함께 여행하는 동안 우리 마음은 계속 불타고 있었어요!"라고 외쳤다. 제자들은 갑자기 사물이 다르게 보이자 자신들이 다른 사람임을 깨달았다. 이를 계기로 그들은 다음 행동, 즉 예수님이 실제로 죽은 자 가운데서 살아나셨다는 사실을 동료들에게 알리는 행동으로 나아갔다! 그들은 예배의 경험을 하고 있었던 것이다. 이것은 다른 사람들을 위해 실현된 변화였다.

우리도 보이지 않는, 눈에 띄지 않는 영적 형성이 일어나는 예배 사역을 경험하기 위해서는 다른 관점에서 뒤를 돌아볼 필요가 있을 것이다. 그것은 계속 진행되어 왔으며, 우리가 그 당시에는 그것을 볼 수 없었을 뿐이다. 우리는 놀라지 말아야 한다. 예수님은 "한 알의 밀이 땅에 떨어져 죽지 아니하면 한 알 그대로 있고 죽으면 많은 열매를 맺느니라"(요 12:24b)고 가르치셨다.

보이지 않는 것이 눈에 보이기까지 자라는 데에는 시간이 필요다. 어쩌면 제자들처럼 우리도 그 사실을 인지하지 못했을 수도 있고, 그 변화가 미묘하거나 느릴 수도 있다. 하지만, 예배 변화의 역사는 계속 진행 중이니 안심하라. 때로는 하나님께서 은혜를 베푸셔서 예배가 우리를 진정으로 어떻게 형성했는지를 드러내시기도 한다. 우리는 계시된 변화의 열매가 우리 삶에서 맺어지기를 간절히 바라며 기대한다. 이 계시는 하나님의 때에 하나님의 방법으로 임한다. 예배는 우리를 '과거로 형성'하기도 하고 '미래로 형성'하기도 한다. 어느 쪽이든 모두 좋다.

3. 은혜의 수단으로서의 음악: 비공식적 영적 형성

예배 음악은 예배에서 일어나는 변화의 과정에 능동적으로 참여하는 중요 요소이다. 예배 음악은 하나님의 너그러운 마음이 그의 백성에게 전달되는 은혜의 수단으로 기능한다. '은혜의 수단'은 하나님께서 우리를 만나시고 그분의 영광을 위해 우리를 변화시키기 위해 정하신 통로를 말한다.[17] 이 표현은 많은 교단에서 널리 사용되지만, 사실상 모든 그리스도인은 이 용어를 사용하지 않더라도 그 실체를 인정할 것이다. '은혜의 수단'은 전통에 따라 다양한 의미를 지니고 있지만, 본질적으로는 하나님께서 은혜를 전달할 수 있는 다양한 방법과 수단을 가지고 계신다는 것을 인정하는 것이다. 우리 중 많은 사람이 은혜에 대한 일차원적인 관점, 즉 구원의 은혜를 가지고 자랐다. 하지만, 하나님의 은혜는 훨씬 더 많은 것으로 구성되어 있다! 하나님은 은혜를 계속 주시고 은혜를 강화하시는 데 신실하시다.[18]

은혜는 우리를 대신하여 우리를 위해 일하시는 하나님의 모든 행동, 즉 우리가 스스로 할 수 없는 일을 하나님께서 자신의 피조물에 대한 풍성한 사랑으로 베푸시는 것으로 구성된다. 하나님께서 은혜롭게 우리에게 말씀하시고 우리 안에서 일하셔서 우리를 그분 아들의 형상을 닮아가도록 하실 때마다 은혜가 일어난다. 은혜는 명사일 뿐만 아니라(우리는 은혜를 받을 뿐만 아니라) 동사이기도 하다(우리는 은혜를 경험하고 은혜로 변화되기도 한다). 은혜는 창조에서 재창조까지 하나님께서 하시는 일이다. 그것은 하나님께서 우리의 유익을 위해 눈에 보이든 눈에 띄지 않든 취하시는 모든 주도적인 행동을 포함한다.

은혜의 수단을 미디어 측면에서 생각해 보자. 미디어(매체)는 정보, 예술, 광고 등의 전달 수단을 의미한다. 오늘날 아이디어를 전달할 수 있는 미디어가 점점 더 다양해지면서 "나는 온라인 저널리즘 분야에서 경력을 쌓았다." 또는 "나는 수채화만 그린다"와 같이 자신의 직업이나 관심사에

---

[17] Constance M. Cherry, *The Special Service Worship Architect: Blueprints for Weddings, Funerals, Baptisms, Holy Communion, and Other Occasions* (Grand Rapids: Baker Academic, 2013), 22.

[18] Philip E. Hughes, "Means of Grace," in *Evangelical Dictionary of Theology*, ed. Walter A. Elwell (Grand Rapids: Baker, 1984), 482. 어떤 전통에서는 지속적이고 강화된 은혜를 주시는 하나님의 행위를 '성화'라고 부른다.

대한 주요 매체를 명확히 밝히는 사람들을 흔히 볼 수 있다. 은혜의 수단은 다양한 미디어와 마찬가지로 하나님께서 우리와 협력하여 변화를 '전달'하는 통로이다. 언론인이나 예술가들이 자신들의 매체에 헌신하듯, 그리스도인들도 다양한 은혜의 수단에 헌신한다.

은혜의 수단이란 우리를 그리스도를 닮아가도록 빚기 위해 하나님께서 정하신 도구이다. 예배 자체가 하나님의 은혜의 수단인데, 그 이유는 예배자들이 예배 속에서 자신들이 경배하는 분을 점점 더 닮아가기 때문이다 (이 원리는 우상 숭배에도 동일하게 적용된다—사람은 자신이 경배하는 대상을 닮아간다). 예배 안에는 하나님께서 우리의 변화를 위해 사용하시는 다양한 미디어가 존재하며, 이들 각각이 은혜의 수단이다. 여기에는 성경의 읽기와 듣기, 설교, 성례전, 기도와 같은 핵심적인 요소들이 포함된다. 여기에는 성경을 읽고 듣는 것, 설교, 성례전, 기도와 같은 주요한 것들이 포함된다.

기독교 예배의 맥락에서 음악은 은혜의 수단이기도 하다.[19] 음악은 하나님께서 우리에게 말씀하시고 우리의 유익을 위해 우리 안에서 일하시는 통로이다. 음악은 하나님께서 자녀들이 그리스도를 닮아가는 과정을 계속 이어갈 수 있는 통로를 제공한다. 물론, 음악 자체가 우리를 변화시키지는 않지만, 하나님은 종종 음악을 사용하여 우리가 변화의 여정에 임하는 동안 우리 안에서 일하신다. 음악은 우리가 믿음을 지속하고 강화할 수 있는 방법이다. 그 일은 모두 하나님의 일이지만, 우리에게도 중요한 역할이 있다.

---

19 존 웨슬리는 '제정된' 은혜의 수단(주의 만찬, 금식, 기도, 성경 찾기, 그리스도인들의 교제 등 그리스도께서 신자들에게 행하라고 명령하신 것)과 '분별적' 은혜의 수단(영적 성장을 촉진하는 데 유익한 다른 수단)을 구분했다. 필자는 예배에서 음악을 분별적 은혜의 수단으로 간주할 것을 제안하며 이 책을 추천한다. Rob L. Staples, Outward Sign and Inward Grace: *The Place of Sacraments in Wesleyan Spirituality* (Kansas City, MO: Beacon Hill, 1991), 97–102.

첫째, 우리는 하나님의 은혜로운 계획에 우리 자신을 개방해야 한다. 우리는 찬양을 드릴 때 하나님과 서로에게 우리 자신을 취약하게 만들어 하나님께 통제권을 넘긴다(이것이 예배에서 어떤 노래가 유익한지 신중하게 판단해야 하는 이유이다).

둘째, 우리는 하나님이 하시는 일을 지켜본다. 우리는 기대와 큰 설렘으로 하나님의 행동을 기다려야 한다. 우리의 정신은 하박국 선지자의 정신을 반영한다.

> 내가 내 파수하는 곳에 서며 성루에 서리라 그가 내게 무엇이라 말씀하실는지 기다리고 바라보며 나의 질문에 대하여 어떻게 대답하실는지 보리라 하였더니(합 2:1).

셋째, 우리는 노래에 우리 자신을 바쳐 그 과정에 투자해야 한다. 우리는 "여호와는 위대하시니 크게 찬양할 것이라"(시 145:3a) 우리의 역할을 다하기 위한 수단으로 헌신적으로 헌신하며 노래할 것이다. 우리 자신을 열고, 주의를 기울이고, 회중 찬양의 과정에 투자할 때, 우리는 영적 형성에 하나님과 함께 참여하는 사람이 된다.

노래하는 행위에서는 의도와 마음가짐이 중요하다(모든 은혜의 수단이 그렇듯이). 우리가 노래할 때 우리 안에서 그리고 우리를 통해 행하시는 하나님의 행동을 올바르게 받아들여야 한다. 여기에는 믿음과 감사로 찬양하는 것이 포함된다.[20] 음악이 진행되는 동안 자신의 역할에 대한 인식이나 찬양에 투자하고자 하는 마음 없이 그저 그 공간에 머물러 있는 것만으로는 하나님께서 행하길 바라시는 놀라운 변화의 역사를 누릴 수 없다. 은혜의 수단은 자동으로 주어지는 것이 아니다. 포스터는 은혜의 수단으로

---

20 Ibid.

서의 영적 훈련을 설명할 때 이점을 분명히 했다.

> 영적 훈련은 하나님이 우리 안에서 일하시고 우리를 변화시킬 수 있는 곳으로 우리를 인도하는 하나님의 방법이다. 영적 훈련은 그 자체로는 아무것도 할 수 없으며, 단지 우리를 무언가 할 수 있는 곳으로 데려다 줄 수 있을 뿐이다. 그것들은 하나님의 은혜의 수단이다. 우리가 추구하는 내면의 의는 머리 위에 부어지는 것이 아니다. 하나님께서는 우리가 그분의 복을 받을 수 있는 곳으로 나아가는 수단으로 영적 삶의 훈련을 정하셨다.[21]

우리가 은혜의 수단으로 회중 찬양에 참여할 때, 우리는 "하나님 앞에 우리 자신을 내려놓음으로, 그분이 우리를 변화시킬 수 있도록 한다."[22] 포스터는 계속해서 "그것은 그저 주어지기 때문에 '은혜'이고, 우리가 해야 할 일이 있기 때문에 '훈련'이다"[23]라고 말한다.

지금까지 요약하면, 예배 음악은 하나님께서 예배자들을 변화시키는 통로 역할을 한다. 따라서 음악은 어느 정도 비공식적으로 기능하는 은혜의 수단이다. 우리의 역할은 하나님께서 교회의 노래를 통해 우리에게 말씀하시고 우리를 형성하시는 수단으로 사용하실 것을 기대하며 각 노래에 참여함으로써 하나님 앞에 자신을 위치시키는 것이다. 우리의 참여는 신뢰와 순복의 행위로서 우리 자신을 열고, 지켜보고, 노래에 힘을 쏟는 것으로 구성된다. 하나님은 우리의 계획이 아닌 그분의 계획에 따라 우리를 형성하기 위해 다른 사람들과 함께 이 은혜의 수단을 통해 일하시는 신실하신 분이다. 우리가 특정한 결과에 영향을 미치기 위해 적극적으로 할 수 있는 일은 거의 없기 때문에 비공식적이다. 우리는 믿음으로 하나

21　Foster, *Celebration of Discipline*, 7.
22　Ibid.
23　Ibid., 7-8.

님의 영광과 나라를 위해 그분이 우리를 위해 계획하신 유익을 얻는다.

4. 교리 교육으로서의 음악: 공식적인 영적 형성

예배 음악의 형식적 특성을 잘 드러내는 또 다른 단어는 "울리다"(katēcheō)라는 뜻의 헬라어인 카테키시스(katechesis)로, 종교의 요소를 구전으로 가르치는 것을 의미한다.[24] 많은 개신교회(장로교, 개혁교, 루터교 등)들은 교리문답을 오래전부터 사용해왔다. 교리문답은 교회의 가르침을 질문과 답변의 형식으로 정리하여, 신자들이 신앙을 배우도록 구두로 훈련시킨다. 기독교 초기의 사도적 지도자들은 구도자들이 신앙이 잘 형성된 그리스도인이 되도록 수년에 걸친 매우 엄격한 교리 교육 과정을 마련했다. 교리문답은 교회에서 오랜 역사를 가지고 있다.

정의에서 알 수 있듯이 교리문답은 교리의 구전 전승에 크게 의존한다. 기독교 신앙을 형성하기 위한 목적으로 핵심적인 신념을 질문의 형태로 제시하고 어린 제자들이 암기된 답변으로 응답하는 방식이다. 예배 음악은 새로운 교리이다. 오늘날 많은 곳에서 전통적인 공식 기독교 교육 수단이 약해지고 있다. 예외도 있지만, 일반적으로 교회학교의 출석률과 영향력은 감소했다. 입교 교육의 시간도 줄어들었다. 방학 중 진행되는 성경학교는 과거 2주 가량 진행되던 것이 오늘날에는 이틀로 줄었다. 가정에서의 성경 읽기와 가르침은 극히 저조하다.[25]

24　*A Lexicon Abridged from Liddell and Scott's Greek-English Lexicon* (Oxford: Oxford University Press, 1935), s.v. "*katēcheō.*"

25　*The State of the Bible Report 2014,* Barna Group, Ventura, CA, 2014, http://www.americanbible.org/uploads/content/state-of-the-bible-data-analysis-american-bible-society-2014.pdf에 따르면, 미국인의 46%는 성경을 읽지 않는다고(1년에 한두 번 이하로 성경을 읽는다고) 답했다.

기독교 교육의 기본적인 방식들이 약화됨에 따라, 예배의 교육 사역이 늘어난 것 아닐까?

그래서 많은 교회에서 설교가 설교에서 가르침으로 바뀐 것일까?

현재 많은 사람에게 예배는 교회에 참여하는 유일한 통로인데, 그렇다고 매주 예배하는 것도 아니다. 따라서 오늘날 너무 많은 곳에서 찬양과 설교가 신앙 교육을 위한 주요 수단 또는 유일한 수단으로 사용되고 있다. 기본적으로 예배 음악은 신앙을 구전으로 전달하는 수단인 새로운 교리문답이 된다. 교리는 노래를 통해 암송된다. 알버트 반 덴 호벨(Albert van den Heuvel)은 수십 년 전에 현재 상황에 대해 예언처럼 말하면서 "[찬송가는] 아마도 우리 시대에 우리가 암기하는 유일한 신앙 백 문서일 것이다. 그런 의미에서 찬송가는 우리의 교리문답을 대신하고 있다"라고 썼다.[26] 이것이 사실이라면 작곡가와 작사가에게 많은 책임이 있다. 교회의 교리는 현재 예배에서 부르는 노래에 달려있기 때문이다. 그렇다면 우리는 그 요청에 응답하기 위해 해야 할 일이 있다.

때때로 리더들은 신학적으로 도전적인 느낌을 주는 노래를 부르는 것을 반대하기도 한다. 그러나 교리적으로 밀도가 높은 노래와 교리적으로 풍부한 노래 사이에는 차이가 있다. 매우 복잡한 언어와 어려운 단어가 필요하지 않다. 사실, 우리 신앙의 많은 측면은 이해하기 어렵다. 우리가 믿는 것의 대부분은 완전히 이해하지 못할 것이다. 그럼에도 우리는 진리를 배운 사람들을 신뢰하면서 진리를 노래하고 연구하는 것을 계속한다(딤후 3:14). 이해는 새벽의 빛처럼 서서히 밝아져 우리가 더 명확하게 볼 수 있을 만큼 밝아질 때까지 찾아온다. 해가 뜨는 데엔 시간이 걸린다. 때로 새벽은 느리게 다가온다. 그러므로 우리는 우리를 넘어서는 깊이 있는

---

26 Albert van den Heuvel, *New Hymns for a New Day* (Geneva: World Council of Churches, 1966), preface, 6.

노래를 계속 불러야 한다. 처음에는 완전히 이해할 수 없지만, 점차 익숙해져야 하는 노래를 부르는 것에는 참된 유익이 있다. 그런 노래를 부를 때 우리의 기도는 아들을 예수님께 데려와 치유를 구한 아버지의 기도와 같아야 한다.

> 내가 믿나이다 나의 믿음 없는 것을 도와 주소서 하더라(막 9:24b).

교리적 강점에 비추어 우리의 노래 가사에 주의를 기울이면 진정한 지혜를 얻을 수 있다. 그렇기에 우리 목회적 음악가들은 사람들을 먹이고, 돌보고, 그 순간만이 아니라 삶 전체에 걸쳐 노래할 수 있는 무언가를 제공해야 한다.[27]

5. 결론

나는 예배 음악이 비공식적으로는 은혜의 수단으로, 공식적으로는 신앙 형성의 일종인 교리 교육으로서 영적 형성에 필요하다고 주장했다. 본 장을 마치며 마지막으로 고려할 사항은 우리 안에서 무엇이 형성되는가이다.

바리 D. 존스(Barry D. Jones)는 다음과 같이 말한다.

> 예배는 우리의 정체성을 재정의하고, 예배는 우리의 애정을 재조정하며, 예배는 우리의 상상력을 재패턴화하고, 예배는 세상에서 우리 삶의 방향을 재설정한다.[28]

---

27 Rembert Weakland, "Claim Your Art," in *The Singing Assembly,* vol. 6 of *Pastoral Music in Practice,* ed. Virgil C. Funk (Washington, DC: Pastoral Press, 1991), 112.

28 Barry D. Jones, *Dwell: Life with God for the World* (Downers Grove, IL: InterVarsity,

이러한 모든 형성적 유익은 우리를 영적으로 변화시키는 예배가 주는 가치 있는 결과이다. 이러한 것들이 유용하긴 하지만 더 나은 질문이 있다.

우리 안에서 **누가** 형성되는가?

변화하는 예배의 궁극적인 목표는 그리스도를 닮는 것이다. 목회적 음악가들은 자신이 돌보는 이들 속에 그리스도의 형상을 이루기까지 해산하는 수고를 겪었다는 사도 바울에 깊이 공감한다(갈 4:19). 예배는 분만실이다.

> 그리스도의 몸과의 교제를 통해, 하나님의 말씀으로 씻음 받고, 성례전으로 양육받으면서, 신앙의 사람들은 그들을 자신의 형상대로 지으신 그분을 더욱 닮아간다. 우리는 하나님을 모방하는 데 더 능숙해지고… 우리가 예배하는 예수님을 더 닮아간다.[29]

6. 주요 용어

- 교리문답(catechesis): 구두로 가르치다. 울려 퍼지다라는 뜻을 지닌 헬라어 카 테케오(katēchéō)에서 유래했다.
- 은혜의 수단(means of grace): 하나님께서 우리를 만나고 하나님의 영광을 위해 우리를 변화시키기 위해 지정하신 통로.

2014), 142.

29 Clayton J. Schmit, "Worship as a Locus for Transformation," in *Worship That Changes Lives: Multidisciplinary and Congregational Perspectives on Spiritual Transformation*, ed. Alexis D. Abernethy (Grand Rapids: Baker Academic, 2008), 26.

7. 더 학습하기

Abernethy, Alexis D., ed. *Worship That Changes Lives: Multidisciplinary and Congregational Perspectives on Spiritual Transformation*. Grand Rapids: Baker Academic, 2008.

Foster, Richard. *Celebration of Discipline: The Path to Spiritual Growth*, rev. ed. San Francisco: Harper & Row, 1988.

참여하기

다음은 본 장의 내용을 적용할 수 있는 몇 가지 실용적인 방법이다.

1. 여러분의 교회의 예배 비전 선언문을 검토해라(만약 없다면, 하나 작성하자!)
이 선언문이 기독교 예배의 형성적 본질에 대해 언급하고 있는가?
기회가 주어진다면 현재 또는 미래의 비전 선언문에 삽입하고 싶은, 예배가 영적 형성과 연결된다고 확인하는 간단한 문장을 작성하자.
2. 아래의 질문들은 일반적인 개신교 교리문답에서 흔히 찾아볼 수 있는 예시들이다.[30] 만약 여러분의 교회에 자체 교리문답이 있다면, 그것을 활용하라. 교회의 예배를 위해 사용하는 노래 목록을 살펴보자. 각 질문에 대해 명시적으로 답변을 제공하는 모든 노래를 찾아라(모호한 가능성에 억지로 연결하지 말고, 각 질문을 명확하게 다루는 노래만 나열하라). 이 실용적인 적용의 목적은 교회가 예배 음악에만 의존하여 기독교 교육의 주요 수단으로 사용할 경우 신학적으로 어떤 공백이 존재할 수 있는지를 파악하는 것이다.

(1) 예수 그리스도는 누구인가?
(2) 예수 그리스도의 성육신하신 삶은 무엇을 의미하는가?
(3) 하나님 나라는 무엇인가?
(4) 하나님 사랑의 본질은 무엇인가?

---

30 *The Standard Catechism* (Nashville: Abingdon, 1929), 2–3, 7.

제12장

탁월함을 통해 영적 리더십 추구하기

탐구하기

당신에게 '탁월한'이라는 단어는 어떤 의미인가?

이 단어는 다양한 방식으로 자주 사용된다. 예를 들어, 카펫 샘플이나 여행 패키지의 가격을 설명할 때, 커피를 비교하거나 기타 선생에게서 칭찬을 들을 때, 우물물의 수질을 평가하거나 봄 작물을 심기에 적합한 날을 언급할 때 사용된다. 본 장을 읽기 전에 '탁월한'이라는 단어가 의미하는 바를 생각해 보기 위한 간단한 실습을 해 보자.

1. 탁월한이라는 말을 들을 때, 나는 ____을 생각한다.
2. 탁월한 예배 음악은 ____이다.
3. 탁월한 예배 음악 건축가를 나는 ____ 사람이라고 생각한다.

본 장을 읽는 동안 당신의 생각을 염두에 두라. 마지막에, 이 질문들에 대한 당신의 답변을 본 장 끝에서의 답변과 비교하라.

본 장을 읽고 난 후, 당신의 관점이 바뀌었는가? 그 이유는?

1. 심화하기

우리는 오늘날 교회에서 예배 음악 건축가가 된다는 것이 무엇을 뜻하는지 발견하는 여정의 마지막 단계에 – 적어도 지금은 – 도달했다. 우리는 많은 주제를 다뤘다. 본서가 어떻게 시작되고 끝나는지 간략히 살펴보자.

제1장에서는 단순히 교회에서 일하게 된 음악가가 아니라 교회를 섬기도록 부름을 받은 음악가인 목회적 음악가 되기에 초점을 맞추었다. 첫 번째 장을 통해 예배 음악 건축가들이 예배의 세계에서 그들의 중요성을 볼 수 있었기를 기도한다.

마지막 장은 예배 음악 건축가로서 탁월함을 추구하기에 관한 것이다. '되기'(becoming)는 여정을 시작하게 했고, '추구하기'(pursuing)는 우리가 그 여정을 계속하도록 한다. 우리의 사역은 영원한 왕국에서 하나님의 모든 백성이 천국의 찬양을 완벽히 함께 부르게 되어 우리의 섬김이 더는 필요하지 않게 될 때까지는 멈추면 안 되는 작업이다. 그때까지 우리는 탁월함을 추구하는 부름을 받았다. 제1장과 제12장은 북엔드(bookends, 세워놓은 책들이 쓰러지지 않도록 받치는 것 – 역자주)로서, 우리가 무엇을 하는가의 관점에서 우리는 누가 될 것인지에 대해 주로 다룬다. 우리는 완전히 원점으로 돌아왔다.

그 목적을 위해, 탁월함을 단순한 임의적인 성취 기준으로 묘사하지 않을 것이다. 오히려 탁월함은 우리가 성숙해지고 자신과 타인에 대한 현실적인 기대와 비현실적인 기대를 구분할 수 있을 때 더욱 명확하게 드러나는 궁극의 목표로 좀 더 광범위하게 설명될 것이다. 본 장의 제목은 이것을 염두에 두고 '추구하기'를 사용한다. 추구한다는 것은 무언가를, 또는 누군가를 붙잡으려 뒤따르는 것이다.

암 연구 교육을 추구하는 사람들은 그들의 열망을 충족시킬 자격을 부여하는 학위를 얻기 위해 마련된 커리큘럼을 따라갈 것이다. 사도 바울은 고린도 신자들에게 추구하고 붙잡는 것에 관해 직접적으로 표현한다.

> 너희도 상을 받도록[붙잡도록] 이와 같이 달음질[추구]하라(고전 9:24b).

바울이 말하는 상은 우리가 현재 추구하는 것의 성질에 따라 미래에 받게 되는 썩지 않는 화관을 가리킨다. 바울은 달리는 자의 끈기를 강조한다. 목표는 중요하지만 이 구절의 초점은 아니다. 우리는 지금 경기 중이다. 탁월함을 추구하는 것은 시간이 걸리는 과정이다. 상은 나중에 주어질 것이다.

본 장은 제1장에서 다룬 세 가지 범주 – 인격체, 비전, 역할 – 를 반영하여 탁월함의 개념에 접근한다. 탁월함은 여러 영역에서 동시에 추구된다. 우리는 탁월한 인격체, 음악적 탁월함에 대한 비전, 그리고 탁월함의 역할을 살펴볼 것이다. 결국, 예배 음악 건축가들은 그들이 되어가는 모습과 사역을 수행하는 방식 모두에서 하나님을 기쁘시게 하는 평생의 추구에 헌신하고 있음을 깨닫는다.

2. 탁월함의 인격체

이전 장에서 우리는 예배 그 자체가 형성적이라는 사실을 발견했다. 우리가 예배에서 경험하는 것은 시간이 지남에 따라 우리를 변화시키고, 음악은 이러한 형성 과정에서 중요한 역할을 한다. 만약 이것이 사실이라면, 예배 음악 건축가는 영적 안내자이다. 우리는 회중이 매주 모일 때, 하나님을 예배하는 자들의 변화의 여정에 함께한다. 그 역할을 제대로 수행하려면, 우리는 자신의 영적 형성 문제를 진지하게 받아들여야 한다. 그리스도를 닮아가는 탁월함을 개인적으로 추구함으로써 다른 이들의 본보기가 되고 그들을 안내해야 한다.

'영적 형성'이라는 용어는 오늘날 다양한 방식으로 사용된다.[1] 나는 이 용어를 고전적 의미로 사용한다. 나에게 이 용어는 우리가 의도적으로 하나님과 협력하여 변화를 추구할 때 이루어지는 그리스도를 닮아가는 성장, 특히 지속적인 영적 훈련을 통해 이루어지는 성장을 가리킨다. M. 로버트 멀홀랜드 2세(M. Robert Mulholland Jr)의 정의는 도움이 된다.

"영적 형성은 다른 사람들을 위해 그리스도의 형상을 닮아가는 과정이다."[2]

이 정의의 핵심 단어와 표현은 많은 통찰을 제공한다.

첫째, 영적 형성은 언제나 과정이다. 영적 형성은 순식간에 이루어지는 것이 아니다.[3] 사실 영적 형성은 오랜 시간, 즉 일생에 걸쳐 이루어진다. 안타깝게도 영적 형성은 종종 '나의 영적 삶'과 같은 표현을 사용하여 마치 하나의 대상인 것처럼 이야기된다. 그렇게 함으로써 우리는 '나의 신체 상태', '나의 정서적 건강 지수' 등의 용어를 사용할 때처럼, 그 자체가 실체, 즉 감지할 수 있는 실체라고 생각한다. 그보다 우리의 영적 발전은 하나님이 주관하시는 여정이다.

따라서 그것은 동적인 과정이고, 우리 안에 필요한 변화를 일으키기 위해 취하신 하나님의 은혜로운 주도하심으로 인해 하나님의 파트너로 참여하도록 초청받는 전진 운동이다. 이 과정에는 시간이 걸린다. 지름길은 없다. 영적 형성을 통해 탁월함을 추구하는 첫 번째 단계는 그것을 목표

---

[1] 예를 들어, 어떤 사람들은 기독교 교육 프로그램을 지칭할 때 이 단어를 사용한다.
[2] M. Robert Mulholland Jr., *Invitation to a Journey: A Road Map for Spiritual Formation* (Downers Grove, IL: InterVarsity, 1993), 12.
[3] 이러한 '더 긴 방식'의 성화가 '짧은 방식'의 성화를 무시하는 건 아니다. 신자의 성화를 이루시는 하나님의 특권은 그 자체로 하나님의 특권이다.

가 아닌 과정으로 보는 것이다.

둘째, 영적 형성은 순응하는 과정이다. 이 말은 항복이 수반됨을 암시한다. 현대 문화는 "너 자신이 되라"라고 외치지만, 하나님의 영은 "너 자신을 내게 맡기라"라고 부르신다. 영적 형성의 요점은 하나님이 생각하시는 대로 되고 우리가 먼저 생각했던 것에 저항하는 것이다. 우리는 하나님께서 우리를 형성하기 위해 취하신 계획에 따라야 한다. 우리는 '마이 웨이'(I Did it My Way)가 아니라 '내게 있는 모든 것을'(I Surrender All)이라는 다른 노래를 부르는 법을 배워야 한다. 멀홀랜드는 다음과 같이 말했다.

> 영적 형성은 위대한 전환이다. 우리의 삶에서 원하는 결과를 만들기 위해 행동하는 것에서, 하나님에 의해 행동하게 되고, 하나님의 목적을 위해 하나님이 허락하시는 방식에 반응하게 되는 것이다.[4]

셋째, 영적 형성의 유일한 목표는 그리스도처럼 닮아가도록 성장하는 것이다. 영적 형성은 더 많이 **알고**, 더 많이 **행하는** 것이 아니다. 영적 형성은 예수님을 더 닮아가는 것이다. 물론, 정보와 형성은 상호 배타적이지 않지만, 지식 습득이 항상 변화로 이어지지는 않는다. 우리의 행동에 영향을 미치는 지식 습득과 우리의 마음을 바꾸시는 분을 아는 것 사이에는 큰 차이가 있다. 이러한 차이는 예수님께서 무엇을 하실지 최대한 추측하여 행동을 통제하는 것과 하나님이 변화시키시어 우리 안에 계신 그리스도께서 우리 안에 자연스럽게 올바른 일을 하도록 하시는 것에 있다.

정의의 마지막 부분은 매우 중요하다. 우리가 그리스도를 닮아가려는 노력은 다른 사람들을 위한 것이다. 우리는 흔히 그리스도를 닮아가야 더

---

4 Mulholland, *Invitation to a Journey*, 30–31.

'영적'이 될 것이라는 잘못된 생각을 품는다. 그러나 그렇지 않다. 그리스도를 닮아가려는 모든 진전은 더 중요한 목표를 갖는다. 그것은 다른 사람들이 삼위 하나님을 더 잘 이해하고 경험하도록 돕는 것이다. '다른 사람들을 위해'라는 표현은 모든 사람을 의미한다. 그리스도를 닮은 섬김은 하나님께서 원하시는 곳, 믿는 자와 믿지 않는 자를 포함한 모든 이에게 제공된다. 이는 가난한 자를 돌보는 것과 불의한 구조를 바꾸는 것을 포함하여 다양한 형태로 나타난다. 우리가 그리스도를 더 닮아갈수록, 다른 사람들이 하나님이 누구신지를 깨닫고 하나님의 사랑을 경험할 가능성이 더 커진다.

여전히 질문은 남아 있다.

영적 형성은 어떻게 이루어지는가?

우리가 살펴보았듯이, 우리는 영적 훈련이라는 오랜 실천을 통해 형성된다. 영적 훈련은 신자들이 하나님 앞에 자신을 내려놓고 하나님의 뜻에 따라 변화되도록 사용하는 수단이다. 리처드 포스터(Richard J. Foster)는 영적 훈련의 실행을 '훈련된 은혜의 길'에 우리 자신을 두는 것이라고 말한다.[5] 영적 훈련은 우리가 의도적으로 행하는 것(참여의 훈련)과 의도적으로 중단하는 것(절제의 훈련)으로 구성되는데,[6] 이를 통해 하나님의 개입하심을 받아들여 성령이 우리의 사악한 본성이 하나님의 거룩한 본성으로 변화시키시도록 한다.

영적 훈련은 신자의 성화를 촉진하는 유용한 방편이다. 영적 훈련을 통해 우리는 변화의 과정에서 하나님과 협력한다. 우리의 역할은 영적 훈련에 참여하며 하나님께 우리 자신을 드리는 것이고, 하나님의 역할은 그

5　Richard J. Foster, *Celebration of Discipline: The Path to Spiritual Growth*, rev. ed. (San Francisco: Harper & Row, 1988), 7.

6　Dallas Willard, *The Spirit of the Disciplines: Understanding How God Changes Lives* (New York: HarperCollins, 1988), 158.

과정에서 우리를 변화시키는 것이다. 사이몬 챈(Simon Chan)은 이를 잘 표현한다.

> 우리는 일을 하지만 그것은 궁극적으로 은혜의 일, 우리에게 값없이 주어지는 일, 선물로만 받을 수 있는 일이다 … 우리는 우리의 실천이 아무리 올바르게 이루어진다 해도 그 결과를 미리 결정할 수 없다. 궁극적으로 우리의 영성을 형성하는 것은 실천 그 자체가 아니라 은혜이지만, 은혜는 실천 없이 우리를 형성하지 않는다.[7]

바울은 변화에 함께 참여하는 이 변증법을 잘 이해했다. 그는 빌립보 교인들에게 이렇게 썼다.

> 그러므로 나의 사랑하는 자들아 … 두렵고 떨림으로 너희 구원을 이루라 너희 안에서 행하시는 이는 하나님이시니 자기의 기쁘신 뜻을 위하여 너희에게 소원을 두고 행하게 하시나니(빌 2:12-13, 강조 추가).

탁월함은 음악이나 예배의 실행 기준을 정하는 것에서 시작되지 않는다. 적어도 개인적 성취 측면에서 리더의 성과 기준에서 시작하지도 않는다. 그것은 하나님께서 우리 각자에게 바라시는 사람이 되는 것으로 시작된다. 목회적 음악가인 신시아 서작(Cynthia Serjak)은 이러한 추구가 시급함을 강조하면서 이렇게 말한다.

---

7 Simon Chan, *Liturgical Theology: The Church as Worshiping Community* (Downers Grove, IL: InterVarsity, 2006), 94.

음악가, 심지어 목회적 음악가도 탁월해야 한다는 소명에 익숙해져야 할 때이다. 탁월함은 존재의 상태라기보다는 존재의 방식이다.[8]

자신의 영적 형성을 의도함으로써 개인적인 탁월함을 추구하라. 이는 그리스도 안에서 당신의 삶을 강화할 뿐만 아니라, 예배를 통해 신자들에게 형성의 기회를 제공하는 영적 안내자의 역할을 잘 수행하도록 준비시킬 것이다.

3. 탁월함에 대한 비전

예배 음악 건축가가 탁월함을 추구해야 하는 두 번째 영역은 예배에서 음악을 만드는 데 있어 탁월함이 무엇인지에 대한 비전이다. 지나치게 단순화할 위험이 있지만, 나는 교회 음악의 탁월함이 무엇을 의미하는지에 대해 두 가지 지배적이면서도 다소 상반된 관점을 발견했다.

하나는 '공연적 관점'(performance view)이라고 부르는 한 관점으로, 표준 음악 기준에 기반한 공연의 질을 강조한다. 탁월함은 합의된 수준의 음악적 성취를 달성하는 것으로 묘사된다(이는 문화적 규범과 기준에 따라 당연히 달라질 수 있다). 탁월함은 미학, 즉 아름다움에 대한 이해와도 연결된다. 탁월한 것은 아름답고, 아름다운 것은 탁월하다. 20세기의 한 저명한 교회 음악가는 탁월함에 대해 이렇게 설명한다.

---

8 Cynthia Serjak, "The Musician: Transformed through Excellence," in *The Pastoral Musician,* vol. 5 of *Pastoral Music in Practice*, ed. Virgil C. Funk (Washington, DC: Pastoral Press, 1990), 49.

하나님의 영광을 위한 음악적 예배의 탁월한 미학은 예전에 의미 있게 배치된 잘 만들어진 음악에 맞춰 신학적으로 진실하고 시적으로 건전한 단어들을 숙련된 솜씨로 표현함으로써 이루어진다.[9]

사용되는 연주 중심의 단어와 표현에 주목하라. 이 정의는 예전 안에서 기술을 강조한다.

또 다른 저명한 교회 음악가는 다른 관점을 제시한다.

"탁월함은 내가 예전보다 더 나아지는 과정이다. 과정이라는 말에 주목하라."[10]

이 관점이 첫 번째 관점과 얼마나 다른지 주목하라. 나는 탁월함에 대한 이러한 관점을 '역동적 관점'이라고 부른다. 이 관점은 탁월함을 항상 발전하는 것으로 묘사한다. 탁월함은 정적이지 않다. 성공이라는 깃발을 꽂고 우리가 목적지에 도달했다고 선언하는 마법의 장소는 없다. 대신 우리는 오늘 발견한 재능의 수준을 개선하기 위해 앞으로 나아갈 뿐이다.

내가 공연적 관점과 역동적 관점을 다소 상반된 것으로 표현한 이유는 각 정의의 중심이 강조하는 바가 상당히 다르기 때문이다. 하나는 목적지에 도착한 것을 강조하고, 다른 하나는 여정 그 자체를 목적지로 강조한다. 결국 역동적 관점은 사역에서 한 사람이 무엇을 하는가보다 음악 사역을 하는 사람은 어떤 사람인가를 본질적으로 설명한다. 해롤드 베스트(Harold M. Best)는 다음과 같이 설명한다.

권력, 크기, 영광이 넘쳐나는 가운데 탁월함이란 과연 무엇일까?

---

[9] Donald P. Hustad, *True Worship: Reclaiming the Wonder and Majesty* (Carol Stream, IL: Hope, 1998), 200.

[10] Harold M. Best, *Music through the Eyes of Faith* (New York: HarperSanFrancisco, 1993), 108 (emphasis in original).

답은 간단하다. 탁월함은 진정성이다. 탁월함은 모든 일에서 절제하는 것이다. 탁월함은 섬김이다. 그것은 자애이다. 그것은 머무름이다. 다른 사람을 자신보다 더 낫게 여기는 것이다. 그것은 온유함, 깨어짐, 개인적인 거룩함, 영혼의 위대함이다. 그것은 평온함, 관대함, 인내, 주림과 목마름이다 … 그것은 사건이 아니라 과정이다. 그리고 궁극적으로 탁월함은 지상의 척도로 측정할 수 없다. 그것을 추구하는 것은 전적으로 개인적인 것이며, 그것의 진정성에 대한 최종 판단은 최고의 명예상, 찬사, 음반 계약, 그래미보다 훨씬 더 가치 있는 지혜로운 창조주이시자, 세상을 지키시고, 우리를 기대하시는 하나님께서 하실 것이다.[11]

목회적 음악가는 탁월함에 대한 공연적 관점을 무시하지 않는다. 실제로, 우리는 우리가 이끄는 사람들과 우리 자신을 위해 음악적 전문성을 개발하는 데 지속적인 노력을 반드시 기울여야 한다. 우리는 더 나은 음악가가 되기를 원하고, 당연히 능숙한 연주를 추구한다(시 33:3). 그러나 우리는 전심으로 역동적 관점에 기댈 것이다. 결국 탁월함이란 우리가 되어가는 사람의 특성, 다른 사람들도 되기를 원하는 사람의 특성과 항상 깊이 연결될 것이기 때문이다. 결국 이것이 하나님과 다른 사람들이 우리 평생의 사역을 측정하는 궁극적인 방식이다. 서작(Serjak)도 이에 동의한다.

> 탁월함을 추구하는 사람은 결코 완전히 '도달'하지 않으며, 최소한 최종적으로 도달하지 않는다. 그러나 오히려 탁월함, 명료함, 진정성의 순간에 이르곤 한다. 그리고 나머지 시간에는 우리가 이미 수천 번 불러온 것을 더 잘 부르는 방법을 모색하며, 자신의 역량을 키우는 데 힘쓴다.[12]

---

11 Ibid., 113–14.
12 Serjak, "Musician," 49.

진정성 역시 탁월함의 비전을 추구할 때 매우 중요한 측면이다. 베스트는 진정성이 결여된 상태를 '가짜 탁월함'이라고 설명하며, 이를 '내용보다 연출이 앞서는 것'이라고 정의한다.[13] 현대의 예배 인도자들은 때때로 자신의 실제 역량보다 음악적 공연이 더 뛰어나다는 것을 암시하기 위해 기술적 보조 장치에 의존한다. 이에 대해 베스트는 흥미로운 점을 제시한다.

> 어쩌면 우리는 모든 것을 거꾸로 이해하고 있는지도 모른다. 작은 사람들이 자신이 아닌 누군가가 되기 위해—기술로 힘을 과시하려고 애쓰는 대신—하나님께서는 애초에 그렇게 작게 창조하신 그들이 그 본래의 크기를 그대로 유지하길 원하실지도 모른다. 그래야 하나님의 능력이 그들 위에 임하고, 단순하고도 어리석게 보이는 복음을 통해 하나님의 방식대로 견고한 요새들을 무너뜨릴 수 있기 때문이다.[14]

탁월함의 비전에는 준비는 잘했지만, 기술적으로 완벽하지 않은 음악가 안에서, 그리고 음악가를 통해 일하시는 하나님의 능력을 가치 있게 여기는 것이 포함되어야 한다. 인위적인 기술을 사용하는 것이 잘못은 아니다. 그러나 만약 우리의 음악성이 기술에 의존해야만 효과를 낼 수 있다면, 우리의 음악성은 근본적으로 더 많은 발전이 필요할 가능성이 크다.

---

13 Best, *Music through the Eyes of Faith*, 113
14 Ibid. (원문 강조)

4. 탁월함의 역할

세 번째로 고려해야 할 영역은 리더십에 대한 접근법이다. 음악 건축가들은 그들의 구성원들 사이에서 탁월함을 추구하는 역할을 맡아야 한다. 그들이 자신의 영적 형성을 살피고 음악적 탁월함의 의미에 대한 건강한 비전을 개발하는 동시에, 다른 사람들을 탁월한 방식으로 이끌어가는 방법도 배워야 한다. 이것이 바로 섬김의 리더(servant leader)의 역할이다.

교회 리더들을 위한 리더십 스타일은 지난 50년 동안 매우 중요한 주제였다. 많은 책, 콘퍼런스, 신학교 과정, 웨비나 등이 등장했고, 제대로 준비되지 않았거나 좌절에 빠진 리더들에게 해답을 제공할 것이라 약속했다. 이러한 자료 중 상당수는 매우 유용한 정보를 제공했고, 신자들을 구비시키는 일에 일조했다. 리더들이 그들의 상황에 적용하기 위해 선택할 수 있는 다양한 관점들이 존재하지만 그 어떤 것도 섬김의 리더십 모델을 능가할 수는 없다. 그렇다고 모든 접근법이 섬김의 리더십과 양립할 수 없다는 뜻은 아니다(비록 일부는 양립할 수 없지만). 다른 모델들의 일부 요소들이 섬김의 리더십을 강화할 수 있다.

그러나 궁극적으로 섬김의 리더십은 모든 모델을 초월한다. 섬김의 리더십은 단순한 리더십 스타일이라고 보기 어렵다. 섬김의 리더십은 여러 스타일 중 하나로 선택할 수 있는 것이 아니라 삶의 방식 그 자체이기 때문이다. 섬김의 리더십이 어느 한쪽에 완전히 속하지는 않지만, 하나님의 백성을 이끄는 음악 건축가에게 기대되는 리더십을 고려하면서, 삶의 방식으로 섬김의 리더십을 살펴보고자 한다.

섬김의 리더십은 복음서에 기록된 예수님의 말씀에 뿌리를 두고 있다.[15] 제자들 사이에서 누가 더 큰지에 대한 논쟁이 벌어졌을 때 예수님은 적절

15　공관복음의 기록을 참고해라. 마 20:20-28; 눅 17:7-10; 22:24-27.

한 기회를 통해 제자들에게 요구하시는 삶의 방식을 가르치셨다:

> 예수께서 제자들을 불러다가 이르시되 이방인의 집권자들이 그들을 임의로 주관하고 그 고관들이 그들에게 권세를 부리는 줄을 너희가 알거니와 너희 중에는 그렇지 않아야 하나니 너희 중에 누구든지 크고자 하는 자는 너희를 섬기는 자가 되고 너희 중에 누구든지 으뜸이 되고자 하는 자는 너희의 종이 되어야 하리라 인자가 온 것은 섬김을 받으려 함이 아니라 도리어 섬기려 하고 자기 목숨을 많은 사람의 대속물로 주려 함이니라(마 20:25-28)

예수님은 당시 문화에서 널리 통용되는 리더십에 대한 지배적인 관점에 도전하시어, 위에서 아래로가 아니라 아래에서 위로, 밖에서 안으로가 아니라 안에서 밖으로 이끄는 새로운 방식을 제시하신다. 이러한 구상은 예수님의 시대뿐 아니라 오늘날에도 위협적이고, 종종 오해를 불러일으킨다. 예수님을 제외하고는 어떤 리더도 다른 사람들에게 명령하고 요구하는 권한을 행사할 기회를 거부하지 않을 것이다. 이러한 접근법은 매우 기이하기에 위협적으로까지 느껴질 수 있고, 온유함이 약함으로 여겨지기 때문에 잘못 이해될 수도 있다.

이를 좀 더 구체화하기 위해, J. 로버트 클린턴(J. Robert Clinton)의 주목할 만한 연구를 참고하고자 한다.[16] 클린턴은 섬김의 리더를 "리더십으로 추종자를 섬기는 사람"이라고 설명한다.[17] 이 정의는 예수님의 가르침과 일관성이 있다. 추종자들은 섬김의 대상이고 리더십은 섬김을 위한 수단이다. 만약 이 정의의 몇몇 단어를 바꾸면 세속적 리더십 모델이 된다. "리더는 섬김을 받기 위해 추종자를 이용한다." 예수님의 관점은 리더십

---

16 J. Robert Clinton의 웹사이트: http://bobbyclinton.com/를 추천한다.
17 J. Robert Clinton, *A Personal Ministry Philosophy: One Key to Effective Leadership*(Pasadena, CA: Barnabas, 1992), 13.

을 사용하여 사람들을 섬기는 것이고, 일반적인 관점은 사람들을 이용하여 리더를 섬기는 것이다. 섬김의 리더십의 몇 가지 주요 특징을 살펴보면서 발생할 수 있는 혼란을 해소해 보겠다.

첫째, 섬김의 리더십은 직무 내용이나 리더십 스타일이라기보다는 태도와 가치관에 관한 것이다. 섬김의 리더는 시간이 지남에 따라 자연스럽게 이러한 역할을 맡을 수 있도록 영적으로 형성된다. 리더들이 위에서 설명한 영적 형성의 탁월함을 추구한다면, 그들은 섬김의 리더의 사고방식에 끌리게 될 것이다. 성령님이 우리를 형성하시도록 맡기면, 우리는 섬김의 리더로서 점점 더 편안해지고 있다는 것을 발견하게 될 것이다. 단순히 원하고 기도한다고 섬김의 리더가 되는 것은 아니다. 섬김의 리더는 시행착오와 산전수전을 겪으며 고난의 시간을 거쳐야 한다. 우리가 섬김의 리더십이 아닌 다른 방식으로 리더십을 발휘하는 것이 불가능에 가까울 정도로, 섬김의 리더십은 하나님의 영에 의해 우리 안에 형성된다는 사실이 가장 중요하다.

둘째, 섬김의 리더십은 약함이 아니라 온유함에 관한 것이다. 일부 리더들은 섬김의 리더십의 개념을 거부한다. 리더를 약하게 보이도록 하고, 약함은 누구의 기준에서도 이상적인 특성으로 여겨지지 않기 때문이다. 약함은 한 개인이 성공을 향해 논리적이고 필요한 조처를 할 내적인 용기를 가지지 못한 빈곤한 상태를 의미한다(성공이 어떻게 정의되든 상관없이). 이는 우리의 개인적인 삶과 직업적인 삶 모두에 약한 리더는 자신이나 주변 사람들의 복지를 위해 건강하고 좋은 선택을 할 용기를 지니지 못하거나 보여줄 수 없다.

그러나 섬김의 리더는 다른 사람들을 위해 긍정적으로 행동할 수 있을 정도의 내적인 강인함과 인격을 갖추고 있다. 그들은 주변 사람들의 삶을 위해 자신을 헌신하고, 협력자들이 그들의 상황에서 효과적인 사역을 제대로 수행할 수 있도록 돕는다. 이것이 바로 온유함이다. 온유함은 자제력의 문제다. 리더는 자신이 앞장서고자 하는 욕망이나 필요를 직면하고, 대신 다른 사람들이 마땅히 있어야 할 자리로 나아가도록 돕는 섬김의 역할을 맡는다. 성경에서는 온유함을 하나의 덕목으로 묘사한다(슥 2:3; 고후 10:1; 갈 5:23; 골 3:12 등을 참조하라).

섬김의 리더십은 도어매트(doormat, 타인에게 쉽게 이용당하거나 무시당하는 사람을 뜻할 때 사용하는 은어 - 역자주)로 오해될 수 있다. 그러나 어떤 사람이 도어매트가 되는지는 주로 그 사람의 자기 통제력과 의도에 달려있다. 만약 어떤 이가 타인의 행동을 막지 못해 무기력하게 그들의 지배를 허용한다면, 그는 도어매트가 될 위험에 처하게 된다. 그러나 반대로, 섬김의 리더가 되는 사람은 자신에게 정당하게 주어진 중심적인 역할을 자발적으로 내려놓고, 다른 이들이 하나님께서 부르신 존재로 성장할 수 있도록 돕기 위해 의도적으로 그 길을 선택한다. 이는 예수 그리스도의 자기희생에서 볼 수 있듯이, 하나님께 영광을 돌리는 방식이며, 우리 또한 그의 제자로서 본받도록 요청받은 삶의 방식이다.

> 너희 안에 이 마음을 품으라 곧 그리스도 예수의 마음이니 그는 근본 하나님의 본체시나 하나님과 동등됨을 취할 것으로 여기지 아니하시고 오히려 자기를 비워 종의 형체를 가지사 사람들과 같이 되셨고 사람의 모양으로 나타나사 자기를 낮추시고 죽기까지 복종하셨으니 곧 십자가에 죽으심이라(빌 2:5-8).

바로 이러한 자기 헌신의 태도 때문에 하나님께서 기뻐하시고 영광을 받으시는 것이다(9~11절).

셋째, 섬김의 리더십은 단순히 교회 안에서 열심히 일하는 문제만이 아니다. 많은 시간과 노력을 사역에 쏟고도 섬김의 리더가 아닐 수 있다. 일부 리더들은 섬김의 리더십을 교회를 위해 과도한 시간을 할애하는 것,

심지어 자신의 삶이나 가족의 안녕을 희생하면서까지 봉사하는 것으로 잘못 이해하고 있다. 그러나 섬김의 리더십은 할애한 시간의 양으로 정의되지 않는다. 자신의 사역에 열심을 내는 것과 진정한 섬김의 리더십 사이의 본질적인 차이는 태도와 가치관에 있다. 섬김의 리더는 의도적인 하향적 이동(downward mobility)을 통해 타인을 이끄는 데 헌신한다. 사역은 언제나 우리에게 많은 시간을 요구할 것이다. 중요한 것은 우리가 얼마나 많은 시간을 썼는가가 아니라, 그 시간을 어떻게 사용했는가이다. 단순히 오랜 시간을 일했다는 인상을 주는 것이 목적이 되어서는 안 된다. 솔직히 말해, 일부 리더들은 많은 수고 끝에 얻게 되는 인정을 좋아하기도 한다. 그러나 우리가 섬김의 리더십을 통해 변화된 사람들의 수보다, 보고하는 시간의 양에서 자신의 정체성을 찾고 있다면, 우리의 동기를 즉시 점검해 보아야 할 것이다.

넷째, 섬김의 리더십은 리더십의 책임으로부터 면제되는 자유 이용권(free pass)이 아니다. 우리는 지금까지 리더십의 섬김의 성격을 강조해 왔지만, 그 과정에서 리더십의 본질적 요소를 과소평가해서는 안 된다. 안타깝게도, 일부 리더들은 섬김의 리더십을 평신도에게 리더십 책임을 위임하는 것으로 오해하는 것 같다. 그들은 다른 이들을 리더로서 자유롭게 하는 것이 자신의 역할이라 생각하면서, 정작 그들이 그 역할을 감당할 수 있도록 준비시키고 성공을 도울 책임에는 투자하지 않는다. 이는 게으른 리더의 태도이며, 많은 리더가 실패하게 되는 원인이기도 하다. 자신의 은사와 경험을 타인과 나누어 그들의 역량 향상에 기여하지 않은 채 책임만을 넘기는 것은 진정한 의미의 리더십이라 할 수 없다. 결국, 섬김의 리더십도 리더십이다.

섬김의 리더십은 탁월한 리더십을 추구하는 음악 건축가들에게 특히 적합하다. 저명한 목회 음악가인 조셉 젤리노(Joseph Gelineau)는 리더의 역할이 본질적으로 섬김이라고 이해한다. 즉, 타인을 섬기고, 예식을 섬기며, 음악을 섬기는 역할이 리더의 역할이라고 말한다. 타인을 섬기는 것에 관한 젤리노의 설명은 섬김의 리더십에 대한 논의에서 특히 주목할 만하다.

> 우리는 하나님을 섬기기 위해 인류를 섬겨야 한다. 나는 내가 좋아하는 음악을 만들기 위해 예전을 집전하는 것이 아니다. 나는 이곳에 함께 모인 신자들이 더 잘 기도할 수 있도록 돕는 음악을 끊임없이 찾아야 한다. 나는 모든 사람을, 곧 젊은 이와 노인을, 교양 있는 사람들과 단순한 이들 모두를 염두에 두어야 한다. 기쁨과 표현이 풍부한 노래들로 도움을 받기를 원하는 이들도 있고, 보다 절제된 노래들과 많은 침묵 가운데 더 깊이 기도할 사람들도 있기 때문이다. 나는 내 취향을 누구에게도 강요해서는 안되지만, 내가 맡은 일을 잘 수행하기 위해서는 내가 하는 모든 일에서 나름의 취향을 찾아야 한다.[18]

5. 결론

교회 안에서 리더로서의 역할을 감당하는 음악 건축가들은 세 가지 영역에서 탁월함을 추구하도록 부름을 받는다. 곧, 개인적인 영적 형성, 음악적 탁월성에 대한 비전, 그리고 예배공동체 안에서 섬김의 리더로서의 삶이 그것이다. 이러한 형태의 리더십은 성공적인 음악 사역에 필수적이다. 그것은 도전적이지만 동시에 생기를 불어넣는 일이기도 하다.

우리 공동체는 이러한 탁월성 추구가 가져올 신선한 숨결을 기다리고 있다. 이제까지는 이 정도면 충분하다는 태도가 지나치게 오랫동안 받아들여져 왔다. 거룩한 부실함(holy shoddy)은 여전히 부실함일 뿐이다. 바울

---

18 Ibid.

처럼, 우리는 영원한 상을 바라기에, 목적 없이 달리거나 허공을 치는 자처럼 싸우고자 하지 않는다. 우리는 우리 삶과 사역을 예수 그리스도의 주권 아래 복종시키며, 다른 이들에게 실현가능한 탁월함을 선포한 후에 오히려 우리 자신이 실격되지 않도록 힘쓴다(고전 9:24-27 참조).

6. 주요 용어

- 섬김의 리더(servent leader): 추종자들을 섬기기 위해 리더십을 사용하는 사람.
- 영적 훈련(spiritual disciplines): 거룩한 삶을 향해 나아가도록 하나님께서 우리 안에서 내적 변화를 이루실 기회를 드리려는 목적으로 헌신하는 형성적 실천.
- 영적 형성(spiritual formaton): 타인을 위해 그리스도의 형상을 닮아가는 과정.

7. 더 학습하기

Clinton, J. Robert. *The Making of a Leader: Recognizing the Lessons and Stages of Leadership Development*. Rev. ed. Carol Stream, IL: NavPress, 2012.

Covey, Stephen R. *The 7 Habits of Highly Effective People: Powerful Lessons in Personal Change*. New York: Simon & Schuster, 2004.

참여하기

본 장을 읽은 후, 탁월함에 대한 당신의 견해는 어떻게 바뀌었는가?

본 장을 시작할 때 답한 내용들을 다시 검토하기에 앞서 이 질문들에 어떻게 답하겠는가?

1. 탁월한 예배 음악은____이다.
2. 탁월한 예배 음악 건축가를 나는____사람이라고 생각한다.

이제 처음에 이 질문들에 대해 했던 답변을 다시 검토하라.

그 답변들은 어떻게 비교되는가?

다음으로, 당신의 음악 사역 프로그램에 참여하는 여러 사람들에게 탁월함을 한 단어로 정의해 달라고 요청하라. 그 단어들을 수집한 후, 누군가의 집에서 비공식적인 모임을 가지고 당신의 상황에서 탁월함의 의미에 대해 논의하라. 그런 다음, 당신의 음악 사역 상황에 맞는 탁월함의 정의를 작성하라.

후주곡(Postlude)

신자들의 노랫소리는 이 땅에서 들을 수 있는 가장 아름다운 소리이다. 이는 앞으로 다가올 영광스러운 일을 미리 맛보는 것이다. 하지만, 지금 우리는 새로운 왕국의 음악을 기대하면서 상상력을 발휘해야 한다. 요한계시록은 우리에게 단서만 제공한다.

찬양대는?

인간과 천사의 수백만 목소리가 합창하는 엄청난 규모가 될 것이다(계 5:11; 7:9).

주제는?

"찬양을 받으시기에 합당한 어린양이다"(계 5:12)

악기는?

우리는 천국 찬양에 화려함을 더하는 거문고와 나팔, 하나님이 예배자들의 손에 쥐게 하신 모든 악기의 음악을 듣게 될 것이다(계 5:8; 8:6). 보석으로 장식된 거리가 얼마나 아름답게 보일지 상상할 수밖에 없는 것처럼, 우리는 영원의 노래가 얼마나 매혹적으로 들릴지 상상해 볼 수밖에 없다. 그러나 삼위 하나님을 찬양하는 음악의 웅장함은 우리가 경험하고 있는 음악을 훨씬 능가할 것이다.

그것은 괜찮다. 그때까지 우리는 하나님께서 공동체를 통해 주신 자매와 형제들과 함께 주께서 들으실 음악을 만들 것이다. 현재 우리는 주로 주일에, 초가집, 창고, 동굴, 웅장한 대성당 등, 다양한 형태의 지역교회에서, 노래로 예배한다. 부활하신 주님이 임재하시는 공동체로서 예배하는 우리의 주간 리듬은 유한한 공간과 시간 속에서 노래를 이어가는 하나님의 백성이 모이는 적법한 사건이 된다. 이는 궁극적으로 우리가 무한한 공간에 모이고 시간이 더 이상 존재하지 않을 때를 준비하기 위한 것이다. 지금은 우리의 부업이 본업이 될 것이다. 사도 바울의 말을 바꿔 표현하자면, 지금은 거울로 노래하는 것같이 희미하나, 그때에는 얼굴과 얼굴을 대하여 노래할 것이다(고전 13:12 참조).

주 예수여, 오시옵소서!

부록 A: 당신의 노래 정경 평가하기

노래제목	부끄러움	슬픔	낙담	좌절	분노	적대감	번민	비통함의 외침	두려움	하나님의 임재	주님 그리움	낙심	하나님의 미쁘심	하나님의 사랑에	예배적 경배	예배적 찬양	아확함	감사함	만족함	신뢰함	의뢰하기	맥락 즉 경향에 뿌리내린 기쁨	맥락 즉 상황에 뿌리내린 기쁨	주관적 24/7 성인의 점수합

부록 A
당신의 노래의 정경 평가하기

부록 B: 회중용 교창 악보

시편 130:1-8

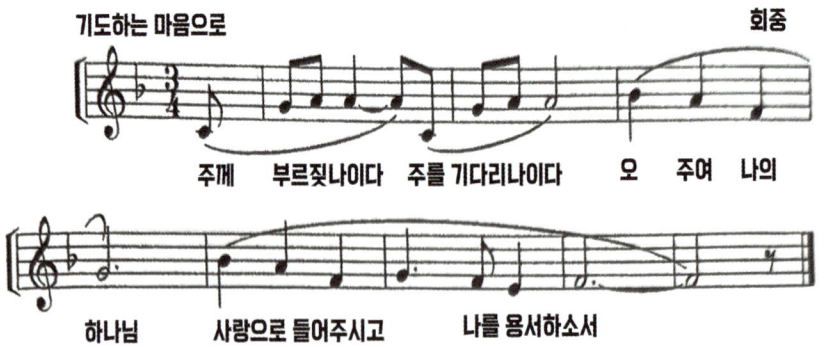

- 인도자: 주여, 깊은 곳에서 주께 부르짖나이다
  주님, 제 목소리를 들으소서!
  주의 귀를 기울이시어, 제 간구의 소리를 들어주소서!

- 응답
- 침묵

- 인도자: 주여, 만약 주께서 죄악을 헤아리신다면, 그 누가 설 수 있겠나이까?

  그러나 주님께는 용서가 있으니, 이는 주를 경외하게 하려 함이니이다

- 응답
- 침묵

- 인도자: 나는 주를 기다리며, 내 영혼은 주를 기다리고, 주의 말씀에 소망을 둡니다

  아침을 기다리는 자들보다, 아침을 기다리는 자들보다 내 영혼은 주님을 더 기다립니다

- 응답
- 침묵

- 인도자: 이스라엘아, 주께 소망을 두라! 주께는 변함없는 사랑이 있으며, 구원할 큰 능력이 있도다

  그분이 이스라엘을 모든 죄악에서 구원하실 것이다

- 응답

CLC 예배학 시리즈

01 예배학 개론
크리스티안 그레트라인 지음 | 김상구 옮김 | 신국판 | 440면

02 개혁주의 예배학
필립 G. 라이큰 외 2인 편집 | 김병하, 김상구 옮김 | 신국판 양장 | P&R | 704면

03 예배학
로버트 E. 웨버 지음 | 이승진 옮김 | 신국판 | 256면

04 미국 청교도 예배
홀톤 데이비스 지음 | 김상구 옮김 | 신국판 | 392면

05 교회력에 따른 예배와 설교
로버트 E. 웨버 지음 | 이승진 옮김 | 신국판 | 272면

06 예배의 역사와 전통
고든 웨익필드 지음 | 김순환 옮김 | 신국판 | 288면

07 개신교 예배
제임스 F. 화이트 지음 | 김석한 옮김 | 신국판 | 384면

08 개혁주의 예배(개혁주의 시리즈 20)
제임스 드 종 지음 | 황규일 옮김 | 국판 | 200면

09 예배 공학
  김양중 지음 | 신국판 | 320면

10 웨스트민스터 총회의 실천: 성경해석과 예배모범(웨스트민스터 총회 시리즈 3)
  리처드 A. 멀러, 로우랜드 S. 워드 지음 | 곽계일 옮김 | 신국판 양장 | P&R | 312면

11 예배 건축가(개정판)
  콘스탄스 M. 체리 지음 | 김상구, 양명호 옮김 | 신국판 | 520면

12 예배와 설교
  마이클 J. 퀵 지음 | 김상구, 배영민 옮김 | 576면

13 예배와 목회 돌봄
  닐 펨브로크 지음 | 장보철 옮김 | 신국판 | 336면

14 개신교 예배서에서 본 한국교회와 예배서
  김상구 지음 | 신국판 | 272면

15 기독교 예배학 개론
  제임스 F. 화이트 지음 | 김상구, 배영민 옮김 | 신국판 양장 | 480면

16 예배와 영성
  최창국 지음 | 신국판 | 384면

17 교회 예식 건축가
  콘스탄스 M. 체리 지음 | 안명숙 옮김 | 568면

18 예배와 성찬식의 역사
  에드워드 폴리 지음 | 최승근 옮김 | 크라운판 양장 | 496면

19 복음주의 예배학
  존 제퍼슨 데이비스 지음 | 김대혁 옮김 | 신국판 | 336면

20 깊은 예배: 활기차면서도 경건한 예배 만들기
토마스 G. 롱 지음 | 임대웅 옮김 | 신국판 | 200면

21 예배, 종교개혁가들에게 배우다
문화랑 지음 | 신국판 | 200면

22 예배다운 예배
박성환 지음 | 신국판 | 264면

23 예배, 사회과학을 만나다
네이선 D. 미첼 지음 | 안선희 옮김 | 국판 | 200면

24 21세기 예배와 사역
토드 E. 존슨 편집 | 최승근 옮김 | 신국판 | 448면

25 빅 아이디어 예배
데이비드 A. 커리 지음 | 김대혁 옮김 | 신국판 | 256면

26 예배, 디지털 세상을 만나다
테레사 베르거 지음 | 안선희 옮김 | 신국판 | 220면

27 간추린 예배의 역사
윌리엄 H. 윌리몬 지음 | 임대웅 옮김 | 국판변형 | 224면

28 예배, 해석학을 만나다
조이스 앤 짐머맨 지음 | 안선희 옮김 | 국판변형 | 200면

29 예배, 젠더 역사를 만나다
테레사 베르거 지음 | 안선희 옮김 | 국판변형 | 388면

30 예수님처럼 예배하라
콘스탄스 M. 체리 지음 | 김상구, 배영민 옮김 | 172면

31 종교개혁자들의 예배 예전
조나단 깁슨, 마크 먼지 지음 | 김상구, 배영민 옮김 | 신국판 양장 | 780면

32 초대교회 예배
후스토 L. 곤잘레스, 캐서린 곤잘레스 지음 | 김상구, 배영민 옮김 | 428면

33 예배드리기 5분 전에 읽는 책
주영광 지음 | 사륙판변형 | 132면

34 기독교 예배학
에드워드 필립스 지음 | 최승근 옮김 | 신국판 | 340면